中国产业研究报告·物流与采购

·中国物流与采购联合会系列报告·

中国物流发展报告

2013—2014

中国物流与采购联合会
China Federation of Logistics & Purchasing
中国物流学会
China Society of Logistics

China Logistics Development Report (2013-2014)

中国财富出版社
China Fortune Press

图书在版编目（CIP）数据

中国物流发展报告．2013—2014／中国物流与采购联合会，中国物流学会编．—北京：中国财富出版社，2014.5

ISBN 978－7－5047－5190－4

Ⅰ.①中…　Ⅱ.①中…②中…　Ⅲ.①物流—经济发展—研究报告—中国—2013～2014
Ⅳ.①F259.22

中国版本图书馆 CIP 数据核字（2014）第 076405 号

策划编辑　葛晓雯　　**责任印制**　何崇杭
责任编辑　葛晓雯　杨　璐　　**责任校对**　梁　凡

出版发行　中国财富出版社
社　　址　北京市丰台区南四环西路 188 号 5 区 20 楼　　**邮政编码**　100070
电　　话　010－52227568（发行部）　　010－52227588 转 307（总编室）
010－68589540（读者服务部）　　010－52227588 转 305（质检部）
网　　址　http：//www.cfpress.com.cn
经　　销　新华书店
印　　刷　中国农业出版社印刷厂
书　　号　ISBN 978－7－5047－5190－4/F·2137
开　　本　787mm×1092mm　1/16　　**版　　次**　2014 年 5 月第 1 版
印　　张　28　　**印　　次**　2014 年 5 月第 1 次印刷
字　　数　548 千字　　**定　　价**　120.00 元

《中国物流发展报告》(2013—2014)

编　委　会

《中国物流发展报告》（2013—2014）

特约撰稿人

（按姓氏笔画排序）

马增荣　中国物流与采购联合会汽车物流分会秘书长
王　升　中国连锁经营协会发展部主任
王国清　兰格钢铁信息研究中心主任
王继祥　《物流技术与应用》杂志常务副主编
田　征　大连海事大学交通运输管理学院副教授
冯耕中　西安交通大学管理学院副院长、教授
刘伟华　天津大学管理与经济学部副教授
李红梅　中国物流与采购联合会标准化工作部主任
李倩雯　上海海事大学 上海国际航运研究中心国内航运研究室
吴志华　南京财经大学营销与物流管理学院副院长
邹建军　中国民航管理干部学院航空运输服务研究所所长
张永锋　上海海事大学 上海国际航运研究中心国际航运研究室副主任
张晓东　北京交通大学交通运输学院副院长
赵　楠　上海海事大学 上海国际航运研究中心港口发展研究室副主任
姜超峰　中国物资储运协会会长
姜还发　深圳速必达商务服务有限公司总经理
恽　绵　德利得物流总公司运营总监
秦玉鸣　中国物流与采购联合会冷链物流专业委员会秘书长
晏庆华　中国物流与采购联合会网络事业部主任
徐　勇　快递物流咨询网首席顾问
郭肇明　中国物流与采购联合会教育培训部主任

梅赞宾　中国外运长航集团有限公司研究室高级研究员
韩永生　天津科技大学物流工程系教授
覃　拥　国药集团医药物流有限公司副总监
靳　伟　中国物流与采购联合会托盘专业委员会常务副主任
褚方鸿　运联传媒总编辑

《中国物流发展报告》(2013—2014)

编 辑 人 员

主　　编：贺登才
副 主 编：周志成

联系方式：

中国物流与采购联合会研究室：010－58566588 转 135

网　　址：中国物流与采购网（www. chinawuliu. com. cn）

电子信箱：yanjiushibj@ vip. 163. com

稳中求进　开拓创新
推动我国物流业持续健康发展

——2013 年我国物流业发展回顾与 2014 年展望
（代前言）

2013 年，我国物流业出现了趋稳向好、转型升级的新局面。2014 年，我们要抓住全面深化改革的新机遇，稳中求进、改革创新，全面打造中国物流“升级版”。

一、2013 年我国物流业发展回顾

过去的一年，我国国民经济运行稳中有进，稳中向好，物流业发展的需求基础持续巩固。习近平总书记等新一代领导集体重视物流业发展，物流业的产业地位进一步提升。全行业抓住机遇，稳中求变，呈现出一系列新的特点。

（一）总体运行趋稳向好，细分市场深度调整

我国物流业运行总体仍处于平稳增长区间。2013 年，中国物流业景气指数（LPI）全年保持在 50% 以上。全年社会物流总额 197.8 万亿元，同比增长 9.5%；物流业增加值 3.9 万亿元，同比增长 8.5%，两项指标增速均比上年略有放缓，仍快于同期 GDP 增速；社会物流总费用与 GDP 的比率将保持在 18%，社会物流成本较高的局面依然没有改变。

细分市场分化明显。受内需扩大特别是网上购物需求带动，快递、快运、配送等物流市场保持高速增长。全国规模以上快递企业业务量累计完成 91.9 亿件，同比增长 61.6%。从细分产品看，快速消费品、食品、医药、家电、电子、汽车等与居民消费相关的物流市场保持较高增长。农村物流、社区物流趋于活跃，冷链物流宅配市场受到关注。由于国际需求不振，国内经济增速放缓，我国航运、航空货运市场依然低迷，多家大型企业出现亏损。由于需求疲软和产能过剩，钢铁、煤炭等与生产资料相关的物流市场持续低迷，行业陷入深度调整。在大宗货物运输需求下降的情况下，铁路部门积极推行货运组织改革，下半年货运量持续增长，全年货物发送量与上年

持平。

（二）多业联动继续深化，跨界竞合渐成趋势

物流业与制造业、流通业和金融业等多业联动进一步深化。中远物流、中邮物流、广东嘉诚物流、厦门嘉晟供应链公司、安得物流等，分别为天津空客、中国重汽、松下电器、美的电器等制造企业提供全程供应链服务，物流企业与制造企业走向深度融合。太原钢运推进生产物流领域技术创新，一批拥有自主知识产权的专利技术投入应用。商贸业物流平台开放，物流业融入商贸物流网络。京东商城、苏宁易购、易迅网等电商企业开放自建物流平台，吸引社会物流企业。顺丰速运在武汉中百超市、南京苏果便利店推出寄件及快件自提业务，实现网络无缝对接。金融业在多业联动中发挥重要作用。长久集团积极探索汽车物流金融业务模式，全面启动金融物流业务。2012 年“钢贸危机”以后，生产资料金融物流业务整体规模有所收缩，市场向有实力、讲诚信的企业集中。中物华商发起成立“中国物流金融平台”，统一业务流程，共享监管信息，意在促进金融物流诚信体系建设。

跨界竞合开始加速。电商企业自建物流体系，物流企业拓展网上业务。京东商城在北京、上海、广州等地建立物流基地，提升自身物流能力。苏宁打造“物流云”体系，物流配送网点加快全国布局。顺丰优选试水电子商务，扩展常温商品配送城市。德邦物流、佳吉快运等零担快运企业利用网点资源优势，进军快递市场。南航、东航等航空运输企业推出快递快运产品。各类企业跨界竞合，促进了资源整合和产业融合。

（三）平台整合初见成效，物流网络下沉发展

平台整合效应显现。在公路货运领域，传化公路港加紧连锁复制，卡行天下网络平台集合了1000 多家小微物流企业，林安物流整合社会车辆资源 150 万辆。这些各具特色的公路货运物流平台，有效提升了集约化、标准化和信息化水平。在电子商务领域，阿里巴巴牵头成立“菜鸟网络”，对未来电商物流生态将产生重要影响。在国际运输领域，中外运推出了国内首个跨境航空物流电商平台和海运电子商务平台，整合分散的国际运输资源。在家电物流领域，海尔日日顺物流建立了家电和大件商品“送装一体化”的社会化服务平台，通过物流网、配送网、服务网、信息网“四网融合”，实现了直配乡镇无盲区。在大宗商品流通领域，淮矿现代物流推出平台+基地供应链管理模式，为钢铁企业开设品牌专场，整体交易能力突破1000 万吨。

物流网络向广度和深度拓展。航空运输企业加大中西部地区国际航线开辟

力度，满足日益增长的进出口贸易需求。申通快递对川渝地区产品全面提速，90个城市实现次日达。德邦物流直营网点达到4300多家，中西部网点数增幅较大。远成集团建设遂宁中国西部现代物流港，打造辐射西南地区运输市场的大型现代化物流园区。受城镇化发展和终端客户需求影响，物流网络加快向二三线市场、居民社区和农村乡镇下沉。

（四）各类资本投向物流，兼并重组热潮涌动

资本市场看好物流业发展潜力。2013年多家产业基金投资快递、公路快运、冷链物流、化工物流、物流地产等领域。中信产业基金收购天地华宇，钟鼎创投投资卡行天下，红杉资本完成对安能物流多轮投资，公路快运市场新型组织方式获得资金支持。多家资本注资全峰快递，联想控股收购全日通等快递企业，长期独资经营的顺丰速运首次引入战略性投资。普洛斯、中储、宝湾等专业物流地产企业加大投资力度，扩大仓储管理面积。一些钢铁、煤炭、房地产企业投资转向，开始在物流基础设施建设领域寻求机会。

兼并重组应对市场变革。武钢集团重组旗下物流业务，包含过去的物流公司和港务板块，成立武钢集团物流公司。阿里巴巴投资海尔日日顺物流，实现"天网"与"地网"融合。重庆百货收购重庆庆荣物流，缓解商超仓储不足。新杰物流收购上海强生便捷货运，进入城市配送领域。圆通速递等快递企业推进加盟模式向直营模式转变，治理机制和组织结构优化升级。一批领先的物流企业积极筹备上市，也有一批不适应市场变化的企业被淘汰出局。

（五）区域物流结盟发展，国际物流面临机遇

区域物流一体化推进。长三角区域跨关区、跨检区通关模式不断创新，形成了多方共同参与的区域大通关协作机制。泛珠三角各方在公路、铁路、航运等领域加快合作，多条高速公路省际通道和铁路干线等有望在近两年打通。广西七市推进区域经济一体化发展，共同签署《七市物流合作框架协议》，讨论《南北钦防玉崇百区域一体化发展规划》。以甩挂运输试点为依托，多个区域出现物流合作联盟。中部地区七省重点物流企业成立的跨省"中中物流联盟"，试行企业间无障碍挂车互换。

国际物流迎来新机遇。国务院正式批准设立上海自由贸易试验区，为物流企业参与国际竞争提供了新的平台。进出口贸易更加活跃，必将带动物流量的有效集聚，对国际航运、国际货代、港口、机场等多个物流相关产业产生直接推动作用，有望促进国际供应链格局的调整转移。随着我国跨境电子商务快速起步，物流企业国际化扩张加速。顺丰速运成功申请国际快递业务牌照，多家

快递企业获得代理国际快递业务资质，物流企业“走出去”步伐加快。党的十八届三中全会提出，加快同周边国家和区域基础设施互联互通建设，推进丝绸之路经济带、海上丝绸之路建设，为国际物流提供了新的空间。

（六）信息化加大投入，技术装备加快升级

“物流电商”快速发展。大型企业加大物流信息化投入，大数据、云计算、物联网、移动互联、智慧物流等新技术扩大应用。“双十一”期间，成立不久的“菜鸟网络”，通过大数据平台引导商家和快递企业协同作战，共享和分析海量物流数据，有效提升了物流效率。易流科技依托车联网技术，开发“运力池”模式，整合运力资源。交通运输部在“八省一市”试行推广北斗车载定位终端，普及位置服务应用。交通运输物流公共信息平台提出总体架构，计划打造构建覆盖全国、辐射国际的物流信息基础交换网络和门户网站。

技术改造和装备升级提速。为应对成本不断上涨局面，满足客户日益增长的服务需求，物流企业纷纷加大技术改造和装备升级力度。干线运输企业开始关注全成本管理，运输车辆向高端化转型，努力提升品牌质量、可靠性、节能性和安全性。城市配送企业更加关注配送效率，运输车辆向专业化、标准化、信息化方向发展。新型叉车、货架、分拣输送设备、自动化立体仓库等现代化物流装备需求快速上升。托盘租赁共用循环使用系统受到企业和政府有关部门关注。

（七）基础工作稳步推进，行业服务能力进一步增强

近年来，中国物流与采购联合会、中国物流学会在政府有关部门领导下，围绕行业需要，依靠企业支持，致力于标准、统计、人才培养、理论研究等行业基础性工作，提升了行业服务能力。

A 级物流企业评估工作进度加快。依据《物流企业分类与评估指标》国家标准，中物联自 2005 年开始组织开展 A 级物流企业综合评估工作，2013 年共审定通过两批、683 家。截至目前，我国已有 A 级物流企业 2414 家，其中，5A 级企业 149 家。

物流企业信用评价有新的进展。2013 年，中物联开展了两批物流企业信用评价工作，共评出 79 家 A 级信用企业。到目前，A 级信用企业累计已有 308 家。

物流标准化工作有序推进。由全国物流标准化技术委员会提出，国家标准委批准发布《物流园区服务规范及评估指标》等八项物流国家标准。根据

《全国物流标准专项规划》以及物流行业急需制定的标准项目，新申报国家标准3项，行业标准12项。在制的国家标准共计61项，行业标准24项。

统计信息工作公信力提高。中国物流业景气指数（LPI）正式发布，预测分析我国物流业运行形势又添新指标。采购经理指数（PMI）的权威性和影响力稳步提升，月度物流信息发布制度进一步完善，成为政府决策、企业经营的重要依据。

教育培训工作规模扩大。全国已有473所本科院校、1100多所高职高专院校开设了物流专业。物流师职业资格培训与认证工作自2003年11月开展以来，已有30多万人参加了认证培训，20多万人取得高级物流师、物流师、助理物流师和采购师资格证书。

学术理论政策研究取得新成果。2013年，中国物流与采购联合会完成了《我国物流业中长期发展战略研究》等10多项国家有关部门委托的重大研究课题。中国物流学会组织参评论文950篇、课题247个，一批研究成果被政府部门或企业采纳。

（八）交通运输管理体制改革，物流政策环境改善

交通运输管理体制改革。2013年3月，《国务院机构改革和职能转变方案》正式发布，实行铁路政企分开。原铁道部拟定铁路发展规划和政策的行政职责划入交通运输部，组建中国铁路总公司，承担原铁道部的企业职责。目前，我国已经实现由交通运输部统筹规划铁路、公路、水路、民航发展，推进综合交通运输体系建设，将有利于形成真正意义上的大交通格局。

各部门积极推动物流业发展。国务院提出深化流通体制改革，加快流通产业发展重点工作部门分工方案，推进铁路投融资体制改革，取消一批行政事业性收费和行政审批项目。国家发展改革委出台《全国物流园区发展规划》，发布《促进综合交通枢纽发展的指导意见》。财政部和国家税务总局将铁路运输和邮政业纳入营业税改征增值税试点，继续落实土地使用税减半征收政策。交通运输部发布《国家公路网规划》，出台《关于交通运输推进物流业健康发展的指导意见》，支持甩挂运输和物流园区发展，加强快递市场和城市配送管理，促进航运业转型升级。商务部发布《关于促进仓储业转型升级的指导意见》，推进重点商贸功能区建设，在现代服务业综合试点工作中启动实施城市共同配送试点。工业和信息化部提出《关于推进物流信息化工作的指导意见》，开展信息化和工业化深度融合专项行动。海关总署继续推进大通关建设，创新监管服务模式。

总体来看，2013年我国物流业顺应转变发展方式的要求，坚持以质量和

效益为中心，充分发挥市场主体活力，加快效率提升、创新驱动，释放改革红利，实现了平稳健康发展。但是我们也要看到，我国物流业运行还存在较大下行压力，社会物流成本依然较高，物流运作方式粗放，物流服务附加价值低，区域和城乡物流发展不平衡、人才短缺日益严重、技术应用水平薄弱、行业诚信缺失和资源环境负担较重等问题亟待解决，促进物流业发展的各项政策措施有待落实。

二、2014 年我国物流业发展展望

2014 年是贯彻落实党的十八届三中全会精神、全面深化改革的第一年。纵观国内外形势，我国物流业发展面临新的机遇和挑战。

从国际看，世界经济总体延续缓慢复苏态势。外需市场有所改善，与外需相关的物流领域有望逐步好转。全球价值链和供应链调整加快，对我国制造企业、物流企业抢占国际供应链中高端环节提出更高要求。多边经贸合作趋势明显，物流业必将成为构建开放型经济新体制的重点领域。

从国内看，我国经济正处于从高速增长阶段向中高速增长转换的关键时期，物流成本过高仍然是制约国民经济转型发展的重要因素。降低物流成本、提高物流效率、创新物流模式是推动物流业转型升级的必由之路，也是转变经济发展方式的重要手段。

从要素条件看，我国赖以高速增长的成本驱动模式难以持续。能源供求失衡、价格上涨趋势明显；农村可转移剩余劳动力不断减少，以及对劳动者合法权益保护，人力成本不断提高；更加严格的土地政策，物流业“用地难、地价贵”问题难以缓解；环境污染形势严峻，资源环境成本不容忽视。总体来看，物流业要素成本全面提高，传统的成本和价格竞争难以为继。

面对新的形势，我们要认真贯彻党的十八届三中全会精神，以市场为导向，以改革开放为动力，以质量和效益为中心，寻找转型升级的突破口，培育产业核心竞争力，全面打造中国物流“升级版”。

一是以联动融合为突破口，推动产业物流转型升级。制造业、商贸业和农业等产业物流是物流业发展的需求基础，物流业是产业转型升级的重要支撑。与产业物流联动融合，整体优化产业物流系统，不仅是推动产业转型升级的需要，也是物流业生存发展的必然途径。物流企业要紧密围绕产业物流需求，主动融入产业物流供应链。通过流程优化、效率提升和模式创新，发挥协同效应，增强一体化服务能力，建立产业联动新型战略合作关系，不断开拓发展的新天地。

二是以配送体系建设为突破口，做大做强民生物流。随着人民生活水平提高，消费市场启动，特别是电子商务爆发式增长，对物流配送提出了新的要求。物流业要根据市场需求，打通物流“微循环”，做好“最后一公里”，更好地开拓城市社区和农村乡镇物流市场，注重商贸物流服务创新，满足更具个性化的服务需求。有关部门应在配送网点建设、配送车辆进城和信息系统配套等方面创造宽松环境。

三是以平台整合为突破口，完善物流网络布局。要按照《全国物流园区发展规划》等总体布局要求，统筹规划物流园区等各类物流基础设施建设。对纳入规划的物流基础设施，要有严格的用途管制。既要保障规划落地，又要避免借物流名义圈占土地。要积极推动多式联运发展，发挥综合运输整体效能。对于现有公路、铁路、港口等公共性基础设施和生产资料、生活资料等专业物流设施，要鼓励平台开放、渠道下沉、互联互通、整合利用。要推动信息平台和实体平台融会贯通，线上与线下相结合，鼓励各类平台创新运营模式，提高网络的渗透力和辐射力。

四是以信息化为突破口，推动物流业创新发展。大数据、云计算、互联网、移动互联、智慧物流等新的信息技术，给物流业带来重大变革和新的挑战。我们应以互联网思维改造传统物流企业，加快企业物流信息系统建设。发挥核心物流企业整合能力，打通物流信息链，实现全程、透明、可视化管理。支持有实际需求、具备可持续发展前景的物流信息平台发展，推进全社会物流信息资源的开发利用，实现物流信息与公共服务信息的有效对接。鼓励区域间和行业内的物流平台信息共享，促进物流信息互联互通。结合军事物流和民用物流的优势和特点，探索物流信息化军民共建互促机制。

五是以落实现有政策为突破口，进一步营造物流业发展的政策环境。2009 年国务院《物流业调整和振兴规划》发布以来，国务院办公厅出台“物流国九条”，各地方、各部门相继推出一系列促进物流业发展的政策措施。有的已经收到实效，多数有待落实。当前，物流企业主要的政策诉求依然是：第一，减轻税费负担，为物流企业真正“减负”；第二，支持物流用地，促进物流项目“落地”；第三，创造便捷交通环境，缓解“通行难、收费高”；第四，改革投融资体制，解决“融资难、成本高”；第五，简化审批手续，方便物流企业开设网点，允许集团型企业统一使用资质、统一纳税，支持物流企业“做大做强”。物流业是支撑国民经济发展的基础性、战略性产业，需要政府进一步转变职能，加强统筹协调，积极营造物流业健康发展的政策环境。

在新的形势下，我国物流业还面临着法制建设、诚信体系建设、标准规范、环境保护、社会责任等一系列重大问题，需要加强引导。中国物流与采购联合会作为行业社团组织，将积极探索新时期行业协会组织方式和运作模式改革，更好地团结广大会员企业，发挥好桥梁纽带、行业自律、服务引领作用，为全面深化改革，打造中国物流“升级版”作出新的贡献。

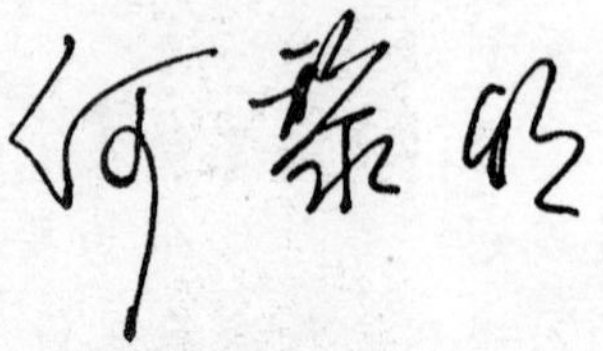

（作者：何黎明，现任中国物流与采购联合会会长、中国物流学会会长）

Stable Development and Innovation to Promote the Sustained and Healthy Development of China's Logistics Industry

——Review of China's Logistics Industry Development in 2013 and Prospect in 2014

(Foreword)

In 2013, a new situation that the trend towards steady progression, transformation and upgrading became visible in China's logistics industry. In 2014, we should take the new opportunity of deepening the all – round reform to seek progress in stability, make innovations and create the "updated version" of China's logistics industry.

1. Review of China's logistics industry in 2013

In 2013, China's national economy showed a steady progression and stabilization with getting better. The demand basis for the development of China's logistics industry has been consolidated constantly. The new central leading group, including Xi Jinping, the CPC Secretary General, attached great importance to the development of China's logistics industry. And the industrial status of logistics industry has been further improved in China. The whole industry seized the opportunity, making changes in stability. A series of new features have sprung up.

(1) The trend to steady progression and the deep adjustment of the market segments

China's logistics industry is generally in the range of steady growth. In 2013, the LPI of the logistics industry stayed upon 50 percent all through the year. According to the forecast, total value of social logistics goods was 197.8 trillion yuan, with a year – on – year growth of 9.5%. National logistics added value was 3.9 trillion yuan, achieving a year – on – year growth of 8.5%. The growth of both figures was slowdown compared with the growth of last year, while it was faster than the growth of

GDP at the same period. Total costs of social logistics would still account for 18% of GDP. The situation that the social logistics cost is high remains unchanged.

The differentiation of market segments is obvious. Driven by the expansion of domestic demand, especially the demand of shopping online, the markets of express and distribution maintain the high – speed growth. The express enterprises above designated size have achieved annual business volume of 9. 19 billion units, with a year – on – year growth of 61. 6%. In the consideration of product segments, the logistics market related to the service of household consumption, including fast moving consumer goods, food, pharmaceuticals, home appliances, consumer electronics and automotive, grows rapidly. Rural logistics and community logistics tend to be more active and attention has been paid to the market of cold chain logistics home delivery. The market of shipping and air cargo are still in a slump in China, due to the sluggish demand abroad and the slowdown in the development of national economy. Thus, many large enterprises maked a loss. The logistics market related to the means of production such as steel and coal remain sluggish and the industry fell into the deep adjustment, because of the sluggish demand and excess capacity. The railway department has been promoting the freight organization reform actively in the case of the declining demand of mass freight transportation, the freight volume continued to grow in the second half of the year and the annual volume met last year's figure.

(2) The interactive development of multi – industry has been deepened and the crossover co – opetition relationship in business operation has became a trend

The interactive development of multi – industry among logistics, manufacturing, circulation, financial industry is further deepened. Enterprises, such as COSCO LOGISTICS, CNPL, Guangdong Jiacheng Logistics, Xiamen Justsun and Annto Logistics, have provided the whole supply – chain service to manufacturing enterprises like Tianjin Airbus, CNHTC, Panasonic, Midea respectively. The integration of logistics enterprises and manufacturing enterprises has been deepened.

Taiyuan Steel Conveyance Logistics Company has advanced the technical innovation in the field of production logistics and a batch of patented technologies with independent intellectual property rights has been applied. Business logistics platform has been opened and logistics industry gets into the commercial logistics network. Electric business enterprises, such as Jingdong Mall, Suning and Icson, open their self – built logistics platforms to attract social logistics enterprises. SF – Express launched a new service to help the customers send or receive their parcels by themselves in the

Wuhan Zhongbai Supermarket and Nanjing Suguo Supermarket, in order to achieve the seamless joint of the network. Financial industry plays a significant role in the interactive development of multi – industry. Changjiu Group has been searching the business model of automotive logistics finance and its business finance logistics has been in full swing. After the crises of steel trade happened in 2012, the overall scale of production goods finance logistics business became smaller and the market was concentrated on enterprises with integrity and strength. China Commerce & Logistics International Company has launched the construction of China's logistics financial platform to unify the business processes and share supervision information, aiming to promote the construction of finance logistics credit system.

The speed of operation in crossover co – opetition relationship has been accelerating. Electric business enterprises have built logistics system by themselves and logistics enterprises expanded online – businesses. Jingdong Mall has built logistics bases in Beijing, Shanghai and Guangzhou, to improve its logistics capability. Suning has made a "Logistics Cloud" system, and has accelerated the layout of nationwide distribution network. SFBest has tried to do electric business to expand the scope of distribution cities for the goods which need normal temperature ambient storage. Part load freight express enterprises such as Deppon Express and CNEX Express utilized the advantage of their network resources to move into express market. Aviation transport enterprises, such as China Southern Airlines and China Eastern Airlines, have launched their express products. All kinds of enterprises get into the development of the crossover co – opetition, which promotes the process of resources integration and industrial convergence.

(3) The integration of platform has achieved initial success, while logistics network has been developed into rural areas

The positive effects of integration platform has appeared. In the field of road freight, Transfer Road – port Company has been busy in copying the vertical chain outlets, TXTX network platform has unitized more than 1000 micro logistics companies and LINAN Logistics Company has integrated social vehicle resources, with a total number of 1. 5 million vehicles. These road freight logistics platforms with different characteristics have increased the levels of intensification, standardization and information effectively. In the field of electric business, Alibaba Group led to build "Cainiao Network", which will produce important effects on the ecosystem of electrical business in the future. In the field of international transportation, Sinotrans has developed the first Cross – border air logistics electric business platform and the first sea cargo electric business platform to integrate dispersed international transportation resource. In the field of home appliance logistics, Haier Ririshun Logistics Company has built a social service platform for home appliances and large commodities, which is used in not only for distribution, but also for installation. And Ririshun provided delivery service to all villages and towns through the amalgamation of four networks, namely logistics network, distribution network, service network and information network. In the field of staple commodities circulation, Huaikuang Modern Logistics Company not only created the mode of "platform + base" supply – chain management but also opened the "brand special" for the iron and steel enterprises. And the overall trading capacity has broken through ten million tons.

The logistics network expanded the width and depth. Aviation transport enterprises have added more international routes in the central and western regions of China to meet the growing demands of import and export trade. Shentong Express has sped up its distribution for Sichuan – Chongqing region and provided the Next – Day Delivery service in 90 cities. Deppon Express has more than 4300 direct – sale stores and there is a higher rate of increase in amount of the stores in the central and western regions. Yuan Cheng Group built Suining Modern Logistics Port in the western China, making a big modern logistics park which can make a great difference in the southwestern transport market. Under the influence of urbanization development and end – customer demands, the logistics network expanded rapidly into the lower – tier markets, neighborhoods and rural areas.

(4) All kinds of capitals has invested in the logistics industry and the craze for merging and reorganization has been keeping

Capital market has been pricing in a happy outcome in the development potential of logistics industry. In 2013, many industry funds invested in the field of express, highway express, cold chain logistics, chemical logistics, and logistics estate. CITIC PE purchased TNT. CBAN invested in KXTX Company, Sequoia Capital has finished multi – round investments in ANE. New organizing mode in Highway Express market get capital supports. Several enterprises invested capital in Quanfeng Express, Legend Holdings Ltd. purchased express companies such as Quanritong, SF Express, which was a sole proprietorship for a long time, introduced the strategic investment for the first time. Professional logistics estate enterprises, like Global Logistic Properties, China Material Storage and Transportation Company, SCPSB increased investment and expanded the management areas of warehouses. Some iron and steel, coal, real estate enterprises have changed the direction of investment and began to seek opportunities in the field of logistics infrastructure construction.

Merging and reorganization is used to dealing with the market changes. Wisco Group restructured its logistics business, including the old logistics company and the harbor service business, and then founded the Wisco Group Logistics Company. Alibaba Group invested in Haier Ririshun Logistics Company, which realized the integration of sky net and land net. Chongqing Department Store purchased Chongqing Qingrong Logistics Company to relieve the insufficience of warehouses. By purchasing Shanghai Qiangsheng Convenient Freight Company, Sunjet Logistics Company took part into the field of city distribution. Express companies including Yuantong Express, promoted the transformation from direct mode to the retail mode and the optimizing and upgrading of governance mechanism and organization structure. A number of leading logistics enterprises are preparing for listing actively, while a group of companies that didn't adapt to the changes of market have been eliminated.

(5) Regional logistics alliance has developed and international logistics has met opportunities

The integration of regional logistics has developed. The model of inter – related areas and cross – check area in the Yangtze River Delta region continued to innovate, thus formed the cooperation mechanism of multiple participation in the regional customs clearance. Pan – PRD parties accelerated their cooperation in road, rail, shipping and other areas. Many inter – provincial highways and rail line have been expected to open up in the last two years. Seven cities in Guangxi promote regional economic integration, jointly signed *The Framework Agreement of Seven City Logistics Cooperation* and discussed *The Regional Integration Development Plan of Nan, Bei, Chin, Fang, Yu, Chong and Bai.* Relying on the pull transport pilot, logistics alliances has emerged in multiple areas. Key logistics enterprises of seven provinces in central region established inter – provincial logistics alliance and tried exchanging the tailers between enterprises without barrier.

International logistics has met new opportunities. The State Council has officially approved the establishment of Shanghai Free Trade Test Area, which has provided a new platform for logistics enterprises to participate in international competition. Import and export trade are becoming more actively, which will promote the effective concentration of the logistics volume and it also play a direct role in promoting international shipping, international freight forwarding, ports, airports and other related logistics industries. The increase of import and export trade will also promote the adjustment and the transformation of international supply – chain pattern. With the rapid development of cross – border e – business, logistics companies have begun to accelerate international expansion. SF Express have successfully applied the license of international express business, a number of express enterprises have obtained the proxy qualification of international express. Logistics enterprises have accelerated the pace of internationalization. The Third Plenary Session of 18th CPC Central Committee has proposed to accelerate the construction of infrastructure with neighboring countries and regions and promote the construction of the Silk Road economic zone and the Maritime Silk Road, which will provide a new space for international logistics

(6) Investments increase in information technology and the upgrading of technical equipment has sped up

Logistics e – business develops rapidly. Large enterprises have increased the investment in logistics information. Big data, cloud computing, networking, mobile, smart logistics and other new technologies have began to expand the application. During the November 11th, rookie network guides merchants and express companies to work together via big data platform. Through sharing and analyzing massive data, the rookie network increased the efficiency of logistics effectively. YiLiu Technology Co. Ltd. has already developed capacity pool mode to integrate capacity resources based on the vehicle networking technology. The Ministry of Transport has tried to promote Beidou vehicle positioning terminal in the eight provinces and one city to put the location – based service applications into practice. Transportation logistics public information platform has proposed overall architecture planning to build logistic information fundamental exchange networks and portal sites covering both at home and abroad.

The technological improvements and equipment upgrading sped up. In response to rising costs situation and meet customers' growing service demand, logistics companies have increased the intensity of technological transformation and equipment upgrading. Trunk transport enterprises began to focus on the full cost management and the transport vehicles began to transform to high – end. The companies tried hard to enhance brand quality, reliability, energy efficiency and security. Urban distribution companies have paid more attention to the efficiency of delivery and transport vehicles development in the direction of specialization, standardization and informationization.

The demand of modern logistics equipment including new forklift, shelving, sorting conveyor equipment and automatization tridimensional storehouses increased rapidly. The recycled pallet rental system has been getting more attention from the government departments and enterprises.

(7) The basic works has been promoting steadily and the industry service has enhanced

In recent years, under the leadership of relevant government departments, the CFLP and the CSL have been committing into the industry's basic work including standards, statistics, personnel training and theoretical researches according to the industry needs. And it has enhanced the industry's service capability.

The process of evaluating Class – A logistics enterprise has sped up. Since 2005, the CFLP has begun to carry out assessment of Class – A logistics enterprises in accordance with the national standards, the *Logistics Enterprises Classification and Evaluation Indicators*. The CFLP has approved two batches, 683 Class – A logistics enterprises in 2013. Until now, the number of Class – A companies has reached 2414. Among all the Class – A companies, there are 149 companies which classified as Class – 5A.

Credit evaluation in logistics enterprise makes new progress. In 2013, the CFLP carried out two batches of logistics enterprise credit evaluation. As a result of this credit evaluation, 79 enterprises has been classified as Class – A. Until now, the number of Class – A credit enterprises has reached 308.

Standardization of logistics has been promoted orderly. Proposed by the National Logistics Standardization Technical Committee, eight logistics national standards, including *Logistics Park Service Specification and Evaluation Indicators* have been approved to be released by National Standards Committee. According to the *National Logistics Standard Planning* and the standards project which logistics industry needs to plan immediately, 3 national standards and 12 industry standards were declared. 61 national standards and 24 industry standards has been being formulated.

The statistics' credibility improves. The LPI has released officially and it is a new index indicating China's logistics industry. The authority and influence of PMI improves steadily. The monthly logistics information releasing system is more perfect and it becomes an important basis for government decision – making and business operation.

The scale of education and training work has expanded. At present, logistics major has been established in 473 universities and more than 1100 vocational schools. Since logistician vocational qualification training and certification work has been carried out in November 2003, more than 300000 people have took part in the certification training and more than 200000 people have been given qualification certificate of logistics manager, logistics manager, assistant logistician and purchaser.

Academic theoretical policy researches obtain new achievements. In 2013, CFLP has completed more than 10 projects entrusted by relevant government departments such as *Research on Long - term Development Strategy of China's Logistics Industry*. The CSLP has judged 950 papers and 247 subjects. And a number of research achievements have been adopted by government departments and enterprises.

(8) The transportation management system has been reformed and the logistics policy environment has improved

The transportation management system has been reformed. In March 2013, *The Scheme for the Reform and Function Transformation of the State Council Institutions* has been released and the railway separated enterprise management from the government functions. The former Ministry of Railway assigned the railways development planning and administrative duties to the Ministry of Transport and then established China Railway Corp which takes the corporation responsibility of the former Ministry of Railway. At present, the development of railway, highway, waterway, and civil aviation is coordinately planned by the Ministry of Transport and the construction of comprehensive transportation system is also promoted. This will really facilitate the formation of integrated transportation pattern.

Each department promotes the development of the logistics industry actively. The State Council not only proposed to deepen the reform of the circulation system and accelerate the development focusing on the division plan of the circulation industry key departments but also promoted the reform of railway investment and financing system and canceled a number of administrative fees and administrative approval items. The National Development and Reform Commission promulgated the *Development Planning of National Logistics Park* and released *Directive Opinions on Promoting the Development an Integrated Transport Hub*. The Ministry of Finance and the State Administration of Taxation set the railway transport and postal industry as the pilots of transition from business tax to value added tax and implement the policy of having collecting the land use tax. Ministry of Transport promulgates the *National Highway Network Planning* and releases *Guidance on the Healthy Development of the*

Logistics Promoted by Transportation Industry, actively promoting the transportation with dumping trailers and the development of logistics parks. It also strengthened the management of express market and urban distribution, promoted the transformation and upgrading of the shipping industry. The Ministry of Commerce issued *The Guiding Opinions on Promoting the Transformation and Upgrading of the Warehousing Industry*, promoting the construction of key business functional areas, carrying out urban co – distribution pilots in the modern service integrated pilot work. The Ministry of logistics Industry and Information Technology proposed the *Guidance on Promoting the Work of Logistics Information*, carrying out the deep integration of information technology and industrialization. The General Administration of Customs of the People's Republic of China continued to promote the construction of customs clearance and the innovation of supervision service model.

Overall, in 2013 China's logistics industry adapted to the requirement of transforming development methods and sticked to regard the quality and efficiency as the priority and played the vitality of main market fully, accelerates the efficiency improvement, and innovation – driven, released the reform dividend and realized the stable and healthy development. But we cannot neglect the pressure of our logistics industry operation. The social logistics costs are high. The logistics operation mode is extensive and the added value of the logistics service is low. Regional and urban – rural in logistics' development is imbalance and the shortage of talented is increasing. The week level of technology application, the shortage of logistics industry credibility, the heavy burden on resources and environment and other problems need to be solved. In addition, various policies which will promote the development of the logistic industry need to be implemented.

2. Prospects of China's logistics industry in 2014

The year of 2014 is the first year to implement the spirit of The Third Plenary Session of 18th CPC Central Committee and comprehensively deepen the reform. Throughout the domestic and overseas situation, the logistics industry of our country faces new opportunities and challenges.

From the international aspect, the world economy mostly keeps on the trend of slow recovery. The external market has improved and the field of logistics related external demands is expected to gradually improve. The speeding – up adjustment of the global value chain and supply – chain put forward higher request to manufacturing enterprises and logistics enterprises of our country on seizing the high – end segment in the international supply – chain. The tendency of multilateral economic and trade cooperation is obvious, the logistics industry will become the key field to build a new open economy system.

From the domestic aspect, the economy of our country is in a critical period of transforming from high – speed growth stage to a little slower one, high logistics cost is still an important factor of restricting the development of national economic transformation. Reducing the cost, improving logistics efficiency and innovating logistics mode is not only the route which must be passed to promote the transformation and upgrading of the logistics industry, but also an important method of changing the mode of economic development.

In the view of essential factor conditions, the pattern driven by speeding cost, which we rely on, is difficult to be continued. Supply and demand of energy is unbalanced and the price is rising obliviously. The number of rural surplus labor which can be moved is declining, and the labor cost is increasing because of the protection for the laborers' legal rights. The more rigorous land policy makes the problems of logistics industry, which the land is difficult to get and the price of land is expensive, hard to be mitigated. In addition, the situation of environmental pollution is serious, so the cost of resources and environment cannot be ignored. Overall, factor cost of logistics industry is improving comprehensively and the competition between the traditional costs and prices is unsustainable.

Facing the new situation, we must seriously implement the spirit of The Third Plenary Session of 18th CPC Central Committee, not only regard the market as the guide, the reform and opening up as the driving forces, but also set the quality and benefit as the center. We should find the breakthrough of transformation and upgrading, cultivate core competitiveness and build the "upgraded version" of China's logistics comprehensively.

Firstly, the integration should be the breakthrough to promote the transformation and upgrading of logistics industry. Manufacturing industry, commerce and agriculture and some other industries' logistics are the demand basis for the development of the logistics industry and the important support for the transformation and upgrading of logistics industry. The integration and linkage with industries' logistics and the total optimization of the industries' logistics system are not only the necessity for promoting the transformation and upgrading of logistics industry, but also the inevitable way for the survival and development of the logistics industry. Logistics enterprises should be close around the demand of industries' logistics and integrate into the logistics supply - chain of industries actively. We should use the synergistic effect, enhance the ability of integrated service, establish a new strategic partnership type of industry linkage and constantly open up new world through the process optimization, efficiency improvement and model innovation.

Secondly, we should look upon the construction of distribution system as the breakthrough to enlarge and strengthen live - hood logistics. As the income level of Chinese people has been improved, the consumer market has been launched, especially the explosive growth of electronic commerce set new requirements to logistics distribution. According to the market demand, the logistics industry should get through the logistics ' microcirculation ', accomplish ' the last mile ', open up the city community and rural logistics market and pay attention to commercial logistics service innovation to meet the more personalized service demand. The relevant departments should create a casual environment for the construction of distribution centers, the permission to let distribution vehicle into cities and the supporting of information system.

Thirdly, the integration of platforms should be the breakthrough to improve and perfect the logistics network layout. We should make an overall plan of logistics parks and the construction of logistics infrastructure according to the overall requirements such as *The National Logistics Park Development Plan*. Strict control on the use of the logistics infrastructure included in the planning is necessary. We should safeguard the realization of planning and avoid seizing and occupying land in the name of logistics. In addition, we must promote the development of multimodal transport actively and develop the comprehensive transportation efficiency. We should encourage the existing public infrastructure and means of production, including highway, railway, port etc. , to open the platform, broaden the marketing channel, interconnect each other and to be integrated and utilized. We not only ought to promote the information platform interconnecting with the solid platform, combine the online and offline, but also must encourage various platforms to innovate the operation mode, in order and improving the penetrability and radiate ability of network.

Fourthly, we must regard the informatization as the breakthrough to promote the innovation and development of logistics industry. Big data, cloud computing, Internet mobile Internet, and intelligent logistics information technology bring great changes and new challenges to the logistics industry. We should transform the traditional logistics enterprises with the Internet thought and accelerate the construction of enterprise logistics information system. In addition, we are supposed to develop the integration capabilities of central logistics enterprises and get through the logistics information chain to realize the visual and transparent management of the whole process. It is necessary that we should support the development of the logistics information platform with the sustainable development prospects and actual demand, promote the development and utilization of the whole social logistics information resources, to realize the effective combination of logistics information and public service information. We must encourage logistics platforms within the industry and regions to share the information in order to promote the interoperability of logistics information. The last but not the least, we should explore the mutual promoting mechanism of logistics information built by military and civilian with the advantages and characteristics of military logistics and domestic logistics.

Fifthly, we should build the policy environment for logistics industry development by implementing the existing policy. Because the State Council published the *Logistics Industry Adjustment and Revitalization Plan* in 2009, the General Office of the State Council publishes the nine items of nation. Then all localities and departments push out a series of policies and measures successively to accelerate the development of logistics industry. Some of these policies have been put into practice, while most of them have been implemented. Now the major policy demands of logistics enterprises are still the following issues. Firstly, lighten the burden of taxes and fees. Secondly, support logistics land and promote the land use for logistics enterprises. Thirdly, create convenient traffic and transportation environment to remit the situation of hard to pass and high fees. Fourthly, reform the investment and financing system to solve the problem of financing difficulty and high cost. Fifthly, simplify the examination and approval procedures to make logistics enterprises open outlets easily. We should support logistics enterprises to become bigger and stronger by allowing group company to unify the qualification and tax. The logistics industry is a basic and strategic industry, which supports the development of national economy. In this situation, the government needs to transform functions, strengthen overall coordination and create favorable conditions for the healthy development of the logistics industry.

Under the new social circumstances, logistics industry of our country still faces a series of significant problems such as the construction of legal system, credit system, standard specification, environmental conservation, social responsibility and so on, thus the logistics industry needs strong guidance. As the industry organization, China Federation of Logistics and Purchasing will energetically seek reformation on the organization methods and operation mode in new period. CFLP will not only unite the members preferably, play the role as bridge and bond, self – regulation and service guiding but also concentrate on making new contributions to deepening the reform comprehensively and creating the updated version of China's logistics.

(Author: He Liming, Chairman of the China Federation of Logistics and Purchasing, China Society of Logistics)

目　录

第一篇　综合报告

第二篇　专题研究

第三篇　资料汇编

CONTENTS

Part 1 General Reports

Part 2 Special Topics

第一篇

综 合 报 告

第一章

2013年中国物流业发展的环境

2013年，我国经济社会发展呈现稳中有进、稳中向好的良好局面。党的十八届三中全会为加快转变发展方式、培育增长新动力、实现经济持续健康发展确定了行动纲领。党中央、国务院重视物流业发展，物流业相关规划陆续出台，政策环境持续改善。物流业要素成本继续上涨，市场竞争加剧，环保压力加大。

一、国民经济运行稳中向好

2013年，全年国内生产总值（GDP）56.9万亿元，比上年增长7.7%，如图1所示。

分季度看，一季度同比增长7.7%，二季度增长7.5%，三季度增长7.8%，四季度增长7.7%。

分产业看，第一产业增加值5.7万亿元，增长4.0%；第二产业增加值25万亿元，增长7.8%；第三产业增加值26.2万亿元，增长8.3%。三次产业增加值占国内生产总值的比重分别为10.0%、43.9%和46.1%，第三产业增加值占比首次超过第二产业。

（一）工业生产稳定增长

2013年，全年全部工业增加值21.07万亿元，比上年增长7.6%。规模以上工业增加值增长9.7%，如图2所示。

分经济类型看，国有及国有控股企业增长6.9%；集体企业增长4.3%，股份制企业增长11.0%，外商及港澳台商投资企业增长8.3%；私营企业增长12.4%。

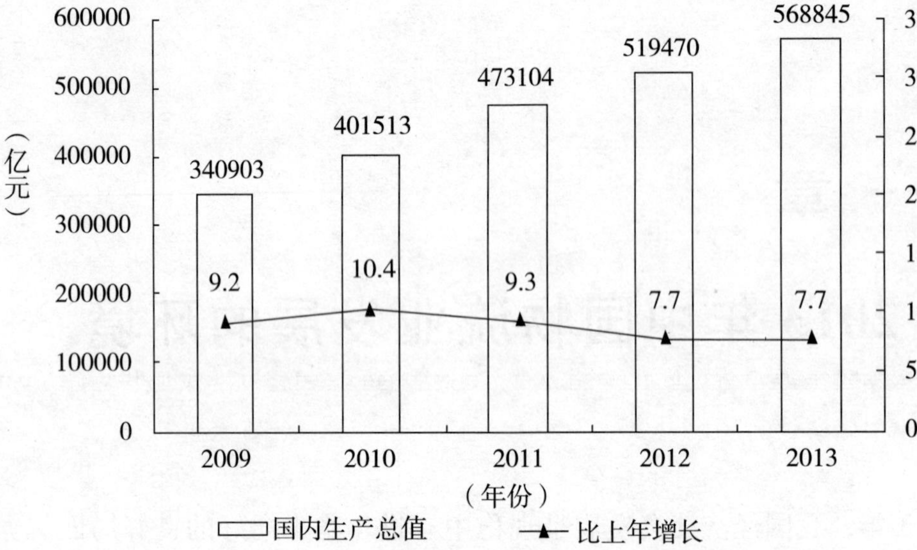

图1　2009—2013 年国内生产总值及其增长速度

分门类看，采矿业增长 6.4%，制造业增长 10.5%，电力、热力、燃气及水生产和供应业增长 6.8%。

分地区看，东部地区增加值比上年增长 8.9%，中部地区增长 10.7%，西部地区增长 11.0%。

分产品看，全年 464 种工业产品中有 340 种产品产量比上年增长。

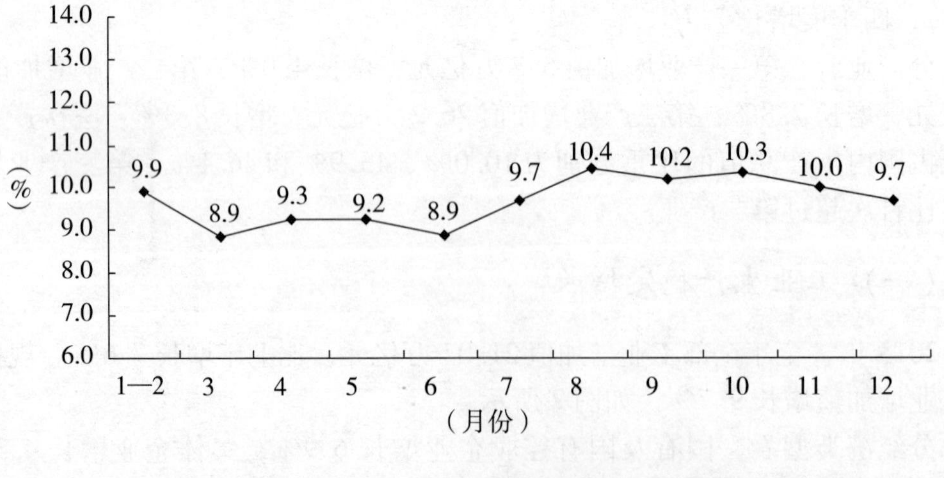

图2　2013 年规模以上工业增加值增速（月度同比）

全年规模以上工业企业实现利润 6. 3 万亿元，比上年增长 12. 2%，其中国有及国有控股企业 1. 5 万亿元，增长 6. 4%；集体企业 825 亿元，增长 2. 1%；股份制企业 3. 7 万亿元，增长 11. 0%；外商及港澳台商投资企业 1. 5 万亿元，增长 15. 5%；私营企业 2. 1 万亿元，增长 14. 8%。

（二）国内贸易平稳较快增长

2013 年，全年社会消费品零售总额 23. 8 万亿元，比上年增长 13. 1%，扣除价格因素，实际增长 11. 5%，如图 3 所示。

按经营地统计，城镇消费品零售额 20. 6 万亿元，增长 12. 9%；乡村消费品零售额 3. 2 万亿元，增长 14. 6%。

按消费形态统计，商品零售额 21. 2 万亿元，增长 13. 6%；餐饮收入额 2. 6 万亿元，增长 9. 0%。

在商品零售中，限额以上企业（单位）商品零售额 11. 1 万亿元，增长 12. 7%，其中，汽车类增长 10. 4%，家具类增长 21. 0%，家用电器和音像器材类增长 14. 5%。

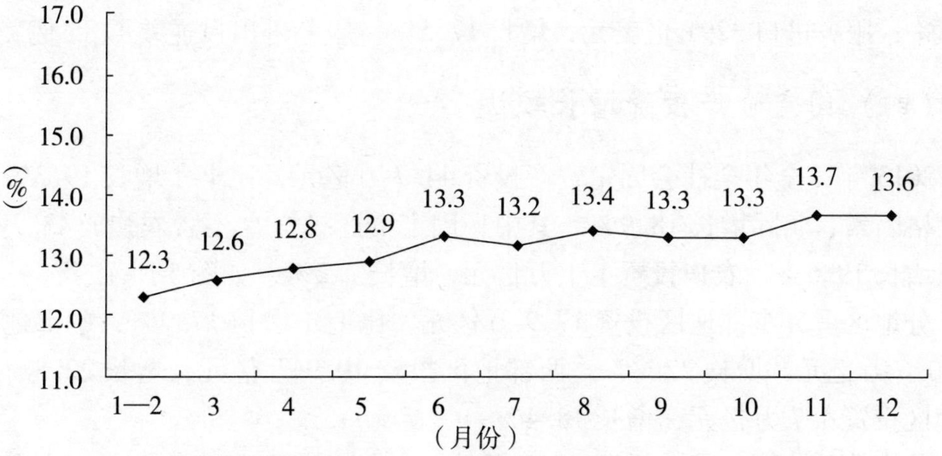

图 3　2013 年社会消费品零售总额增速（月度同比）

（三）进出口贸易有所回升

2013 年，全年货物进出口总额 25. 8 万亿元人民币，以美元计价为 4. 2 万亿美元，比上年增长 7. 6%。其中，出口 13. 7 万亿元人民币，以美元计价为 2. 2 万亿美元，增长 7. 9%；进口 12. 1 万亿元人民币，以美元计价为 2 万亿美元，增长 7. 3%。进出口差额（出口减进口）1. 6 万亿元人民币，比上年增加

1514 亿元人民币，以美元计价为 2592 亿美元，增加 289 亿美元，如图 4 所示。

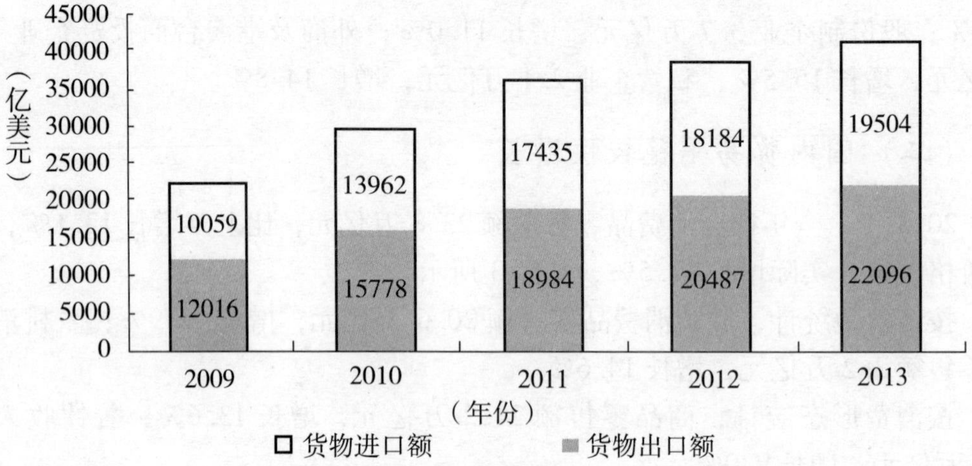

图 4　2009—2013 年货物进出口总额

2013 年，全年服务进出口（按国际收支口径统计，不含政府服务，下同）总额 5396 亿美元，比上年增长 14.7%。其中，服务出口 2106 亿美元，增长 10.6%；服务进口 3291 亿美元，增长 17.5%。服务进出口逆差 1185 亿美元。

（四）固定资产投资增长较快

2013 年，全年全社会固定资产投资 44.7 万亿元，比上年增长 19.3%，扣除价格因素，实际增长 18.9%。其中，固定资产投资（不含农户）43.7 万亿元，增长 19.6%；农户投资 1.1 万亿元，增长 7.2%，如图 5 所示。

分地区看，东部地区投资 17.9 万亿元，比上年增长 17.9%；中部地区投资 10.6 万亿元，增长 22.2%；西部地区投资 10.9 万亿元，增长 22.8%；东北地区投资 4.7 万亿元，增长 18.4%。

分产业看，第一产业投资 9241 亿元，比上年增长 32.5%；第二产业投资 18.5 万亿元，增长 17.4%；第三产业投资 24.2 万亿元，增长 21.0%。

表 1　2013 年固定资产投资新增主要生产能力

指　标	单　位	绝对数
新增 220 千伏及以上变电设备	万千伏安	19631
新建铁路投产里程	千米	5586
其中：高速铁路	千米	1672

续　表

指　标	单　位	绝对数
增建铁路复线投产里程	千米	4180
电气化铁路投产里程	千米	4810
新建公路里程	千米	70274
其中：高速公路	千米	8260
港口万吨级码头泊位新增吞吐能力	万吨	33119
新增光缆线路长度	万千米	266

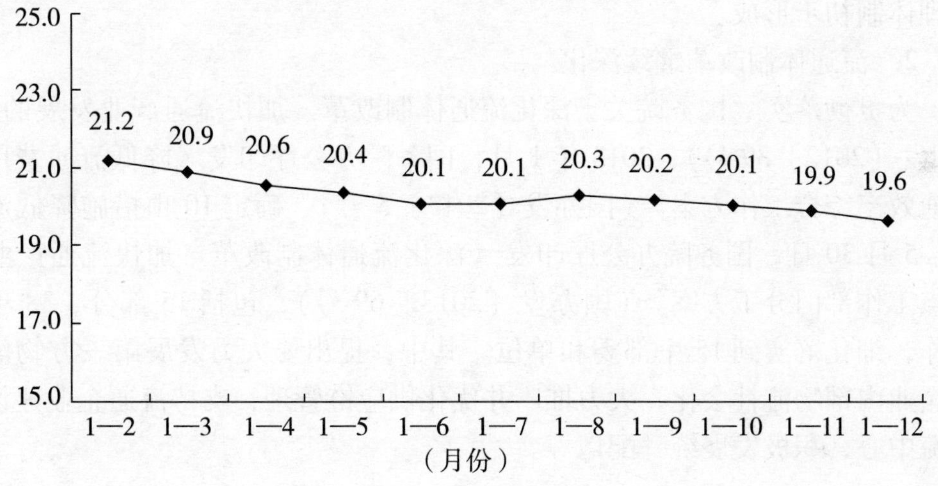

图 5　2013 年固定资产投资（不含农户）增速（累计同比）

二、体制改革全面深化

2013 年，党的十八届三中全会通过《中共中央关于全面深化改革若干重大问题的决定》（以下简称《决定》），这是我国到 2020 年实现全面深化改革宏伟目标的纲领性文件。

《决定》提出，全面深化改革的总目标是："完善和发展中国特色社会主义制度，推进国家治理体系和治理能力现代化"。《决定》认为："经济体制改革是全面深化改革的重点，核心问题是处理好政府与市场的关系，使市场在资源配置中起决定性作用和更好发挥政府作用"。

《决定》从经济、政治、文化、社会、生态文明、国防和军队六个方面给出了未来几年全面深化改革、建设现代国家的时间表和路线图。可以预见，这也是物流业政策选择和体制改革的基本方向。

（一）行业管理体制改革稳步推进

1. 铁路管理体制实现政企分开

2013 年 3 月，《国务院机构改革和职能转变方案》发布，铁道部撤销，职能一分为三。组建中国铁路总公司，承担原铁道部的企业职责；原铁道部拟定铁路发展规划和政策的行政职责划入交通运输部；组建国家铁路局，承担原铁道部的安全生产监管等其他行政职责。交通运输领域大部门制改革正式启动，由交通运输部统筹规划铁路、公路、水路、民航以及邮政行业发展的综合交通管理体制初步形成。

2. 流通体制改革继续深化

为贯彻落实《国务院关于深化流通体制改革　加快流通产业发展的意见》（国发〔2012〕39 号），2013 年 1 月，国务院办公厅印发《降低流通费用提高流通效率综合工作方案》（国办发〔2013〕5 号），确定 10 项措施降低流通费用。5 月 30 日，国务院办公厅印发《深化流通体制改革　加快流通产业发展重点工作部门分工方案》（国办发〔2013〕69 号），包括 15 部分、38 项具体工作，细化落实到 15 个部委和单位。其中，提出要大力发展第三方物流，促进企业内部物流社会化，大力推广并优化供应链管理，支持流通企业建设现代物流中心，积极发展统一配送等。

（二）行政管理体制改革继续深化

1. 清理和规范行政事业性收费

2013 年 6 月 25 日，财政部、国家发展改革委发出《关于公布取消和免征一批行政事业性收费的通知》（财综〔2013〕67 号），决定自 2013 年 8 月 1 日起，取消和免征 33 项行政事业性收费。与物流相关的行政事业性收费主要有，交通运输部门取消船舶证明签证费、船舶申请安全检查复查费、海事调解费等。商务部门取消装船证费，贸促会取消 ATA 单证册收费等。10 月 16 日，财政部、国家发展改革委发出《关于公布取消 314 项行政事业性收费的通知》（财综〔2013〕98 号），决定自 2013 年 11 月 1 日起，取消 314 项各省、自治区、直辖市设立的行政事业性收费。

2. 取消和下放行政审批项目

2013 年 5 月，国务院下发《国务院关于取消和下放一批行政审批项目等事项的决定》(国发〔2013〕19号)，决定取消和下放一批行政审批项目等事项，共计117项。11月，国务院下发《国务院关于取消和下放一批行政审批项目的决定》(国发〔2013〕44号)，再取消和下放68项行政审批项目。2014年1月，国务院再次下发国发〔2014〕5号文，取消和下放64项行政审批项目和18个子项。国务院机构改革实施以来，已经分批取消和下放了416项行政审批事项，物流业多项行政审批事项得到取消和下放。

(三) 财税体制改革影响深远

1. “营改增”试点全面铺开

2013年4月，国务院决定自8月1日起，将“营改增”试点在全国范围内推开。12月4日，国务院常务会议决定自2014年1月1日起铁路运输和邮政业纳入“营改增”试点范围。财政部、国家税务总局先后下发《关于在全国开展交通运输业和部分现代服务业营业税改征增值税试点税收政策的通知》(财税〔2013〕37号)、《关于将铁路运输和邮政业纳入营业税改征增值税试点的通知》(财税〔2013〕106号)，对试点政策进行了调整、修订和完善。

“营改增”是我国财税体制改革的重大举措，国家税制得到简化和规范，中小规模纳税人税收负担得到减轻，重复纳税问题得到解决。但是，对于物流业特别是交通运输业，企业税负出现大幅增加，税率不统一问题仍然没有得到有效解决。经中国物流与采购联合会多次调查，与营业税体制下实际纳税额相比，大型物流企业公路运输业务部分实际税负普遍增加120%左右。

2. 国际货代业受到严重影响

财税〔2013〕37号文取消了国际货代业差额纳税政策，导致国际货代业税负大幅增加。中国物流与采购联合会代表行业积极反映企业诉求，提出对国际货代业增值税应采取免税的政策建议。国家有关部门在新出台的财税〔2013〕106号文中吸收了这一建议，明确国际货物运输代理服务享受免征增值税政策。但是，在地方解释和实务操作中，国际货代免税政策并没有得到有效落实。尽管2014年1月，财政部门对106号文中国际货代业免税政策进行了解读，但这一问题仍然没有解决，严重影响正常业务开展。

3. 土地使用税减半征收政策继续落实

2012年起，国家出台土地使用税减半征收政策，受到行业普遍欢迎。两年来，我国大部分地区执行了该项政策。但是，随着政策即将到期，也面临着后续政策的跟进问题。

（四）投融资体制逐步放活

1. 铁路投融资体制改革再次启动

2013 年 5 月 6 日，国务院常务会议在研究部署 2013 年深化经济体制改革重点工作时，明确提出形成铁路投融资体制改革方案。8 月，国务院下发《关于改革铁路投融资体制　加快推进铁路建设的意见》（国发〔2013〕33 号），从推进铁路投融资体制改革、完善铁路运价机制、建立铁路公益性政策性运输补贴、加大力度盘活铁路用地资源、强化企业经营提高资产收益水平、加快项目前期工作形成铁路建设合力六方面提出具体要求。

2. 投资项目政府核准范围继续缩小

2013 年 12 月 2 日，国务院下发《国务院关于发布政府核准的投资项目目录（2013 年本）》。共取消、下放和转移 49 项核准权限。经初步测算，目录修订后，需报中央管理层面核准的项目数量将减少约 60%。在交通基础设施、外商投资和境外投资等领域，取消和下放了相关投资审核权限，有利于物流业基础设施建设和海外项目投资。

（五）中国（上海）自由贸易试验区成立

2013 年 8 月 22 日，国务院批准设立中国（上海）自由贸易试验区。9 月 29 日，上海自贸区挂牌成立。上海自贸区的总体目标是加快转变政府职能，积极推进服务业扩大开放和外商投资管理体制改革，为我国扩大开放和深化改革探索新思路和新途径。《国务院关于印发中国（上海）自由贸易试验区总体方案的通知》（国发〔2013〕38 号）提出五大主要任务和措施：一是加快政府职能转变；二是扩大投资领域的开放；三是推进贸易发展方式转变；四是深化金融领域的开放创新；五是完善法制领域的制度保障。要求创新监管服务模式，探索与试验区相配套的税收政策，并公布了在金融、航运、商贸、专业、文化、社会服务等 6 大领域，18 项行业具体的开放清单。

三、物流相关规划陆续出台

2013 年，国家有关部门经过长期酝酿的一些物流业相关规划陆续出台。主要的有：

（一）《国家公路网规划》

2013 年 6 月 30 日，国家发展改革委、交通运输部发布《国家公路网规划

(2013—2030年)》。这是我国首个集高速公路和普通公路于一体的国家中长期公路网布局规划。国家公路网规划的目标是：形成“布局合理、功能完善、覆盖广泛、安全可靠”的国家干线公路网络，实现首都辐射省会、省际多路连通、地市高速通达、县县国道覆盖。未来，国家级干线公路将形成由“普通国道+国家高速公路”两个层次共同组成的路网格局，总规模约40万千米。

(二)《全国物流园区发展规划》

2013年9月30日，国家发展改革委等12部门联合发布《关于印发全国物流园区发展规划的通知》（发改经贸〔2013〕1949号）（以下简称《规划》)。这是我国物流园区方面的第一个专项规划，强调了物流园区的公共性和基础性，提出了物流园区的服务对象和发展方向，确定了99个城市为物流园区布局城市，提出了八项主要任务和八项保障措施。《规划》特别提出要开展国家级物流园区示范工程，由国家发展改革委等有关部门和行业协会组织国家级示范物流园区评定工作。

(三)《促进综合交通枢纽发展的指导意见》

2013年3月7日，国家发展改革委出台《促进综合交通枢纽发展的指导意见》(发改基础〔2013〕475号)(以下简称《意见》)，要求加快转变交通运输发展方式，以一体化为主线，促进各种运输方式有效衔接，提高枢纽运营效率，实现便捷换乘、高效换装，为构建综合交通运输体系奠定坚实的基础。《意见》提出四项主要任务，要求统筹货运枢纽与产业园区、物流园区等的空间布局。《意见》提出，“十二五”期间全国要基本建成42个全国性综合交通枢纽。

(四)《循环经济发展战略及近期行动计划》

2013年年初，国务院印发《循环经济发展战略及近期行动计划》，提出循环经济发展的中长期目标和到“十二五”末的近期目标。在第五节构建循环型服务业体系中，专设物流业部分，提出要提高物流运行效率，加快绿色仓储建设。到2015年，初步建立起低碳、循环、高效的绿色物流体系，物流设施能源利用效率明显提高，车辆空驶率稳步降低。

四、有关部门提出引导性政策意见

2013年，中央政府有关部门从各自工作职责出发，出台引导性政策文件，支持物流业发展。主要有：

（一）交通运输部出台《关于交通运输推进物流业健康发展的指导意见》

2013 年 6 月 6 日，交通运输部出台《关于交通运输推进物流业健康发展的指导意见》（交规划发〔2013〕349 号）（以下简称《指导意见》），提出到 2020 年基本建成便捷高效、安全绿色的交通运输物流服务体系。《指导意见》明确七项重点任务，提出五个方面的具体保障措施。《指导意见》是交通运输部推进物流业健康发展的系统性思路，基本覆盖了交通运输领域推进物流业健康发展的主要方面。

（二）多部门支持城市配送管理工作

2013 年 2 月 6 日，交通运输部等七部门联合下发《关于加强和改进城市配送管理工作的意见》（交运发〔2013〕138 号），提出八大发展任务。除了解决行业普遍反映的城市配送车辆通行难、停靠难、装卸难等问题外，重点要解决城市配送规划落后、基础设施不足、市场管理无序、科技应用欠缺、体制机制不健全的问题。2014 年 1 月 20 日，交通运输部、公安部、商务部联合下发《关于加强城市配送运输与车辆通行管理工作的通知》（交运发〔2014〕35 号），提出多项指导城市配送运输与车辆通行的具体办法。

2013 年 1 月初，商务部流通发展司印发《全国城市配送发展指引》，为各地开展城市配送工作提供借鉴。继 2012 年开展城市共同配送综合试点以后，2013 年 3 月 5 日，商务部、财政部联合下发《关于组织申报城市共同配送试点的通知》（财办建〔2013〕21 号），决定自 2013 年起在现代服务业综合试点工作中启动实施城市共同配送试点。全国 15 个城市纳入首批共同配送试点。2013 年 11 月，商务部、财政部下发《关于加强城市共同配送试点管理的通知》（商办流通函〔2013〕838 号），明确了试点重点支持领域及方向。

（三）《收费公路管理条例》公开征求意见

2013 年 5 月 9 日，交通运输部组织起草的《收费公路管理条例（修正案征求意见稿）》（以下简称《征求意见稿》）公开征求意见。《征求意见稿》对 2004 年版《条例》提出了 23 条修改意见，对一些模糊和调整的内容进行了明确和修正，对出现的一些新情况、新问题进行了梳理和规定，提出了特许经营制度、信息公开制度、收费标准计算方法等。但是，其中一些条款的设置不尽合理，如延长收费年限的理由、收费期满后养护费用来源、统贷统还投融资模式与收费期限的矛盾等条款有待进一步调整。对于社会普遍关心的问题，如公路收费标准的制定和统一、公路收支和还贷情况等还有待进一步明确。

（四）物流信息化工作加快推进

国家推进物联网有序健康发展。2013 年 2 月 5 日，国务院出台《关于推进物联网有序健康发展的指导意见》（国发〔2013〕7 号）（以下简称《意见》），明确了我国物联网发展的总体目标。到 2015 年，要实现物联网在经济社会重要领域的规模示范应用，突破一批核心技术，初步形成物联网产业体系。《意见》提出要推动应用示范，要围绕生产制造、商贸流通、物流配送和经营管理流程，推动物联网技术的集成应用。

工信部推进物流信息化工作。2013 年 1 月 11 日，工业和信息化部出台《关于推进物流信息化工作的指导意见》（工信部信〔2013〕7 号）（以下简称《意见》），提出到“十二五”末期，初步建立起与国家现代物流体系相适应和协调发展的物流信息化体系，为信息化带动物流发展奠定基础。《意见》分别从社会物流信息资源开放利用、物流政务和监管信息化、物流行业和企业信息化、企业物流信息化、物流信息化标准规范等七个方面提出了主要任务。

交通运输部推动物流公共信息平台建设。2013 年 9 月印发《关于推进交通运输信息化智能化发展的指导意见》（厅科技字〔2013〕257 号），对交通运输信息化智能化作了总体部署和政策保障。11 月，正式出台《交通运输物流公共信息平台建设纲要》《交通运输物流公共信息平台国家级行业管理系统建设方案》和《交通运输物流公共信息平台区域交换节点建设指南》三个文件。确定了“公共平台”“$1+32+nX$”的总体布局。

（五）快递市场监管进一步加强

2013 年 1 月 11 日，交通运输部公布了修订后的《快递市场管理办法》（以下简称《办法》），自 2013 年 3 月 1 日起施行。《办法》补充了管理主体，规定企业不得超范围经营，对加盟快递双方资质、权利义务关系等进行了具体规范。同时，《办法》还明确禁止野蛮分拣、随意处理无着件等行为，并规定了相应的法律责任。5 月 17 日，国家邮政局等六部门联合下发《关于切实做好寄递服务信息安全监管工作的通知》，要求企业完善相关规章制度、加大科技投入、提高信息安全技术防范能力。

2013 年年初，《邮政普遍服务基金征收使用管理暂行办法》（以下简称《办法》）起草完毕，向社会征求意见。该《办法》规定，在我国境内经营快递业务的企业应缴纳邮政普遍服务基金，受到业内普遍争议。

（六）电商物流受到重视

电子商务集成创新试点开展。2013 年 5 月 24 日，工业和信息化部下发《关于开展电子商务集成创新试点工程工作的通知》（工信厅信函〔2013〕367 号）。试点工程包括五大试点方向，在多个领域均突出强调了鼓励电商物流发展的政策导向。

加强电子商务物流配送基础设施建设。2013 年 10 月 31 日，商务部印发《商务部关于促进电子商务应用的实施意见》（商电函〔2013〕911 号），提出十项重点任务。其中，重点提出要加强电子商务物流配送基础设施建设。

（七）“两化融合”提出专项行动计划

2013 年 8 月 23 日，工业和信息化部下发《工业和信息化部关于印发信息化和工业化深度融合专项行动计划（2013—2018 年）的通知》（工信部信〔2013〕317 号）（以下简称《行动计划》）。《行动计划》要求积极开展八项行动，其中，设立了电子商务和物流信息化集成创新行动，并提出了具体目标、行动内容和进度安排。

（八）国际货代业指导意见出台

2013 年 1 月 17 日，商务部下发《关于加快国际货运代理物流业健康发展的指导意见》，提出完善行业管理制度、引导行业“转方式、促转型”等八大主要任务，提出实施人才战略、健全工作机制、建立重点企业联系制度等保障措施。

（九）促进航运业转型升级

2013 年 8 月 27 日，交通运输部出台《交通运输部办公厅关于促进航运业转型升级健康发展的若干意见》（厅水字〔2013〕230 号），从五个方面制定了 20 条政策措施。通过减少存量、严控增量，化解运力过剩矛盾。但是，由于缺乏金融和财税政策支撑，与行业需要还有较大差距。

（十）危险品运输加强管理

2013 年年底，交通运输部发布《道路危险货物运输管理规定》（交通运输部令 2013 年第 2 号），自 2013 年 7 月 1 日起实施。原交通部有关管理规定废止。此次《道路危险货物运输管理规定》修订，涉及的条款多，调整的幅度大，对危险品货物运输管理更加具体，提高了准入门槛，更新了管理制度。

（十一）农村物流受到重视

2013 年一号文件提出，统筹规划农产品市场流通网络布局，重点支持农产品市场建设。加强粮油仓储物流设施建设。健全覆盖农产品各环节的冷链物流体系。继续实施“北粮南运”、“南菜北运”、“西果东送”、万村千乡市场工程、新农村现代流通网络工程，启动农产品现代流通综合示范区创建。支持供销合作社、大型商贸集团、邮政系统开展农产品流通。

2013 年 10 月 31 日，商务部办公厅下发《关于 2013 年加强农产品流通和农村市场体系建设工作的通知》继续加大对农产品现代流通体系建设的支持。

（十二）区域通关业务改革全面推进

2013 年 11 月底，海关总署发布《关于全面深化区域通关业务改革的公告》(2013 年第 58 号)，决定自 11 月 1 日起实施全面深化区域通关业务改革。拓展“属地申报、口岸验放”模式功能。对 AA 类企业的货物实行“属地申报、属地放行”方式。进一步扩大“属地申报、口岸验放”通关模式适用范围，有利于建立区域海关分工协作、协同配合、整体联动的区域通关新格局。

五、专项资金支持物流业发展

（一）促进服务业发展专项资金管理

2013 年 1 月 17 日，财政部、商务部下发《关于印发中央财政促进服务业发展专项资金管理办法的通知》（财建〔2013〕4 号）（以下简称《办法》）。《办法》明确，中央财政从公共财政预算资金中安排的专项用于支持商贸流通领域服务业项目建设和发展。由财政部门会同商务主管部门管理。物流业纳入专项资金支持的重点领域。

（二）甩挂运输试点政策

2013 年，交通运输部开展了第三批甩挂运输试点申报工作，共确定 41 个试点项目。交通运输部下发《关于印发国家公路甩挂运输试点项目验收与专项资金申请工作指南的通知》（厅运字〔2013〕144 号），对试点项目验收条件、程序和内容，以及专项资金申请提出了具体工作指导。

同时，《国务院关于修改〈机动车交通事故责任强制保险条例〉的决定》规定，挂车自 2013 年 3 月 1 日起不再投保机动车交通事故责任强制保险，这对鼓励物流企业购置挂车，促进甩挂运输的长远发展起到重要推动作用。

此外，国家发展改革委、财政部、交通运输部、工业和信息化部等部门还对农产品冷链物流、粮食物流、货运枢纽、电子商务物流、物联网、中小物流企业等物流项目予以资金支持。

六、物流要素日渐紧缺

近年来，物流业运行所需的土地、燃油和劳动力等要素资源日渐紧缺，价格持续攀升。

（一）土地资源依然紧缺

2013 年，全年全国国有建设用地供应总量 73 万公顷，比上年增长 5.8%。其中，工矿仓储用地 21 万公顷，增长 3.2%，低于国有建设用地供应增长幅度；房地产用地 20 万公顷，增长 26.8%；基础设施等其他用地 32 万公顷，下降 2.9%。

2014 年年初，据中国物流采购联合会抽样调查显示，2013 年，北京、上海、广州、深圳等一线城市地价远高于二、三线城市，普遍都超过 80 万元/亩，如表 2 所示。

表 2　2013 年全国主要城市仓储用地地价抽样调查结果　（单位：万元/亩）

城市	北京	上海	广州	深圳	南京	沈阳
地价	80～160	80～180	60～100	50～150	50～80	20～50
城市	苏州	武汉	成都	杭州	西安	青岛
地价	22～50	25～30	30	24～60	30～50	30～40

（二）燃油价格高位运行

2013 年，国内成品油价格历经 15 次调整，其中“8 涨 7 跌”。截至 2013 年年底，与年初相比，汽、柴油价格每吨分别下调 20 元和 35 元，价格仍维持在较高区间，如图 6 所示。

（三）物流业普遍出现“招工难”

2013 年年末，全国就业人员 7.7 亿人，其中城镇就业人员 3.8 亿人。全

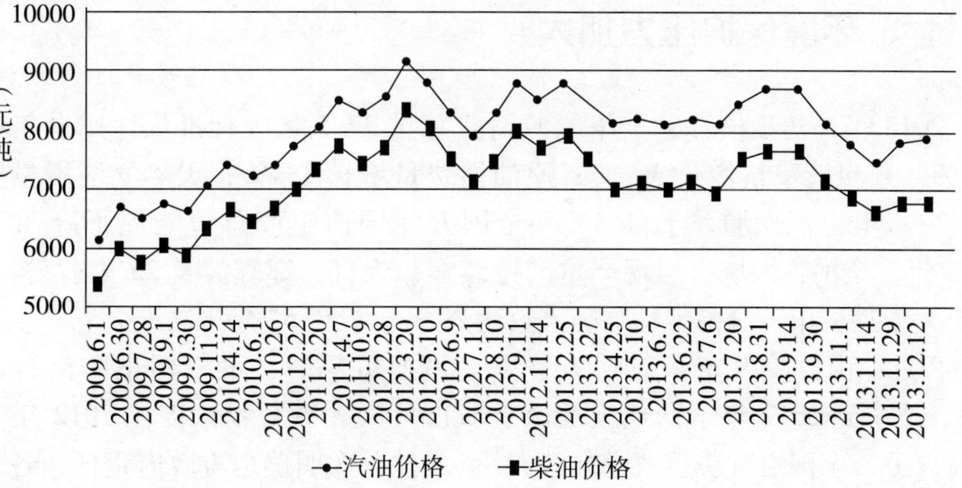

图 6　汽、柴油价格变化

年城镇新增就业 1310 万人，如图 7 所示。年末城镇登记失业率为 4.05%，略低于上年末的 4.09%。全国农民工总量为 2.7 亿人，比上年增长 2.4%。其中，外出农民工 1.7 亿人，增长 1.7%；本地农民工 1 亿人，增长 3.6%。

2014 年年初，据中国物流与采购联合会抽样调查显示，物流企业普遍反映招工困难，特别是驾驶员、搬运工等一线员工紧缺。再加上社会保险政策的落实，伴随而来的是劳动力成本继续上升。部分企业反映，自 2010 年以来，物流企业劳动力成本年均上涨幅度在 20% 左右。

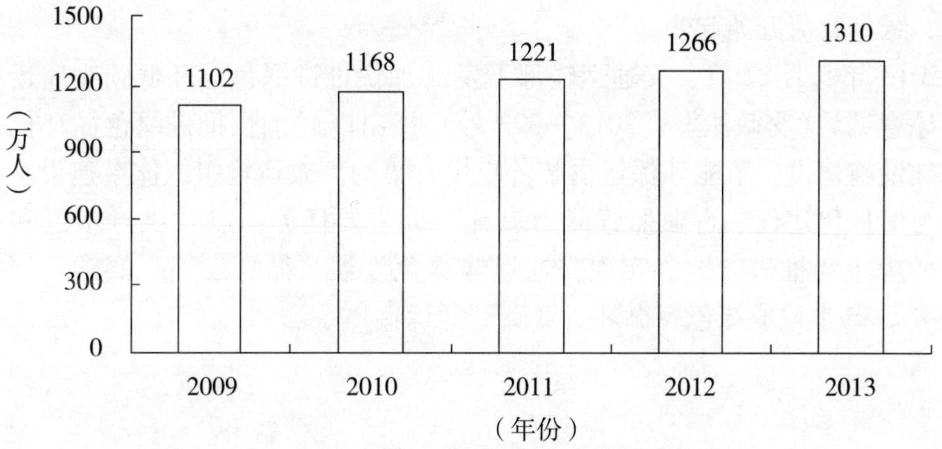

图 7　2009—2013 年城镇新增就业人数

七、环境保护压力加大

2013 年，初步核算，全年能源消费总量 37.5 亿吨标准煤，比上年增长 3.7%。煤炭消费量增长 3.7%；原油消费量增长 3.4%；天然气消费量增长 13.0%；电力消费量增长 7.5%。全国万元国内生产总值能耗下降 3.7%。2013 年，全国各大城市出现严重的持续雾霾天气，雾霾波及 25 个省份，100 多个大中型城市，全国平均雾霾天数达 29.9 天，创 52 年来之最。

9 月，国务院发布了被称为“史上最严厉”的《大气污染防治行动计划》，要求到 2017 年全国地级及以上城市可吸入颗粒物浓度比 2012 年下降 10% 以上，全国空气质量“总体改善”。文件首次明确地方政府责任，各地方政府要出台配套细则，提出目标以及具体行动计划。

为落实国务院要求，河北省提出，到 2014 年，将压减 1500 万吨钢、1000 万吨水泥、1800 万重量箱玻璃、1500 万吨煤；北京市提出，到 2014 年年底，全市所有水泥生产线完成脱硝治理；北京市和天津市都提出，2014 年将提前一年完成国家下达的“十二五”落后产能淘汰任务。

机动车尾气排放也是导致城市雾霾的主要因素之一。2013 年年底，天津、杭州等城市加入机动车限购城市行列，通过限号限行来控制机动车使用数量频率，降低排放将是城市治霾重点之一。

2013 年年初，国务院印发《循环经济发展战略及近期行动计划》，提出循环经济发展的中长期目标和到“十二五”末的近期目标。在第五节构建循环型服务业体系中，专设物流业部分，提出要提高物流运行效率，加快绿色仓储建设，绿色物流开始起步。

2013 年 5 月 22 日，交通运输部下发《加快推进绿色循环低碳交通运输发展指导意见》（交政法发〔2013〕323 号）提出以“加快推进绿色循环低碳交通基础设施建设、节能环保运输装备应用、集约高效运输组织体系建设、科技创新与信息化建设、行业监管能力提升”为主要任务，以“试点示范和专项行动”为主要推进方式，实现交通运输绿色发展、循环发展、低碳发展，到 2020 年，基本建成绿色、循环、低碳交通运输体系。

第 二 章

2013 年中国物流业发展的特点

2013 年，在国民经济趋稳向好的推动下，我国物流业坚持贯彻稳中求进的总基调，抓住机遇，稳中求变，呈现出一系列新特点。

一、总体运行趋稳向好

（一）社会物流总额缓中趋稳

2013 年，全国社会物流总额 197.8 万亿元，按同比价格计算，同比增长 9.5%，增幅较上年回落 0.3 个百分点。

分季度看，一季度增长 9.4%，上半年增长 9.1%，前三季度增长 9.5%，呈现出“缓中趋稳”的态势，如图 1 所示。

2013 年社会物流需求系数为 3.5，即每 1 个单位的 GDP 需要 3.5 个单位的物流量来支撑，如表 1 所示。

表 1　　2009—2013 年社会物流总额及其增长速度

年份	社会物流总额（万亿元）	同比增长（%）	需求系数
2009	96.7	11.3	2.9
2010	125.4	15	3.2
2011	158.4	12.3	3.4
2012	177.3	9.8	3.4
2013	197.8	9.5	3.5

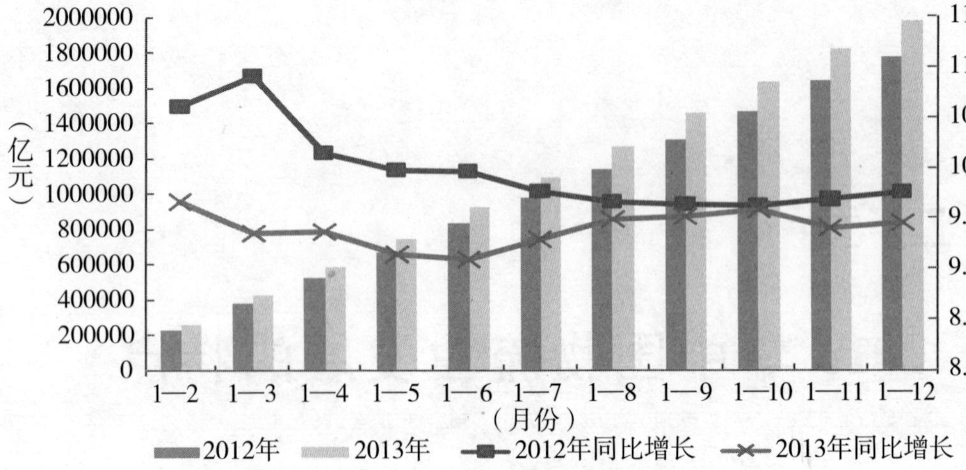

图1　2012 年以来社会物流总额及其增长速度

从构成情况看，工业品物流总额 181.5 万亿元，同比增长 9.7%，增幅较上年回落 0.3 个百分点；占社会物流总额的比重为 91.8%。

进口货物物流总额 12.1 万亿元，同比增长 6.4%，增幅较上年回落 1.3 个百分点；占社会物流总额的比重为 6.1%。

农产品物流总额 3.1 万亿元，同比增长 4.0%，增幅较上年回落 0.6 个百分点；占社会物流总额的比重为 1.6%。

单位与居民物品物流总额 2726 亿元，同比增长 30.4%，增幅较上年加快 6.9 个百分点；占社会物流总额的比重为 0.1%。

再生资源物流总额 7750 亿元，同比增长 20.3%，增幅较上年加快 10.2 个百分点；占社会物流总额的比重为 0.4%。

工业品物流依然是社会物流的主要需求来源，受经济增速放缓和产能过剩等因素影响，增速有所放缓；进口货物物流受外贸增速下滑影响，增速呈现回落态势；单位与居民物品物流虽然占社会物流总额比重较小，但是随着扩大内需和城镇化速度加快，相关物流需求仍保持了较高增长速度，如表 2 所示。

表 2　　2013 年社会物流总额构成及其增长速度

项目	绝对值（万亿元）	同比增长（%）	在社会物流总额中所占比重（%）
工业品物流总额	181.5	9.7	91.8
进口货物物流总额	12.1	6.4	6.1

续　表

项目	绝对值（万亿元）	同比增长（%）	在社会物流总额中所占比重（%）
农产品物流总额	3.1	4	1.6
单位与居民物品物流总额	0.27	30.4	0.1
再生资源物流总额	0.78	20.3	0.4

（二）社会物流总费用增速放缓

2013 年，社会物流总费用 10.2 万亿元，同比增长 9.3%，增幅较上年同期回落 2.1 个百分点。社会物流总费用与 GDP 的比率为 18.0%，与上年基本持平，我国经济社会运行的物流成本仍然较高，如表 3、表 4 所示。

表 3　　2009—2013 年社会物流总费用及其增长速度

年份	社会物流总费用（万亿元）	同比增长（%）	运输费用（万亿元）	同比增长（%）	保管费用（万亿元）	同比增长（%）	管理费用（万亿元）	同比增长（%）
2009	6.1	7.2	3.4	7	2	7	0.7	7.4
2010	7.1	16.7	3.8	14	2.4	20.5	0.9	19
2011	8.4	18.5	4.4	15.9	2.9	22.6	1	18.7
2012	9.4	11.4	4.9	10.7	3.3	11.8	1.2	13.1
2013	10.2	9.3	5.4	9.2	3.6	8.9	1.3	10.8

表 4　　2004—2013 年社会物流总费用与 GDP 的比率

年份	2004	2005	2006	2007	2008	2009	2010	2011	2012	2013
社会物流总费用与 GDP 的比率（%）	18.8	18.5	18.4	18.2	18.1	18.1	17.8	17.8	18.0	18.0

其中，运输费用 5.4 万亿元，同比增长 9.2%，增幅较上年回落 1.5 个百分点；运输费用中，受市场需求减弱影响，道路与水路运输费用增速回落，全年同比分别增长 9.9% 和 1.1%，增幅较 2012 年分别回落 2.7 个和 0.9 个百分点；而受铁路改革提价带动，铁路运输费用增速明显回升，全年同比增长

14. 3%，增幅较 2012 年大幅回升 8. 6 个百分点。

保管费用 3. 6 万亿元，同比增长 8. 9%，增幅较上年回落 2. 9 个百分点；保管费用中，受利率下调影响，利息费用同比增长 8. 7%，增幅较 2012 年回落 4. 7 个百分点；仓储费用同比增长 9. 2%，增幅较 2012 年回落 2 个百分点。

管理费用 1. 3 万亿元，同比增长 10. 8%，增幅较上年回落 2. 3 个百分点。

2013 年，运输费用占社会物流总费用的比重为 52. 5%，与上年基本持平。保管费用占比为 35. 0%，同比下降 0. 2 个百分点；管理费用占比为 12. 5%，同比提高 0. 2 个百分点，如表 5 所示。

表 5　　2013 年社会物流总费用构成及其增长速度

项目	绝对值（万亿元）	同比增长（%）	在社会物流总费用中所占比重（%）
运输费用	5. 4	9. 2	52. 5
管理费用	1. 3	10. 8	12. 5
保管费用	3. 6	8. 9	35

（三）物流业增加值增幅回落

2013 年，我国物流业增加值 3. 9 万亿元，同比增长 8. 5%，增幅较上年同期回落 0. 7 个百分点。

物流业增加值占 GDP 的比重为 6. 8%，占服务业增加值的比重为 14. 8%，较上年降低 0. 5 个百分点，如表 6 所示。

表 6　　2009—2013 年物流业增加值及其增长速度

年份	物流业增加值（万亿元）	同比增长（%）	占服务业增加值的比重（%）	占 GDP 的比重（%）
2009	2. 3	7. 3	15. 6	6. 8
2010	2. 7	18. 3	16	6. 9
2011	3. 2	13. 9	15. 7	6. 8
2012	3. 5	9. 1	15. 3	6. 8
2013	3. 9	8. 5	14. 8	6. 8

其中，交通运输物流业增加值 2. 8 万亿元，同比增长 7. 2%，增幅较上年

同期回落 1.5 个百分点。

贸易物流业增加值 7256 亿元，同比增长 9.5%，增幅较上年同期回落 0.3 个百分点。

仓储物流业 2975 亿元，同比增长 9.2%，增幅较上年回升 2.4 个百分点。

邮政物流业增加值 1159 亿元，同比增长 33.8%，增幅较上年回升 7.1 个百分点。

交通运输物流业增加值占物流业增加值的比重为 71.8%，仍是物流业增加值的主要组成部分，同比增加 0.4 个百分点；贸易物流业增加值占比为 18.6%，同比下降 0.3 个百分点；仓储业增加值占比为 7.6%，同比下降 0.1 个百分点；邮政业增加值占比为 3%，同比增加 0.5 个百分点，如表 7 所示。

表 7　　2013 年物流业增加值构成及其增长速度

项目	绝对值（亿元）	同比增长（%）	在物流业增加值中所占比重（%）
交通运输业	28000	7.2	71.8
贸易业	7256	9.5	18.6
仓储业	2975	9.2	7.6
邮政业	1159	33.8	3

（四）基础设施投资有所回升

2013 年，交通运输、仓储和邮政业固定资产投资 3.62 万亿元，同比增长 17.2%，增幅较上年同期提升 6 个百分点，如表 8 所示。

表 8　2009—2013 年交通运输、仓储和邮政业固定资产投资（不含农户）

年份	2009	2010	2011	2012	2013
交通运输、仓储和邮政业固定资产投资（亿元）	23271.32	27883.07	27765.89	30881.39	36194.14
同比增长（%）	49.60	19.82	-0.42	11.22	17.20

受鼓励民间投资进入市场政策以及上年投资基数较低影响，道路运输业投资实现快速增长，全年完成固定资产投资 2.1 万亿元，同比增长 18.5%，增

幅较上年提升9.9个百分点。

铁路运输业投资仍处于相对集中期，投资规模继续走高，全年完成固定资产投资6514.74亿元，同比增长6.3%，增幅较上年提升2.7个百分点。

受电商、快递等行业高速发展的需求带动，加上各地政府部门重视物流园区、物流中心等基础设施规划建设，仓储业保持了持续高速增长态势，全年完成投资4200.7亿元，同比增长32.7%，增幅较上年提升2.8个百分点。

受机场新项目启动和航空公司加大运力投放影响，航空运输业投资保持平稳增长，航空运输业全年完成投资1284.74亿元，同比增长14.3%，增幅较上年回落20.2个百分点，如表9、表10所示。

表9　2013年交通运输、仓储和邮政业固定资产投资（不含农户）及其增长速度

项目	规模（亿元）	同比增长（%）
交通运输、仓储和邮政业	36194.14	17.2
铁路运输业	6514.74	6.3
道路运输业	20692.32	18.5
水上运输业	2079.53	3.5
航空运输业	1284.74	14.3
管道运输业	361.92	76.9
仓储业	4200.70	32.7

表10　2009—2013年交通运输、仓储和邮政业固定资产投资（不含农户）及其增长速度

年份	2009	2010	2011	2012	2013
交通运输、仓储和邮政业固定资产投资（不含农户）（亿元）	23271.32	27883.07	27765.89	30881.39	36194.14
同比增长（%）	48.2	19.8	-0.4	11.2	17.2
铁路运输业固定资产投资（不含农户）（亿元）	6660.87	7441.50	5915.00	6128.82	6514.74
同比增长（%）	63.5	11.7	-20.5	3.6	6.3

续 表

年份	2009	2010	2011	2012	2013
道路运输业固定资产投资（不含农户）（亿元）	10557.62	12276.60	16076.80	17466.42	20692.32
同比增长（%）	42.4	16.3	31.0	8.6	18.5
水上运输业固定资产投资（不含农户）（亿元）	1670.66	1942.50	1926.50	2008.44	2079.53
同比增长（%）	38.8	16.3	-0.8	4.3	3.5
航空运输业固定资产投资（不含农户）（亿元）	604.85	829.6	835.8	1123.98	1284.74
同比增长（%）	2.4	37.2	0.7	34.5	14.3
管道运输业固定资产投资（不含农户）（亿元）	73.08	94.9	148.1	204.55	361.92
同比增长（%）	-47.3	29.9	56.1	38.1	76.9
仓储业固定资产投资（不含农户）（亿元）	1413.32	1811.70	2437.20	3166.37	4200.70
同比增长（%）	61.7	28.2	34.5	29.9	32.7

（五）货物运输量平稳增长

2013年，全年货物运输总量451亿吨，比上年增长9.9%。货物运输周转量18.65万亿吨千米，增长7.3%。全年规模以上港口完成货物吞吐量106.1亿吨，比上年增长8.5%，其中外贸货物吞吐量33.1亿吨，增长9.2%。规模以上港口集装箱吞吐量1.9亿标准箱，增长6.7%，如表11所示。

表11　　2013年各种运输方式完成货物运输量及其增长速度

指标	单位	绝对数	比上年增长（%）	所占比重（%）
货物运输总量	亿吨	450.6	9.9	100
铁路	亿吨	39.7	1.6	8.8
公路	亿吨	355.0	11.3	78.8
水运	亿吨	49.3	7.5	10.9
民航	万吨	557.6	2.3	0.01

续 表

指标	单位	绝对数	比上年增长（%）	所占比重（%）
管道	亿吨	6.6	6.3	1.5
货物运输周转量	亿吨千米	186478.4	7.3	100
铁路	亿吨千米	29173.9	0.0	15.6
公路	亿吨千米	67114.5	12.7	36
水运	亿吨千米	86520.6	5.9	46.4
民航	亿吨千米	168.6	2.9	0.1
管道	亿吨千米	3500.9	9.0	1.9

2013 年，全年邮电业务总量 1.7 万亿元，比上年增长 11.1%。其中，邮政业务总量 2725 亿元，增长 33.8%；电信业务总量 1.4 万亿元，增长 7.5%。邮政业全年完成邮政函件业务 63.20 亿件，包裹业务 0.69 亿件，快递业务量 91.9 亿件；快递业务收入 1442 亿元。

（六）物流业仍处于景气周期

2013 年，中国物流与采购联合会发布中国物流业景气指数（Logistics Prosperity Index，LPI）。中国物流业景气指数体系由 12 个分项指数和 1 个合成指数构成。LPI 以 50% 为经济强弱分界点。高于 50% 时，反映物流业经济扩张；低于 50%，反映物流业经济收缩。

2013 年，LPI 指数全年均高于 50% 的临界点，平均值为 53.1%，呈现先扬后抑、小幅波动态势，显示物流业活动总体仍处于平稳增长的景气周期。

分月度看，2 月 LPI 回落至 50% 的临界点，2 月以后快速回升，一度回升至 55% 的高位。4 月份以后有所下滑，并维持在 53.1% 的平均值左右，如图 2 所示。

二、物流企业深度调整

中国物流与采购联合会 2014 年年初对 128 家大中型物流企业进行了统计调查。其中，5A 级企业占 46.3%，4A 级企业占 25.9%，两者合计占 72.2%。运输型企业占 30.1%，仓储型企业占 14.5%，综合型企业占 55.4%。国有及控股企业占 43.9%，民营企业占 34.1%，外资合资企业占 15%，集体企业占

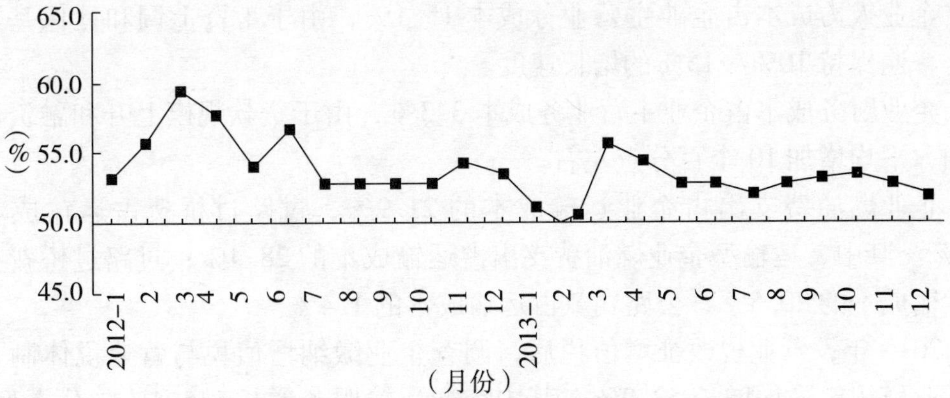

图 2　2012—2013 年中国物流业景气指数

1.2%。调查结果显示，各类物流企业进入深度调整。

（一）业务收入小幅增长

2013 年，调查企业主营业务收入同比增长 6.2%，其中，运输型企业收入同比减少 10%，仓储型企业收入同比增长 8%，综合型企业收入同比增长 15%，如表 2 所示。运输型企业受大宗商品运输业务萎缩和“营改增”税率上升较高影响，收入全面下滑。仓储型企业中以生产资料和大宗商品仓储为主的企业收入增幅较小，平均为 5%～8%。以生活消费和电子商务为主的企业收入增幅较大，普遍超过 20%。

表 12　　2013 年企业主营业务收入增长速度

	调查企业	运输型企业	仓储型企业	综合型企业
主营业务收入同比增长（%）	6.2	–10	8	15

（二）业务成本增长较快

2013 年调查企业主营业务成本同比增长 7.9%，成本增长依然高于收入增长。其中，运输型企业成本同比减少 7.3%，仓储型企业成本同比增加 9.4%，综合型企业成本同比增加 16.7%，如表 13 所示。

表 13　　2013 年企业主营业务成本增长速度

	调查企业	运输型企业	仓储型企业	综合型企业
主营业务成本同比增长（%）	7.9	–7.3	9.4	16.7

企业人力成本占企业主营业务成本 15.1%，由于工资上调和社保基数增加，普遍保持 10% ~15% 的增长速度。

企业财务成本占企业主营业务成本 3.3%，由于贷款规模上升和融资成本增加，平均增加 10 个百分点左右。

企业燃油费支出占企业运输成本的 21.9%，过路过桥费占运输成本的 9.1%。其中，运输型企业燃油费支出占运输成本的 28.4%；过路过桥费支出占运输成本的 20.5%，公路罚款占运输成本的 1.4%。

2013 年，营业税改征增值税后，调查企业缴纳增值税与营业税体制下缴纳营业税相比平均增长 52.9%，其中交通运输服务增长 115.4%。分类型看，运输型企业增值税增长 116.2%；仓储型企业增值税增长 10.8%；综合型企业增值税增长 51.8%。

（三）实现利润大幅下滑

2013 年调查企业实现净利润同比减少 7%。其中，运输型企业实现净利润同比减少 39%，仓储型企业实现净利润同比减少 10%，综合型企业净利润同比增长 12.9%。综合型企业中，商贸消费类企业利润增幅较大，普遍超过 30%，如表 14 所示。

表 14　　2013 年企业净利润同比增长速度

	调查企业	运输型企业	仓储型企业	综合型企业
净利润同比增长（%）	-7	-39	-10	12.9

调查企业净利润率平均为 4.3%，其中，运输型企业净利润率为 2.3%，仓储型企业净利润率为 4.6%，综合型企业净利润率为 5.5%，如表 15 所示。

表 15　　2013 年企业净利润率

	调查企业	运输型企业	仓储型企业	综合型企业
净利润（%）	4.3	2.3	4.6	5.5

（四）资产总额稳步增加

2013 年调查企业年末资产总额同比增长 10.7%。其中，运输型企业资产减少1.5%，仓储型企业资产增长22%，综合型企业资产增长15.5%，如表16所示。

表16　　2013年企业资产总额同比增长速度

	调查企业	运输型企业	仓储型企业	综合型企业
资产总额同比增长（%）	10.7	-1.5	22	15.5

（五）市场集中度进一步提高

据中国物流与采购联合会发布的“2013年度中国物流企业50强排名”，50强物流企业主营业务收入共达7807亿元，同比增长12.1%。在50强物流企业中，物流业务收入排名第一位的是中国远洋运输（集团）总公司，为1587.8亿元，第50名为20.3亿元，同比增长8%，如表17所示。

表17　　2012年中国物流企业50强名单

排名	企业名称	物流业务收入（万元）
1	中国远洋运输（集团）总公司	15878032
2	中国海运（集团）总公司	6536349
3	开滦集团国际物流有限责任公司	5885201
4	中国外运长航集团有限公司	5758718
5	中铁物资集团有限公司	4414756
6	河北省物流产业集团有限公司	3912548
7	中国石油天然气运输公司	3323420
8	厦门象屿股份有限公司	2911783
9	中国物资储运总公司	2900321
10	福建省交通运输集团有限责任公司	2162290
11	顺丰速运（集团）有限公司	2031654

续 表

排名	企业名称	物流业务收入（万元）
12	河南煤业化工集团国龙物流有限公司	2021684
13	中铁集装箱运输有限责任公司	1396205
14	云南物流产业集团有限公司	1264167
15	朔黄铁路发展有限责任公司	1130361
16	安吉汽车物流有限公司	1042755
17	北京康捷空国际货运代理有限公司	961203
18	嘉里物流（中国）投资有限公司	952744
19	中石油北京天然气管道有限公司	918137
20	中国国际货运航空有限公司	822294
21	中铁快运股份有限公司	774197
22	中国石油化工股份有限公司管道储运分公司	728697
23	五矿物流集团有限公司	712960
24	重庆港务物流集团有限公司	693581
25	德邦物流股份有限公司	617131
26	中铁现代物流科技股份有限公司	610835
27	浙江物产物流投资有限公司	592708
28	武汉商贸国有控股集团有限公司	525076
29	江西京九物流有限责任公司	471722
30	中外运敦豪国际航空快件有限公司	410122
31	郑州铁路经济开发集团有限公司	390100
32	一汽物流有限公司	384965

续 表

排名	企业名称	物流业务收入（万元）
33	联邦快递（中国）有限公司	367079
34	重庆长安民生物流股份有限公司	344330
35	国电物资集团有限公司	330116
36	青海省通达物流有限责任公司	328461
37	广东省航运集团有限公司	327346
38	山西太铁联合物流有限公司	304471
39	中创物流股份有限公司	302131
40	天地国际运输代理（中国）有限公司	300827
41	青岛福兴祥物流股份有限公司	281549
42	浙江省八达物流有限公司	256561
43	南京长江油运公司	248494
44	南京新干线物流有限公司	239840
45	中信信通国际物流有限公司	229670
46	北京市邮政速递物流有限公司	221429
47	新时代国际运输服务有限公司	219115
48	北京长久物流股份有限公司	215708
49	湖南星沙物流投资有限公司	214905
50	中铁特货运输有限责任公司	203452

（六）资本市场看好物流企业

2013年，多家产业基金投资快递、公路快运、冷链物流、化工物流、物流地产、服装物流等领域的领先物流企业。其中，快递业由于其持续高速增长的预期，受到重点关注，资本运作活跃度高。行业兼并重组应对市场变革，整合零散资产，打造一体化物流服务平台；收购互补性资产弥补业务不足，加快进入新兴市场。一批领先的物流企业积极筹备上市，如表18所示。

表 18　2013 年物流业主要资本运作事件（不完全统计）

时间	投资方/并购方	目标公司	业务领域	交易模式	投资股权比例(%)	交易规模(百万元人民币)
2013 年 12 月	阿里巴巴	日日顺物流	家电物流	股权合资	35	2800
2013 年 11 月	复星集团	虹迪物流	化工、服装	增资入股		
2013 年 8 月	凯辉私募股权投资基金及中法基金	郑明现代物流	冷链物流	股权投资	未知	120
2013 年 8 月	凯雷投资集团和 The Townsend Group	上海宇培集团	物流地产	股权收购		2 亿美元
2013 年 8 月	元禾控股、招商局、古玉资本和中信资本	顺丰集团	快递	股权投资	<25	约 8000
2013 年 8 月	强生控股、新杰物流	上海强生便捷货运有限公司	城市配送	增资扩股	强生控股 49，新杰物流 51	增资 20
2013 年 6 月	重庆百货	庆荣物流	仓储	股权收购	100	168
2013 年 5 月	天猫、银泰(国俊投资)、复星(星鸿投资)、富春物流、顺丰、三通一达	菜鸟网	电商物流	合资成立	100	5000
2013 年 5 月	能达速递	山东元智捷诚	快递	股权收购	未知	未知
2013 年 5 月	联想增益供应链	全日通	快递	股权收购	>51	130 ~ 160

续　表

时间	投资方/并购方	目标公司	业务领域	交易模式	投资股权比例(%)	交易规模(百万元人民币)
2013 年 5 月	红杉资本	中通速递	快递	收购老股	10	300
2013 年 3 月	中信产业基金	天地华宇	公路快运	收购老股	100	750(其中 500 债务)
2013 年 2 月	力鼎资本、鹏康投资、凤凰资本	全峰快递	快递	股权收购	<50	200
2013 年 1 月	吴传龙团队	快捷速递	快递	股权收购	90	225
2013 年 1 月	徐建荣	能达速递	快递	参股	15	30
2013 年 1 月	私人未知	优速快递	快递	参股	8	10
2013 年初	红杉资本	安能物流	公路快运	股权收购		630 万美元
2013 年 1 月	快捷快递	城市 100	快递	收购	100	22(含 5.5 债务)
2013 年	钟鼎创投	卡行天下	公路快运	股权投资		

三、企业物流加快转型

近年来，生产制造、商贸流通企业更加重视物流环节成本节约和效率提升，加快向供应链一体化转型。

（一）物流费用率较为平稳

由中国物流与采购联合会、国家发展改革委和国家统计局统计调查显示，2008 年以来，我国工业、批发和零售业企业物流费用率呈下降趋势，估计 2013 年下降到 8. 5% 左右，如图 3 所示。

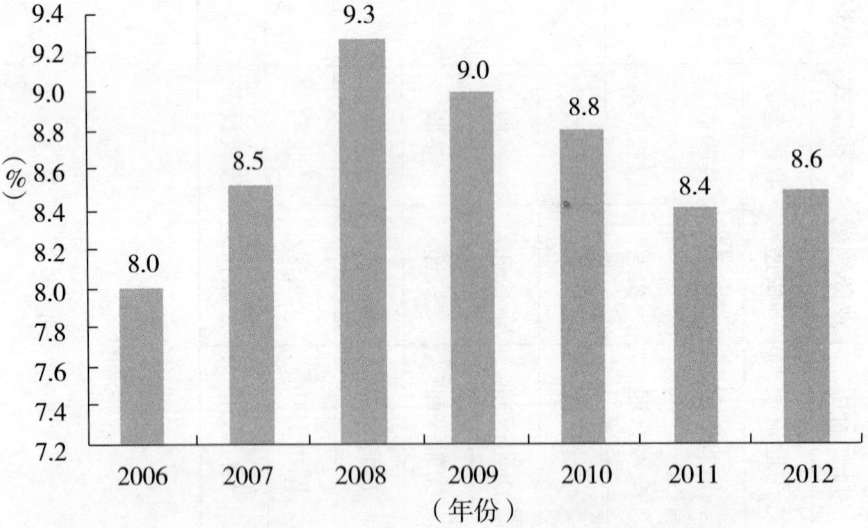

图 3　2006—2012 年工业、批发和零售业企业物流费用率情况

（二）物流外包比例持续提高

中物联统计调查显示，2012 年工业、批发和零售业企业对外支付的物流成本为 874 亿元，比上年增长 17. 3%，占企业物流成本的 61%，同比提高 2. 5 个百分点。随着“营改增”的全面推广和资源向主业集中的趋势，估计 2013 年企业对外支付的物流成本占企业物流成本的比例将继续走高，达到 65% 左右，如图 4 所示。

从运输量看，2012 年工业、批发和零售业企业委托代理货运量比上年增长 23. 4%，占货运量的 79. 4%。估计 2013 年运输量外包仍将维持在高位，达到 80% 左右的水平，如图 5 所示。

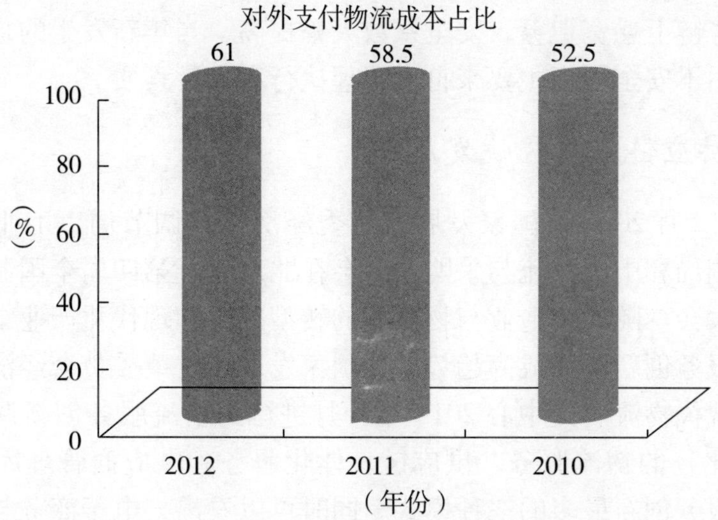

图 4　2010—2012 年工业、批发和零售业企业物流外包情况

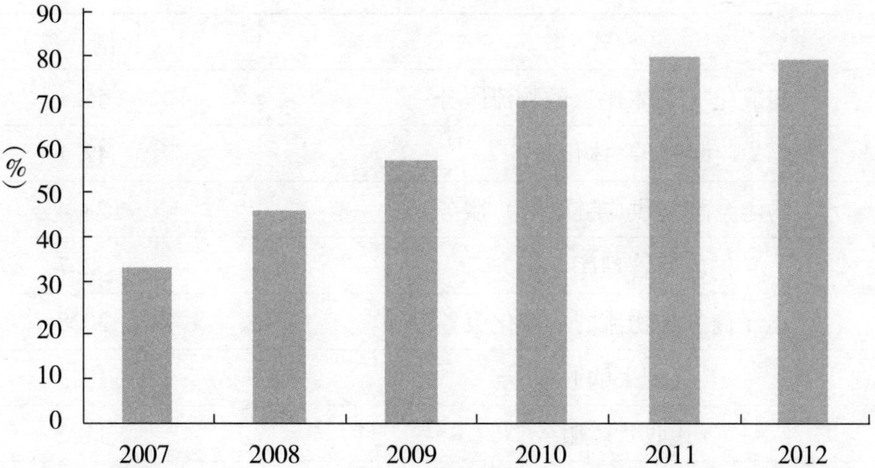

图 5　2007—2012 年工业、批发和零售业企业委托代理货运量占比情况

（三）金融物流仍有潜力

据对中国物资储运协会有关企业的调查显示，2013 年动产质押监管业务量下降 40% 以上，业务收入下降 30% 以上。多数国有企业主动收缩战线，部分国有大型企业全面退出监管业务。与此同时，一部分民营企业趁势进入市场。

2013 年，银行业大力发展供应链金融业务，开展了保兑仓融资、订单融资、厂商银等链上融资业务，安全系数大幅提高，当年新发生的贷款事故大幅降低，也说明不安全因素主要来自于管理执行和人员素质。

（四）供应链服务较快发展

2013 年 12 月 20 日，国家发展改革委经济运行调节局、工业和信息化部运行监测协调局和中国物流与采购联合会在北京召开第四届全国制造业与物流业联动发展大会。随着制造业与物流业的转型升级和现代化产业结构的优化调整，供应链服务创新正在成为趋势。据国家发展和改革委员会经济运行调节局与南开大学现代物流研究中心 2013 年 4 月进行的物流服务创新调查显示，集成化（一体化）的物流服务、供应链一体化服务、供应商管理库存服务已成为当前物流服务创新最多的三种模式。同时可以看出，电子商务与物流的一体化服务、物流金融（供应链融资）服务、代收货款服务、保税物流服务等也是企业较为关注的服务创新模式，如表 19 所示。

表 19　　企业主要采取的物流服务创新模式及比例（有多选）

模式	比例（%）
集成化（一体化）的物流服务	55. 1
供应链一体化服务	42. 1
物流金融（供应链融资）服务	23. 4
供应商管理库存服务	32. 7
电子商务与物流的一体化服务	30. 8
代理采购服务	10. 3
代收货款服务	11. 2
保税物流服务	11. 2
循环取货服务（或共同配送服务）	9. 3
代销货品服务	3. 7
不知道	1. 9

近年来，我国沿海地区涌现出一大批以提供供应链服务为主的供应链公司。如，怡亚通的“IT 供应链”、飞马的“大型及特种设备国际供应链服务”、宝恒通的“24 小时深港陆运接驳”等项目，使企业找到了供应链服务

的竞争优势。此外，腾邦分别与法国 XOInternational 公司、Cior - gioGori 国际有限公司签订供应链及电子商务大单。越海与飞利浦签署物流服务合同，企业实现向供应链一体化服务商转型。

四、物流市场分化明显

2013 年，由于国际需求不振，国内经济增速放缓，我国航运、航空货运市场依然低迷，公路货运市场增速趋缓。在大宗货物运输需求下降的情况下，铁路部门积极推行货运组织改革，铁路货运市场全年实现基本持平。受扩大内需特别是网上购物带动，仓储、快递、快运市场保持高速增长。

（一）公路货运市场

公路货运市场增速趋缓。2013 年，我国公路货运量 355.0 亿吨，比上年增长 11.3%，较上年同期回落 2.9 个百分点；公路货运周转量 6.7 万亿吨千米，比上年增长 12.7%，较上年回落 4.1 个百分点。这两项指标连续两年增幅回落，但仍保持在 10% 以上的较高增速。公路货运量、公路货运周转量分别占货物运输总量和运输周转量的 78.8% 和 36%，分别较上年回落 0.6 个百分点和上升 1.4 个百分点，公路货运的比较优势继续扩大，仍然是我国最主要的运输方式。公路货物运输平均运距 189.06 千米，比上年增长 1.3%，中长途运输优势继续扩大，如表 20 所示。

表 20　　2009—2013 年公路货运量、周转量及其增长速度

年份	2009	2010	2011	2012	2013
公路货运量（万吨）	2127834	2448052	2820100	3188475	3549923
同比增长（%）	11.0	15.0	15.2	13.1	11.3
公路货运周转量（亿吨千米）	37188.82	43389.67	51374.74	59534.86	67114.50
同比增长（%）	13.1	16.7	18.4	15.9	12.7

市场集中度依然较低。目前，我国道路运输经营主体超过 720 万家，平均每一主体拥有车辆 1.55 辆。90% 的经营主体是中小型企业，承担了 90% 以上的公路货物运输业务。同时，一些细分市场集中度逐步提高，并有带动整个市

场加快集聚的趋势。例如，在零担快运领域，出现了一批年营业额在10亿元以上的企业，如德邦物流、天地华宇、佳吉快运、盛辉物流、新邦物流、盛丰物流等。前十家零担快运企业占公路货运市场份额接近5%，并有进一步扩大的趋势。近年来，通过平台整合、联盟合作等多种方式，公路货运正在积极探索行业集中、效率提升的新途径。

市场格局加快调整。目前，公路货运市场按照基础服务分，主要有快递（陆路部分，30千克以下）、零担运输（30～3000千克）、整车运输（3000千克以上）等，业务分别占到市场容量的10%、30%和60%。

陆路快递：主要通过公路运输，顺丰速运、EMS、“三通一达”等主要快递企业都建立了干线运输骨干网络。

零担运输：适应我国小规模生产、小规模流通的经济结构，集中了大部分中小型公路货运企业。其中，零担快运（小票，30～300千克）是零担运输中的高端服务。近年来，零担快运作为货运市场最具规模经济特征的细分领域，发展势头迅猛。德邦物流等一批大型龙头企业年增长率超过50%。零担快运服务对象主要有合同物流、航空和快递企业。目前，随着客户需求水平提升，普通零担物流和区域大型专线企业正在向高利润的零担快运转型，部分大型零担快运企业向快递业渗透，市场形成了从低向高逐步升级的态势。2013年，德邦物流正式进军快递市场，佳吉快运等快运企业也已经获得快递牌照。

整车运输：主要服务于大批量运输的合同物流。近年来，随着甩挂运输的发展、客户货源的集中和车辆技术的进步，车辆规模在1000台以上的大车队模式正在迅速升温，将带动整个公路货运市场走向集中，如表21所示。

表21　　公路货运市场格局

公路货运种类	单票重量	代表企业	平均价格
信件包裹	30千克以下	顺丰速运、EMS、“三通一达”等快递企业	5～10元/千克
公路零担（小票）	30～300千克	德邦物流、天地华宇、佳吉快运、新邦物流等网络型企业	1.5元/千克
公路零担（大票）	300～3000千克	专线市场中的中小专线企业、卡行天下、安能物流等平台型企业	0.5元/千克
整车	3000千克以上	合同物流企业	0.5～1.5元/千克

平台整合效果初显。一是实体平台加快布局。传化公路港、林安物流等企业加快模式连锁复制，为区域内中小专线企业提供聚集地。传化公路港推出智能公路港模式，提升产业层次。林安物流提出“基地+电子商务”、“物流+商贸”的林安模式，经济和社会效益显著。二是产品服务平台快速推进。2012年，卡行天下推出“卡行直通车”，安能推出“定时达”，传化公路港推出“路港快线”，通过统一化品牌、标准化流程、信息化管理、规范化运营，吸引中小专线企业加盟，实现了平台快速扩张。三是虚拟平台开始发力。易流科技公司基于车联网技术首创运力池模式，吸收中小企业运力资源，并通过运力池规则共享运力，提高资源利用效率。

甩挂运输方式快速推开。甩挂运输在国外市场应用较为普遍，美国、加拿大、西欧等发达国家，甩挂运输方式占社会运输总量的70%～80%。2011年以来，交通运输部大力推广甩挂运输组织方式，截至2013年年底，共确定了三批共136个试点企业。为进一步提高甩挂运输集约化、规模化、网络化、组织化程度，甩挂运输联盟应运而生。2013年5月26日，由河南、山东、山西、河北、安徽、湖北、陕西7省重点物流企业参与组建的“中中物流联盟”在郑州成立。联盟成立后，在共享网点和资源的基础上，将逐步实现车辆共享，逐步形成覆盖7省、1000多个分支机构的物流服务网络。

资本看好公路货运市场。受益于城镇化和消费升级，资本看好公路货运中的快运、冷链、危化品等细分市场。2013年3月28日，中信产业基金从TNT收购天地华宇，收购后天地华宇将继续专注于发展国内公路快运业务。钟鼎创投增加卡行天下（平台模式），依厂物流（化工运输）的投资；红杉资本完成对安能物流多轮投资。资本的力量助推企业业务探索和模式创新，培育细分市场领导企业和品牌。

公路货运枢纽网络化布局。目前，传化公路港已有杭州、成都、苏州等基地，并与青岛、天津、重庆、沈阳、泉州等30多个城市签约或落实基地布局。林安物流加快全国扩张，芜湖、十堰、瑞昌、洛阳等基地开工，多地项目签约。卡行天下继2012年8月启动成都枢纽，2013年相继开通临沂、广州、北京、武汉枢纽，实现五地并网运行。

（二）铁路货运市场

铁路货运市场止跌回升。2013年，我国铁路货运量完成39.7亿吨，比上年增长1.6%，扭转了上年负增长的局面；铁路货运周转量2.9万亿吨千米，与上年基本持平。铁路货运量、铁路货运周转量分别占货物运输总量和货物运输周转量的8.8%和15.6%，较上年分别下降0.6和1.3个百分点。2013年，铁路货物运输平均运距734.9千米，是公路的3.9倍，内陆长距离运输仍是铁路货运的优势所在，如表22所示。

表22　　2009—2013年铁路货运量、货物周转量及其增长速度

年份	2009	2010	2011	2012	2013
铁路货物运输量（万吨）	333348	364271	393263	390438	396697
同比增长（%）	0.91	9.28	7.96	-0.72	1.60
铁路货物周转量（亿吨千米）	25239.17	27644.13	29465.79	29187.09	29173.89
同比增长（%）	0.53	9.53	6.59	-0.95	-0.05

铁路货运是重点物资的主要运输方式。2013年国家铁路煤炭运量完成16.8亿吨，占全国总产量的45.6%；石油运量完成1.3亿吨，占我国总产量的60.7%；粮食运量完成1亿吨，占我国总产量的17.4%。

铁路货运改革全面推进。2013年4月，中国铁路总公司下发《关于进一步推进货运组织改革的意见》（铁总运〔2013〕5号），决定自6月15日开始实施货运组织改革。各路局纷纷推进改革创新。货运受理方式得到简化，形成了多种受理渠道；以“实货制”运输为核心，根据“实货”种类选择运输组织方式；成立货运营销中心、货运中心和营业部三层货运营销体系；大力提高两端接取送达网络服务能力，综合运用社会物流资源，为客户提供“门到门”服务。

铁路货运格局全面调整。铁路总公司调整中铁快运、中铁集装箱和中铁特货三大专业运输公司组织结构。中铁快运和中铁集装箱将资产、业务和人员划转到相应铁路局，不再从事铁路运输组织管理业务。改革后，中铁快运成为向社会提供全程物流服务的物流企业；中铁集装箱专门负责铁路集装箱经营管理。中铁特货重点拓展商品汽车、大件、冷藏运输业务。

铁路运价市场化改革。2013年2月，铁路货运线价格调整，货物平均运价水平每吨千米提高1.5分，由平均每吨千米11.51分提高到13.01分，涨幅达13%，成为2003年以来，国家第九次上调铁路货运价格。8月19日国务院办公厅公布《国务院关于改革铁路投融资体制　加快推进铁路建设的意见》时提出“将铁路货运价格由政府定价改为政府指导价，增加运价弹性”，铁路提价预期高涨。

铁路推出快递等新产品。中铁快运获得快递牌照，试点“高铁快递”、“货物快运”、“电商落地配”等新业务。2013 年 12 月 16 日，高铁快递正式在京沪高铁试点开通，2014 年将扩大开通站点和覆盖范围。上海铁路局推出“货运快线”、“海铁联运”等新产品，开行义乌至北仑港集装箱专列，促进联运板块升级。长春货运中心开行长春至延吉铁路货运“零担班列”，实现货运班列夕发朝至。

（三）水路货运市场

水路货运市场小幅提升。2013 年，我国水路货运量 49.3 亿吨，比上年增长 7.5%，增幅较上年回落 0.2 个百分点；水路货运周转量 8.7 万亿吨千米，比上年增长 5.9%，增幅较上年回落 1 个百分点。水路货运量、货运周转量分别占货物运输总量和货物运输周转量的 10.9% 和 46.4%，较上年分别回落 0.2 个百分点。水路货物运输平均运距 1755 千米，具有长距离运输的明显优势，如表 23 所示。

表 23　　2009—2013 年水运货运量、货物周转量及其增长速度

年份	2009	2010	2011	2012	2013
水运货物运输量（万吨）	318996	378949	425968	458705	492890
同比增长（%）	8.31	18.79	12.41	7.69	7.45
水运货物周转量（亿吨千米）	57556.67	68427.53	75423.84	81707.58	86520.56
同比增长（%）	14.51	18.89	10.22	8.33	5.89

沿海干散货市场止跌回升。2013 年，中国沿海干散货运输市场呈现“冰火两重天”走势。上半年延续低迷，下半年则快速上涨。受下半年国内投资增速加快带动，煤炭、铁矿石、粮食等大宗商品需求旺盛，沿海干散货运输需求整体稳中走强。2013 年中国沿海干散货运价较上年有所回升，但由于运力过剩局面仍然存在，下半年涨势于年底逐渐消退。截至 12 月 27 日，上海航运交易所发布的中国沿海散货综合运价指数（CBFI）全年平均值为 1125.92 点，同比小幅上涨 2.48%。

国际集装箱运输市场缓慢复苏。2013 年，全球集装箱海运量为 160.2 百万 TEU，同比增长 4.77%，较上年回升 1.5 个百分点。主干航线海运量缓慢恢复，区域内航线海运量增长较快。主干航线海运量同比增长 2.8%，较上年回升 3.65 个百分点，区域内航线集装箱海运量同比增长 6.52%。其中，亚洲区域内航线海运量增幅高达 7.20%。2013 年中国出口集装箱运价综合指数（CCFI）均值为 1081.8 点，较 2012 年下跌 7.61%。

航运企业出现强强联盟趋势。截至 2013 年 10 月，全球前 10 大班轮公司市场份额高达 63.9%，市场集中度进一步提高。6 月，全球排名前三的马士基航运、地中海航运和达飞轮船宣布组成 P3 联盟，三巨头的亚欧航线市场份额将达到 42%，跨太平洋航线份额达到 24%，跨大西洋航线份额最高可达 42%。各大航运巨头相互抱团组成 CKYH、G6 等联盟以实施应对。目前，全球前 20 大承运人中已有 13 家加入联盟，占据集运市场总运力的 68.85%。

运力投放压力仍然较大。2013 年，沿海干散货新增运力大幅削减，增速继续放缓。截至 9 月 30 日，从事国内沿海运输的万吨以上干散货船共计 1660 艘，5219 万载重吨，较上年年末净增 42 艘，279 万载重吨，运力增长幅度为 5.6%，甚至不到去年同期增幅的一半。国际集装箱船舶交付量处于历史高位。1—11 月，集装箱船交付量共计 127.4 万 TEU，同比增长 16.54%。截至 2013 年年底，国际集装箱船队运力为 1736.7 万 TEU，同比增长 6.99%，运力投放压力依然较大。

航运企业积极自救应对。根据已经发布 2013 年业绩预告的十几家国内航运公司的公告，中海集团旗下中海集运、中海发展，长航集团旗下的 *ST 凤凰、*ST 长油都预告亏损。航运企业积极自救。一是出售资产。如中海集运转让全资子公司中海码头发展有限公司，预计带来 8.7 亿元的税前利润。二是多元化经营。如中远集团逐步向船舶和海工建造领域倾斜。这也是国际航运企业应对航运周期性低谷的选择。三是调整船队结构，逐步淘汰油耗高、吨位小的老旧船舶，推进船队向大型化、科技化、低碳化发展。特别是 12 月《老旧运输船舶和单壳油轮提前报废更新实施方案》的出台，对老旧船舶报废补贴细则进行了详细说明，航企报废拆解船舶的积极性高涨。

港口生产平稳增长。受 2012 年港口吞吐量的低增长以及下半年外贸出口形势好转带动，2013 年港口货物吞吐量增速较上年明显提高。全年规模以上港口完成货物吞吐量 107.3 亿吨，同比增长 9.7%，增幅较上年提高近 2 个百分点。规模以上港口集装箱吞吐量完成 1.89 亿 TEU，同比增长 6.8%，增速与上年相比略有下滑。2013 年货物吞吐量增长情况明显好于集装箱吞吐量，主要得益于干散货吞吐量两位数增长。同时，内贸货运表现好于外贸货运，内贸正在成为港口增长的主要动力，如表 24 所示。

表 24　　2007—2013 年我国规模以上港口货物吞吐量及集装箱吞吐量

年份		2007	2008	2009	2010	2011	2012	2013
国内（亿吨）	吞吐量	52.6	58.7	69.7	80.2	90.7	97.8	107.3
	增幅（%）	15.10	11.60	18.70	15.10	13.09	7.78	9.7
外贸（亿吨）	吞吐量	17.91	18.99	21.8	24.73	27.57	30.2	33.5
	增幅（%）	13.80	6.00	14.80	13.40	11.48	9.54	10.9
集装箱吞吐量（亿 TEU）	吞吐量	1.14	1.29	1.22	1.45	1.64	1.77	1.89
	增幅（%）	22.60	13.20	-5.40	18.90	13.10	7.93	6.8

规模型港口不断涌现。2013 年，我国吞吐量在亿吨以上的港口（包括沿海和内河港口）增至 29 个，岳阳、泉州分别以 15% 和 10.1% 的增速跻身亿吨大港行列；吞吐量 2 亿吨以上的港口已增至 13 个。内河港口实现了快速发展，吞吐量超过亿吨的内河港口已达 10 个，2 亿吨以上港口达到 16 个。吞吐量百万 TEU 以上的集装箱港口 24 个，其中内河港口有 4 个，如表 25 所示。

表 25　　2013 年我国港口集装箱吞吐量前 20 位　（单位：万 TEU）

排名	港口名称	2013 年	2012 年	增速（%）
1	上海	3362	3253	3.35
2	深圳	2328	2294	1.48
4	宁波—舟山	1735	1617	7.30
5	青岛	1552	1450	7.03
6	广州	1531	1455	5.22
7	天津	1300	1230	5.69
8	大连	1002	806	24.32
9	厦门	801	720	11.25
10	连云港	549	502	9.36
11	苏州（内河）	534	586	-8.87
12	营口	530	485	9.28
13	佛山（内河）	271	267	1.50
14	南京（内河）	267	230	16.09

续 表

排名	港口名称	2013 年	2012 年	增速（%）
15	烟台	215	185	16.22
16	日照	202	175	15.43
17	福州	198	183	8.20
18	泉州	168	170	-1.18
19	丹东	156	125	24.80
20	虎门*	150	110	36.36

注：*表示 2013 年数据为预测值。

我国港口在全球排名继续上升。2013 年，我国港口集装箱处理量占全球集装箱处理量的比重由 2012 年的 28.7% 上升至 30.35%。深圳港以 1.48% 的增幅超越香港成为全球第三大集装箱港口。大连港以 24.32% 增速成为全球前二十大集装箱港口中增长最快的港口，全球排名也由 2012 年的第 17 位上升至第 13 位，如表 26 所示。

表 26　　2013 年全球前二十大港口集装箱吞吐量排名　　（单位：万 TEU）

排名			港口名称	2013 年	2012 年	增长率（%）
2013 年	2012 年	走势				
1	1	→	上海	3362	3253	3.34
2	2	→	新加坡	3258	3165	2.94
3	4	↑	深圳	2328	2294	1.47
4	3	↓	香港	2229	2312	-3.59
5	5	→	釜山	1768	1705	3.69
6	6	→	宁波—舟山	1735	1617	7.27
7	8	↑	青岛	1552	1450	7.01
8	7	↓	广州	1531	1455	5.24
9	9	→	迪拜*	1350	1328	1.66
10	10	→	天津	1300	1230	5.66
11	11	→	鹿特丹	1162	1187	-2.06

续　表

排名			港口名称	2013 年	2012 年	增长率（%）
2013 年	2012 年	走势				
12	12	→	巴生	1023	1000	2. 24
13	17	↑	大连	1002	806	24. 19
14	13	↓	高雄	994	978	1. 60
15	14	↓	汉堡 *	921	894	3. 03
16	15	↓	安特卫普	858	864	-0. 66
17	19	↑	厦门	801	720	11. 20
18	16	↓	洛杉矶	790	810	-2. 47
19	18	↓	丹戎帕拉帕斯	747	749	-0. 32
20	22	↑	长滩	673	605	11. 33

注：* 表示 2013 年数据为预测值。

（四）航空货运市场

航空货运市场小幅回升。2013 年，我国航空货运量 557. 6 万吨，比上年增长2. 3%，增幅较上年回升4. 5 个百分点；航空货运周转量 168. 6 亿吨千米，比上年增长2. 9%，较上年回升 8. 66 个百分点。两项指标均结束了连续两年负增长的局面。航空货运量、货运周转量分别占货物运输总量和货运周转量的 0. 12% 和 0. 09%，与上年基本持平，如表 27 所示。

表 27　　2009—2013 年民航货运量、货物周转量及其增长速度

年份	2009	2010	2011	2012	2013
航空货物运输量（万吨）	445. 53	563. 04	557. 48	545. 03	557. 6
同比增长（%）	5. 54	26. 38	-0. 99	-2. 23	2. 3
航空货运周转量（亿吨千米）	126. 23	178. 9	173. 91	163. 89	168. 58
同比增长（%）	5. 54	41. 73	-2. 79	-5. 76	2. 9

市场格局加快分化。我国航空货运市场国内业务量与国际业务量比例在 70∶30 左右。在国际航空货运市场，自 2004 年中美签订航空运输议定书，开

放货运航权以来，国际航空运输企业竞相进入国内市场，加剧货源结构不均衡态势，运力出现结构性过剩，多数企业国际业务出现亏损。在国内航空货运市场，受电子商务带动快递业高速发展影响，航空快件业务量持续快速增长。目前，航空快件业务量已经占国内航空货运量50%的市场份额。中西部地区承接东部地区产业转移，也带动了国内航空货运中心的转移。

航空货运企业谋求转型。国内航空公司加快延伸服务链条，进入快递、电商等高附加值领域。东航旗下的“东航物流”获得国际快递牌照，通过整合集团内部航空货运资源，积极向价值链两端延伸，探索“快递+电商+贸易”的模式。海航旗下的“海航货运”获得快递运营资质，利用公司原有航空货物运输、地面配送网络、卡车航班网络等资源，将在八个主要省市进行快递业务布局。南航旗下的“南航货运”在国内12个城市率先推出“南航快运”产品，并推出了国际快件限时转运产品。此外，主要航空货运公司与快递业加强战略合作，扩大包舱和包机规模，加强优势互补，共同拓展快递市场。

快递企业加大航空货运比重。据国家邮政局统计，快递企业的自主航空能力增强，截至2013年年底，快递全货机达到65架。中国邮政航空2013年年底新订5架货机，预计2014年将机队扩大至26架；顺丰拥有14架自有全货机和19架租机，机队规模达到33架；圆通速递新增两架波音737货机，运营货机总数达到4架；申通快递、天天快递等其他快递企业也纷纷租赁货机，或与航空公司合作以腹舱带货。继顺丰速运、中国邮政先后组建航空公司后，圆通速递和申通快递也向民航总局递交申请书。

地面物流服务网络升级。大型机场地面物流服务多元化发展，由过去单一的货站服务，向转运、分拨、取送货等多功能转型。国外航空货运和快递企业纷纷在国内建立地面物流系统，并在主要航空口岸建立转运基地，国内企业也开始加快这方面的尝试。顺丰速运与萧山、深圳、北京多地机场合作，建设空港分拨中心，加快地面网络铺设。航空产业园、综合保税区等多种业态加快涌现，如郑州的空港综合经济实验区、重庆的机场综合保税区等。3月7日，国务院正式批复《郑州航空港经济综合实验区发展规划（2013—2025年）》。这是全国首个上升为国家战略的航空港经济发展先行区。

（五）仓储服务市场

生产资料和大宗商品仓储业务增速放缓。近年来，除2009年受国际金融危机影响出现负增长以外，生产资料和大宗商品仓储业务一直保持15%～20%的较高增长速度。据中国物资储运协会对全国62家有代表性的仓储企业调查统计，2013年样本企业主营业务收入仅增长2.66%，增速大大低于往年，如表28所示。2010年“钢贸事件”以来，随着市场业务萎缩和“去库存”压力增加，特别是国家加大去产能力度，相关业务需求下滑，仓储业务量增速经历了一个逐年下降的过程。2013年，样本企业货物吞吐量比上年下降30%，期末库存量减少12%，平均收入利润率只有1%左右。同时，样本企业货物平均周转次数7.66次，高于上年的7.6次，物流效率得到提升。

表28 2009—2013年样本企业主营业务增长速度及货物周转次数

年份	2009	2010	2011	2012	2013
主营业务收入增幅（%）	-13.6	22.1	16	10.5	2.66
货物周转次数（次）	9.11	9.6	8.96	7.6	7.66

生活消费和电子商务仓储业务持续上升。世邦魏理仕发布《2013年第四季度中国房地产市场回顾与2014年市场展望》显示，来自电商和第三方物流的仓库租赁需求活跃，全国优质物流仓库平均租金指数环比上涨0.5%，其中，杭州和深圳平均租金同比涨幅均高于5%。据中国物流与采购联合会抽样调查显示，2013年，北京、广州、苏州、杭州、武汉、沈阳等主要城市优质仓库租金普遍接近或超过1元/平方米·天，上海、深圳等部分城市优质仓库租金接近或超过1.5元/平方米·天，如表29所示。63.6%的企业反映一线城市租金有所上涨，23.8%的企业反映上涨较快，60%的企业反映二线城市租金有所上涨，10%的企业反映上涨较快。

表29 2013年全国主要城市优质仓库租金

城市	北京	上海	广州	深圳	苏州	杭州	沈阳	武汉
租金［元/(平方米·天)］	1~1.3	1~1.5	0.9~1.3	0.9~1.8	0.8~1.1	0.5~1.1	0.7~0.9	0.7~1

业务格局调整加快。电商、连锁零售、快递等消费型业务快速增长；冷链、医药、服装等专业化业务增长加快；钢铁、煤炭、粮食等大宗物资仓储设施增长趋缓。部分仓储企业开始主动转型。中储股份加大各业务板块向生活消费品的倾斜，利用仓储网络、运作标准等优势，为客户提供优质、高效、便捷、周到的物流服务。

仓储业投资持续快速增长。2013年，全国仓储业全年投资为4200亿元，同比增长34.6%，如表30所示，增速较上年提升4.6个百分点，远高于全国固定资产投资19.6%的增速。进入21世纪以来，我国仓储业投资增速都在25%以上。一方面是因为城市快速扩张，老旧仓库迁建、改建较多；另一方面，各地对物流园区的建设较为重视，规划新建的物流园区正集中进入投资建设期。此外，土地成本不断走高也是重要原因之一。

表30　2009—2013年仓储业固定资产投资（不含农户）及其增长速度

年份	2009	2010	2011	2012	2013
仓储业固定资产投资（亿元）	1413.32	1811.70	2437.20	3120.06	4200.7
同比增长（%）	61.7	28.2	34.5	28.02	34.6

物流地产成为投资热点。目前，国内高端物流地产投资收益率普遍高于普通住宅与办公楼的回报率，物流地产迎来投资热潮。普洛斯、中储、嘉民、宝湾等专业物流地产商加大投资力度，搭建高效仓储设施网络。截至2013年年底，普洛斯在我国已经拥有1230万平方米的仓储设施。一些钢铁、煤炭、房地产企业投资转向物流地产领域。电商企业投资物流地产形成高潮。阿里巴巴、京东、腾讯、亚马逊等一批电商企业加大对电商物流地产的投资力度。2013年，阿里巴巴牵头组建“菜鸟网络”，投资兴建电商物流基础设施，计划首期投资人民币1000亿元。此外，一批境外基金加快投资中国物流地产市场。

（六）快递服务市场

快递市场规模持续快速扩张。据国家邮政局统计，2013年我国快递业完成快递业务量91.9亿件，同比增长61.5%，较上年提高6.5个百分点；快递业务收入完成1441.7亿元左右，同比增长36.6%，较上年回落2.6个百分点。全年我国快递业务量接近美国，保持了全球快件量第二大国的地位，如表31所示。

表31　2009—2013年快递业务量、业务收入及其增长速度

年份	2009	2010	2011	2012	2013
快递量（亿件）	18.6	23.4	36.7	56.9	91.9
同比增长（%）	23.2	25.8	56.8	55.0	61.5
快递业务收入（亿元）	479	574.6	758	1055.3	1441.7
同比增长（%）	17.3	20.0	31.9	39.2	36.6

分专业看，同城业务收入累计完成166.4亿元，同比增长51%；异地业务收入累计完成829亿元，同比增长30.5%；国际及港澳台业务收入累计完成270.7亿元，同比增长31.7%，如表32所示。同城、异地、国际及港澳台快递业务收入分别占全部快递收入的11.5%、57.5%和18.8%；业务量分别占全部快递业务量的24.9%、72.2%和2.9%。

表32　　2013年快递业务收入及其增长速度

	收入（亿元）	同比增长（%）
快递业务	1441.7	36.6
同城业务	166.4	51
异地业务	829	30.5
国际及港澳台业务	270.7	31.7
其他	175.6	

分城市看，上海、北京、广州、深圳、杭州分列快递业务量和快递业务收入前五位，前五个城市占快递业务量的40.1%，占快递业务收入的44.4%。

快递业爆仓问题明显好转。2013年“双11”当天共产生快递物流量约1.8亿件，比上年同期增长85%；最高日处理量超过6500万件，比上年增长85%，是日常处理量的260%。为应对“双11”等电商高峰，各主要快递企业投资新建、改造分拨中心300余个，新增干线班车2500台，紧急调运飞机100多架，新增航空日均运力800吨，同时增加了主要区域间的铁路运力，基本保障了快递服务，没有出现爆仓、积压、瘫痪等现象。但是，也出现了高峰过后资源闲置和过剩的问题。

市场集中度进一步提升。2013年我国快递业市场加快向前六大快递企业集中。这六家快递企业是“三通一达”（申通快递、圆通速递、韵达快递、中通快递）、顺丰速运和邮政速递，占我国快件业务量市场份额的80%左右，与上年相比上涨了5个百分点左右。从业务量来看，前六大快递企业日均业务量超过380万件，其他企业日均在100万件以下，前六大快递企业与其他企业的差距进一步拉大。

行业利润水平出现下滑。目前，我国快递市场仍然以“以价换量”模式为主导，出现了“微利化”趋势。据快递物流咨询网统计，由于持续多年的“价格战”，快递企业利润率已经由2003年的30%下降到5%左右。就件均收入来看，已经由2007年的28.6元下降到2013年12月份的15.7元，下降幅度达45%，异地快递的件均收入下降更是高达59%。部分快递企业经营风险大幅上升，特别是加盟制快递企业出现大批退出市场的局面，如表33所示。

表33　快递件均收入

年份	2007	2008	2009	2010	2011	2012	2013
件均收入（元）	28.6	27.0	25.8	24.6	20.7	18.5	15.7

快递业进入资本时代。2013年，全峰快递获得力鼎、彭康、凤凰、景林资本多轮投资；中通速递获得红杉资本参股；联想控股旗下的增益供应链投资收购全日通等多家快递企业，成立增益快递；长期独资经营的顺丰速运首次引入战略性投资，中信资本、元禾控股、招商局集团和古玉资本组成财团共同投资顺丰速运不超过25%的股份。在电商快递领域，京东商城获得多轮投资，继续加强自营快递物流投入；腾讯收购易讯，包括自建快递物流部分；阿里巴巴牵头组件“菜鸟网络”。此外，能达快递整体转让股权，圆通、宅急送、中通、韵达等多家快递企业加快酝酿上市计划。一系列资本事件不断刷新快递业估值，抬高了市场进入门槛。

快递业加快国际化发展。2013年，顺丰速运海外网络继续延伸，2013年开通泰国、越南等国家网点。申通快递开始海外扩张布局，成立海外事业部，在中国香港设立直营公司，在中国台湾、澳门设立加盟企业，积极扩张马来西亚、新加坡、日本、美国等地市场。随着跨境电商的快速发展，国际快递配套服务需求大幅上升，对快递业国际化发展提供了重要机遇。

五、行业物流整合提升

从行业物流来看，电商、医药、汽车、冷链等与居民消费相关的物流市场保持较高增长速度。钢铁、煤炭、化工等与生产资料相关的物流市场依然低迷。

（一）粮食物流

2013年，全年粮食产量6.02亿吨，比上年增加1236万吨，增产2.1%，实现了新中国成立以来的首个“十连增”。2013年中央一号文件继续提出要统筹规划农产品市场流通网络布局，提高农产品流通效率，粮食物流成为关注重点，如图6所示。

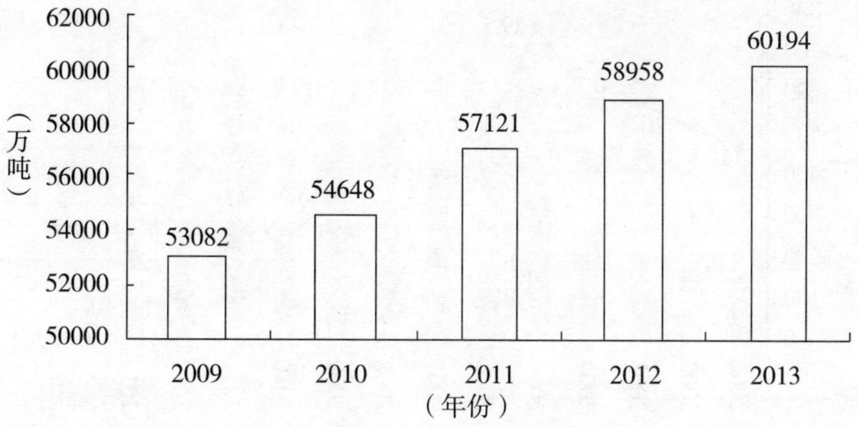

图6　2009—2013 年粮食产量

粮食物流加快整合。2013 年 3 月，作为国内最大的跨区域粮食物流企业，中国华粮物流集团完成了与中粮集团的战略重组。重组后的华粮集团在东北、长江、西南、京津地区的四大成熟完善的粮食运输走廊和铁海联运、铁路散粮入关两条粮食运输通道将纳入中粮集团的物流体系，提升“全产业链”各个环节的控制能力。1 月 21 日，作为东北地区铁路散粮车入关试点，从中国华粮物流集团吉林松原粮库始发的首列铁路散粮专列实现直达关内运输，为东北粮食南下提供了便捷的运输方式。

粮食物流中心产业化发展。2013 年多地大力投资建设粮食物流中心，注重信息化和产业化，产业链合作更加明显。如，天津市粮油集团投入 6.77 亿元，大力推进“临港经济区利达粮油加工基地”、“静海二期粮食综合加工项目”、“放心馒头”等民生大项目建设。河南、安徽分别出台《关于大力推进主食产业化和粮油深加工的指导意见》、《关于大力推进主食产业化的意见》，鼓励主食加工企业与主食设备生产企业、粮食购销和物流企业、质检机构等开展协作，共同打造以粮食收储、加工、物流配送为一体的主食产业化集群。

（二）钢铁物流

钢铁物流需求稳步增长。2013 年，我国钢铁产量继续保持增长，且增速较上年有所加大。统计显示，全年全国累计生产生铁 7.1 亿吨，同比增长 6.2%；粗钢 7.8 亿吨，同比增长 7.5%；钢材 10.7 亿吨，同比增长 11.4%。通常情况下，我国钢铁行业总物资运输量往往是钢铁总产量的 4 ~ 5 倍以上，初步估算 2013 年物资运输量接近 40 亿吨，如图 7 所示。

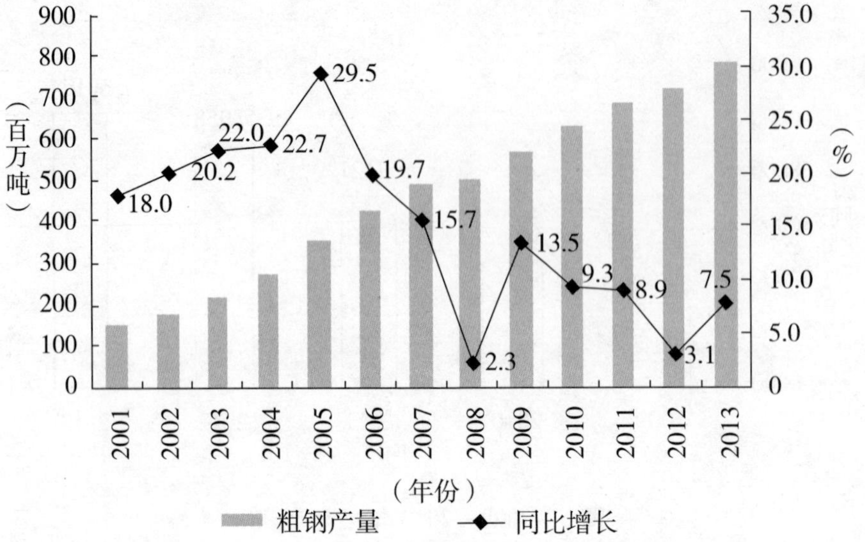

图7　2001—2013 年粗钢产量及同比增速变化

数据来源：国家统计局。

钢铁流通企业分级化管理。据统计，目前全国钢铁流通企业数量高达 20 多万家，其中，绝大部分是中小流通企业。2013 年 7 月，商务部发布《钢铁流通企业经营管理分级评定》。该标准对钢铁流通企业经营管理等方面进行综合评定，划分出 A、AA、AAA、AAAA 和 AAAAA 五个等级，依据获得 A 级等级的高低来区分钢铁流通企业的综合能力。钢铁物流企业作为流通企业的一部分也纳入分级管理。

钢铁物流园区转型升级。我国钢铁物流园区大部分为钢贸企业投资建设，总体数量较多，局部地区已经出现“过剩”现象。传统的前店后库式和商住一体化的钢材市场模式经受严峻挑战，亟待转型升级。近年来，钢铁生产企业积极向产业链中游流通环节渗透，拓展物流环节，兴办钢铁物流园区。据统计，目前钢铁企业在建、开工和拟建的钢铁物流园区项目有 17 个，涉及 14 家钢铁企业。虽然钢铁企业兴办的钢铁物流园区总量不多，但体量较大、功能完善，可为中、下游客户提供信息、金融、加工配送、仓储物流、电子商务、废钢回收等一系列配套服务。

钢铁生产企业整合物流业务。武钢集团对物流产业进行了新一轮整合，将物流公司和港务公司进行整合重组，以武汉钢铁集团物流有限公司为平台，通过整合，重新构建第三方物流、港口、仓储、货运、客运、汽车检修、物流园等物流板块。新成立的武钢物流公司不仅集中整合了武钢集团一切可以面向社会经营的物流资源，也标志着武钢物流产业板块的形成。

钢铁电子商务平台加快拓展。近年来，越来越多的钢铁生产和流通企业意识到电子商务作为新兴生产力带来的挑战和机遇，纷纷建设企业级电子商务网站，加快向现代流通业转型。宝钢已初步建立起支撑钢铁主业的电子销售、电子采购、电子交易、基础服务和数据服务五大平台，应用模式日臻完善；淮矿物流开发斯迪尔电子交易平台，形成“平台+基地”供应链管理模式，专注于大宗生产资料的现货电子交易领域；欧浦公司开发了电子钢铁交易平台“欧浦交易网”，覆盖钢铁物流交易、加工、配送3个环节；山钢集团莱钢将物流园区建设与电子信息平台相结合，以信息科技提升物流配送管理水平；武钢、广钢、首钢、华菱钢铁、马钢股份、沙钢股份及昆钢等均在积极部署电子商务平台。

（三）汽车物流

汽车物流需求中速增长。据中国汽车工业协会统计，2013年，我国汽车产销分别为2211.68万辆和2198.41万辆，同比增长14.76%和13.87%，如表34所示。从中国汽车流通协会了解到，全年全国二手车交易量首次突破500万辆，达到520.33万辆，同比增长8.6%。至2013年年底，全国机动车数量突破2.5亿辆，其中，汽车达1.37亿辆。汽车物流市场总体增速与汽车工业增速相当，在15%左右的水平。

表34　2009—2013年中国汽车产销量及增长速度

年份	产量	增长速度（%）	销量	增长速度（%）
2009	1379.53	48.30	1364.48	46.15
2010	1826.53	32.44	1806.19	32.37
2011	1841.64	0.84	1850.51	2.45
2012	1927.62	4.6	1930.64	4.3
2013	2211.68	14.76	2198.41	13.87

汽车产业链拓展成为趋势。2013年，国内主流第三方物流企业在实现汽车零部件入厂、整车物流、售后服务备件物流业务的同时，向汽车零部件企业供应链管理和物流领域延伸，向汽车后市场领域拓展。如，安吉物流接手南京依维柯售后物流外包，提供全供应链角度的整体优化整合。长久物流与国内各大物流企业广泛合作，探索零部件物流资源共享，在国际汽车物流业务实现突破。同时，汽车物流企业加快多样化发展，将业务范围拓展到与汽车相似的工业品物流领域，实现了业务模式的快速复制。

综合运输体系开始发力。2013 年，汽车物流企业更加重视公路以外铁路和水运资源的共享，以及综合运输体系建设。中铁特货运输公司借国家铁路改革之势，加大汽车专业物流市场的推广力度。安吉、长安民生、长航、安盛等企业加大投入，在沿江、沿海布局密集而完整的水运汽车物流网。2013 年，安吉物流与大连港集团签署协议，在整车及零部件物流、港口运输、仓储等领域开展全面的战略合作。

管理创新引领发展。国内主流汽车物流企业引入技术管理精英人才，将生产技术管理嫁接到现代物流，以生产的精益促进改善物流的粗放，典型企业有安吉物流、一汽物流、长安民生、福田物流、中信国际等。2013 年，中物联汽车物流分会组织开展了首次汽车零部件物流 KPI 对标活动，根据统计结果树立行业标杆企业。

（四）化工物流

化工物流需求增速平稳。2013 年，化工行业工业增加值同比增长 8%，占全国工业增加值的 13.23%。随着化工行业快速发展，为化工物流的发展带来机遇，如表 35 所示。

表 35　　2009—2013 年化工行业发展情况

年份	石油与化工增加值同比增长（%）	全行业规模以上企业累计实现主营业务收入（万亿元）	全行业规模以上企业（万家）
2009	12.90	6.35	3.46
2010	34.1	8.88	3.67
2011	31.5	11.28	2.68
2012	8.29	11.85	2.72
2013	8	11.66	2.8

化工仓储设施相对落后。据有关部门统计数据显示，目前我国危化品仓储能力达 1.6 亿吨、其中危化品仓库有 7140 万平方米，储罐有 9200 万立方米。仓储设施主要分布在长三角、珠三角、环渤海湾和东南部沿海港口城市，约占总量的 60%，中部大中城市约占 25%，西北部地区约占 15%。化工仓储设施缺口估计在 20% 左右，在某些城市和化工产业发达地区尤为突出。主要原因是化工仓储设施选址征地门槛较严，技术安全条件要求较高，投资大、回报低，投资吸引力不高。

化工物流园区快速发展。为适应化工产业发展，减轻仓储设施严重短缺的压力，许多地区规划建设专业化工园区。一批有特色、规模化的化工物流园区和仓储基地、仓库码头、储罐库区等相继投产运营。如新疆储备基地、四川商业石油储备库、宁夏东宁化工物流园区、重庆长寿化工物流园区和新兴的西南云贵磷化工基地、广西北部湾三大化工物流园区等。为规范危险化学品经营管理，许多城市开始尝试新的经营模式，天津、上海、广州、重庆、成都、常州、张家港等许多城市建立了“危险化学品交易市场”，形成了集购销、仓储、运输、配送等为一体的多功能物流供应链模式。

化工物流运输加强联网。目前，全国危险品运输企业总达1万多家，专用车辆约有30万辆，平均每户企业拥有的车辆在30辆以下，危险品运输市场较为分散。按照交通运输部要求，从2013年1月1日起，对“两客一危”要求安装北斗兼容车载终端。通过加装车载终端，引导企业加强信息联网和运输管控。

行业监管日益加强。2013年下半年，一系列涉及危险品的事故频发，暴露了我国在化工物流安全监管方面存在薄弱环节。2013年7月，国家正式修订实施了《道路危险货物运输管理规定》。首次提出建立专职安全管理人员制度、安全评价制度、“剧毒化学品、爆炸品”道路运输从业人员考试制度和危险货物道路运输豁免制度等。在危险品运输管理方面，将加强包括安全生产责任制度、管理制度、管理档案、突发事件应急预案以及汽车运输放射性物品规则等五项行业标准建设。

（五）医药物流

医药流通市场增速趋稳放缓。2013年医药流通行业销售额将超过1.3万亿元，增长幅度预计在14%～17%，增速略有回落，如表36所示。

表36　　2009—2013年药品流通行业销售总额及其增长速度

年份	销售额（亿元）	增长速度（%）
2009	5684	20.96
2010	7084	24.6
2011	9426	23
2012	11122	18
2013	约13000	14～17

医药流通市场集中度提升。我国目前大约有 1.3 万家药品批发流通企业，市场集中度较低。大型企业成长迅猛。继国药集团 2010 年实现销售收入超 1000 亿元，并率先在 2012 年进入世界 500 强之后，华润医药集团在 2013 年也实现销售收入超千亿元的目标，上药集团也突破 800 亿元大关。2013 年前三甲销售规模预计占比将达 30% 左右。除了现有 15 家上市公司外，一批医药流通企业启动上市计划，如华润医药、湖南老百姓大药房、四川医药集团等。

新版 GSP 抬高市场门槛。2013 年 6 月 1 日，新版 GSP 正式实施，对软硬件各方面要求与标准大幅度提高，市场进入门槛提高。新版 GSP 要求全面推行计算机信息化管理，着重规定计算机管理的设施、网络环境、数据库及应用软件功能要求；明确规定企业应对药品仓库采用温湿度自动监测系统，并实行 24 小时持续实时监测；强化药品冷链管理，强化实施电子监管、提高人员的资质要求等。随着各省市细则逐步出炉，认证标准还将更加量化与苛刻，认证难度还将进一步加大。同时，新版 GSP 的实施也为医药流通和物流企业带来机遇。

第三方医药服务迎来契机。随着新版 GSP 的实施及与其配套的附件相继出台，药品第三方物流业务的开展有了明确、较高的标准，为计划开展药品第三方物流服务的企业带来契机。国药于 2012 年年底获得了第一张全国第三方多仓运作批复，2013 年开始为国家放开第三方全国多仓一体化运营进行先行先试工作，同时 UPS 等跨国物流巨头加快抢滩中国医药市场。

医药物流网络建设势头强劲。2013 年启动物流建设工程的商业药企接近 280 家，还有部分企业也在积极筹备。国药成都物流中心、国药南区（广州）枢纽物流中心、国药西北（西安）枢纽物流中心、上海外高桥保税物流中心等现代化物流中心陆续投入使用，使国药现代化医药物流中心达到 18 家。华润医药在 17 个省、市、自治区设立物流中心 40 个，总建筑面积 37.25 万平方米。上海医药除上海物流中心总部外，在山东青岛、浙江宁波、江苏无锡、江西、福建、广东、北京 7 地建设物流中心。九州通未来五年计划成立以 21 家省级物流配送中心为依托的物流子公司，并发展至 100 家地级配送中心。此外，嘉事堂、南京医药、重庆医药、陕药集团等区域巨头纷纷斥巨资建设物流中心、物流工业园。

医药物流服务延伸工作积极推进。为总结 2011 年 6 月商务部启动的“医药物流服务延伸示范工程”实施效果，推广先进经验，2013 年 8 月，商务部组织有关专家，遴选了 47 个代表性较强、效果较好的医药物流服务延伸项目，作为第一批医药物流服务延伸示范项目，并下发《关于公布第一批医药物流服务延伸示范项目的通知》。2013 年，华润、上药、国药、九州通、南药、广药等通过 SPD、DTP、医院药房托管等多种形式开展物流服务延伸工作，取得了积极的经济和社会效益。

（六）冷链物流

冷链物流需求快速增长。2013 年，冷链市场需求达到 9200 万吨，冷链物流总体增长速度达到 20% 左右，但是总体发展还很不均衡。在冷链产区和消费区，其发展速度可达 30%，但是在一些比较偏远的地区其速度只有 10%，甚至更低。冷链物流企业依然规模小、压力大，营业收入过亿的冷链物流企业只有十几家，冷链物流业仍处于低速增长阶段。

冷链基础设施建设再创新高。2013 年，我国冷链物流业固定资产投资超过 1000 亿元，同比增长 24.2%。冷库规模继续保持较快增长势头。截至 2013 年年底，全国冷库储存能力总计约为 2411 万吨，同比增长约 13.6%。据中物联冷链物流专业委员会调研结果显示，2013 年全国建成投入运行的冷库储存能力总计 287.8 万吨，其中公共型冷库总储存能力约 262 万吨。

冷链运输设施小幅增长。目前，公路运输占我国冷藏运输量的 90%，2013 年冷藏车市场保有量新增 13000 台左右，同比增长 14% 左右。铁路冷藏货物运输主要由中铁特货和中铁集装箱下属的铁龙物流负责经营，目前中铁特货机械保温车保有量 1910 辆，2013 年完成铁路鲜活运量 42.6 万吨。2013 年铁路冷藏箱发运量为 1196 箱（折合 2691TEU），按保有量计算，年周转次数为 9.34 次。

上游企业重视冷链发展。食品龙头企业加大冷链投入。众品集团通过整合内部和外部资源成立“河南鲜易温控供应链股份有限公司”，涉及生鲜加工、冷冻仓储、冷链运输、农贸批发、电子商务等多项业务。连锁餐饮企业冷链投入加大。2013 年海底捞分别在内蒙古、东莞、北京、上海等地相继规划建设冷链配送中心，完善供应链管理。随着人们工作节奏的加快，冷链快餐开始大规模进入便利店，像 7－11、罗森、全家等便利店都出现了快捷食用的“冷便当”。

冷链宅配快速起步。2013 年，天猫、京东、本来生活网、1 号店、顺丰优选、沱沱工社等一线电商全面进军生鲜市场，与之配套的冷链宅配业务快速起步。随着家庭终端需求的几何级数增长，2013—2015 年冷链宅配年复合增速有望达到 80%～120%，带来的冷库、冷藏车市场规模将超 360 亿元。但是，目前冷链宅配规模较小，受到区域限制较大、品类单一、采购渠道不稳定、冷链物流成本高等因素影响。

冷链合作寻求突破。生鲜电商的快速发展带动区域内冷链物流合作加强，实现资源优势互补，有效提升冷链运输效率，降低冷链物流成本。比如北京顾客在天猫下单，由上海众萃物流完成到北京的冷链长途运输，再由北京快行线物流市内冷链配送到落地配站点，最后由小红帽送到顾客手中，多家企业的合作保证了冷链无缝对接。天猫与北京、上海、成都等多家物流企业和东航的第三方物流连成一张“E 速保鲜生活”的冷链网，不断将国外的农产品、食品运送到中国消费者手中。

冷链批发市场建设较热。2013 年，全国 80% 以上的新建农批市场配套有冷链设施，批发市场冷链设施总投资金额超过 500 亿元。福建名成集团 2013 年先后在福州、三明、天津、山东潍坊 4 个城市投资经营管理了 4 家大型水产品交易中心和冷链物流交易中心。雨润农产品集团分别在成都、沈阳、西安、徐州、哈尔滨、鞍山、石家庄等地投资建设农产品交易市场和冷链物流中心。北京新发地建 12 万吨的大型冷库和 25 万吨蔬菜专业储备保鲜库。

冷链物流依然是投资热点。2013 年凯辉私募基金及中法基金共同完成对上海郑明物流 1.2 亿元人民币的投资，同时上海郑明物流完成了对深圳曙光物流的控股。大连中盈物流与日本北兴物流株式会社合资成立中盈北兴冷链物流（大连）有限公司。中外运入股普菲斯与亿达、阳明海运组成冷链“共同体”。快行线物流借力生鲜电商完善全国快行线配送网络，合作进入务实阶段。

（七）电子商务物流

电子商务物流需求快速增长。据艾瑞统计数据显示，2013 年中国电子商务市场整体交易规模达 9.9 万亿元，同比增长 21.3%，如图 8 所示。其中，中小企业 B2B 电子商务市场营收规模达到 210.2 亿元，同比增长 25.8%；网络购物交易规模超过 1.85 万亿元，同比增长 42.0%；移动购物交易规模达到 1676.4 亿元，同比增长 165.4%，如图 9 所示。

网络购物市场增速趋于平稳。2013 年，网络购物交易额占社会消费品零售总额的比重达 7.8%，比上年提高 1.6 个百分点。网络购物市场中 B2C 交易额达 6500 亿元，占整体网络购物市场交易规模的 35.1%，较上年的 29.6% 增长 5.5 个百分点。从增长速度看，B2C 市场增长迅猛，2013 年增速达到 68.4%，远高于 C2C 市场 30.9% 的增速，B2C 市场继续成为网络购物市场的主要推动力。

物流服务体验成为竞争焦点。2013 年，电商企业除“价格战”外，更多聚焦物流竞速。继 2012 年年底易迅进入北京市场，并推出“一日三送（闪电送）”业务后，京东推出“一日四送”的“极速达”业务，还陆续推出“夜间配”、“定时达”等新业务。1 号店推出了“一日六送”的“准时达”，国美

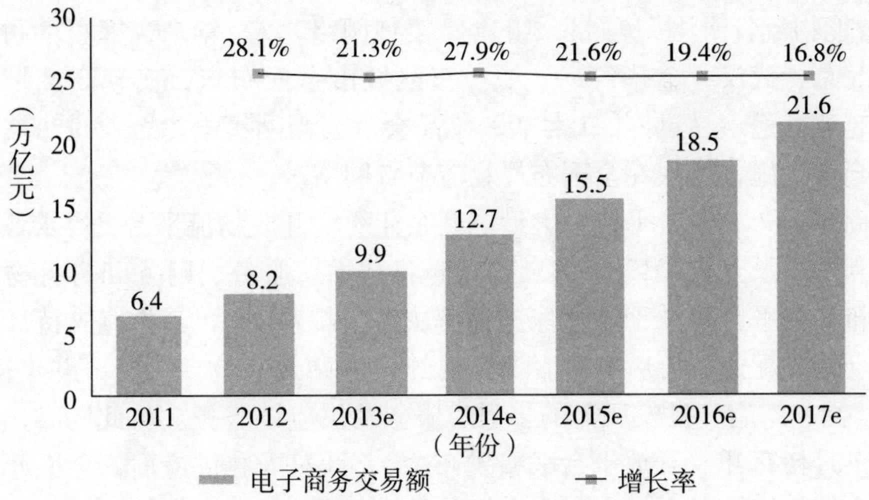

图 8　2011—2017 年中国电子商务市场交易规模

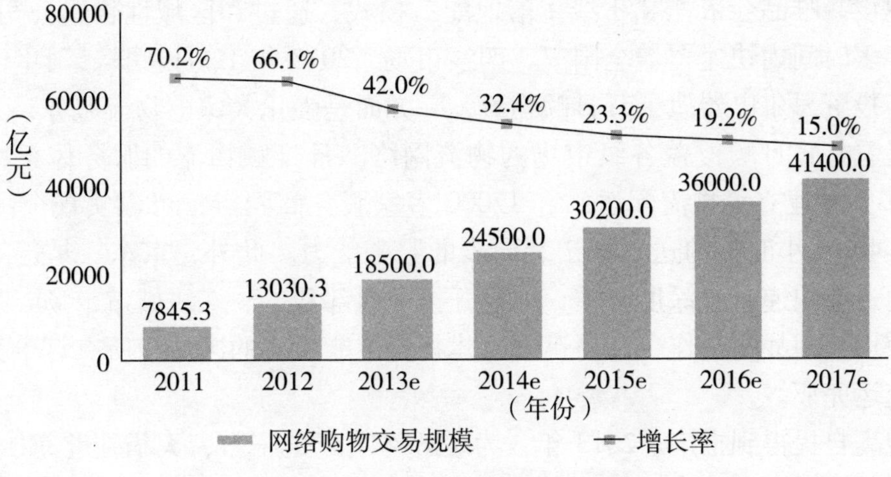

图 9　2011—2017 年中国网络购物市场交易规模

在线、苏宁易购也凭借线下实体店优势提供“半日送”服务。为保证物流时效和服务体验，京东、易迅、苏宁易购、卓越亚马逊等电商企业在核心城市组建物流配送队伍。

电商物流节点加快布局。2013 年年初，京东获得第五轮融资，重点投向物流基础设施建设。目前，京东在全国建设 7 大物流基地、31 个城市仓储中心，超过 120 万平方米仓储面积，近 1400 个配送站点和 300 多个自提点，形成了覆盖全国近1300多个区县的智能物流服务网络。2013年，阿里巴巴启动“中国智能物流骨干网”项目，组建“菜鸟网络”。一年来，携资本和产业优势，在北京、武汉、金华等一、二、三线城市全面布点，实现高速扩张。此外，卓越亚马逊、易迅网、1号店、唯品会、当当网等电商企业纷纷自建或租赁物流仓储设施，加快在全国布局物流节点网络。

电商企业开放物流平台。大型电商企业纷纷开放物流平台，寻求业务合作和新的利润增长点。2013年，京东宣布将技术、服务、财务和自有物流支持打包，将开放平台定位于“卖家整体解决方案提供商”，其物流支持计划提供了包括仓储、配送、售后、客服等在内的“一站式”物流服务，并支持B2C、B2B、官网、门店、批发所需的多渠道服务及供应链服务。与此同时，苏宁易购也在7月初召开“开放平台战略发布会”，针对入驻供应商，全面开放数据信息、仓储物流及资金三大平台。在互联网开放思维的背景下，大型电子商务企业依托资金、技术和物流优势，搭建各种开放平台，为入驻企业提供各项增值服务。

物流服务网络逐步下沉。电商企业加快二、三线城市和中西部地区的物流网络建设。唯品会依托“干线+落地配”模式，通过和区域性快递公司合作，在两年多时间内快速覆盖全国三、四线市场。2013年12月9日，阿里巴巴集团宣布投资海尔电器旗下日日顺物流，一方面是强化大家电物流服务，另一方面也是看好日日顺覆盖各级市场的物流网络。日日顺物流的服务体系在全国2800多个县建立了物流配送站和17000多家服务商网点，可以实现全国1800多个区县24小时按约送达、送装同步的服务能力。此外，京东、易迅等电商企业通过与快递企业深度合作，加紧开拓中西部和二、三线城市市场。易迅与顺丰速运实施战略合作，在易迅网自建物流不能覆盖的区域，所有订单都交由顺丰速运完成。

包裹自提得到推广。2013年，为缓解终端配送压力，天猫在北京、上海、深圳等64个城市签约1万多个服务站，为消费者提供免费快递代收业务。这些服务站由连锁便利店、物业公司、社区小店等组成，向各大快递公司开放包裹自提和货物保管服务。此外，京东、顺丰速运等电商和快递企业也加快推广包裹自提业务，有效缓解了末端配送的压力，增加了客户选择的灵活性。

（八）连锁零售物流

连锁零售物流增速放缓。商务部发布的《2013中国零售业发展报告》显示，2012年全国零售业经营单位2354个，同比增长6%，零售业实现销售额16.17万亿元，同比增长14.1%。2013年零售业销售额增速维持在10%左右，销售额达到17.8万亿元。据民生证券对零售业56家A股上市公司2013年三季报分析，行业整体收入增速为12.44%，其中电器连锁类、百货类和超市类的增速分别为10.4%、9.36%和9.74%，如表37所示。

表37　　2009—2013年零售业实现销售额及其增长速度

年份	零售业实现销售额（万亿元）	同比增长（%）
2009	12.53	15.5
2010	15.46	18.5
2011	16.07	17.1
2012	16.17	14.1
2013	17.8	约10%

零售企业加快渠道变革。为应对成本和市场压力，零售企业加快转型升级。一是线上线下同步发展。越来越多的传统零售企业加大对线上渠道的渗透，部分企业加强了对自有电子商务平台的投资。国美、苏宁等实体零售企业全面触网，实现线上线下价格统一。银泰百货、天虹商场等传统百货企业推行O2O模式，加快线上线下融合。二是渠道调整和下沉。近年来，一、二线城市零售业竞争日趋激烈，扩张速度明显放缓，零售企业积极实施渠道下沉，在三、四线城市扩张步伐加快。

物流配送投入力度加大。随着零售企业加大线上渠道投入和向三、四线城市扩张，与之配套的物流配送服务跟不上发展速度，大型零售企业普遍加大物流配送基础设施和网络体系的投入力度。转型云商的苏宁重点打造"物流云"，截至2013年年底，累计建成并投入使用的物流基地达到24个，含规划建设的数量达到37个。苏宁"物流云"建成后，将形成包括4个全国性仓储中心和干线枢纽，12个自动拣选中心，58个DC仓，5000个城市配送点，10000辆自有配送车辆的物流体系，辐射全国2800多个区县。

第三方物流面临机遇。从连锁零售业物流模式来看，主要分为自建自营、自建外包、共同配送三种。据典型企业数据，2012年零售业法人企业第三方配送率为37%，较上年提高5个百分点，2013年预计将达到40%，第三方物流比例持续提高。

连锁零售共同配送发力。受城市配送成本和城市交通影响，连锁零售共同配送开始起步。同属冷链物流企业的北京快行线与傅瑞物流探索出了一种共同配送模式。即一家把商品放入另一家仓库，一家接到订单后由另一家配送，提高了单车装载率，增加了冷藏配货量，扩大了网络覆盖面。第三方物流企业通过多种方式整合配送资源，提高物流运作效率，探索共同配送的新模式。

六、基础设施趋向综合

（一）综合交通运输体系建设

据交通运输部初步统计，到2013年年底，全国综合交通网总里程达到470万千米。铁路总里程超过10万千米，其中高速铁路运营里程超过1万千米；公路总里程达到434.6万千米，其中高速公路通车里程10.45万千米；内河航道里程达到12.58万千米，其中高等级航道1.21万千米；规模以上港口万吨级泊位达到1914个；民航机场达到193个；轨道交通运营线路达到2333千米。

公路水路：2013年，全年新建高速公路8260千米，改建339千米，新改建国省干线2.86万千米，新改建农村公路21万千米。加快长江干线、西江航运干线、京杭运河等高等级航道建设，重庆、武汉等港口专业化、规模化港区建设加快推进。全年建成万吨级泊位110个，新增及改善高等级航道289千米。

铁路：2013年，投产铁路新线5586千米，其中高铁1672千米。新开通玉蒙铁路、广昆复线、阜六铁路、宿淮铁路等。高铁时速160千米线路超过2万千米；高铁线路已达到1.1万千米，“四纵”高铁干线已全部通车，“四横”高铁干线中的上海—南京—武汉—重庆—成都也已破局，我国成为世界上高铁营运里程最长的国家。

航空：2013年，新增10个机场，颁证运输机场达193个。2013年新开支线航线252条，国内航空公司新开国际航线92条（其中货运航线20条），通航49个国家114个城市，外国航空公司新增中西部定期国际航线19条，目前共有56个国家111家外国航空公司，自114个境外城市通航我国40个城市。2013年全行业飞机预计达3810架，比上年年底增加407架。

（二）多式联运发展

目前，我国集装箱多式联运的主要形态是公水联运，约占港口集装箱集疏运量的84%；其次是水水联运，约占14%，铁水联运约占2%。2013年，我国启动大部制改革，铁路发展规划和政策的行政职责划入交通运输部，我国港口海铁联运发展迎来新的体制环境。有利于海铁联运发展的瓶颈包括“最后一千米”铁路入港区问题、铁路定价机制、海铁联运过程中频率和时间的保证等问题的解决和改善。

2013年，我国主要沿海港口海铁联运量大幅提升。大连港改进大连—长春集装箱“五定”班列的运行模式，准点率和频率得到提高。大连港铁路公司共完成14.22万TEU，同比增长93.3%。营口共完成海铁联运量32.5万TEU，同比增长107.7%。连云港铁路运输公司完成海铁联运量15.56万TEU，同比增长112.4%。宁波港集装箱海铁联运业务累计完成10.52万TEU，同比增长77%。随着广珠铁路2013年4月投入运行，珠海港海铁联运量达到102万吨。

（三）物流园区规划布局

《全国物流园区发展规划》（以下简称《规划》）确定布局城市。《规划》将北京、天津等29个城市确定为一级物流园区布局城市，石家庄、邯郸等70个城市确定为二级物流园区布局城市，为物流园区加快以网络化形态健康发展制定了基本蓝图，如表38所示。

表38　一二级物流园区布局

一级物流园区布局城市（共29个）
北京、天津、唐山、呼和浩特、沈阳、大连、长春、哈尔滨、上海、南京、苏州、杭州、宁波、厦门、济南、青岛、郑州、合肥、武汉、长沙、广州、深圳、南宁、重庆、成都、昆明、西安、兰州、乌鲁木齐
二级物流园区布局城市（共70个）
石家庄、邯郸、秦皇岛、沧州、太原、大同、临汾、通辽、包头、鄂尔多斯、鞍山、营口、吉林、延边（珲春）、大庆、牡丹江、齐齐哈尔、无锡、徐州、南通、泰州、连云港、温州、金华（义乌）、舟山、嘉兴、湖州、安庆、阜阳、马鞍山、芜湖、福州、泉州、南昌、赣州、上饶、九江、烟台、潍坊、临沂、菏泽、日照、洛阳、南阳、安阳、许昌、宜昌、襄阳、岳阳、娄底、衡阳、佛山、东莞、湛江、柳州、钦州、玉林、贵港、海口、绵阳、达州、泸州、贵阳、拉萨、榆林、宝鸡、咸阳、西宁、银川、伊犁（霍尔果斯）

物流园区转型升级明显。随着我国经济的转型发展，物流园区向集约化与协同化、规模化与网络化、绿色低碳化发展，从土地招商的初级阶段向服务创新、管理创新的发展阶段过渡。许多物流园区加入更多增值服务，由传统的收

租者转变为物流组织者，通过搭建公共信息平台、提供金融等衍生服务，创造出促进内需增长的价值。

物流园区产业融合紧密。随着电子商务市场规模不断壮大，与之配套的电商快递物流园区快速涌现。一些大型电商企业自建物流园区、物流中心。如阿里巴巴牵头巨资打造“菜鸟网络”，京东商城实现“亚洲一号”物流中心封顶。一些物流地产商推出电商快递定制物流园区，如普洛斯在佛山市南海区建设快消品及电商物流园。许多地方政府正在或已经完成电商快递类物流园区的规划建设，如合肥快递物流园区、泰安快递物流园区等已经建成。此外，农产品冷链、钢铁等专业类物流园区不断涌现，显示出物流园区顺应产业融合、推动产业集聚的特点。

网络化发展速度加快。2013 年，传化公路港完成 3.0 智能公路港新规划，提出智能化、网络化的发展方向。通过连锁复制方式，搭建全国 10 枢纽、60 基地、600 子平台的“大网络”，并运用信息化手段实现枢纽、基地和子平台之间，以及相互之间的互联互通。林安物流、卡行天下等公路型物流园区加紧连锁复制，普洛斯、宝湾物流等物流地产商加快全国布局。

七、区域物流协同发展

（一）区域物流一体化推进

长三角区域通关一体化进程加快。2014 年 1 月 3 日，长三角区域大通关建设协作第六次联席会议在合肥举行。会议就加快推进长三角区域通关一体化进程达成共识，四省市人民政府共同签署了《深化大通关建设协作推进长三角区域通关一体化备忘录》，区域内海关、质检等部门签署了一系列合作协议。

长三角内河集装箱运输发展合作联席机制正式启动。2013 年 9 月，由上海、江苏、浙江两省一市港航管理部门共同发起，内河集装箱运输及相关服务企业、协会和地市级港航部门共同参与的长三角内河集装箱运输发展合作机制正式启动。合作制度将从基础设施联网建设、扶持市场培育和成长、强化安全监管以及鼓励创新理念和技术四个方面合力推动长三角地区内河集装箱运输发展。

泛珠三角加强公路、铁路、航运、物流等领域合作。2013 年 9 月，第九届泛珠三角区域合作与发展论坛暨经贸洽谈会在贵州省贵阳市举办。会议期间，“9 +2”各方以《贵州共识》的形式，探讨进一步深化泛珠区域合作构想，提出未来泛珠各方新的合作领域与合作内容。泛珠三角各方在公路、铁路、航运、物流等领域加强合作，多条高速公路省际通道和铁路干线等有望近两年开通。

（二）区域物流中心发展变化

航运中心加快分化。其中，第一梯队是上海航运中心，主要定位为具有全球影响力的，与国际知名航运中心进行竞争。第二梯队是大连的东北亚航运中心，天津的北方航运中心，厦门的东南航运中心，都是区域性的航运中心。第三梯队是长江流域的重庆、武汉、南京，分别在长江上、中、下游形成航运集聚地。

中部物流中心各有特色。2013 年 3 月，国务院批准《郑州航空港经济综合实验区发展规划》。郑州航空港经济综合实验区战略定位是，建成国际航空物流中心、以航空经济为引领的现代产业基地、内陆地区对外开放重要门户、现代航空都市、中原经济区核心增长极。2013 年 8 月，武汉市政府常务会审议并原则同意了《建设国家物流中心的实施意见》和引进培育物流企业扶持政策。2013 年 4 月，长沙获批成为国家现代服务业综合试点城市的试点方案正式公布。将以服务业转型升级为主线，紧紧围绕长沙市“全国农副产品交易集散中心”的功能定位，积极开展先行先试。

西部物流中心双轮驱动。2013 年 2 月，《重庆市人民政府关于加快建设长江上游地区商贸物流中心的意见》发布，拟在 5 年内将重庆构建为长江上游地区的会展之都、购物之都、美食之都和西部国际物流中心。目前，渝新欧中欧铁路联运大通道实现常态化运行，全货机国际航空货运线路增至 18 条，每周国际货运航班达到 40 余班次。成都市结合成渝经济区、成都天府新区等区域规划，对现代物流业发展规划进行了第二轮修编，细化成都建设西部区域物流中心的路径和措施。目前，成都双流国际机场共有国内通航城市 92 个，国际通航城市 52 个，国际客货直飞航线 31 条，各项数据均居西部前列。

（三）城市物流竞相发力

北京市：北京市物流发展总体目标是：立足首都，构建为特大型城市生活和生产服务的城市物流，同时形成辐射首都经济圈、面向全国乃至世界的开放型现代物流体系。功能定位重点突出发展以配送为主导的城市物流，发展辐射型开发性的区域和国际物流“两条线”。基本形成以物流基地、物流中心为载体，专业物流为特色的多层次节点布局，以及与交通线网有效衔接的物流网络。

上海市：上海市现代物流规模效益持续扩大，功能性、枢纽型、网络化的综合交通运输体系基本建成，海港、机场、高速公路、城际铁路、内河航道互通互联水平逐步提高。重点物流园区和专业物流基地建设稳步推进，全市

“5 +4 +3”（5 个重点物流园区、4 个专业物流基地、3 个城市配送网络）的大物流格局已经形成。国内前十大快递企业中有八家总部设在上海，全球十大物流企业和二十大船公司分支机构或办事处入驻上海。

广州市：广州市加快推进空港、海港、信息港、轨道、高速公路等基础设施以及电子口岸建设，构筑以航空、公路、铁路、水路网络为基础，以临港物流园区及大型货运站场为配套，以广州电子口岸提供大通关、大物流信息服务为支撑的现代物流格局。注重培育龙头企业，发挥区位条件、产业基础、市场机制、服务体系、营商环境、国际网络优势，从用地、税收、人才等方面加大物流企业总部的引入和培育力度。

武汉市：武汉市按照“网状联系、圈层发展”的思路，将物流业按照物流总部区、物流园区、物流中心、配送中心四个层次进行布局。大力发展第三方物流企业，推进“三个一批”：分离发展一批、整合提升一批、引进移植一批。强化交通优势，构建畅通全国、连通世界的物流大通道，提高物流业发展的支撑能力和集散能力。发挥市场优势，促进商贸业与物流业融合互动，发展大市场、大流通。

厦门市：厦门市充分发挥口岸优势，大力推进口岸物流建设，先后成立领导小组，培育龙头企业，打造第三方物流平台。建成以区域性海、空、陆为枢纽，各类运输方式相互衔接的综合交通运输体系，构建“综合物流园区、物流分拨中心、专业物流配送中心”三层物流节点网络。

西安市：西安市是新丝绸之路经济带起点城市和关中天水经济区发展规划定位的区域性商贸会展物流中心。从 2004 年开始，重点打造物流产业集聚区——西安国际港务区建设，发挥地处欧亚大陆桥中段的节点优势，承担中国向西开放的物流枢纽重任。2013 年，西安综合保税物流园区（B 型）正式获批；2013 年年底，正式开通西安至中亚的“西新欧”（西安—新疆—欧洲）国际货运班列。

八、国际物流再造优势

（一）跨境电子商务带动物流发展

2012 年中国跨境电子商务交易额超过 2 万亿元，2013 年交易规模将保持至少 30% 左右的增速。7 月，《国务院办公厅关于促进进口稳增长、调结构的若干意见》（国办发〔2013〕83 号）中，将发展跨境电子商务作为当前外贸稳增长、调结构的重要手段之一。8 月《国务院办公厅转发商务部等部门关于实施支持跨境电子商务零售出口有关政策意见的通知》（国办发〔2013〕89号），进一步提出三个部分、十二条政策意见。10月31日，商务部公布的《促进电子商务应用的实施意见》明确提出积极推进跨境电子商务创新发展，努力提升跨境电子商务对外贸易规模和水平。12月28日，中国（上海）自由贸易试验区启动全国首个跨境贸易电子商务试点平台。

跨境电子商务的发展对国际物流提出了更高要求。目前，我国大部分跨境电子商务都是通过敦豪（DHL）、联邦快递（FedEx）、美国联合包裹（UPS）等跨国物流企业来完成，国内物流企业所占市场份额较低。近年来，大型快递和物流企业积极申请国际快递资质，制定海外发展战略；越来越多的企业考虑在境外建立保税物流中心等保税场所，以期拓展国际物流业务；部分快递和航运企业正在根据跨境电子商务的特点筹建“海外仓”，以缩短到货时间，增强客户体验。可以预见，随着与跨境电子商务的快速发展，与之配套的国际物流网络快速推进，物流企业将加快“走出去”步伐。

（二）中欧铁路大通道多点开行

2011年9月，中国、哈萨克斯坦、俄罗斯、白俄罗斯、波兰、德国海关签署了“一卡通”协议，伴随着各国铁路公司组成联营体，渝新欧铁路联运大通道正式进入了常态化运营。与空运相比，渝新欧的成本只有其五分之一；与海运相比，时间可以节约20~30天，具有较为经济的综合运输效益。截至2014年1月，渝新欧国际班列已成功开行联运班列96趟，外贸货物运输总量达8434标箱，出口货值超过30亿美元。此后，重庆、武汉、成都、郑州、西安先后开通欧洲货运班列，助推我国加快向西开放，如表39所示。

表39　　近年来开通的中欧铁路联运大通道项目

通道名称	开通时间	起讫点	线路全长（千米）
渝新欧	2011年3月19日	重庆—德国杜伊斯堡	11179
蓉欧快铁	2013年4月	成都—波兰多兹	9826
苏蒙欧	2013年11月	苏州—德国汉堡	11200
汉新欧	2012年10月24日	武汉—捷克梅林克帕尔杜比采	10863
郑新欧	2013年7月18日	郑州—德国汉堡	10214
西新欧	2013年11月28日	西安—鹿特丹　西安—莫斯科 西安—阿拉木图	9850

（三）海关特殊监管区建设提速

《国务院关于促进海关特殊监管区域科学发展的指导意见》2012 年年底出台，推动了我国综合保税区建设的新高潮。2013 年我国新增综合保税区 5 个：分别是南通综合保税区、太仓港综合保税区、湖南湘潭综合保税区、贵阳综合保税区、红河综合保税区，如表 40 所示。

表 40　　截至 2013 年 12 月全国综合保税区情况

序号	名称	成立时间	规划面积（平方千米）	备注
1	苏州工业园综合保税区	2006/12/17	5.28	国内首个综合保税区
2	天津滨海新区综合保税区	2008/03/10	1.967	
3	北京天竺综合保税区	2008/07/23	5.944	国内第一家直接依托空港口岸设立的综合保税区
4	广西凭祥综合保税区	2008/12/19	8.5	国内第一个在陆地边境线上设立的综合保税区
5	海口综合保税区	2008/12/22	1.93	国内第一个省会城市综合保税区
6	黑龙江绥芬河综合保税区	2009/04/21	1.8	
7	上海浦东机场综合保税区	2009/07/03	3.59	
8	江苏昆山综合保税区	2009/12/20	5.86	
9	重庆西永综合保税区	2010/02/15	10.3	国内面积最大综合保税区
10	广州白云机场综合保税区	2010/07/03	7.385	全国最大的空港综合保税区
11	苏州高新技术产业开发区综合保税区	2010/08/25	3.51	全国首家通过“信息化围网”技术来进行监管的综合保税区
12	成都高新综合保税区	2010/10/18	4.68	
13	郑州新郑综合保税区	2010/10/24	5.073	
14	潍坊综合保税区	2011/01/25	5.17	

续　表

序号	名称	成立时间	规划面积（平方千米）	备注
15	西安综合保税区	2011/02/14	6.17	西北地区第一个综合保税区
16	阿拉山口综合保税区	2011/05/30	5.6	新疆首个综合保税区
17	武汉东湖综合保税区	2011/08/29	5.41	湖北首个综合保税区
18	沈阳综合保税区	2011/09/07	7.1982	东北地区内陆城市第一个综合保税区
19	长春兴隆综合保税区	2011/12/16	4.89	
20	无锡高新区综合保税区	2012/05/10	3.497	
21	济南综合保税区	2012/05/15	5.22	
22	盐城综合保税区	2012/06/18	2.28	苏北第一家综合保税区
23	淮安综合保税区	2012/07/19	4.92	
24	曹妃甸综合保税区	2012/07/30	4.59	
25	太原武宿综合保税区	2012/09/02	2.94	山西省第一家综合保税区
26	银川综合保税区	2012/09/10	4	
27	南京综合保税区	2012/09/17	5.03	
28	西安高新综合保税区	2012/09/22	3.64	
29	舟山港综合保税区	2012/09/29	5.85	
30	衡阳综合保税区	2012/10/25	2.5743	湖南省第一家综合保税区
31	南通综合保税区	2013/01/03	5.29	
32	苏州太仓港综合保税区	2013/05/30	2.07	
33	湘潭综合保税区	2013/09/09	3.12	
34	贵阳综合保税区	2013/09/14	3.01	国内首个山地生态型综合保税区
35	红河综合保税区	2013/12/17	3.29	云南省第一个综合保税区

海关数据显示，2013年全年，我国海关特殊监管区域（包括保税区、出口加工区、保税港区、综合保税区、保税物流园区和珠澳跨境工业区）进出口累计6972.7亿美元，同比增长14.9%，增速比上年回落11.4个百分点。其中出口3478.4亿美元，同比增长17.7%；进口3494.3亿美元，同比增长12.2%。

（四）自由贸易区继续扩大

2013年5月24日，中国与瑞士签署《关于结束中国—瑞士自由贸易协定谈判的谅解备忘录》。2013年4月15日，中国与冰岛签署了《中华人民共和国政府和冰岛政府自由贸易协定》。截至2013年年底，我国正在建设的自由贸易区有18个，共涉及31个国家和地区。其中，已签署的自由贸易协定有12个，分别是中国与东盟、巴基斯坦、智利、新西兰、新加坡、秘鲁、哥斯达黎加、冰岛和瑞士的自贸协定，内地与中国香港、澳门的更紧密经贸关系安排（CEPA），以及大陆与中国台湾的海峡两岸经济合作框架协议（ECFA）。

九、物流信息化创新应用

（一）应用程度加深

2013年5月，工业和信息化部信息化推进司发布了《2012年物流信息化监测报告》，从物流信息化基本建设、物流信息技术应用情况和物流信息化应用效果三个方面对物流企业进行了调研。参与调研的企业中56.6%进行了信息化投资，投资率较2011年有所回落；选择外包服务和自建信息系统的企业，分别占样本企业的51.85%和48.15%；超过97%的企业建有自己的门户网站/信息平台；30.30%的样本企业将构建信息平台（内部信息处理、OA、增值业务）作为信息化建设的重点。监测结果显示，样本企业大多认为资金、标准和人才是企业物流信息化建设中的主要问题，分别占36.40%、28.42%和33.30%。

条码、电子单证等技术得到基本应用。其中，条码应用率达到53.31%，较上年增长10.45%；电子单证应用率达到57.12%，较上年增长9.5%；而电子标签使用率与上年相比则有所下降。这些技术的应用在很大程度上提升了企业的信息化水平，物流信息技术的创新应用是推进物流信息化发展的重要手段。

物流软件得到普及应用。其中以运输管理系统（TMS）应用率最高，达到92.85%；车辆追踪系统和仓库管理系统（WMS）的应用率次之，分别为85.71%和78.57%。本次调查选取了常见的七种物流业务管理软件，通过对比其应用率可以看到近年来物流软件的应用率逐步提升，应用种类更加丰富，更加注重软件与业务的契合度以及与企业未来发展的相关性。

信息交换方式逐渐以信息化交换为主导。监测结果表明，物流企业与外部主体业务信息交换中，以EDI（电子数据交换）和互联网等为代表的信息化交换方式逐渐成为市场主导，使用率由上年的43.75%上升至67.87%；而传统方式（电话、传真等）由原先的56.25%下降至32.13%。信息交换方式的变革直接影响着物流业务进行中信息交换速率和准确度的提升。

（二）应用效果明显

订单（运单）准时率得到大幅度提升。监测结果表明，物流企业订单（运单）准时率达到92.21%；其中，78.57%的企业订单（运单）准时率超过90%，物流服务水平得到大幅度提升。

车辆追踪水平显著提升。监测结果显示，87.50%的企业实现了对自有车辆的追踪，其中78.57%的企业自有车辆追踪率达到100%；41.67%的企业达到了外部车辆的追踪率100%的水平。

全程透明可视化率显著提升。81.25%的企业实现了全程透明可视化。其中69.23%的企业全程透明可视化程度超过80%；30.77%的企业的全程透明可视化能力达到100%。

（三）信息平台开始发力

1. 政府主导公共信息平台全面推进

交通运输物流公共信息平台。2013年9月15日，交通运输物流公共信息平台建设联席会议制度正式建立，明确全国31个省市区以及新疆生产建设兵团共同构建交通运输物流公共信息平台的基础交换网络。11月15日，交通运输部在浙江杭州召开全国交通运输物流公共信息平台建设推进会，进一步明确了平台的功能定位、总体目标、布局结构及建设运营保障方案。数据显示，目前依托平台实现互联互通的企业有近15万家，企业通过平台实现业务单据交换量累计超过5.5亿条，日交换量最高可达200万条。

南方现代物流公共信息平台。2013年12月17日，南方现代物流公共信息平台正式上线。平台已经实现的服务功能包括5类基础服务和10个增值服务。5类基础服务功能包括全程实时供应链监控管理服务、电子政务管理服务、物流与信息化行业指数发布服务、物流信息国际互联互通服务等。10个增值服务包括食品溯源、通关便利化、原产地认证、公用托盘、多式联运、企业诚信、物流金融、国际贸易电子交易、广货网上行、中小企业托管等。

上海陆上货运交易中心（“56135”平台）。积极探索以互联网为载体，以物流服务为核心，通过在线撮合、竞价、担保等交易服务方式，解决物流信息不对称和社会物流成本高的问题。目前，平台集聚了10多万家物流企业，其中80%以上是外省市企业，每天发布100多万条服务信息，有效实现了“长三角”和长江流域乃至全国的物流企业区域联动。

2. 企业主导物流公共信息平台效益显著

卡行直通车智能管理平台。卡行天下自主研发的卡行直通车智能管理平台，将平台内各个中小物流企业的业务运作，运营监控，与其他成员企业的运单无缝对接，通过平台打通中小物流企业的“信息孤岛”。这样的信息平台能随时随地将成员企业的运作实力与质量在线上体现，为众多发货客户和第三方物流企业提供了运力采购和管理的平台。通过信息流的贯通，极大地提高集约化效能。目前，平台已经集合了近千家中小物流企业，按照网络运作规则运行和交易。

易网通开放式供应链物流信息平台。针对不同的物流链业主提供相应的基于开放式的供应链物流信息平台应用，惠及深圳关区近千家物流企业的供应链物流一体化应用。业务涵盖零部件供应、加工制造、第三方物流（仓储、运输、配送）、物流园区、保税区、港口码头等物流价值链企业，包括实施内部及供应链物流一体化业务。例如针对于第三方物流企业提供的仓储上、下游企业外包物流业务链信息的集成应用等。

（四）新技术应用初见成效

物联网迈入稳定发展阶段。2013年，物联网技术应用所涉及三大产业板块都有新的发展。在自动化和智能化物流系统领域，集成了机、光、电、传感器、自动控制系统、机器人等先进物流技术装备的物流系统项目建设年增长率在30%以上；装备有自动感知技术与产品的智能物流装备也获得巨大发展，智能周转箱、智能托盘、智能叉车、智能输送分拣系统等发展很快。在物流信息系统与物联网系统融合领域创新发展，并行智慧物联网系统得到推进，物联网金融在车联通卡领域获得巨大进展。

“大数据”在物流业发力。“大数据”的价值，在于从海量的数据中发现新的知识，创造新的价值。经过多年的发展，物流企业积累了海量的财务数据和物流业务数据资源，同时还有上下游企业的共享数据。如何整合数据并进行深入的数据挖掘，为经营决策提供支持、为经济运行提供分析与预警、为供应链上下游企业共享数据从而实现相互协同，“大数据”提供了技术突破口。“双十一”期间，成立不久的“菜鸟网络”，通过引导商家和快递企业协同作战证明了大数据平台的价值。

移动互联加快推进。随着物流业特别是快递业迅速发展，企业对物流移动解决方案的要求越来越高，物流信息系统出现终端化、移动化趋势。目前，中国移动、中国联通都推出了针对物流行业的移动信息化解决方案，以满足物流企业的信息高效交互、信息实时发布、货物库存查询、车辆定位、内部沟通、客户服务等需求。随着北斗车载定位中端在全国逐步推广，位置服务（LBS）应用加快普及，也为移动互联提供了重要的需求基础。

“云计算”快速铺开。云计算是让用户能够方便获取、资源共享、随机应变和可实时访问的网络模式，目前物流领域已经出现了“云平台”的身影。在“云平台”上，所有的物流公司、代理服务商、设备制造商、行业协会、管理机构、行业媒体、法律机构等都可以实现集中云整合成资源池。各个资源相互展示和互动，按需交流，达成意向，从而降低成本，提高效率。易流专门针对电商快递企业的物流运输环节搭建电商快递运输过程透明管理云服务平台，为传统物流行业提供了一个全新的物流管理理念和操作方法。

智慧物流开始起步。智慧物流是将新一代信息技术应用于物流业，实现物流的自动化、可视化、可控化、智能化、网络化，从而提高资源利用率和生产力水平的创新服务模式。许多地方政府积极推动智慧物流项目的规划和建设。如，宁波市将智慧物流作为建设首批启动的10大重点项目之一。佛山和成都推行智慧物流双城联动发展模式，通过“成都物流公共信息平台”和“南方智能货运公共信息平台”互联、互通和互动的紧密合作，共同推动成渝经济区和广佛都市圈的深度交流与合作。

十、物流装备扩容换代

（一）载货车

2013年，我国载货车生产346.9万辆，销售349.6万辆，销售同比增长5.8%。其中，重型载货车生产76.1万辆，销售77.4万辆，销售同比增长21.7%，出现大幅度增长，如表41所示。

表 41　　2013 年载货汽车细分市场情况　　（单位：辆）

年份	生产		销售		销售同比增长（%）
	2013	2012	2013	2012	
重型载货车	760851	591060	774104	636001	21.7
中型载货车	285461	288719	286839	290269	-1.2
轻型载货车	1894993	1827667	1908329	1842710	3.6
微型载货车	527466	534284	527019	534812	-1.5
合计	3468771	3241730	3496291	3303792	5.8

2013 年国内进口载货类汽车 1.2 万辆，较上年同期累计下降 42.15%。其中重型载货车进口 6921 辆，占进口载货车总量的 59.73%。

（二）叉车

我国叉车行业已经连续十多年实现了 30% 的高速增长，开始进入循环上升的增长阶段，2011 年以来产销量一直在 30 万台左右徘徊。2013 年，叉车市场扭转了 2012 年负增长的局面，市场再次好转。全年机动工业车辆销售 32.9 万台，同比增长 14%。其中国内市场销售 24.2 万台，出口 8.7 万台，均创历史新高。我国叉车在世界市场中占有 1/4 的份额，继续位列世界第一大销售市场。

（三）托盘

2013 年，我国托盘产量达 2.28 亿片，同比增长 9% 左右，呈现中速增长态势。根据第三次中国托盘行业普查调研分析报告，目前我国物流系统中各类托盘保有量为 8.6 亿片。

从产品结构看，木托盘行业受全球经济复苏的影响，市场销售增长较快。塑料托盘行业销售状况一般，但也呈现低速增长态势。根据调研测算，目前，我国现有各类托盘总数中，木托盘所占比例逐年下降。从 2003 年占比 90%，2008 年占比 86%，下降到 2013 年的 80% 左右，比 10 年前减少了 10%。塑料托盘所占的比例为 12%，与前 6 年相比增加了 4%。

托盘标准化任重道远。根据抽样调研分析，我国目前符合国家标准推荐的两类规格的托盘比例为 23% 左右，符合其他国际标准和各行业托盘标准的托盘占总量的 45% 左右，完全不符合任何标准的非标定制托盘比例占 32% 左右。

（四）货架

根据监测和不完全调查统计，2013 年全年估算货架出货量将超过 55 亿元，同比增长 19%，其中仓库改造及立体库建设的大型货架系统项目所占比重大幅增加，立体库（含一般立体仓库和自动化立体仓库）的货架预计占比超过 80%。

受产业转型升级的影响，面对高涨的劳动力成本、土地成本和仓储租金的快速上涨，企业愿意采用机械化和自动化设备取代人工物流作业，愿意上马高架立体库而提升土地利用率，愿意增加货架系统而提升仓库空间利用率，这都需要货架系统配套。因此，货架系统的增长速度高于叉车与托盘的市场增长速度。

（五）输送分拣设备

2013 年，随着电子商务物流的高速发展，对物流输送预分拣的市场需求日益增长。根据监测，2013 年我国输送分拣行业全年增长在 20% 以上，市场规模超过 37 亿元。传统的输送分拣应用的主要领域还是烟草、医药、流通、邮政、图书等领域，这些领域的输送分拣市场需求量占总需求的较大比例，也是输送分拣需求增长比较稳定的领域。

（六）物流系统设备集成

2013 年是我国物流系统设备大发展的一年。据不完全统计，截至 2013 年 12 月，全国自动化立体库保有量超过 2200 多座。估算 2013 年物流系统设备集成的市场需求超过了 30% 的增长速度。目前自动化立体库建设规模越来越大，自动化立体库平均货位超过 1 万个，高度超过 20 米，系统也越来越复杂，应用范围越来越广。

2013 年海外物流系统供应商继续加快本土化制造与生产，除核心部件外尽量采用国产设备，同时物流系统供应商的设备出口也开始增加。据不完全统计，目前全国物流系统集成商约 40 家，其中核心企业 10 多家，国内企业占一半左右。

十一、基础工作稳步推进

A 级物流企业评估工作进度加快。依据《物流企业分类与评估指标》国家标准，中物联自 2005 年开始组织开展 A 级物流企业综合评估工作，2013 年共审定通过两批、683 家。截至 2013 年年底，我国已有 A 级物流企业 2414 家，其中：5A 级 149 家、4A 级 774 家、3A 级 1047 家、2A 级 419 家、1A 级 25 家。除港澳台、西藏自治区外 A 级物流企业已经出现在各省、市、自治区。

物流企业信用评价稳步推进。2013 年，中物联开展了两批物流企业信用评价工作，共评出 79 家 A 级信用企业。目前，A 级信用企业累计已有 308 家。

物流示范基地、试验基地扩容。2013 年，中物联批准正本物流有限公司等 4 家“中国物流示范基地”和湖北盛辉物流有限公司等 10 家“中国物流实验基地”。

物流标准化工作有新突破。由全国物流标准化技术委员会提出，国家标准委批准发布《物流园区服务规范及评估指标》等八项物流国家标准。根据《全国物流标准专项规划》以及物流行业急需制定的标准项目，新申报国家标准 3 项，行业标准 12 项。在制的国家标准共计 61 项，行业标准 24 项，如表 42 所示。

表 42　　2013 年新发布的物流国家标准

序号	标准号	标准名称	发布日期	实施日期
1	GB/T 19680—2013	物流企业分类与评估指标	2013 – 12 – 31	2014 – 7 – 1，代替标准 GB/T 19680—2005
2	GB/T 30331—2013	仓储绩效指标体系	2013 – 12 – 31	2014 – 7 – 1
3	GB/T 30332—2013	仓单要素与格式规范	2013 – 12 – 31	2014 – 7 – 1
4	GB/T 30333—2013	物流服务合同准则	2013 – 12 – 31	2014 – 7 – 1
5	GB/T 30334—2013	物流园区服务规范及评估指标	2013 – 12 – 31	2014 – 7 – 1
6	GB/T 30335—2013	药品物流服务规范	2013 – 12 – 31	2014 – 7 – 1
7	GB/T 30336—2013	物流景气指数统计指标体系	2013 – 12 – 31	2014 – 7 – 1
8	GB/T 30337—2013	物流园区统计指标体系	2013 – 12 – 31	2014 – 7 – 1

统计信息工作公信力提高。中国物流业景气指数（LPI）正式发布，预测分析我国物流业运行形势又添新指标。采购经理指数（PMI）的权威性和影响力稳步提升，月度物流信息发布制度进一步完善，成为政府决策、企业经营的重要依据。

教育培训工作再上台阶。全国已有 443 所本科院校、954 所高职高专院校、900 多所中职中专院校开设了物流专业。物流师职业资格培训与认证工作自2003年11月开展以来，已有30多万人参加了认证培训，20多万人取得高级物流师、物流师、助理物流师和采购师资格证书。

学术理论政策研究取得新成果。2013年，中国物流与采购联合会完成了《我国物流业中长期发展战略研究》等10多项国家有关部委委托的重大研究课题。中国物流学会组织参评论文950篇、课题247个，一批研究成果被政府部门或企业采纳。

第 三 章

2013 年中国物流业发展存在的主要问题

2013 年我国物流业运行还存在较大下行压力，社会物流成本依然较高，发展方式较为粗放，区域和行业物流发展不平衡、基础设施不能满足需求、政策环境仍需进一步改善。

一、社会物流费用居高不下

2013 年，社会物流总费用同比增长 9.3%，增幅较上年同期回落 2.1 个百分点，仍高于同期 7.7% 的 GDP 增速。近年来，社会物流总费用与 GDP 的比率长期维持在 18%。简单对比，高于美国、日本和德国等发达国家 9.5 个百分点左右；高于全球平均水平约 6.5 个百分点；高于“金砖”国家印度和巴西 5 ~6 个百分点左右。但这个问题比较复杂，既有物流业本身的问题，也有不能简单对比的客观因素。

首先，经济发展阶段是物流费用偏高的基础性原因。目前，我国总体上仍处于工业化中期阶段，经济发展的物耗和能耗偏高，导致物流需求规模偏大。从产业布局来看，由于资源主要分布在西部、北部，制造业集中在沿海，而市场在全国乃至全世界，这种特点客观决定了物流强度大、距离长，货物周转量明显偏大。

其次，生产方式粗放是我国物流费用偏高的重要原因。当前，消费模式逐渐从单纯追求温饱型或数量型，向追求消费价值多元化、个性化转变。但生产方式仍以“大批量、规模化”为主，导致产需不能有效衔接、资源周转偏慢、社会库存居高不下。2012 年，我国工业企业存货率为 9.4%，远高于日本等发达国家5%的水平。

最后，流通模式粗放与物流费用偏高密切相关。一是以供应链为主的现代流通体系建设进展相对缓慢。社会物流资源缺乏有效整合、不能集约使用，导致物流效率偏低、费用偏高。二是物流一体化建设相对滞后。社会资源周转慢、环节多、费用高。例如，我国海铁联运比例远远低于全球平均水平，目前国际上港口集装箱的海铁联运比例通常在20%左右，而我国仅为2.6%左右。

二、粗放经营模式没有根本改变

我国现代物流服务体系虽已初步建立，但物流运作的一体化、网络化、标准化程度较低，物流企业“小、散、弱”的格局没有根本改变，服务能力、创新能力、可持续发展能力和国际竞争力不强。

物流服务能力有待提高。一方面，物流业与制造业、农业、商贸业联动不足，物流速度慢、成本高、渠道不畅、模式陈旧已经成为制约制造业由大变强、解决“三农”问题、商贸服务和电子商务持续发展的瓶颈。另一方面，中小物流企业的专业服务能力“散、乱、弱”现象并存，产业集中度较低，物流运行方式亟待进一步转变。

物流创新能力有待加强。物流企业创新动力不强，研发投入很低，商业模式创新、组织创新、技术创新、管理创新等滞后。企业普遍认为“物流服务创新的投入成本太高而不敢创新”是企业实施物流服务创新的最大困难；物流服务创新的经济效益不明显是企业不愿意开展创新的原因。我国企业对物流服务创新的认识还需进一步加强。

物流可持续发展能力较弱。公路、航空、铁路、水路等运输方式缺乏合力分工，运输对资源、能源、土地等的消耗和废气大规模排放问题突出。无效运输、不合理运输、过度包装等问题严重；超载、超速造成的严重人身安全和货物损害事故时有发生，给企业和国家带来重大损失。

物流业滞后于全球化进程。与中国高增长的国际贸易相比，物流业尚未形成与之相配的全球物流和供应链体系，国际市场份额占比低，进出口所需的物流服务很大程度上依赖国外物流企业。

三、区域和行业发展不均衡性突出

区域不平衡明显。受经济、生产力、基础设施、市场化程度、信息化水平、需求等因素的影响，物流业呈现东部较快，中西部较慢，城市物流相对发达，农村物流滞后且水平低等特点。2013 年，东中西部地区快递业务收入的比重分别为 83.2%、9.2% 和 7.6%，业务量比重分别为 81.3%、10.8% 和 7.9%。物流企业、物流设施、物流活动高度集中在交通、信息更为发达的大中城市。

行业性不平衡突出。从社会物流总额的绝对值构成来看，工业品物流总额占社会物流总额的比重从 2001 年的 82.8% 增长到 2013 年的 91.8%，工业物流在国民经济发展中占据主导地位，是推动社会物流总额增长的主要动力。与消费市场紧密连接、竞争激烈、技术水平要求较高的家电、日用化工、烟草、医药、汽车、连锁零售和电子商务等行业物流需求旺盛。居于产业链上游、资本密集型的农产品与农资、钢材、煤炭、矿石等大宗物资物流发展相对滞后。

四、基础设施综合配套能力不足

现代化仓储、多式联运转运等基础设施赶不上需求，布局合理、功能完善的物流园区体系尚未建立，高效、顺畅、便捷的综合交通运输网络作用发挥不够。

现有设施网络化程度低。物流节点设施独立发展，彼此配套性、兼容性较弱。综合交通运输枢纽建设滞后，不同运输方式难以进行合理分工和有效衔接，沿海和内陆集疏运体系不配套，各种运输方式之间信息不能够共享，资源综合利用效率不高。

城市物流节点建设严重不足。随着城市扩容改造，原有仓储设施改作他用，而新建设施受土地资源供应短缺和投资回报周期长的影响严重短缺，导致城市仓库租金呈持续上涨趋势。高标准、现代化的物流配送基础设施紧缺，设施落后的老旧仓库、农民库占有较大比重，制约了配送效率的提升。

基础设施结构性短缺比较严重。部分煤运通道铁路运力不足，公路分担了大量煤炭中长途运输，增加了运输成本，消耗了大量优质能源；部分沿江通道高等级航道占比低、网络化程度不高；航空货运基础设施发展总体不足。相当一部分 20 世纪五六十年代的仓库“带病作业”，存在安全隐患。

整体效能有待发挥。我国许多物流设施线路与线路、线路与节点、多种运输方式、单元化物流器具之间，存在着大量不衔接、不配套的问题，严重制约了整体效能的有效发挥。

五、政策环境需进一步改善

物流业市场秩序亟待规范，诚信体系建设滞后，部门、地区条块分割现象较为严重，已经出台的一些政策措施有待进一步落实。

一是“营改增”后税负增加。2013 年 8 月 1 日起，物流业全面推行营业税改征增值税试点。企业普遍反映，货物运输服务税率上调过高，企业税负大幅增加，据测算平均增长 120% 左右。此外，国际货代业免税政策依然没有落实，企业税负难以转嫁，大量国际货代企业面临经营风险。企业建议，国家财政税务部门加强政策协调，针对国际货代业的免税政策，尽快以正式文件的形式对免税待遇适用范围及免税操作规程予以明确。

二是交通限行影响城市配送。近年来，大中城市交通拥堵问题日益严重，许多城市在中心城区采取多种形式的交通限行管制。货运车辆进城普遍受到通行时间和通行区域的限制，严重影响了城市配送的正常运营。城市配送企业被迫采用小型客车运货的现象比较普遍。企业建议，交通运输管理部门对城市配送车辆与普通货运车辆进行分类管理，将“限制所有货运车辆通行变允许城市配送车辆通行”。最大限度地减少限行时间和路段，保障城市配送通行便利。

三是物流用地无法保障。随着城市扩容改造，原有物流用地不断“被拆迁”，而新增物流用地难以保障。物流企业普遍反映，物流用地资源稀缺，土地供应难以保障，建设规划难以落地，征地阻力日益加大。一些地方以物流名义圈占土地，更加剧了物流用地的紧张局面。企业建议，对物流设施用地应立法保护，不得随意变更用地性质和规模。地方政府应采取租赁土地方式，不再一次性出让土地，有效杜绝以物流名义圈占土地问题，减轻企业一次性投资的压力。

四是资金压力进一步加大。物流业资金需求量大，固定资产投资回收期长，日常使用资金周转量大，自有资金难以满足建设和运营要求，普遍存在融资瓶颈。企业普遍反映，行业融资渠道较为单一，银行贷款仍然是主要的融资渠道。行业缺乏产业基金、股权融资、债券融资等融资模式，融资成本较高。此外，由于客户资金紧张，资金回款账期进一步延长。企业普遍使用承兑汇票，贴现成本支出大幅增长。企业建议，进一步放开融资渠道，降低融资门槛，理顺企业间债权债务关系，鼓励企业做大做强。

五是分支机构设立存在障碍。物流企业具有网络化经营的特征。企业普遍反映，许多地区不允许外地物流企业设立非独立核算的分支机构，或者设置较高“门槛”作为前置审批条件。企业不得不在每个网点都设立独立核算的分支机构，大大增加了开办和运营成本。企业建议，应明确允许物流企业设立非独立核算分支机构，取消对物流企业设立各类分支机构设置的前置审批条件。允许分支机构使用总部取得的各种运营资质，无须再度审批。

第四章

2014年中国物流业发展展望

2014年是贯彻落实党的十八届三中全会精神、全面深化改革的第一年，也是行业加快结构调整，推进转型升级的重要一年。我国物流业发展将有以下趋势。

一、总体运行将保持平稳增长

从国际看，世界经济总体延续缓慢复苏态势。世界银行1月预测2014年世界经济将增长3.2%，比上年加快0.8个百分点。全球贸易增长将有所加快。国际货币基金组织1月预测，2014年世界贸易量将增长4.5%，比上年加快1.8个百分点。随着世界经济格局变化，外贸货物运输需求量将会上升。

从国内看，我国经济正处于从高速增长阶段向中高速增长转换的关键时期。李克强总理在《政府工作报告》中提出，2014年国内生产总值预期增长7.5%左右。他在报告中强调，要保持经济运行处于合理区间，完善宏观调控政策框架，守住稳增长、保就业的下限和防通胀的上限。当前，我国仍处于工业化中期阶段，物流业发展的产业需求基础依然较大。受国民经济平稳增长带动，物流业整体上仍将保持平稳运行态势。2014年，预计全年社会物流总额，按同比价格计算将增长9%左右。

二、产业转型升级将谋求突破

当前，我国物流业正处于转型升级的关键时期。面对新的形势，物流业积极推进转型升级，培育产业核心竞争力，全面打造中国物流“升级版”。

一是以联动融合为突破口，推动产业物流转型升级。随着制造业产业升级、商贸业模式变革，物流企业将进一步深化与产业物流的联动融合，优化产业物流系统，整合产业物流供应链。通过流程优化、效率提升和模式创新，发挥协同效应，增强一体化服务能力，建立形成产业联动新型战略合作关系。

二是以城市配送为突破口，做大做强民生物流。随着人民收入水平提高，消费市场启动，物流企业将更加注重商贸物流服务创新，满足更具个性化的服务需求。根据市场需求，打通物流“微循环”，做好“最后一千米”，更好地开拓城市社区和农村乡镇物流市场。

三是以平台整合为突破口，完善物流网络布局。随着《全国物流园区发展规划》等物流规划的发布，物流园区等各类基础设施将实现统筹发展。现有公路、铁路、港口等公共性基础设施和生产资料、生活资料等专业物流设施，也将在需求引导下逐步实现平台开放、互联互通、整合利用。物流信息平台和实体平台将加强融会贯通，线上与线下相结合，提高网络的渗透力和辐射力。

四是以模式创新为突破口，形成领先物流企业。我国物流业已经具备创新驱动的基本条件，将积极通过技术创新、管理创新、模式创新、集成创新、制度创新，挖掘物流资源整合优化潜力。特别要关注物流模式创新，通过整合已有知识、技术、管理、制度，发挥协同效应，创新经营模式和组织方式，将逐步形成差异化的竞争优势，引领行业抢占产业竞争制高点。

五是以国际物流为突破口，推动开发型经济发展。国际物流服务网络是掌控全球分工体系的重要支撑，也是建立开放型经济新体制的重要保障。随着进入国际市场的条件日益成熟，我国物流业将增强国际化运作能力，布局战略性物流资源，适时推动“走出去”战略，逐步搭建覆盖全球的国际物流服务网络，以适应制造业、电子商务等其他产业跨境发展需要。

六是以信息化、自动化为突破口，推动物流业技术进步。随着劳动力的短缺和要素成本上升，以机器替代人力的趋势日益明显。我国物流业将积极通过技术改造和设备升级，提升物流信息化、机械化、自动化水平，提高单位产出效率。大数据、云计算、互联网、移动互联、智慧物流等新的信息技术，给物流业带来重大变革和新的挑战。以互联网思维改造传统物流企业成为行业重要趋势。

三、物流细分市场将继续分化

（一）公路货运市场：实施多样化整合

经过20多年的粗放式发展，我国公路货运市场正加快进入整合阶段。借助现代信息技术，依托实体和虚拟平台网络，打造可靠、安全、高质的产品和品牌，公路货运市场加快向规模型、集约型、网络型的公路货运平台和企业集中。其中，零担快运具有网络化布局、标准化服务的特点，随着大型企业网络体系逐步完善，服务能力逐步提升。未来3~5年，市场集中度有望快速上升，并将形成一轮竞相进入快递行业的趋势。公路货运平台发展迅猛，无论是重资产型还是轻资产型都是市场整合的重要载体，随着运力资源逐步向平台集聚，为平台整合物流资源、创新服务模式提供了新的机遇。由于物流运作的网络化特征，公路货运平台的网络布局将进一步推进。受此影响，传统公路货运枢纽节点的转型升级开始加速，集约化、网络化、信息化将成为趋势。

（二）铁路货运市场：推进货运组织改革

铁路货运市场货运组织改革将进一步深化。铁路系统将继续加大集装箱快速班列等货运班列客车化开行的比例，进一步探索和推广高铁快递等新产品的开发与运行，以满足新兴货运需求特别是电子商务快递发展的要求。铁路货运场站建设设计规范将实施修编工作，各铁路局将结合铁路“十二五”物流发展规划，强化铁路物流中心的选址规划与分工设计，进一步提升铁路物流中心经营服务功能，以满足多样化的物流市场需求。随着铁路货运价格由政府定价改为政府指导价，铁路货运价格改革继续推进，将按照铁路与公路保持合理比价关系逐步理顺到位，并形成铁路货运价格动态调整机制。

（三）航空货运市场：跨界和融合发展

自2010年以来，受我国外贸进出口增幅放缓影响，国际航空货运市场再难呈现2004—2007年高速增长的局面。随着产业转移的逐步推进，国际航空货运中心将加快向中西部地区新兴制造业中心转移。国内航空货运市场仍处于比拼资源、价格竞争的低水平竞争阶段。市场主体积极延伸服务链条，实施跨界竞争，抢占高附加值的细分市场。主要航空公司均看好航空货运业务，将以高端产品、定制服务为核心，进一步加大资源整合力度，强化地面服务等薄弱环节，打造专业化、一体化、网络化服务模式，改善货源结构，提升赢利能力。大型快递企业重视航空货运资源，航空运力比重将进一步上升。部分企业通过租赁飞机、建立航空公司等多种方式，强化对航空运力资源的掌控，基于航空货运高速周转的服务模式加快创新。2014 年，跨境电子商务服务仍将保持高速增长，与之相配套的电商物流服务受到重视，将给航空货运市场带来新的机遇。

（四）水路货运市场：低迷态势逐步好转

随着国际经济形势，特别是欧美经济逐步恢复，我国外贸出口保持稳定增长，我国国际集装箱货运市场将有所回升。受运输结构调整影响，集装箱吞吐量增速预计与 2013 年大体持平。沿海干散货市场受国内市场产能过剩、投资下滑、需求不足影响，预期增速将稳中回落。运力结构性过剩仍然是航运市场主要矛盾，运输企业继续加大旧船拆解力度，大量老旧船舶提前退出市场。同时，船舶大型化和货主自建船舶趋势显现，新一轮市场竞争的进入门槛提高。2013 年 P3 联盟的出现对航运业产生不小触动，航运大联盟将成为国际集装箱航运市场的大势所趋，将使得区域内集装箱枢纽港地位的竞争愈演愈烈，港口间的联盟和整合趋势明显。2013 年开始的《全国沿海港口布局规划》修编工作将调整我国的港口布局。各地港口加快从传统港口装卸运输企业向现代物流服务企业转型。

（五）仓储服务市场：供求矛盾有所缓解

仓储业投资已经连续多年增速超过 25%，主要是因为物流园区进入大规模建设时期。2013 年一线城市的仓储价格增速有所放缓，有的地方出现了下降，表明一线城市仓储设施快要达到饱和的临界点。相关数据表明，每百亿元的社会商品零售总额大概需要 21 万 ~26 万平方米的库房。中西部地区和二三线城市仓储设施投资热情依然较高，物流地产商投资活跃，分区域、多层次的物流仓储网络正在形成。从业务结构看，电商仍然是仓储业发展最大驱动力，以电商、快递、冷链、医药为主的消费型业务快速增长，钢铁、煤炭、粮食、石化等生产型业务增速放缓，部分仓储企业实施主动转型，加大消费型业务比重和投入。仓储设施机械化、自动化、智能化程度不断提高，业务流程不断优化，物流周转效率大幅提升。

（六）快递服务市场：继续保持高速增长

由于网络购物消费模式对快递业的极大依赖，快递市场仍将保持高速增长态势。快递业依然受制于电商企业的价格压力，“以价换量”的发展模式还会长期存在，中小快递企业生存压力加大。行业整合兼并气氛浓烈，企业估值继续上升，资本技术门槛快速提高。大型快递企业将加大“仓配一体化”投资力度，向供应链上下游延伸服务，提升快递服务附加价值，增强电商对快递品牌的依赖度和依存度。中小型快递企业寻求差异化竞争机会，行业分化速度加快。2013 年起步，2014 年兴起的 O2O 模式为网购注入新的活力，将带动快递业务模式的创新性调整。大型快递企业加快国际化发展步伐，国际快递竞争序幕拉开。

四、行业物流将积极应对变革

（一）电商物流：节点资源完善布局

大型电商企业差异化物流体验依然是竞争焦点，物流竞速、定时服务、退货管理、售后服务等成为新热点。电商物流节点设施和网络已经成为大型电商企业的战略性资源投入，节点设施建设将迎来新一轮高峰期。随着一二线城市电商需求的日趋饱和，大型电商企业争夺的焦点将向三四线城市和中西部区域转移。电商企业通过自建和合作等多种方式推动物流网络下沉，加快形成多种层次、深度渗透的电商物流服务网络体系。随着物流社会化服务能力的增强，电商企业物流平台开放力度将进一步加大，吸引中小品牌纳入自身物流体系，增强对品牌的影响力和控制力，培育新的利润增长点。随着 O2O 的真正发力，电商加快与传统零售渠道结合，电商物流服务模式将出现创新性变革。

（二）冷链物流：需求培育寻找切入点

2014 年中央一号文件再次聚焦“三农”问题，并将促进冷链物流发展作为一项重要内容。各级各地政府将继续出台政策措施，鼓励和扶持龙头冷链企业设施建设，完善地方冷链体系建设。国内冷链行业投资渐趋理性，整合并购将开始加速，推动产业链体系搭建完善。区域内冷链企业不断扩张规模和编织网络，打造区域冷链领导品牌，区域间企业的联盟合作将开始起步。随着食品药品安全日益受到关注，食品药品生产流通企业加大冷链投入，专业化的第三方冷链服务将快速起步。生鲜电商作为冷链物流的切入点走进千家万户，将进一步加快需求开发和市场培育，通过联盟合作等多种形式探索全程冷链服务模式，市场潜力较大。

（三）钢铁物流：模式创新加快探索

近年来，随着产能过剩和社会投资下滑，钢材现货市场将进入行业的周期性低谷。传统票据式钢材市场日趋萎缩，前店后库式和商住一体化的钢材市场经受严峻挑战，传统管理型市场加快向服务型市场转型。钢铁物流园区作为钢材现货市场的“升级版”将得到快速发展。通过强化加工配送能力，促进产业联动，搭建服务平台，钢铁物流园区加快现代经营模式的探索和实践。随着钢铁电子商务的快速发展，将带动企业营销渠道、服务模式的快速调整。钢铁电子商务线上交易对线下管控货物要求进一步提升，电商企业选择优秀物流企业紧密合作，钢铁金融物流服务模式加快创新。金融物流业务将止跌回升，民营物流企业市场份额逐步扩大。

（四）汽车物流：精益管理引领发展

我国汽车工业 2014 年增速预计将会高于 GDP 增长速度，由于汽车物流业务向上游零部件企业延伸，下游售后市场业务增长快速，整个汽车物流市场规模将高于汽车工业发展速度。汽车物流作为物流行业精益物流的领先者，将结合行业发展新趋势和新技术，推动创新模式的开发和应用，促进精益物流在其他领域的推广。物流企业与生产企业间联动融合进一步深化，物流企业之间的联盟合作开始起步，行业资源实现共享。随着铁路货运改革和综合交通运输体系的建立，铁路、水路运输在汽车物流中的比重将继续增加。随着汽车国际市场的开发壮大，外资企业在中国市场的物流发展战略，将由进入市场向承接中国企业“走出去”转变。

（五）医药物流：物流投资迎来高潮

随着新版 GSP 的实施，医药流通或物流企业在软硬件投入上将大幅提高，迎来现代化医药物流中心建设的新一轮高潮。根据新版 GSP 要求，主要将在物流中心改造建设、物流设备、信息化、冷链软硬件等方面加大投资力度。医药流通企业推动物流一体化运作和网络化经营将成为趋势，加快建立覆盖全国的医药物流服务体系。专业化的第三方医药物流逐步得到认可，发展步伐逐渐加快，服务产品目录将扩展到包括医疗器械在内的所有健康产品。随着电商企业开始进入医药行业，医药流通行业变革来临，传统医药物流企业也将迎来新的发展机遇。

五、基础设施建设将持续快速增长

综合交通运输体系加快建设。根据“十二五”综合交通运输体系规划，到2015年，我国综合交通总里程将达到490万千米，比2010年增长58万千米，如表1所示。2012年物流业固定资产投资的同比增速为29%，其中交通运输完成投资2.6万亿元，同比增长仅有20.2%，而2013年增速仍然处于较低态势。因此，为完成“十二五”期间的各项基础设施建设指标，2014年将是交通运输基础设施投资的重要年份，投资增速将有所提升。其中，铁路、港口、机场等交通基础设施建设与发展目标有一定差距，投资增长空间加大。

表1　“十二五”时期交通基础设施发展目标

指标	单位	2010年	2013年实现值	2015年
综合交通网总里程	万千米	432	470	490
铁路营业里程	万千米	9.1	10	12
公路通车里程	万千米	400.8	434.6	450
国家高速公路	万千米	5.8	10.45	8.3
内河高等级航道里程	万千米	1.02	1.21	1.3
管道输油（气）里程	万千米	7.85		15
城市轨道交通营运里程	千米	1400	2333	3000
沿海港口深水泊位数	个	1774	1914	2214
民用运输机场数	个	175	193	230

物流园区建设加快转型升级。我国物流园区经过一个时期的发展，目前已经渐成规模。物流园区的规划、建设和运营逐步走向规范化，定位明确，功能突出。同时，对于物流地产的投资也更加理性化，外资企业加快进入中国市场。随着电子商务、冷链物流等新型商业方式的快速发展，相关仓储资源持续紧缺，与之配套的专业类物流园区加快建设。2014年全国交通运输工作会议指出2014年要推进现代物流发展，具有公共服务功能的货运枢纽（物流园区）建设将继续获得政策支持。未来的物流园区将从“出租者”转型到“经营者”，从开发到运营实现重新定位，重塑物流园区的商业价值。物流园区网络化运营正在成为趋势，以投资、托管、加盟的方式形成物流园区跨区域网络

联盟，将逐步摆脱“点式经营”的弊端，提高物流园区的综合服务功能。

六、政策环境将继续改善

2014 年 3 月 5 日，国务院总理李克强作了《政府工作报告》，按照党的十八届三中全会全面深化改革的精神，对 2014 年政府工作作了总体部署。结合《政府工作报告》和有关部门工作动态，2014 年物流业政策环境将会发生以下变化。

（一）行业管制趋于放松

《政府工作报告》提出要推动重点领域改革取得新突破，物流业行业管制有望稳步放松。一是行政审批有望进一步放宽。2014 年，我国要再取消和下放行政审批事项 200 项以上，物流业相关审批事项有望进一步取消。对于确需设置的行政审批事项，要建立权力清单制度，一律向社会公开。同时，对于非行政审批事项将开始全面清理。二是投资体制改革有望进一步放开。对于投资审批制度，将取消或简化前置性审批，充分落实企业投资自主权。2014 年政府提出要制定非公有制企业进入特许经营领域具体办法。实施铁路投融资体制改革，在更多领域放开竞争性业务。三是税收制度有望进一步推进。2014 年，铁路运输和邮政业正式纳入“营改增”试点。下一步试点方向是进一步扩大行业范围，逐步将建筑、房地产业、金融和生活服务业等纳入改革序列。

（二）行业监管走向规范

一是物流市场监管逐步加强。《政府工作报告》提出，要大力整顿和规范市场秩序，继续开展专项整治，严厉打击制售假冒伪劣行为。建立从生产加工到流通消费的全程监管机制、社会共治制度和可追溯体系，健全从中央到地方直至基层的食品药品安全监管体制。预计食品、药品、化学危险品等物流安全问题，公路运输安全、寄递服务信息安全和快递市场监管工作将会进一步加强。二是诚信体系建设加速。《政府工作报告》提出，要加快社会信用体系建设，推进政府信息共享，推动建立自然人、法人统一代码，对违背市场竞争原则和侵害消费者权益的企业建立黑名单制度。物流业诚信体系建设，将会成为新一年工作重点。三是绿色低碳物流力度加强。《政府工作报告》提出，我们要像对贫困宣战一样，坚决向污染宣战。明确要求，加大节能减排力度，控制能源消费总量，2014 年能源消耗强度要降低 3.9% 以上。物流业是对资源环境依赖较强的行业，面临着节能减排的“倒逼”机制。

（三）中长期规划、政策发力

2009年国务院颁布我国物流业第一个国家层面的物流业发展规划——《物流业调整和振兴规划》，目前已经到期。物流业作为国民经济的基础性、战略性产业，亟待加强后续规划的制定和实施。2012年以来国家发展改革委牵头组织编制的《物流业中长期发展规划》，有望2014年正式出台，将成为今后一个时期指导物流业发展的纲领性文件。2013年，各地方、各部门相继出台了一系列支持物流业发展的规划、政策、意见，预计2014年会有所动作。如综合交通运输体系建设、城市配送体系建设、电子商务物流、跨境电子商务、物流标准化和信息化、农村和农业物流、工业物流和供应链、社区物流服务、农产品冷链物流、粮食物流、托盘共用系统建设、自由贸易试验区物流、丝绸之路经济带及京津冀一体化物流等。为落实《全国物流园区发展规划》，国家级示范物流园区工程有望年内启动。

（四）行业管理体制改革任务艰巨

当前，我国政府序列中没有物流业专业主管部门，各部门按照各自职能对物流相关领域进行管理。尽管各部门做了大量工作，但由于涉及部门多、协调难度大，许多深层次矛盾和问题难以有效解决。特别是随着行业快速发展，经营模式创新，又出现了许多管理上的交叉和空白。如何进一步建立和发挥部门间统筹协调机制，形成统一开放、公平有序的现代物流市场体系，对于推进国家治理体系和治理能力现代化的要求提出了新的挑战。从长远看，应该在政府序列中设立专门的物流业管理部门，统筹协调全国物流管理工作。当前，应该强化部际联席会议的协调能力，为物流业深化管理体制改革做好准备。同时，也应按照党的十八届三中全会精神，推进政府向社会购买服务的改革，更好地发挥社会组织在公共服务和社会治理中的作用。

（五）期盼已经出台的政策切实落实

《政府工作报告》提出，要向深化改革要动力。特别是要从群众最期盼的领域改起，从制约经济社会发展最突出的问题改起，从社会各界能够达成共识的环节改起，使市场在资源配置中起决定性作用和更好地发挥政府作用。就物流业来看，群众最期盼、制约行业发展最突出、社会有共识的主要问题有：一是减轻税费负担，为物流企业“减负”；二是支持物流用地，促进项目“落地”；三是创造便捷交通，缓解“行路难”；四是改革投融资体制，解决“融资难”；五是方便开设网点，支持企业“做大做强”。这些问题的解决需要极大的决心和勇气，需要冲破利益固化的藩篱，需要破除现有制度的障碍，从而实现资源要素的优化配置，增强物流市场主体的活力，使物流业释放出巨大的改革红利。

（撰稿：周志成　审稿：贺登才）

参考资料

［1］何黎明．稳中求进　开拓创新　推动我国物流业持续健康发展——2013 年我国物流业发展回顾与 2014 年展望．

［2］贺登才．2013 年我国物流业政策环境回顾与 2014 年展望．

［3］姜超峰．2013 年仓储业发展回顾与 2014 年展望．

［4］恽绵．2013 年第三方物流发展回顾与 2014 年展望．

［5］褚方鸿．2013 年公路货运市场发展回顾与 2014 年展望．

［6］张晓东．2013 年铁路物流发展回顾与 2014 年展望．

［7］赵楠．2013 年港口物流发展回顾与 2014 年展望．

［8］张永锋．2013 年国际集装箱运输市场发展回顾与 2014 年展望．

［9］李倩雯．2013 年沿海干散货市场回顾与 2014 年展望．

［10］邹建军．2013 年航空货运市场发展回顾与 2014 年展望．

［11］徐勇．2013 年快递业发展回顾与 2014 年展望．

［12］冯耕中．2013 年物流地产业发展回顾与 2014 年展望．

［13］田征．2013 年保税物流发展回顾与 2014 年展望．

［14］刘伟华．2013 年制造业物流发展回顾与 2014 年展望．

［15］王国清．2013 年钢铁行业物流发展回顾与 2014 年展望．

［16］马增荣．2013 年汽车物流行业发展回顾与 2014 年展望．

［17］覃拥．2013 年医药物流业发展回顾和 2014 年展望．

［18］秦玉鸣．2013 年冷链物流发展回顾与 2014 年展望．

［19］吴志华．2013 年粮食物流发展回顾与 2014 年展望．

［20］王升．2013 年连锁零售行业物流发展回顾与 2014 年展望．

［21］王继祥．2013 年物流装备业发展回顾与 2014 年展望．

［22］李红梅．2013 年物流标准化工作回顾与 2014 年展望．

［23］晏庆华．2013 年物流信息化发展回顾与 2014 年展望．

［24］郭肇明．2013 年物流教育培训发展回顾与 2014 年展望．

第二篇

专 题 研 究

第一章

物流服务业

2013 年我国物流业政策环境回顾与2014 年展望

2013 年，我国物流业实现了趋稳向好、稳中有进的良好局面。中央新一代领导集体重视物流业发展，各方面体制机制改革稳步推进，政策环境持续改善。物流业在国民经济中的基础性、战略性地位进一步提升，对物流业持续健康发展将产生重要影响。

一、2013 年我国物流业政策环境回顾

2013 年，党中央、国务院重视物流业发展。习近平总书记、李克强总理相继考察物流企业，张高丽副总理、汪洋副总理先后对物流业发展作出重要批示和讲话。我国物流业在管理体制、投融资体制、财税体制、行政管理体制、开放型经济新体制等方面进行了一系列调整和改革。

（一）管理体制改革稳步推进

1．铁路管理体制实现了政企分开

2013 年 3 月，《国务院机构改革和职能转变方案》正式发布，铁道部撤销，职能一分为三。组建中国铁路总公司，承担原铁道部的企业职责；原铁道部拟定铁路发展规划和政策的行政职责划入交通运输部；组建国家铁路局，承

担原铁道部的安全生产监管等其他行政职责。交通运输领域大部门制改革正式启动，由交通运输部统筹规划铁路、公路、水路、民航以及邮政行业发展的综合交通管理体制初步形成。这将有利于推动各种运输方式从分散、独立管理向一体化、集约化发展，建立和完善适应社会经济发展的综合交通运输体系。

2. 铁路货运组织改革开始启动

2014 年 4 月，中国铁路总公司下发《关于进一步推进货运组织改革的意见》（铁总运〔2013〕5 号），决定自 6 月 15 日开始实施货运组织改革。这是铁路货运向现代物流转型的重大战略，通过落实简化受理、随到随办、规范收费、热情服务的承诺，取得了阶段性成果。2013 年下半年，铁路货运扭转了上半年货运量持续下滑的局面，全年货物发送量回稳增长。

3. 流通体制改革继续深化

2012 年 8 月，国务院印发《关于深化流通体制改革加快流通产业发展的意见》（国发〔2012〕39 号），支持物流业发展作为深化流通体制改革的重要任务。2013 年 1 月，国务院办公厅印发《降低流通费用提高流通效率综合工作方案》（国办发〔2013〕5 号），确定 10 项措施降低流通费用。在物流方面提出了推进收费公路清理、规范交通执法和保障物流配送等相关要求。2013 年 5 月 30 日，国务院办公厅印发《深化流通体制改革加快流通产业发展重点工作部门分工方案》（国办发〔2013〕69 号），包括 15 部分、38 项具体工作，细化落实到 15 家部委和单位。其中，涉及物流业的内容主要是：大力发展第三方物流，促进企业内部物流社会化，大力推广并优化供应链管理，支持流通企业建设现代物流中心，积极发展统一配送等。

（二）财税体制改革影响深远

1. “营改增”试点全面铺开

2013 年 4 月，国务院决定自 8 月 1 日起，将“营改增”试点在全国范围内推开。12 月 4 日，国务院常务会议决定自 2014 年 1 月 1 日起铁路运输和邮政业纳入“营改增”试点范围。财政部、国家税务总局先后下发《关于在全国开展交通运输业和部分现代服务业营业税改征增值税试点税收政策的通知》（财税〔2013〕37 号）、《关于将铁路运输和邮政业纳入营业税改征增值税试点的通知》（财税〔2013〕106 号），对试点政策进行了调整、修订和完善。

“营改增”是我国财税体制改革的重大举措，国家税制得到简化和规范，中小规模纳税人税收负担得到减轻，重复纳税问题得到解决。但是，对于物流业特别是交通运输业，企业税负出现大幅增加，税率不统一问题仍然没有得到有效解决。经中国物流与采购联合会多次调查，试点以来，大型物流企业公路运输业务部分的实际税负增加幅度普遍在120%～150%，不符合试点政策中“改革试点行业总体税负不增加或略有下降”的指导思想。2011年，国务院办公厅出台的“物流国九条”明确指出：“要结合增值税改革试点，尽快研究解决仓储、配送和货运代理等环节与运输环节营业税税率不统一的问题。”而这一要求并未体现在“营改增”试点中。物流业务各环节税率不统一，割裂了相关业务之间的内在联系，不符合物流业整合社会资源、一体化运作的需要。

2．国际货代业受到严重影响

财税〔2013〕37号文取消了国际货代业差额纳税政策，由于国际航运业享受零税率或免税政策，因此国际货代业没有进项税抵扣，要按照包括国际运费在内的全额收入缴纳销项税，导致国际货代业税负大幅增加。中国物流与采购联合会代表行业积极反映政策诉求，提出对国际货代业增值税应采取免税政策。国家有关部门在新出台的财税〔2013〕106号文中吸收了行业提出的政策建议，明确国际货物运输代理服务享受免征增值税政策。但是，106号文出台后，在地方解释和实务操作中，国际货代免税政策并没有得到有效落实。尽管2014年1月，财政部门对106号文中国际货代业免税政策进行了解读，但这一问题仍然没有解决。导致企业在业务报价、开具发票、会计处理、系统调整等方面无所适从，严重影响正常业务开展。

3．土地使用税减半征收政策继续落实

2012年起，国家出台土地使用税减半征收政策，受到行业普遍欢迎。两年来，我国大部分地区执行了该项政策。但是，也有部分地区对物流企业认定和政策执行人为设限，对于专业建造并出租仓储设施的企业，部分地区不予认定为物流企业，还有的地区调整了土地级别，提高了土地使用税征收标准，政策减负效应有所削弱。

（三）行政管理体制改革继续深化

1．清理和规范行政事业性收费

2013年6月25日，财政部、国家发展改革委发出《关于公布取消和免征一批行政事业性收费的通知》（财综〔2013〕67号），决定自2013年8月1日起，取消和免征33项行政事业性收费。与物流相关的行政事业性收费主要有，交通运输部门取消船舶证明签证费、船舶申请安全检查复查费、海事调解费等。商务部门取消装船证费，贸促会取消ATA单证册收费等。10月16日，财政部、国家发展改革委发出《关于公布取消314项行政事业性收费的通知》（财综〔2013〕98号），决定自2013年11月1日起，取消314项各省、自治区、直辖市设立的行政事业性收费。进一步清理和规范行政事业性收费，有助于进一步减轻企业和社会负担，规范政府收入分配秩序，促进依法行政。

2. 取消和下放行政审批项目

2013年5月，国务院下发《国务院关于取消和下放一批行政审批项目等事项的决定》（国发〔2013〕19号），决定取消和下放一批行政审批项目等事项，共计117项。11月，国务院下发《国务院关于取消和下放一批行政审批项目的决定》（国发〔2013〕44号），再取消和下放68项行政审批项目。2014年1月，国务院再次出台国发〔2014〕5号文，取消和下放64项行政审批项目和18个子项。其中，与物流相关的主要行政审批有：国际船舶运输经营者之间兼并、收购审核、国际船舶代理业务审批、从事内河船舶船员服务业务审批、企业自备车辆参加铁路运输审批、外商投资道路运输业立项审批、引航员注册审批、营业税差额纳税试点物流企业确认、出入境快件运营企业从事报检业务注册登记、核材料国内运输免检通行许可、省际普通货物水路运输许可等。国务院要求，除公开事项外，各部门不得擅自新设行政审批事项。向审批事项的“负面清单”管理方向迈进，逐步做到审批清单之外的事项，均由市场主体依法自行决定。

（四）投融资体制改革陆续深化

1. 铁路投融资体制改革再次启动

2013年5月6日，国务院常务会议在研究部署2013年深化经济体制改革重点工作时，明确提出形成铁路投融资体制改革方案。8月，国务院下发《关于改革铁路投融资体制加快推进铁路建设的意见》（国发〔2013〕33号），从推进铁路投融资体制改革、完善铁路运价机制、建立铁路公益性政策性运输补贴、加大力度盘活铁路用地资源、强化企业经营提高资产收益水平、加快项目前期工作形成铁路建设合力六方面提出具体要求。此次改革首次提出了铁路建设增量部分向地方和社会开放。同时，提出研究设立铁路发展基金，以中央财政性资金为引导，吸引社会法人投入，有助于形成铁路建设新的融资平台。但是，受铁路系统原有组织结构和运营方式的影响，铁路投融资改革仍面临重大考验。

2. 投资项目政府核准范围继续缩小

2013年12月2日，国务院下发《国务院关于发布政府核准的投资项目目录（2013年）》。共取消、下放和转移49项核准权限。其中，取消核准改为备案19项、下放地方政府核准20项、转由国务院行业管理部门核准10项。经初步测算，目录修订后，需报中央管理层面核准的项目数量将减少约60%。在交通基础设施领域，取消了对企业投资扩建民用机场项目的核准，下放了城市快速轨道交通项目、邮政项目和部分铁路、公路、桥梁、隧道、集装箱专用码头、煤炭矿石油气专用泊位等项目的核准权限，更加强调和突出发展建设规划等的指导和约束作用。在外商投资和境外投资领域，由一律实行核准制改为区别不同情况实行核准制或者备案制。对外商投资项目，按照准入前国民待遇和负面清单的管理模式。对境外投资项目，除涉及敏感国家和地区、敏感行业的项目和中方投资10亿美元及以上的项目外，对其他项目实行备案管理。

（五）上海自贸试验区挂牌成立

2013年8月22日，国务院正式批准设立中国（上海）自由贸易试验区。9月29日，上海自贸区正式挂牌成立。上海自贸区的总体目标是加快转变政府职能，积极推进服务业扩大开放和外商投资管理体制改革，为我国扩大开放和深化改革探索新思路和新途径。对于物流领域，上海自贸区建设具有多重意义。一是港航物流管理效率有望提升。高效、便捷、通畅的港航物流管理体系是上海自贸区实现与国际接轨、加快国际航运中心建设的重要保障，这对政府管理方式改革创新提出了新的要求。二是国际航运服务迎来发展机遇。各项优惠政策和便利措施有望出台，航运服务的开放力度继续加大，有利于促进国际航运企业的集聚发展和水平提升。三是国际物流格局加快调整。上海自贸区的建立将利用良好的金融、贸易、物流、通关等政策优势，成为国际贸易和物流企业进入中国的重要窗口，也将成为国内贸易和物流企业加快"走出去"的重要通道，从而带动我国国际商贸和物流业转型升级。

（六）物流相关规划陆续出台

1.《国家公路网规划》出台

2013年6月30日，国家发展改革委、交通运输部发布《国家公路网规划(2013—2030年)》(以下简称《规划》)。这是我国首个集高速公路和普通公路于一体的国家中长期公路网布局规划。国家公路网规划的目标是：形成"布局合理、功能完善、覆盖广泛、安全可靠"的国家干线公路网络，实现首都辐射省会、省际多路连通、地市高速通达、县县国道覆盖。未来，国家级干线公路将形成由"普通国道+国家高速公路"两个层次共同组成的路网格局，总规模约40万千米。《规划》强调，要加强公路与其他运输方式的协调、衔接，统筹考虑主要通道的运输能力配置，注重发挥综合运输组合效率和整体优势。

2. 国家发展改革委等12部门联合发布《全国物流园区发展规划》

2013年9月30日，国家发展改革委等12部门联合发布《关于印发全国物流园区发展规划的通知》（发改经贸〔2013〕1949号）（以下简称《规划》)。这是我国物流园区方面的第一个专项规划，提出了物流园区发展方向。

《规划》强调物流园区的公共性和基础性，提出了物流园区的服务对象和发展方向；确定了99个城市为物流园区布局城市，提出了八项主要任务和八项保障措施。特别提出要开展国家级物流园区示范工程，由国家发展改革委等有关部门和行业协会组织国家级示范物流园区评定工作。《规划》提出了物流园区发展的蓝图愿景，关键在于落实。

3.《促进综合交通枢纽发展的指导意见》出台

2013年3月7日，国家发展改革委出台《促进综合交通枢纽发展的指导意见》（发改基础〔2013〕475号）（以下简称《意见》），要求加快转变交通运输发展方式，以一体化为主线，促进各种运输方式有效衔接，提高枢纽运营效率，实现便捷换乘、高效换装，为构建综合交通运输体系奠定坚实的基础。《意见》提出四项主要任务，要求统筹货运枢纽与产业园区、物流园区等的空间布局。按照货运“无缝化衔接”的要求，强化货运枢纽的集疏运功能，提高货物换装的便捷性、兼容性和安全性。《意见》还提出，“十二五”期间全国要基本建成42个全国性综合交通枢纽。

4.《循环经济发展战略及近期行动计划》发布

2013年年初，国务院印发《循环经济发展战略及近期行动计划》，提出循环经济发展的中长期目标和到“十二五”末的近期目标。在第五节构建循环型服务业体系中，专设物流业部分，提出要提高物流运行效率，加快绿色仓储建设。到2015年，初步建立起低碳、循环、高效的绿色物流体系，物流设施能源利用效率明显提高，车辆空驶率稳步降低。

5. 交通运输部发布《关于交通运输推进物流业健康发展的指导意见》

2013年6月6日，交通运输部出台《关于交通运输推进物流业健康发展的指导意见》（交规划发〔2013〕349号）（以下简称《指导意见》），提出到2020年基本建成便捷高效、安全绿色的交通运输物流服务体系。《指导意见》是交通运输部推进物流业健康发展的系统性思路，基本覆盖了交通运输领域推进物流业发展的主要方面。重点是加强物流枢纽、运输通道、多式联运、物流信息化、运力结构调整、农村物流、城市配送、快递业务、零担快运、中小企业联盟等方面的政策研究和推动，鼓励先行先试、典型引领，加快培育龙头骨干企业。

（七）行业管理工作出台新措施

1. 多部门支持城市配送管理工作

2013年2月6日，交通运输部等七部门联合下发《关于加强和改进城市配送管理工作的意见》（交运发〔2013〕138号）（以下简称《意见》），提出力争用5年左右的时间，基本建立起职能明确、运转高效、监管有力的城市配送管理体制和运行机制。《意见》提出了八大发展任务，除了解决行业反映比较多的城市配送车辆通行难、停靠难、装卸难等问题外，重点要解决城市配送规划落后、基础设施不足、市场管理无序、科技应用欠缺、体制机制不健全的问题。2014年1月20日，交通运输部、公安部、商务部联合下发《关于加强城市配送运输与车辆通行管理工作的通知》（交运发〔2014〕35号），提出了强化城市配送运力需求管理、加强城市配送车辆技术管理、规范发展城市货运出租汽车、优化城市配送车辆通行管理措施、完善城市配送车辆停靠管理措施等具体办法。

继2012年开展城市共同配送综合试点以后，2013年3月5日，商务部、财政部联合下发《关于组织申报城市共同配送试点的通知》（财办建〔2013〕21号），决定自2013年起在现代服务业综合试点工作中启动实施城市共同配送试点。申报城市须满足一定条件并具有一定工作基础。全国15个城市纳入共同配送试点。11月，商务部、财政部下发《关于加强城市共同配送试点管理的通知》（商办流通函〔2013〕838号），明确了试点重点支持领域及方向是公共服务平台建设、物流分拨中心、公共配送中心和末端配送网点三级配送网络体系、先进技术应用、标准化设备应用、配送模式创新等。

近年来，交通运输部、商务部等部门重视城市配送管理，出台促进城市配送工作发展的政策措施。但是，城市配送涉及部门多，协调难度大，需要建立健全城市配送管理工作的协同工作机制，加强多部门在城市配送发展战略规划、政策标准等领域的统筹协作，共同推进城市配送服务体系的建立完善。

2. 收费公路管理条例公开征求意见

2013年5月9日，交通运输部组织起草的《收费公路管理条例（修正案征求意见稿）》（以下简称《征求意见稿》）公开征求意见。《征求意见稿》对2004年版《条例》提出了23条修改意见，对一些模糊和调整的内容进行了明确和修正，对出现的一些新情况、新问题进行了梳理和规定，提出了特许经营制度、信息公开制度、收费标准计算方法等。但是，其中一些条款的设置不尽合理，如延长收费年限的理由、收费期满后养护费用来源、统贷统还投融资模式与收费期限的矛盾等条款有待进一步调整，对于一些社会普遍关心的问题，如公路收费标准的制定和统一、公路收支和还贷情况等还有待进一步明确。

3. 物流信息化工作加快推进

国家推进物联网有序健康发展。2013年2月5日，国务院出台《关于推进物联网有序健康发展的指导意见》（国发〔2013〕7号）（以下简称《意见》），明确了我国物联网发展的总体目标。针对“十二五”时期发展，提出到2015年，要实现物联网在经济社会重要领域的规模示范应用，突破一批核心技术，初步形成物联网产业体系，安全保障能力明显提高。并从发展环境、财税扶持、投融资、国际合作、人才队伍建设5个方面提出了具体要求。《意见》提出要推动应用示范，促进经济发展。其中，要围绕生产制造、商贸流通、物流配送和经营管理流程，推动物联网技术的集成应用。

工信部推进物流信息化工作。2013年1月11日，工业和信息化部出台《关于推进物流信息化工作的指导意见》（工信部信〔2013〕7号）（以下简称《意见》），提出到“十二五”末期，初步建立起与国家现代物流体系相适应和协调发展的物流信息化体系，为信息化带动物流发展奠定基础。推动工作计划分两个阶段实施，主要采取试点示范引导。《意见》提出推进物流信息化工作的七项主要任务，分别从社会物流信息资源开放利用、物流政务和监管信息化、物流行业和企业信息化、企业物流信息化、物流信息化标准规范等七个方面提出了主要任务。

交通运输部推动物流公共信息平台建设。2013年11月，交通运输部在杭州举行全国交通运输物流公共信息平台建设推进会，正式出台《交通运输物流公共信息平台建设纲要》《交通运输物流公共信息平台国家级行业管理系统建设方案》和《交通运输物流公共信息平台区域交换节点建设指南》三个文件。对“公共平台”的基本定位、功能以及建设运营保障和具体实施方案都给出了明确的方向，并正式确定了“公共平台”“$1+32+nX$”的总体布局。会议将物流园区、铁水联运、甩挂运输作为“公共平台”建设全国推进的突破口。

当前，信息化正在全面渗透和融合到物流活动中，成为现代物流最重要的时代特征。目前，我国物流信息化在政府支持层面最突出的问题是，物流电子政务和监管信息难以获得，缺乏系统间、平台间、区域间的互联互通，物流公共信息资源不能得到有效利用等，亟待出台政策加以引导。

4. 快递市场监管进一步加强

2013年1月11日，交通运输部公布了修订后的《快递市场管理办法》（以下简称《办法》），并自2013年3月1日起施行。《办法》补充了管理主体，明确省级以下邮政管理机构对快递市场实施监督管理的职责；规定经营快递业务的企业不得超越许可的业务范围和地域范围开展经营活动；对开展快递加盟的双方资质、权利义务关系等内容进行了具体规范。同时，《办法》还明确禁止野蛮分拣、随意处理无着件等行为，并规定了相应的法律责任。新《办法》弥补了快递服务国标有标准无监管措施的短板，增加了更多细节性规定，对于维护快递市场信息安全和公共安全，促进市场健康发展具有积极作用。5月17日，国家邮政局等六部门联合下发《关于切实做好寄递服务信息安全监管工作的通知》，针对屡禁不止的泄露消费者信息的行为，要求快递企业完善相关规章制度、加大科技投入、提高信息安全技术防范能力。

5. 电商物流受到重视

电子商务集成创新试点开展。2013 年 5 月 24 日，工业和信息化部下发《关于开展电子商务集成创新试点工程工作的通知》（工信厅信函〔2013〕367 号）。试点工程包括五大试点方向：大企业电子商务和供应链信息化提升、行业电子商务平台服务创新、跨境电子商务、移动电子商务和产品信息追溯。在试点工程所涉及的多个领域中，均突出强调了电商物流的发展。通过对物流的发展和完善，促进电子商务企业的转型升级；同时，通过电子商务集成创新试点，也可以带动物流业的健康发展。

加强电子商务物流配送基础设施建设。2013 年 10 月 31 日，商务部印发《商务部关于促进电子商务应用的实施意见》（商电函〔2013〕911 号）（以下简称《实施意见》），提出十项重点任务。对于加强电子商务物流配送基础设施建设，《实施意见》提出，各地要按照国家加快流通产业发展的总体要求，规划本地区电子商务物流，推进城市物流配送仓储用地、配送车辆管理等方面的政策出台，推动构建与电子商务发展相适应的物流配送体系。开展电子商务城市共同配送服务试点，逐步建立完善适应电子商务发展需求的城市物流配送体系。

6. "两化融合"提出专项行动计划

2013 年 8 月 23 日，工业和信息化部下发《工业和信息化部关于印发信息化和工业化深度融合专项行动计划（2013—2018 年）的通知》（工信部信〔2013〕317 号）（以下简称《行动计划》）。《行动计划》要求积极开展八项行动，其中，电子商务和物流信息化集成创新行动目标是，深化重点行业电子商务应用，提高行业物流信息化和供应链协同水平，促进以第三方物流、电子商务平台为核心的新型生产性服务业发展壮大，创新业务协作流程和价值创造模式，提高产业链整体效率。行动内容包括提升重点行业电子商务和供应链协同能力、提升第三方物流服务能力等。

7. 国际货代业指导意见出台

2013 年 1 月 17 日，商务部提出《关于加快国际货运代理物流业健康发展的指导意见》（以下简称《意见》），提出"十二五"期间，基本形成结构合理、业态多样、服务优质、竞争有序的国际货代物流市场。《意见》提出完善行业管理制度、引导行业"转方式、促转型"等八大主要任务，提出实施人才战略、健全工作机制、建立重点企业联系制度等保障措施。

8. 促进航运业转型升级

2013 年 8 月 27 日，交通运输部出台《交通运输部办公厅关于促进航运业转型升级健康发展的若干意见》（厅水字〔2013〕230号），从五个方面制定了20条政策措施。通过减少存量、严控增量，化解运力过剩矛盾。但是，国家对航运业的战略性支持力度不够，缺乏创新的金融和财税政策支撑，与行业需要还有较大差距。同时，航运业发展也离不开良好的港航环境支持，需要航运、港口、交通、海关、质检等多部门协调配合，统筹制定协调运作的港航管理机制，加快推动与国际航运管理和服务体系接轨。

9. 危险品运输加强管理

2013年年底，交通运输部发布《危险货物运输管理规定》（交通运输部令2013年第2号），自2013年7月1日起实施。原交通部有关管理规定废止。此次《道路危险货物运输管理规定》修订，是适应《危险化学品安全管理条例》调整的需要，也是适应我国道路危险货物运输行业快速发展的需要，涉及的条款多，调整的幅度大。主要体现在：重新定义了危货运输企业车辆数量、停车场地要求、设施设备的准入门槛，明确了危货车辆维修要求。对危险化学品生产、储存、使用、经营和运输等环节都增设了一些新的管理制度和内容，建立了专职安全管理人员、安全评价、道路运输从业人员专项考试、危险货物道路运输豁免、事故报告和举报等制度。

10. 区域通关业务改革全面推进

2013年11月底，海关总署发布《关于全面深化区域通关业务改革的公告》（2013年第58号），决定自11月1日起实施全面深化区域通关业务改革。改革主要包括三方面内容：拓展“属地申报、口岸验放”模式功能。对AA类企业的货物实行“属地申报、属地放行”方式；进一步扩大“属地申报、口岸验放”通关模式适用范围。企业可以诚信守法换取通关便利，得到手续简便、成本低廉、快速高效的通关便利，有利于营造健康、公正、公平的贸易环境和竞争环境。同时深化区域通关改革顺应了区域经济发展和产业梯度转移的要求，有利于建立区域海关分工协作、协同配合、整体联动的区域通关新格局，实现海关有效监管和企业便捷通关的“双赢”。

11. 绿色物流提到议事日程

2013年5月22日，交通运输部下发《加快推进绿色循环低碳交通运输发展指导意见》（交政法发〔2013〕323号）（以下简称《指导意见》）提出了“将生态文明建设融入交通运输发展的各方面和全过程”的理念，以“加快推进绿色循环低碳交通基础设施建设、节能环保运输装备应用、集约高效运输组织体系建设、科技创新与信息化建设、行业监管能力提升”为主要任务，以“试点示范和专项行动”为主要推进方式，实现交通运输绿色发展、循环发展、低碳发展，到2020年，基本建成绿色循环低碳交通运输体系。《指导意见》提出了五方面22条主要任务，对行业在2020年之前的节能减排与应对气候变化工作进行总体部署。

（八）物流业获得资金支持

1．促进服务业发展专项资金

2013年1月17日，财政部、商务部下发《关于印发中央财政促进服务业发展专项资金管理办法的通知》（财建〔2013〕4号）（以下简称《办法》）。《办法》明确，专项资金是指中央财政从公共财政预算资金中安排的专项用于支持商贸流通领域服务业项目建设和发展的资金。由财政部门会同商务主管部门管理。《办法》规定，中央财政将专项资金切块下达到省，由各省自主确定专项资金支持重点。主要范围包括：民生商贸服务业项目，与生产流通直接相关的服务业项目，与节能减排、环境保护相关的服务业项目，与公共服务直接相关的项目，其他经财政部、商务部确认的商贸流通领域服务业项目。物流业纳入专项资金支持的重点领域。

2．甩挂运输试点继续推进

2013年，交通运输部开展了第三批甩挂运输试点申报工作，共确定41个试点项目。为规范国家公路甩挂运输试点项目验收与专项资金申请工作，交通运输部下发《关于印发国家公路甩挂运输试点项目验收与专项资金申请工作指南的通知》（厅运字〔2013〕144号），对试点项目验收条件、程序和内容，以及专项资金申请提出了具体工作指导。

此外，国家发展改革委、财政部、交通运输部、工业和信息化部等部门还对农产品冷链物流、粮食物流、货运枢纽、电子商务物流、物联网、中小物流企业等物流项目予以资金支持。

二、2014年中国物流业政策环境展望

2013年，党的十八届三中全会通过的《中共中央关于全面深化改革若干重大问题的决定》（以下简称《决定》）是全面深化改革的纲领性文件。《决定》提出，全面深化改革的总目标是："完善和发展中国特色社会主义制度，推进国家治理体系和治理能力现代化。"《决定》认为："经济体制改革是全面深化改革的重点，核心问题是处理好政府与市场的关系，使市场在资源配置中起决定性作用和更好发挥政府作用。"可以预见，这也是物流业政策选择和管理体制改革的基本方向。

2014年3月5日，在第十二届全国人民代表大会第二次会议上，国务院

总理李克强作了《政府工作报告》，对十八届三中全会改革决定进行了积极回应，对2014年政府工作作了总体部署。结合我们了解到的政府有关部门工作动态，现对2014年物流业总体政策取向展望如下。

（一）行业管制趋于放松

李克强总理指出，向深化改革要动力。改革是最大的红利。2014年《政府工作报告》提出要推动重点领域改革取得新突破，物流业行业管制有望稳步放松。一是行政审批有望进一步放宽。2014年，我国要再取消和下放行政审批事项200项以上，物流业相关审批事项有望进一步取消。对于确需设置的行政审批事项，要建立权力清单制度，一律向社会公开。2014年年初，国家发展改革委、财政部、交通运输部、商务部、工业和信息化部等部门陆续公布其全部行政审批项目目录。同时，对于非行政审批事项将开始全面清理。对于工商登记制度，将全面落实认缴登记制，由先证后照改为先照后证，由企业年检制度改为年报公示制度。二是投资体制改革有望进一步放开。对于投资审批制度，将取消或简化前置性审批，充分落实企业投资自主权。2014年政府提出要制定非公有制企业进入特许经营领域的具体办法。实施铁路投融资体制改革，在更多领域放开竞争性业务，为民间资本提供大显身手的舞台。三是税收制度有望进一步推进。2014年，铁路运输和邮政业正式纳入“营改增”试点。下一步试点方向是进一步扩大行业范围，逐步将建筑、房地产业、金融和生活服务业等纳入改革序列。此外，消费税、资源税改革，房地产税、环境保护税立法以及小微企业税收优惠等政策的陆续推进，对物流业也将产生重要影响。

（二）市场导向值得关注

《政府工作报告》中多项重点工作涉及物流业，对物流市场的导向作用明显。一是民生物流位置凸显。《政府工作报告》特别提到促进物流配送、快递业和网络购物发展。民生物流作为扩大内需的重要支撑，将受到政府普遍关注。二是城镇化孕育物流新商机。今后一个时期，要着重解决好现有“三个1亿人”问题，促进约1亿农业转移人口落户城镇，改造约1亿人居住的城镇棚户区和城中村，引导约1亿人在中西部地区就近城镇化。城镇化建设加快物流集聚，也离不开城市物流的合理规划和有效保障。三是区域物流布局趋于优化。要推进长三角地区经济一体化，深化泛珠三角区域经济合作，加强环渤海及京津冀地区协同发展。实施差别化经济政策，推动产业转移，发展跨区域大交通大流通，形成新的区域经济增长极，离不开区域物流和交通一体化协同发展。四是国际物流迎来新机遇。要抓紧规划建设丝绸之路经济带、21世纪海上丝绸之路，推进孟中印缅、中巴经济走廊建设，推出一批重大支撑项目，加快基础设施互联互通，为物流业“走出去”提供了新的渠道。五是产业升级逐步加快。要优先发展生产性服务业，推进服务业综合改革试点和示范建设。物流业一直是服务业试点示范的重要对象，物流业加快产业转型升级，有利于助推经济结构调整和服务业创新发展。

（三）行业监管走向规范

一是物流市场监管逐步加强。《政府工作报告》提出，要大力整顿和规范市场秩序，继续开展专项整治，严厉打击制售假冒伪劣行为。建立从生产加工到流通消费的全程监管机制、社会共治制度和可追溯体系，健全从中央到地方直至基层的食品药品安全监管体制。预计食品、药品、化学危险品等物流安全问题，公路运输安全、寄递服务信息安全和快递市场监管工作将会进一步加强。二是诚信体系建设加速。《政府工作报告》提出，要加快社会信用体系建设，推进政府信息共享，推动建立自然人、法人统一代码，对违背市场竞争原则和侵害消费者权益的企业建立黑名单制度，让失信者寸步难行，让守信者一路畅通。物流业诚信体系建设，将会成为新一年工作重点。三是绿色低碳物流力度加强。《政府工作报告》提出，我们要像对贫困宣战一样，坚决向污染宣战。明确要求，加大节能减排力度，控制能源消费总量，2014 年能源消耗强度要降低 3.9% 以上。物流业是对资源环境依赖较强的行业，面临着节能减排的“倒逼”机制。

（四）中长期规划、政策发力

2009 年国务院颁布我国物流业第一个国家层面的物流业发展规划——《物流业调整和振兴规划》，目前已经到期。物流业作为国民经济的基础性、战略性产业，亟待加强后续规划的制定和实施。2012 年以来国家发展改革委牵头组织编制的《物流业中长期发展规划》，有望 2014 年正式出台，将成为今后一个时期指导物流业发展的纲领性文件。2013 年，各地方、各部门相继出台了一系列支持物流业发展的规划、政策、意见，预计 2014 年会有所动作。如综合交通运输体系建设、城市配送体系建设、电子商务物流、跨境电子商务、物流标准化和信息化、农村和农业物流、工业物流和供应链、社区物流服务、农产品冷链物流、粮食物流、托盘共用系统建设、自由贸易试验区物流、丝绸之路经济带及京津冀一体化物流等。为落实《全国物流园区发展规划》，国家级示范物流园区工程有望年内启动。

（五）行业管理体制改革任务艰巨

当前，我国政府序列中没有物流业专业主管部门，各部门按照各自职能对物流相关领域进行管理。尽管各部门做了大量工作，但由于涉及部门多、协调难度大，许多深层次矛盾和问题难以有效解决。特别是随着行业快速发展，经营模式创新，又出现了许多管理上的交叉和空白。如何进一步建立和发挥部门间统筹协调机制，形成统一开放、公平有序的现代物流市场体系，对于推进国家治理体系和治理能力现代化的要求提出了新的挑战。从长远看，应该在政府序列中设立专门的物流业管理部门，统筹协调全国物流管理工作。当前，应该强化部际联席会议的协调能力，为物流业深化管理体制改革做好准备。同时，也应按照党的十八届三中全会精神，推进政府向社会购买服务的改革，更好发挥社会组织在公共服务和社会治理中的作用。

（六）期盼已经出台的政策切实落实

《政府工作报告》提出，要向深化改革要动力。特别是要从群众最期盼的领域改起，从制约经济社会发展最突出的问题改起，从社会各界能够达成共识的环节改起，使市场在资源配置中起决定性作用和更好发挥政府作用。就物流业来看，群众最期盼、制约行业发展最突出、社会有共识的主要问题主要有：一是减轻税费负担，为物流企业“减负”；二是支持物流用地，促进项目“落地”；三是创造便捷交通，缓解“行路难”；四是改革投融资体制，解决“融资难”；五是方便开设网点，支持企业“做大做强”。这些问题的解决需要极大的决心和勇气，需要冲破利益固化的藩篱，需要破除现有制度的障碍，从而实现资源要素的优化配置，增强物流市场主体的活力，使物流业释放出巨大的改革红利。

同时，我们也要看到《政府工作报告》提出，专项转移支付项目要减少三分之一，今后还要进一步减少。对产能严重过剩行业，强化环保、能耗、技术等标准，清理各种优惠政策，消化一批存量，严控新上增量。预示着物流业专项资金支持政策，以及一些地方、部门曾经实行的优惠政策将会有所调整。我们要努力促进政策落实，并要用足用好政策，但也要克服“政策崇拜”，减少“政策依赖”，充分发挥市场在资源配置中的决定性作用。作为行业社团组织，中国物流与采购联合会将与政府有关部门和物流企业一道，为营造有利于物流业持续健康发展的政策环境而不懈努力。

（中国物流与采购联合会　贺登才）

2013年第三方物流发展回顾与2014年展望

2013年，在中国经济结构持续调整的主旋律中，第三方物流产业升级的需求基础继续巩固，产业地位不断提升，呈现出创新发展的特点和趋稳向好、转型升级的新局面。同时，由于各项成本不断上升，经营环境没有根本好转，企业经营仍然艰难。

一、2013年第三方物流发展回顾

（一）第三方物流市场加快调整

随着中国经济面临的发展、环境、资源、人口矛盾不断突出，市场、渠道、需求、供给不断变化，制造业、分销业面临着越来越大的竞争压力。过去通过招标方式不断压低物流直接成本的方式已经难以为继，成本压无可压。2013年，客户对供应链在降低总成本中的作用的认知不断提升，供应链物流服务外包需求显著增加，制造业、分销业与第三方物流的关系逐步转变，开始形成协同共赢的伙伴关系，供应链优化与供应链物流效率提升成为共识，外资与合资企业成为这一转变的领军企业。

2013年是第三方物流企业客户供应链体系变化更加频繁的一年，在能源、房地产、电子、医疗、机械、自动化、家电、装备、快消、服装等多个市场领域的跨国企业，其所属各个事业部和多家工厂均根据所处市场的需求变化，从需求、网络、布局、设施、外包、信息、商流等多个角度进行供应链调整，从侧面说明中国经济结构正在发生深刻变化。

2013年，第三方物流企业接到的供应链物流一体化的招标邀请有较大幅度的增长，这些招标要求已经从单一产品的简单基础性物流（运输、仓储）向供应链物流一体化方向发展，跨供应链的整合与优化已经开始成为大型跨国企业供应链选择模式之一。原来一直相对处于封闭状态的欧洲跨国公司的信息系统也出现开放对接、提高供应链整体效率的趋势。在直接成本无法降低的情况下，客户希望通过供应链整合与优化进一步降低物流成本，提高供应链效率。这些趋势为我国第三方物流企业带来了新的市场机遇。

（二）第三方物流企业变革创新

自2007年起制造业与物流业两业联动经历了6年的发展，已经从初期的简单操作外包向融合与协同发展，目前正在进入第三方物流供应链物流一体化服务的阶段，跨界竞合正在成为趋势。在制造业、物流业联动的基础上，物流业与流通业、金融业等多业联动进一步深化。

领导型物流服务：中国邮政集团与中国重汽集团建立了车辆采购、物流服务和金融合作三方面的战略性合作，领导型物流服务体系（LLP）进入到实际实施的领域。

平台+基地的产业链服务：淮矿物流从“传统商贸+第三方物流”的模式，向“电子商务+供应链运营”方向发展，全面推进新型的基于“平台+基地”全流程管理下的在线结算和在线金融的供应链管理模式，站在全供应链的系统上为相关企业提供高效、低成本的全功能服务，为钢铁企业开设品牌专场，整体交易能力突破1000万吨。

专业创新，制造—物流融合模式：太原钢运物流在传统钢材物流的基础上进一步发挥专业物流的特点，通过将客户制造工艺与物流技术的融合对接，将一批拥有自主知识产权的专利技术投入应用，推进生产物流领域技术创新。

第三方物流平台模式：中外运集团在整合企业内部资源的基础上成立第三方物流服务平台，进一步整合社会物流资源，共同为客户提供供应链物流服务。

供应链私有物流云服务模式：德利得物流在为供应链链主提供供应链物流服务的同时，利用信息化优势，与上海菱通软件合作，为客户打造了充分满足客户供应链物流服务需求的个性化专属物流云平台，为客户服务的多家物流企业共同使用该平台，大幅度提升整体供应链物流服务效率，降低总成本。

面向产业集群的供应链服务模式：中捷环洲供应链集团，面对当地玉环汽摩配产业集群中众多的中小规模企业，改变了仅仅面对链主的供应链物流服务模式，建立了采购、加工、物流、金融四个供应链服务平台，提供面向采购和生产的物流集成服务，面向供应链的全程服务，融入供应链的集成服务三种模式，实现了产业集群的供应链优化与提升。

多种供应链物流服务模式不断创新，第三方物流依托原有的外包物流服务，沿着客户的供应链向两头延伸，整合金融、信息、商流的各种资源，物流向制造业、分销业渗透（VMI—线边物流—售后物流），创新供应链物流服务已经从模式探索到实践应用全方位推进。

（三）第三方物流企业稳步发展

2013年，第三方物流发展的需求基础在中国经济的调整中渐渐稳固，物流业产业地位进一步提升。

随着中国经济发展结构的调整，专业第三方物流企业的主要客户群——外资、合资与中资领先企业率先调整业务发展结构，在2013年取得了较好的业绩，除了日资企业业务量受中日关系影响有所下降之外，整体客户业务量稳中有增，特别是快速消费品、国家重点建设所需装备、涉及社会民生的医疗医药等行业，呈现出越好的企业增长越快的“马太效应”。

2013年第三方物流企业在承受市场和成本两大压力的情况下，更加注重精益物流发展，在物流服务实践中尽可能找出浪费，消灭浪费。在整个精益化物流思想的指导下，逐步消除物流操作的浪费、物流管理的浪费、物流规划的浪费、供应链的浪费是第三方物流企业和客户共同的诉求与努力方向。

（四）政策环境有所改善，但仍然严峻

2013年，国家重视物流产业的发展，密集出台了一系列物流相关产业政策，包括交通运输、税收、仓储、城市配送等相关产业政策和指导意见，国家物流标准的制定和实施不断推进，为物流产业健康有序发展奠定了坚实的基础。但由于中国社会诚信建设、物流相关法制建设的滞后、现代物流市场尚未成熟和产业集中度不高等多种原因，第三方物流企业的经营环境虽然有所改善，但仍然十分严峻。

第三方物流企业运输业务税负普遍上升。营业税向增值税转型是理顺物流税收体系，从根本上消除重复纳税，促进物流产业长期健康发展的大趋势，物流企业支持国家的“营改增”工作。但是在实施过程中，第三方物流企业运输业务执行11%的税率，由于进项税取得困难，验证烦琐，各地虽然都对“营改增”的税负上升部分给予财政补贴，但是手续复杂、税务部门核查困难、补贴到位时间长，企业的财务成本有较大的增加，实际税负均大幅度上升。同时，物流企业对增值税的理解远远达不到制造业和分销业的水平，由此而形成的涉税风险增加。

人力资源成本继续大幅度上涨。调查部分第三方物流企业显示，企业平均人力资源成本已经连续三年上涨20%以上。随着我国社会保险改革重点的变化，原来外地农民工以工伤、医疗为主的社会保险向工伤、医疗、失业、养老、生育五险转型，以外地农民工为主体的物流企业操作人员的社会保险

成本大幅度上涨。同时外地农民工由于目前保险不能转移，政策不明朗等原因不愿意上全险的情况依然存在。劳务外包大量涌现，但政策性的不确定因素增多。

各种资源要素成本不断上升。物流企业运行所需的燃油等成本不断上升，土地、仓储等物流基础设施资源紧缺，价格高涨。随着我国城市化进程的加快，一线城市的物流基础仓储、配送中心的设施不断外迁，配送半径不断增加，受制于城市交通管制造成的配送效率不断降低，准点准时率低，商家与物流企业不得不采取增加最低库存的方法保证供应，造成库存增加。仓储设施等物流资源越来越紧缺，成本大幅度上升，进而增加客户供应链的整体成本。

市内配送效率低下长期无法解决。由于大城市将货运车辆作为城市交通的拥堵源之一进行管控，城市往往没有货车停车卸货点，主要商业区货运车辆禁行、限行，造成城市配送效率低下，成本增高。同时造成了客车载货违法现象，影响了城市功能的健康、平衡、有序发展。路难行、车难停、货难卸、证难求的问题没有得到有效解决。同时由于配送中心不断外移，配送半径加大，不断加大物流成本，对环境、交通也造成较大压力。

“执法不严，有法不依”造成“守法吃亏”的尴尬境地。随着中国物流相关法制的不断完善，相关超载、超限、安全等具体的法律和法规已经有明确的规定，但是执法部门采取了选择性执行的方式。2011 年 7 月 1 日《公路安全保护条例》正式实施，但一直没有彻底执行。有法不依，执法不严，造成了行业管理的混乱和市场的混乱，也催生了公路三乱，严重影响了物流行业的健康发展。物流行业相关标准还存在制定多、执行少的问题。

二、2014 年第三方物流发展展望

（一）第三方物流市场不断扩大

根据国际经验，世界供应链每隔 20 年有一次重大的重组过程，2014 年正是新的轮回元年。当今科技进步、社会变化促使企业不断变革与创新以适应竞争的需要，从而促使客户从过去追求简单追求基础物流服务的低价格向追求供应链的高效率转型，第三方物流企业将逐步从恶性价格竞争转向物流解决方案与物流优化，从而形成新的规模不断扩大的专业供应链物流市场需求，进一步促进我国第三方物流的发展。

（二）经营政策环境将明显趋好

2014 年 1 月 20 日，交通部、公安部与商务部共同发布了《关于加强城市配送运输与车辆通行管理工作的通知》，为解决城市物流配送难题提供了政策和思路，也为破解条块分割管理体制奠定了基础，新型的城市物流配送格局将在研究中发展。2014 年还将有一系列物流产业支持政策和法律法规出台，将逐步构建支撑第三方物流企业发展的政策环境，促进物流业发展的各项政策措施逐步推出细则并落实。物流企业仍然特别期待“物流国九条”能够得到全面落实和实施，政府工作重点将更多地为物流企业创造公平有序、有法必依、合法合理、诚实守信、顺畅便捷的经营环境。

（三）从注重供应链物流技术转向注重商业模式创新

由于第三方物流对客户的黏着性、依存性很高，因此过去的经营模式基本上定位在为客户提供符合客户需求的个性化服务。随着竞争的加剧和物流企业供应链物流经验的积累与探索，将逐步开始注重商业模式创新，以期取得超过客户期望的供应链优化成果，进一步和客户合作，协同推进供应链优化。平台型供应链服务、以私有物流云为基础的扁平型供应链服务开始出现并快速发展。

（四）聚焦提高物流经营与运营效率

面对激烈的市场竞争和成本上升，第三方物流企业为了应对成本上升和客户议价的双重挤压，将从提升供应链解决方案能力、加强物流信息化技术与能力、提高运营效率三个方面入手，注重精益化手段与方法，形成新的对客户服务的竞争优势；通过商业模式的创新，借助物流信息技术的进步与物流科技的进步，信息化投入增加，大数据、云计算、物联网、移动互联、智慧物流等新技术将逐步在第三方物流服务中得到应用。技术装备加快升级，节能叉车、新型货架、分拣输送设备、立体仓库等现代化物流装备需求将快速上升，托盘租赁共用循环使用系统将实现较快的发展，提升劳动生产率和物流效率。新型的资源联盟机制与体制逐步建立，实现物流企业业务增长模式转型，促进物流服务的升级，也有利于提升我国物流企业竞争力。

（五）第三方物流市场竞争加剧

随着中国经济结构调整转型的深入，第三方物流服务需求将加快释放，第三方物流市场将从中高端逐步向中低端市场扩展。不仅专业第三方物流合同企业，快运、快递等社会物流企业也将通过尝试一体化物流运作来增加客户的黏着性，因此市场竞争将进一步加剧。物流企业之间的竞争，专业化和平台化将是两个发展方向，平台型的第三方物流企业将逐步在探索中加快发展。

（六）第三方物流市场逐步细分

随着中国经济快速发展，过去以大客户为核心的第三方物流服务市场将逐步向新兴市场发展，特别是农村物流（包括生产资料、生活资料与农产品物流）、伴随电子商务日渐兴起的社区物流、专业的冷链宅配物流、基于第三产业的服务型物流、专业的危险化学品、医药、医疗器械物流等细分市场都将伴随产业的发展和国家管理政策的调整而出现并加快发展，培育出专业性的第三方物流企业群体。第三方物流服务以中小型物流企业为主的格局不会改变。

（七）物流企业经营环境仍然严峻

由于物流业的跨行业、全流程的特点，面对我国条块管理的格局，国家层面的《物流业调整和振兴规划》、“物流国九条”等重大政策也面临执行难的现状。在物流行业发展面临的原有问题未能解决的基础上，2014 年还要继续面临“营改增”短时期的副作用、各种资源性成本继续上升、物流资源日趋紧缺、物流运作方式大多还是粗放式、物流服务的附加值仍然不高、人才短缺、技术应用水平参差不齐、行业诚信不足、环境负担沉重、资金紧缺等一系列难题，市场依然存在下行压力。同时由于物流成本的持续上涨将会传导至整个经济链条，导致经济社会运行成本继续上升。

（八）资本开始关注第三方物流企业

在过去的几年里，资本所关注的大部分是成长迅速，具有垄断市场的趋势和具备独特商业模式的快运、快递等社会型物流服务企业，第三方物流企业由于成长性不及社会型物流服务企业而所受关注不多。2014 年，中国经济结构进入快速调整阶段，第三方物流面对客户的调整将祭出更多的创新与优化宝剑，对比社会物流投资僧多粥少的局面，第三方物流有更多的选择和更多的创新，将吸引资本的注入。同时，针对中小型企业新三板的开闸，将进一步促进资本对第三方物流企业的关注。

（九）物流业基础性研究逐步深入

我国物流基础性研究目前还相当薄弱，远远不能满足中国物流产业发展的需求，在中国物流与采购联合会和中国物流学会的共同努力下，中国物流研究系统逐步形成，建立了由研究机构、物流院校、物流企业、客户供应链相关人员所构成的研究组织，促进了中国物流研究的发展。2014 年物流研究将在广度和深度上进一步提升，为物流业的科学发展奠定基础。

（德利得物流总公司 恽绵）

2013年公路货运市场发展回顾与2014年展望

一、2013年公路货运市场发展回顾

2013年，公路货运市场跨界、并购、融资等大事件层出不穷。货运企业在改变自己，也在改变行业。以下回顾2013年公路货运物流业的重大事件，这些事件将会影响未来行业市场格局。

（一）德邦物流进军快递

2013年11月1日，德邦物流“经济快递”正式上线。首批开通北上广深等13个城市。运价低于顺丰速运，高于“三通一达”。

零担快运龙头德邦物流，将如何影响快递业格局？对于想成为“中国UPS”的德邦物流来说，零担业务代表着今天，快递业务代表明天。直营化管理的德邦物流进入快递领域，凭借直营网络和服务品质，动的是加盟制快递商，特别是中小快递商的奶酪。

（二）中信收购天地华宇

2013年3月28日，TNT宣布出售天地华宇给中信产业基金。11月1日，天地华宇正式加入中信产业基金。

资本大举进入公路货运，会带来怎样的格局改变？资本作为推手，加速了行业整合的步伐，加速了人才的流动，加速了模式的创新。行业竞争进入新阶段。

（三）卡行天下五园区并网

继2012年8月启动成都枢纽，2013年，卡行天下相继启动临沂、广州、北京、武汉枢纽，并在年内实现五地并网运行。

卡行天下五网联动，网络化布局能否顺利实现？卡行天下打通华东、华北、华中、华南、西南五个区域，干线运力和区域配送优势得以对接；使得运力整合更加有效。

（四）安能物流由平台转为加盟

2013年安能物流由平台型企业转型为加盟型零担网络。2014年获得红杉投资后，安能物流每月的营收增长超过20%。

安能物流能否成为“加盟版”德邦物流？目前，安能物流已布局深圳、广州、北京、成都、重庆、西安、济南、青岛、长沙、武汉等主要城市；网点数1000家、分拨中心40个、运营线路150条。

（五）新时代通成物流倒闭

2009年年末，新时代国际并购通成物流。收购前，通成物流已处于微薄赢利状态。2013年8月，新时代通成物流资金链断裂，全线停止运营。

新时代通成物流倒闭，意味着怎样的市场变化？新时代通成物流破产，意味着一个时代的落幕，曾经的佳木斯货运商帮，辉煌不再。产品低端、管理粗放、网络不完整，如今都可能成为企业失去市场的致命伤。

（六）国有资本入股顺丰速运

2013年8月，元禾控股、招商局集团、中信资本、古玉资本入股顺丰速运，总体投资不超过25%的股份。

一直对资本“不感冒”的顺丰速运，为何引入其他股东？这是顺丰速运经营思路上的一次重大转变；融入的资金将夯实和强化顺丰速运的核心资源；并且能优化顺丰速运的公司治理和股权结构；这将为顺丰速运进一步走向国际化做好准备。

（七）“中中物流联盟”成立

2013年5月26日，“中中物流联盟”成立。由河南长通物流发起，山东佳怡、安徽大中原、湖北大道、河北鑫磊、山西天和旺、陕西明亨6家中部物流企业响应。

中中联盟真的能实现7省所有县城无盲点配送吗？中中联盟集伙伴型、开放型、战略型的合作模式为一体；保留每个企业在法律上的独立性；运用统一的信息平台；在服务上形成优势互补。

（八）阿里18.57亿元港币投资日日顺物流

2013年12月9日，阿里巴巴投资海尔电器28.22亿元港币。其中对日日顺物流投资18.57亿元港币。

阿里为什么如此看好日日顺物流？日日顺物流的仓储、物流、配送、安装一体化服务，三四线城市的网络布局，在全国建立了90个辐射带动力强的区域物流中心。

二、2014年公路货运市场发展展望

我们把公路货运产业分为零担快运、合同物流、专业运输、快递、城市配送五大板块。

因为快递的集中度相对较高，而城市配送还未形成基本格局，所以我们只针对零担快运、合同物流、专业运输三个细分领域的企业进行分析。下面对零担快运、合同物流、专业运输三个细分行业进行简单概述。

零担快运的特点是网络化布局、标准化服务。网络越完善，标准化服务的客户越多，社会价值越大，自身收益也越高。铺建网络要花钱，是资本的投资投入期，标准化服务是赚钱的手段。当投资的盈亏均衡点突破之后，零担快运就进入稳定的收益期。零担快运这种标准化的服务是以降低成本为客户带来价值的。所以，零担快运追求的是规模化、大而美。

合同物流的特点在于一体化流程、个性化服务，个性化服务越深入客户体系，对客户服务越贴心、越具有黏性、越不可替代、越能创造价值，自己也越有收益。合同物流这种专业化、个性化服务是以创造价值为生存之道。所以，合同物流追求的是增值服务，专而美。

专业运输是合同物流中的运输外包部分，它兼具合同物流专业化的特性，也兼具零担快运标准化的特性。在某个相对专业化的市场里，能否做大，一定跟其所在的产业周期相关。因为产业周期直接关系到其标准化服务客户的多与寡。

（一）未来十年是整合的黄金时期

未来的十年将是中国公路货运行业整合的黄金时期。中国民营公路货运从1992年开始起步，至今发展已有20余年的时间。

1992—1996年，中国公路货运业处于刚开始起步时期，国退民进，涌现出一大批民营企业，如1992年成立的宝供，1993年成立的佳吉、宅急送、顺丰、申通，1995成立的华宇，1996年成立的德邦等。

1997—2002年，中国公路货运处于野蛮生长期，民营货运企业快速发展，并且形成了以“佳木斯商帮”为代表的零担巨头，华宇、佳吉、佳宇、通成位列零担四强。

2003—2006 年，大部分民营货运企业进入瓶颈期，资本、人才、管理都遇到困难。而此时，中国加入 WTO 5 年的缓冲期满，允许外资进入中国运输市场，在这个时期产生了一些并购案，如 TNT 收购华宇、YRC 收购佳宇、联邦快递收购大田快递等。但也有些企业靠自己的力量挺过了瓶颈期，比如佳吉快运拒绝被收购并靠一己之力发展至今。德邦正是在此期间从空运代理转向汽运。

2007—2011 年，德邦异军突起，以“自建网点、自购货车、自培员工”为其特色，通过标准化网络运营，以每年 60% 的速度快速增长，并在 2011 年赶超天地华宇成为零担快运的领头羊。

2012 年，公路货运迎来整合期。从这一年开始，平台型公司的模式探索达到一个新的高度，整合开始以产品形式落地，卡行天下推出“卡行直通车”，安能物流推出“定时达”，传化公路港推出“路港快线”。以卡行天下、安能物流、传化公路港为代表的平台整合型企业开始浮出水面，代表着中国公路运输 90% 以上运力的专线这个群体开始走上集约化之路。

美国的公路货运史也许是一面镜子。20 世纪 60 年代到 80 年代是美国公路货运的快速发展期，这个阶段催生了联邦快递、UPS 等大型货运企业。美国的这个时期，和中国公路货运的起步阶段（1992—2011 年）很相似，而且都是经历了 20 年的发展。如果做一个类比，中国公路货运的 20 世纪 90 年代相当于美国的 20 世纪 60 年代。经过 20 年到了 2012 年，中国的公路货运进入整合期。值得注意的是，美国由于在 1980 年通过《汽车承运人法》开始放松公路管制，从而开始进入整合阶段，催生了大型龙头企业的出现。因此，如果目前中国公路货运业相当于美国的 20 世纪 80 年代，集约化的基础已近形成，需要政策环境的配合，如图 1 所示。

（二）零担快运迎来行业拐点

零担快运，是整个货运市场最具规模经济特征的细分领域，这个领域正在迎来行业的拐点，未来的 3 ~ 5 年里，零担快运市场集中度将快速上升，服务水平及运营效率将出现台阶式的提升；轻资产平台型的专线联盟，将成为最值得期待的行业整合。

1. 标准化网络运营将加速推动大型零担快运公司的份额扩张

对于零担快运企业来说，成功的要素有标准化、产品化、信息化、网络化。而这四化中最核心的是标准化。

目前，零担快运的市场集中度很低，前 10 家的市场份额总和仅占 1.8%，大零担企业屈指可数，年营业额在 10 亿元以上的企业只有德邦、天地华宇、

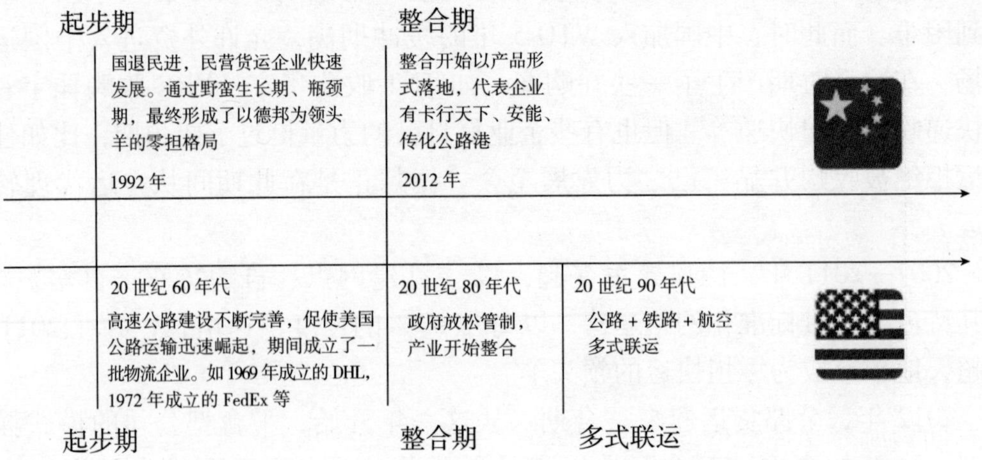
起步期
整合期
国退民进，民营货运企业快速发展。通过野蛮生长期、瓶颈期，最终形成了以德邦为领头羊的零担格局
1992 年
整合开始以产品形式落地，代表企业有卡行天下、安能、传化公路港
2012 年
20 世纪 60 年代
高速公路建设不断完善，促使美国公路运输迅速崛起，期间成立了一批物流企业。如 1969 年成立的 DHL，1972 年成立的 FedEx 等
20 世纪 80 年代
政府放松管制，产业开始整合
20 世纪 90 年代
公路 + 铁路 + 航空多式联运
起步期
整合期
多式联运

图 1 中国与美国公路货运的对比

佳吉、盛辉、盛丰、新邦，如表 1 所示。

表 1 我国零担快运市场的成熟度与欧美市场的对比

国家	市场集中度
中国	零担市场较为分散，前 10 家的市场份额总和大约 1.8%
欧洲	市场较为成熟，最大 5 家零担公司（Dachser/SNCF/DSV/Deutsche Bahn/Deutsche Post）的份额之和为 28%
美国	市场集中度很高，最大的 5 家零担公司（YRC/Fedex Freight/Con - Way/UPS Freight/Arkansas Best）的份额之和为 60%

为了提高市场集中度，提高大零担企业的数量与规模是必要的。未来 3 ~ 5 年，以德邦为标杆的标准化网络显现出的规模经济效应将加速推动大型零担快运企业份额的扩张。

2. 轻资产平台型的专线联盟是最值得期待的行业整合

专线企业将长期存在，并不会因为平台型企业的整合而消失，但是已经进入到了整合阶段，轻资产平台型公司对小型专线的整合将大幅度提升市场中坚力量的运营效率。发达国家的经验也说明平台型龙头企业是市场资源整合的主要形式，如美国的罗宾逊。

过去十年来，中国的零担快运领域一直是以小型专线公司占有主要市场份额，数万家专线公司在承运95%的零担货物。即便未来五年内，大型零担网络企业的市场份额超过25%，掌握在大批专线公司手中的主流货运量如果不能找到一个可以持续提升的出路，整个行业依旧处于不可靠、效率低下的整体低水平均衡中。

平台型公司，以轻资产、平台型的整合方式，为专线突破这样的低水平均衡提供了一个值得期待的提升途径。

（三）合同物流整合时期远未到来

中国的合同物流还处于发展初期，整合时机还没有到来，大约在8年后，以合同物流为主体的纵向产业价值链整合才能进入正戏。如果出现颠覆式商业模式或技术，这一进程将会加速，如表2、图2所示。

表2　我国合同物流市场的成熟度与欧美市场的对比

国家	市场集中度
中国	我国前10位的物流企业所占的市场份额仅为13%。多数企业有运输和仓储能力、但外包正在增加以获得运营的灵活性。全国性企业正在逐渐出现
欧洲	欧洲前10位物流企业所占的市场份额为40%，其中DHL一家的份额近15%
美国	美国前10位的物流企业所占的市场份额为34%，其中UPS一家的份额就近7%

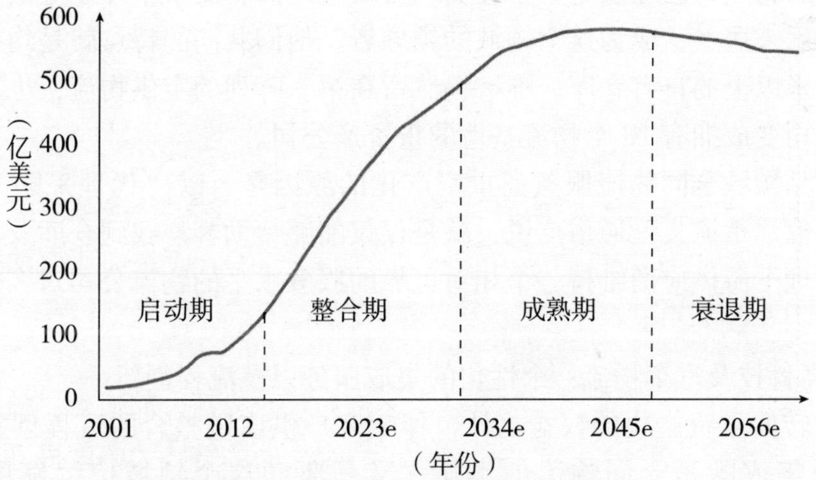

图2　中国合同物流处于发展初期

注：e＝摩根士丹利对2013—2056的研究估计。

资料来源：CEIC摩根士丹利研究部。

制造业和商贸业是合同物流企业服务的两大群体。过去20年制造业造就了物流产业的主要驱动力，而从2012年开始，电子商务成为主要驱动力。中国货运物流开始双核驱动。

合同物流企业在向专业化方向探索的过程中尽管困难重重，但不乏成功的案例。我们尤其注意到有一批依托于制造业内部物流成长起来的企业物流，比如日日顺物流等，正在加速向社会化转型，未来将是合同物流的重要生力军。

目前中国的合同物流的特点是：市场分散、低服务水平、高运作成本、低进入门槛、弱议价能力，大部分企业还没有找到区别于传统物流的服务和赢利模式。

1．消费品的合同物流：服务价值转移导致的重资产化

快消品及消费类电子行业，合同物流的价值转移还将持续。并且，随着可供货主直接选择的运输产品价值越来越高，可供货主直接选择的可视化管理技术越来越普及，下一步，价值转移的趋势加速蔓延，轻资产物流公司如不能探索出新的服务价值空间，将不得不退出该领域。

合同物流的驱动因素是依靠流程和优化客户价值的创新。

十年前，最优秀的合同物流企业最引以为傲的是以轻资产的方式，服务于宝洁、联合利华、飞利浦、金百利这些全球最著名的快速消费品及消费类电子企业，并获取可观的利润率。

今天，在快速消费品合同物流领域里，市场份额已经相对集中，业务规模相对较大的企业，已经没有一家轻资产公司。招商物流及中外运等国企起步较晚，但是后来居上，成为这个领域的领导者。他们共同的特点就是均投资了数十万平方米以上的自有仓库。唯一仍然留在第一阵列的宝供物流，也从当年的轻资产公司变成拥有10个物流基地的重资产公司。

快消品领域合同物流服务商重资产化的原因是，以“代理采购”为核心的客户价值严重流失。通俗点说，就是仅仅能够帮助客户找到仓库及车队，并且通过管理下游供应商维持一个相对可靠的服务水平的物流公司对客户不再有吸引力了。

2．高科技及汽车物流：个性化的集成服务以及流程创新

除了转向重资产化的权益之计，伴随客户供应链整合的流程创新以及深度的服务集成既是合同物流的本质，又是驱动这个领域持续发展的根本出路。

把一台服务器，或一个变速箱轴承，或者一台基站设备，从工厂送到最终使用的地方，都不同于一车洗衣粉的运输，它不仅仅需要仓库和一般性的运输

车队。因为其中可能包含了检验、安装等多种服务，也可能需要经历空运、陆运等多个环节，也需要确保货物不一般的安全性、可靠性。因而，对于高科技、高档服装、汽车等行业，高品质的物流服务集成是必需的。

（四）专业运输发展前景取决于产业周期

产业决定产业物流。而为产业物流提供运输服务的专业运输尤其与产业生命周期相关，因为产业在不同周期货运量大小有很大变化，如图3所示。货运量的大小直接关系到专业运输规模的大小。

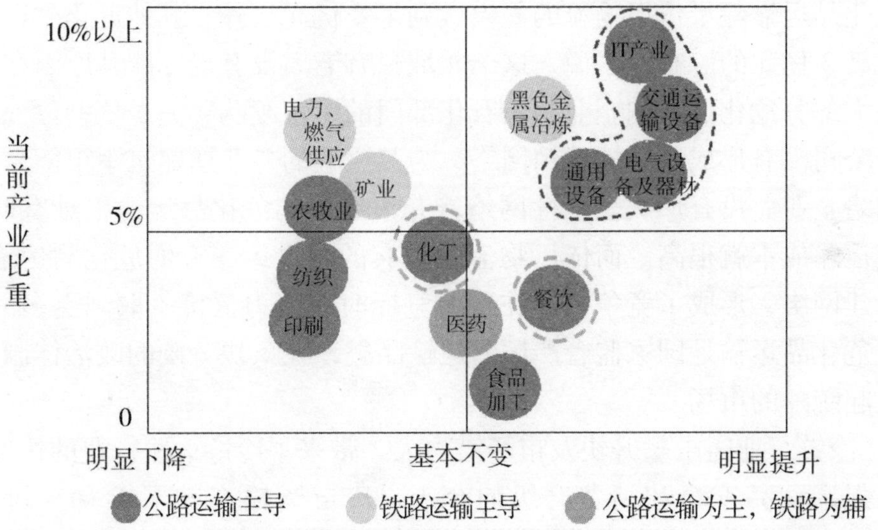

图3 工业化中后期产业占比变化

专业运输是一个专业性很强的市场，其现阶段特点是专车专用、单向货量、空驶率极高。对于专业运输来说，产业决定产业物流，进而影响专业运输的规模。

首先，产业兴盛，为该产业服务的物流就兴盛；产业衰退，为该产业服务的物流就衰退。而为产业物流提供运输服务的专业运输尤其与产业的生命周期密切相关，因为产业在不同的周期货运量的大小有很大的变化。货运量的大小直接关系到专业运输量的大小。比如，中国外贸进出口业务飞速发展的20年，也是港口集装箱运输快速发展的20年。外贸进出口出现萎缩，港口集装箱运输量就立即减少。

其次，专业运输能否具有规模效应，与产业的规模大小直接相关。专业运输介于零担和合同物流之间，在专车专用的同时，追求规模化。零担服务对象面广，服务产业多，受产业生命周期影响小，提供标准化服务，靠规模经营，追求大而美；合同物流追求的是专而美，是个性化的，个性化相对来说就是窄众。专业运输既有合同物流的特点，也有零担的特点。要想规模化，只有一个可能那就是这个产业足够的大，它才可能实现规模化。

最后，如果产业本身在整合，那么产业物流也会整合。产业没有进入精细化管理阶段，产业物流也很难进入精细化管理阶段。如果产业没有形成全国性网络，那么产业物流也很难形成全国性网络。

1．危化品运输尚未形成社会化市场格局

危化品运输除了依厂物流的规模做到了8亿元之外，其他危化品运输企业少有突破2亿元的。有专家说，这个领域只有老大没有老二，其原因在于：第一，绝大部分危化品运输企业都是石化部门的运输车队，完全依赖母公司的业务。母公司没有形成全国性营销网络，为其服务的专业运输也不可能形成全国性的网络企业。没有形成全国性网络，专车专用的危化品运输很难有回程货，相比较运输成本就很高。而依厂物流是少有的独立第三方的危化品运输企业，通过自建网络，形成了竞争力，在货源竞标时有能力低价争取到更多的货源。第二，危化品运输是国家监管严厉的运输品类，在条块分割的政治体制下，很难建立起统一的市场。

2．冷链行业需求攀升快及市场潜力大，带来了冷链运输行业的快速发展

在强调食品安全和消费升级的今天，冷链运输充满了想象空间，前景大好。

冷链的服务对象餐饮、医药、食品加工都处于上升阶段。在过去的3年里，也有许多冷链企业获得了机构投资。但我们看到的市场结果却不尽如人意。那些拿到资金的上游冷链服务企业，一如既往的因袭了合同物流的命运，规模上去了，毛利却急剧下降。而反观那些服务于终端的冷链运输企业，在城配和零担中获得了超额利润以及超速成长。

冷链运输网络中，由于个性化服务使然，并非规模越大，成本越低，规模协同优势无法体现。所以冷链运输的突破口应当选择为下游前方终端服务的食品服务上，我们一直相信中国的SYSCO应当是冷链服务业者的未来。

3．轿运车运输进入成熟期

随着中国轿运车行业的高速发展，目前已经进入成熟期。中国汽车行业的稳定增长，轿运车运输行业也会稳步增长。现阶段，轿运车运输已经形成了一定市场格局，现在面临的是标准化、规范化问题。轿运车运输企业基本上都是脱胎于主机厂，多半是企业物流的性质。他们依赖主机厂的客户资源来进行其

业务。对轿运车运输企业来说，如何走上社会化，是件非常重要的事情。如果不走向社会化，那么资源很难充分利用。

（中国物流学会　戴定一
运联传媒　褚方鸿
钟鼎创投　董中浪
汇通天下　翟学魂）

2013年铁路物流发展回顾与2014年展望

2013年是我国铁路推进体制改革，实施货运组织改革，全面走向市场，向现代物流系统性转型的起始年。新成立的中国铁路总公司认真落实党中央、国务院对于铁路工作的部署，以铁路体制改革为首要任务，转变铁路经营管理方式，走向市场，实行铁路货运组织改革，在转型中求促进，在变革中谋发展，为经济社会的可持续发展作出了重要贡献。

一、2013年铁路物流发展回顾

2013年是铁路物流发展的关键年，宏观环境和内部运营管理均发生重大变化，中国铁路总公司和国家铁路局成立，实现政企分开、政资分开、政社分开，铁路物流发展进入新阶段。

（一）全面实施铁路货运组织改革

2013年3月《国务院机构改革和职能转变方案》通过审议，实行铁路政企分开，组建国家铁路局和中国铁路总公司。3月14日，中国铁路总公司注册成立，3月17日正式挂牌。中国铁路总公司成立后，铁路运输面向市场，改变原有经营方式，邀请北京交通大学等高校从机构设置，营销、物流与货运的关系，价格机制等方面进行前期研究。6月15日铁路正式实施铁路货运组织改革，出台《关于进一步推进货运组织改革的意见》，明确“最大限度方便客户、实现运输组织由内部生产型向市场导向型转变、完善铁路货运营销体系、推动铁路货运向现代物流转型发展”的改革总体思路及目标。8月国务院出台文件改革铁路投融资体制①。自铁路实施货运组织改革以来，各路局纷纷在简化受理、优化运输组织、规范收费和向现代物流转型等方面采取行动。

---

① 国务院.《关于改革铁路投融资体制加快推进铁路建设的意见》（国发〔2013〕33号）[Z].2013.

1. 转变经营理念、简化受理方式

走向市场，铁路由“铁老大”变身“店小二”，强化了营销意识，简化了传统货运受理方式，为客户提供了较大方便，由原先的申报计划、联系装车等19个环节，简化成4个环节[①]。结合铁路货运电子商务平台形成了5种受理渠道：货运车站电话受理、12306客服电话受理、12306网上受理、货运营业场所办理、营销人员上门办理。营销人员主动上门拜访客户，深入了解客户需求，结合互联网，创新了营销模式，树立了铁路良好形象。

2. 运输组织由内部生产型向市场导向型转变

以“实货制”运输为核心，根据“实货”种类选择运输组织方式：大宗稳定物资以互保协议管理为主；客车化产品物资（五定班列、行邮专列等）由铁路设计公布产品，客户预定先到先得；其他物资根据客户实货需求，随时受理，及时装运[②]。以市场为导向，增加旬计划，缩短提前期。按照“确保重点、公正公开”的原则，配置运力，阳光操作。

3. 市场化营销模式初步形成

面对市场经营，各铁路局成立了货运营销三层组织结构，对营销生产运作模式进行了初步探索，形成了“前店后厂”模式，“前店”以营销为主完成货运办理，“后厂”以实货制为核心保障运输组织。具体而言，围绕着营销、货运物流和运输调度生产的关系，形成了货运中心与车务段协调化和一体化两种模式。“前店”涉及的业务包括货运营销、受理、接取送达、承运交付与装卸、“门到站”和“站到门”运输、仓储、包装、加工等物流服务，主要涉及部门是货运调度、货运中心及经营部等；“后厂”涉及的业务主要包括调度指挥、行车组织、运转作业等，涉及与上述专业相关的部门及单位主要是行车调度与车站调度、车务站段等。

协调化模式为货运中心与车务段平级，负责“前店”相关业务，一体化模式为车务站段包含货运中心，货运中心作为站段的下属部门分管包括物流、货运、装卸等业务[③]。

各路局成立货运营销中心、货运中心和营业部三层货运营销体系，部分铁路局构建情况如表1所示。

---

① 铁路货运改革带来了什么［EB/OL］. http：//news. gaotie. cn/gaige/2013－08－05/90540. html.

② 中国铁路总公司.《关于进一步推进货运组织改革的意见》（铁总运〔2013〕5号）［Z］. 2013.

③ 张晓东，莫宗楠. 铁路货运组织改革对我国物流业发展的影响分析［J］. 中国物流与采购，2013（22）：64－65.

表 1　　部分铁路局营销体系构建情况

项目	名称					
	沈阳铁路局	北京铁路局	太原铁路局	呼和浩特铁路局	郑州铁路局	济南铁路局
货运中心	12	6	12	4	16	12
主要货运营业部	68	21	21	15	57	21
项目	名称					
	上海铁路局	南昌铁路局	广铁集团	南宁铁路局	兰州铁路局	青藏铁路公司
区域货运中心	9	12	6	5	2	3
主要货运营业部	37	29	24	12	33	6

资料来源：根据人民铁道报和 12306 网站信息整理。

4. 铁路传统货运加快向现代物流转变

各铁路局大力提高两端接取送达网络服务能力，通过自营、合营、委托等方式整合社会车辆，综合运用社会物流资源，为客户提供“门到门”服务。各铁路局为做好全程物流服务，开展“门到门”服务，拓宽“公铁联运”业务，加强与地方运输公司的合作，建立“路地共赢”的新模式。加强两端节点经营能力，在满足装卸、仓储和装载加固等基础服务能力情况下向提供物流增值服务能力转变。

（二）推进路网建设、不断释放运力

2013 年我国铁路营运里程突破 10 万千米，时速 120 千米/小时及以上线路超过 4 万千米，2013 年全路完成固定资产投资 6514 亿元，投产新线 5568 千米，① 新开通玉蒙铁路、广昆复线、阜六铁路、宿淮铁路等，高速铁路新增营运线路如表 2 所示。其中时速 160 千米/小时线路超过 2 万千米；高铁线路已突破 1 万千米②，“四纵”高铁干线已全部通车，“四横”高铁干线中的上海—南京—武汉—重庆—成都也已破局，中国成为高铁营运里程最长的国家。

① 盛光祖．全面深化铁路改革　努力开创铁路工作新局面［R］．在中国铁路总公司工作会议上的报告．

② 回眸 2013 新线路网延展改变你我生活．http：//www. peoplerail. com/rail/show – 456 – 168395 – 1. html.

表 2 **2013 年中国高速铁路新增运营线路情况**

序号	线路名称	起迄点	设计时速（千米/小时）	里程（千米）	车站（站）	投资额（亿元）
1	宁杭铁路	南京—杭州	350	249	11	238
2	杭甬铁路	杭州—宁波	350	150	7	212
3	盘营铁路	盘锦—营口	350	90	3	128
4	向莆铁路	南昌向塘—福建莆田	200	632	22	518
5	津秦高铁	天津—秦皇岛	350	257	9	338
6	厦深高铁	厦门—深圳	250	502	20	417
7	西宝高铁	西安—宝鸡	350	138	5	180
8	渝利铁路	重庆—湖北利川	200	264	8	269
9	茂湛铁路	广东茂名—湛江	200	103	7	47
10	柳南客运专线	柳州—南宁	200	227	7	211
11	衡柳铁路	衡阳—柳州	200	498	7	575
12	广西沿海高铁	南京—钦州—北海	200	262	14	410
13	武咸城际铁路	武汉—咸宁	200	90	12	98
合计	13 条			3462	132	3641

资料来源：根据中国轨道交通网整理。

（三）货运生产经营稳步回升

2013 年全国铁路货物总发送量为 39.7 亿吨，比上年增长 1.6%，货物运输总周转量 29173.9 亿吨千米①，基本与上年持平，分别占全社会货运总量及总周转量的 8.81% 和 15.64%，市场份额分别下降 0.66% 和 1.22%。在重点物资方面，2013 年国家铁路煤炭运量完成 167858 万吨，占全国总产量的 45.6%；石油运量完成 12740 万吨，占我国总产量的 60.7%；粮食运量完成 10448 万吨，占我国总产量的 17.4%②。2013 年国铁路多元化经营收入 10426

① 2013 年国民经济和社会发展统计公报［EB/OL］. http：//www. stats. gov. cn/tjsj/zxfb/201402/t2014 - 02 - 24_ 514970. html.

② 2013 年铁路客货运输任务圆满完成［EB/OL］. http：//www. peoplerail. com/rail/show - 456 - 169218 - 1. html.

亿元，其中运输总收入完成6051.2亿元，同比增长14%。

（四）铁路物流发展面临的新形势、新要求

1. 国家改革深化不断推进市场化运作

“十二五”时期是国家深化改革开放，加快转变经济发展方式的攻坚时期，也是铁路继续发挥骨干力量，构建综合交通运输体系，支撑和谐社会建设和低碳经济的重要时期。[①] 大力推进铁路货运改革是其走向市场化的必经之路，是完成铁路货运向现代物流转变的关键举措，是促进运输市场竞争活力的有效手段。国家从政策环境上为铁路市场化运作提供条件，先后发布《中国铁路总公司有关问题的批复》、《改革铁路投融资体制加快推进铁路建设的意见》、《铁路安全管理条例》等文件，并将铁路纳入“营改增”改革范围。铁路纳入税改试点后，将有利于大量需要铁路运输服务的工业企业和商业企业减轻税负，为铁路开拓市场、开发客户提供有利条件。铁路需抓住这次历史机遇，积极推进各方面体制改革，不断调整经营策略，适应宏观环境变化。

2. 市场环境变化要求深化铁路货运组织改革

货运物流市场环境变化快，大宗物资运输需求下降，零散白货以及高附加值货物运输需求增加。物流需求呈现出个性化、专业化、多样化的特点，要求铁路设计多种运输产品，满足不同货物品类运输需求，将传统的仓储、装卸、两端运输向物流金融、供应链方案设计等增值服务转变。2013年年初，铁路运价每吨千米提高1.5分，按年国铁发送量测算可增加约44亿元收入。运价提升后，增加货运收入，缓解铁路负债压力。同时，运价上调对于农产品等价格敏感的货物影响较大，运价上调后化肥价格上涨，农产品价格增加。对于钢铁、煤炭货运运输影响较小。2014年年初，国家铁路货物统一运价率平均每吨千米再次提高1.5分，铁路货物运价由政府定价改为政府指导价[②]。运价上调后，铁路价格优势将减小，与公路、水运的竞争将从单纯的货运服务竞争向物流竞争转变，更需深化铁路货运组织改革。

二、2014年铁路物流发展展望

2014年是铁路深化体制机制改革的重要年份，是推进货运组织改革的关

① 铁路现代物流发展规划研究．北京交通大学项目研究组.

② 国家发展与改革委员会．《关于调整铁路货物运价有关问题的通知》（发改价格〔2014〕210号）[Z]．2014.

键时期。面对基础设施建设、体制机制创新、货运组织改革等新任务，铁路物流有望在以下几个方面进一步深化发展。

（一）铁路基础设施建设将进一步推进

路网建设有利于释放运能，特别是客运专线的建设，进一步为货运物流活动的开展提供空间。路网建设工作仍将进一步推进。铁路“十二五”规划发展目标确定到2015年年底实现铁路总营业里程12万千米左右，快速铁路网营业里程4万千米以上，目前还存在一定的差距。2014年，国家铁路拟安排固定资产投资6300亿元，投产新线6600千米以上①，其中将重点完善西部路网建设，带动区域经济发展。根据国家《关于改革铁路投融资体制加快推进铁路建设的意见》，国家继续支持铁路建设，铁路有望创新铁路债券发行品种和方式，行业广泛期待的铁路发展基金有望突破，构建综合交通运输体系。

（二）向现代化企业转变将进一步加速

面对国家全面深化改革的总要求，中国铁路总公司将不断深化铁路内部管理体制改革，理顺总公司与各铁路局之间的关系，明确职责定位，规范两级法人的管理行为②，从而制定符合铁路运输企业特色的内部管理体系，优化组织结构，推进现代企业制度建设。面对市场经营，铁路成本控制体系将进一步突出全面预算管理，同时绩效考核体系将改变以往注重对生产性指标考核的做法，不断强化考核经营效益。

（三）铁路货运组织改革将进一步突破

随着市场化进程的不断加速，铁路货运组织改革将不断深化与推进，并有望在货运物流产品开发、强化物流节点建设经营、价格机制改革等重点领域实现突破。产品是企业经营的核心，面对客户对运输服务稳定性和快速性等需求特征日益明显的市场形势，铁路系统将继续加大集装箱快速班列等货运班列客车化开行的比例，并进一步探索高铁快递等新产品的开发与运行，从而满足电子商务的快递服务需求。物流节点是铁路货运向现代物流转型的基础，搞活物流节点经营是实现铁路货运组织改革经营性目标的重点领域。2014年，铁路客货运场站建设设计规范将结合现代物流理念推进修编工作，各铁路局将结合

---

① 盛光祖. 全面深化铁路改革　努力开创铁路工作新局面［R］. 在中国铁路总公司工作会议上的报告.

② 张晓东，莫宗楠. 铁路货运组织改革对我国物流业发展的影响分析［J］. 中国物流与采购，2013（22）：64－65.

铁路“十二五”物流发展规划强化铁路物流中心的选址规划与分工设计，并按照基础服务、增值服务、辅助服务等不同层次进一步提升铁路物流中心经营服务功能，以满足多样化的物流市场需求。价格是企业走向市场参与竞争的重要杠杆，国铁运价改革将继续按照铁路与公路保持合理比价关系的原则稳步推进、理顺到位①，并探索建立铁路货运价格动态调整机制。

（四）铁路信息化水平将进一步提高

云计算、物联网、大数据等新兴信息技术的应用，强化了企业通过数据挖掘和分析提升市场营销与经营管理的能力。有鉴于此，铁路将在货运改革和电子商务发展的双重推动下，致力于提高营销信息化水平，推进货运营销信息系统的开发与应用，为产品设计、客户关系管理等提供决策支持；并有望尽快实现与海关、检验检疫、货代、物流企业等信息系统的对接，进一步为客户简化办理手续、实现货物追踪和数据共享提供信息化支持。

（五）铁路国际化水平将进一步提升

随着渝新欧、汉新欧、郑新欧、蓉新欧等国际集装箱联运班列线路的开通，铁路通过大陆桥的形式向欧洲内陆不断延伸，大陆桥运输具有时间短于海运时间，成本少于空运成本的优势，其建成开通可带动沿线内陆经济发展，促进丝绸之路经济带的形成与发展。中国铁路总公司将结合地方发展需求，进一步整合优化班列组织，打造“中新欧”品牌优势。与此同时，适逢“高铁外交”的良好机遇，将促进与周边区域的互联互通，深化双边贸易关系，促进铁路货运物流的国际化发展。

（北京交通大学交通运输学院　张晓东　卫晓菁）

① 孙春芳．发展改革委酝酿铁路运价改革［EB/OL］．http：//roll. sohu. com/2013 - 08 - 02/n383217488. shtml.

2013 年港口物流发展回顾与 2014 年展望

2013 年，我国经济基本保持平稳增长，受欧美经济体经济回暖的影响，我国进出口贸易较 2012 年小幅回升。在此背景下，我国港口全年基本保持平稳增长，生产情况略好于 2012 年。然而，2013 年从宏观政策到国际港航产业发展都发生了巨大变化，使得我国港口业发展置身于复杂多变的环境之中。可以说，“十二五”末期是我国港口业通过变革和转型来应对挑战和机遇的关键时期。

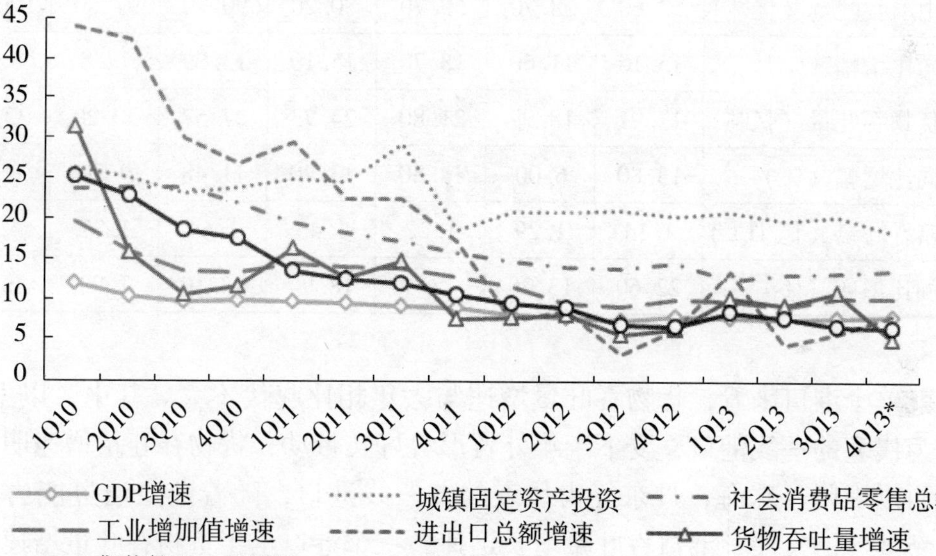

图 1　我国主要经济指标与港口吞吐量增长变化趋势

数据来源：国家统计局，中华人民共和国交通运输部。

一、2013 年港口物流发展回顾

2013 年，我国港口物流发展呈现以下特点：

（一）港口生产保持平稳增长

2013年，我国港口生产保持平稳增长，且由于2012年港口吞吐量的低增长以及下半年外贸出口形势的好转，2013年港口货物吞吐量增速较2012年明显提升。全年规模以上港口完成货物吞吐量106.1亿吨，同比增长8.5%，增幅较2012年提高0.7个百分点。规模以上港口集装箱吞吐量完成1.89亿TEU，同比增长为6.7%，增速与2012年相比略有下滑。2013年货物吞吐量增长情况明显好于集装箱吞吐量，主要得益于干散货吞吐量两位数的增长，如表1所示。

表1　2007—2013年我国规模以上港口货物吞吐量及集装箱吞吐量

年份	2007	2008	2009	2010	2011	2012	2013
货物中国吞吐量（亿吨）	52.60	58.70	69.70	80.20	90.70	97.80	106.10
同比增幅（%）	15.10	11.60	18.70	15.10	13.09	7.78	8.50
外贸货物吞吐量（亿吨）	17.91	18.99	21.80	24.73	27.57	30.20	33.10
同比增幅（%）	13.80	6.00	14.80	13.40	11.48	9.54	9.20
集装箱吞吐量（亿TEU）	1.14	1.29	1.22	1.45	1.64	1.77	1.89
同比增幅（%）	22.60	13.20	-5.40	18.90	13.10	7.93	6.70

就单个港口来看，货物吞吐量增速与去年相比起伏不大。其中，以上海、广州为代表的一线港口，受下半年外贸形势好转带动，货物吞吐量增速明显提升；而以虎门、珠海、丹东等为代表的二三线港口，随着港口通过能力的提升，新港区的发展，港口吞吐量增长迅速，三个港口全年货物吞吐量增速均超过20%，跻身亿吨港口行列。2013年，我国亿吨以上港口32个，其中沿海港口22个，内河港口10个。

虽然我国港口吞吐量总体上增速普遍放缓，但部分沿海中小型港口及内河港口发展十分迅速。2013年，我国亿吨以上港口（包括沿海和内河港口）新增至29个，岳阳、泉州分别以15%和10.1%的增速跻身亿吨大港行列；吞吐量达到2亿吨以上港口已增至13个。在国家对内河航运发展的大力支持下，内河港口实现了快速发展，吞吐量超过亿吨的内河港口已达到10个，2亿吨以上港口达到16个，如表2所示。

表 2　　2011—2013 年我国亿吨以上港口货物吞吐量　　（单位：亿吨）

排名	港口	2013 年	增速（%）	2012 年	增速（%）	2011 年
1（1）	宁波—舟山港	8.1	8.87	7.44	9.73	6.78
2（2）	上海	7.76	5.43	7.36	2.22	7.2
3（3）	天津	5.01	5.25	4.76	5.54	4.51
4（4）	广州	4.55	4.84	4.34	1.17	4.29
5（5）	苏州（内河）	4.54	6.07	4.28	12.63	3.8
6（6）	青岛	4.5	10.57	4.07	8.53	3.75
7（8）	唐山	4.46	22.19	3.65	16.99	3.12
8（7）	大连	4.08	9.38	3.73	10.36	3.38
9（9）	营口	3.3	9.63	3.01	15.33	2.61
10（10）	日照	3.09	9.96	2.81	11.07	2.53
11（11）	秦皇岛	2.73	3.80	2.63	3.95	2.53
12（12）	深圳	2.34	2.63	2.28	2.24	2.23
13（13）	烟台	2.22	10.45	2.01	11.67	1.8
14（15）	南通（内河）*	2.03	9.73	1.85	6.94	1.73
15（16）	连云港	2.02	9.19	1.85	11.45	1.66
16（14）	南京（内河）*	2.01	4.69	1.92	10.34	1.74
17（19）	厦门	1.91	11.05	1.72	10.26	1.56
18（18）	北部湾港	1.88	8.05	1.74	13.73	1.53
19（20）	湛江	1.80	5.26	1.71	8.92	1.57
20（24）	黄骅	1.71	36.80	1.25	12.61	1.11
21（17）	湖州（内河）	1.53	−14.04	1.78	22.76	1.45
22（23）	泰州（内河）	1.53	18.60	1.29	29.00	1
23（21）	镇江（内河）	1.41	4.44	1.35	21.62	1.11
24（25）	重庆（内河）	1.37	9.60	1.25	10.62	1.13
25（26）	福州*	1.28	12.28	1.14	11.76	1.02
26（22）	江阴（内河）*	1.26	−4.55	1.32	3.13	1.28
27（30）	丹东	1.20	25.21	0.96	26.32	0.76

续表

排名	港口	2013 年	增速（%）	2012 年	增速（%）	2011 年
28（27）	嘉兴（内河）	1.10	1.88	1.08	1.89	1.06
29（29）	泉州	1.10	5.77	1.04	10.64	0.94
30（28）	岳阳（内河）	1.10	5.77	1.04	15.56	0.9
31（-）	虎门	1.10	115.69	0.51	50.00	0.34
32（-）	珠海	1.00	29.87	0.77	—	—

注：* 表示 2013 年吞吐量为预测值。

1. 货物吞吐量上半年内贸增速好于外贸，下半年形势扭转

2013 年各月我国港口货物吞吐量增速均好于 2012 年，但仍未恢复到 2011 和 2010 年水平。长期来看，随着亚洲承接欧美产业转移的过程逐渐结束，加之我国经济逐步转型调整，我国港口吞吐量已告别百分之二十几的高增长时代。全年来看，我国港口货物吞吐量增长基本保持相对平稳的增长速度。其中，三季度以来，由于欧美经济复苏，我国对外贸易好转，以及传统集装箱运输旺季的到来，使得港口货物吞吐量增长速度达到全年峰值。而全年规模以上港口货物吞吐量的高峰值出现于 5 月，单月吞吐量达到 9.11 亿吨，这主要由于二季度外贸煤价较低，外贸进口煤需求大增，提振了沿海港口外贸吞吐量。

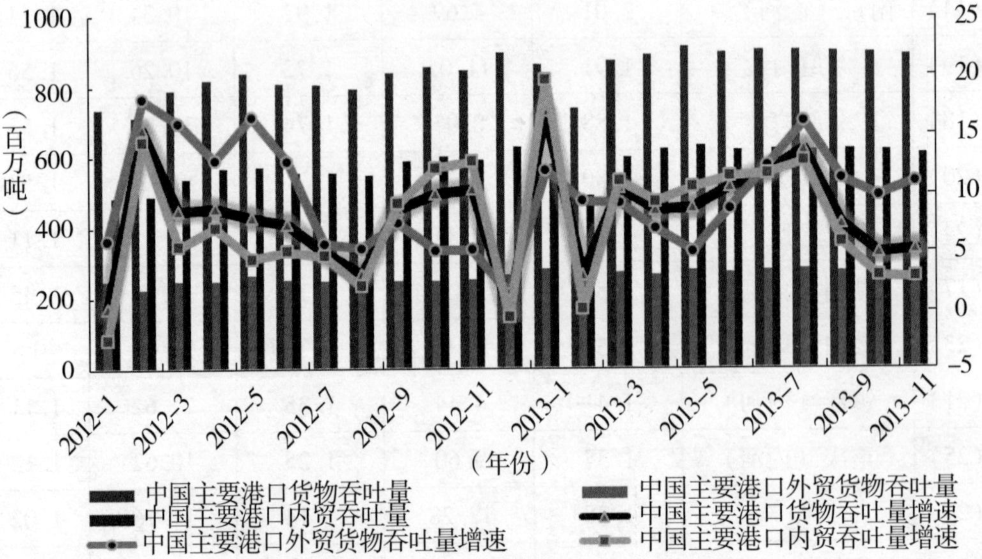

图 2　2012—2013 年规模以上港口内、外贸吞吐量

从走势上来看，2013 年上半年我国港口内贸货物吞吐量表现好于外贸。随着下半年欧美经济的好转以及中国进口大宗货物依存度较高，加之国际价格所具有的优势，我国港口吞吐量外贸增速迅速好转。2013 年我国规模以上港口累计完成外贸货物吞吐量 33.1 亿吨，同比增长 9.2%。下半年，由于国内下游产业需求放缓，内河港口增长乏力，内贸增速明显放缓，由上半年的 10.75% 降至 9.07%。但没有影响内贸形势总体向好的势头，规模以上港口内贸货物吞吐量增幅达到 9.17%，与 2012 年相比高出两个百分点，整体涨势仍好于外贸。就沿海和内河港口来看，增长走势基本相同，除了四季度在外贸的提振下沿海港口吞吐量增速略高于内河港口吞吐量增速。2013 年前 11 个月，沿海港口完成货物吞吐量 66.8 亿吨，同比增长 9.78%；内河港口完成货物吞吐量 30.76 亿吨，同比增长 8.0%，如图 2、图 3 所示。

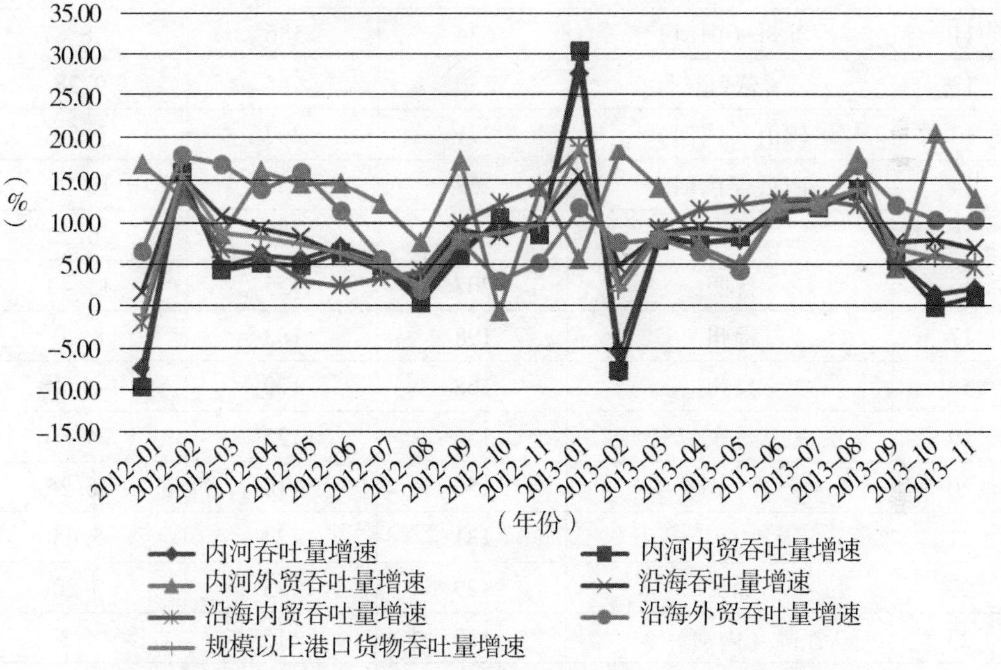

图 3　2012—2013 年规模以上沿海和内河港口内、外贸吞吐量增速

2. 集装箱吞吐量增速继续放缓，内贸箱成为增长动力

集装箱方面，2008 年金融危机后，由于 2009 年的低基数，2010 年我国港口集装箱吞吐出现 18.7% 的大幅增长，自 2011 年以后，我国港口集装箱吞吐量增速连续三年收窄，2013 年规模以上港口集装箱吞吐量增幅仅为 6.8%。吞吐量百万 TEU 以上的集装箱港口数目达到 24 个，其中内河港口有 4 个。环渤海地区港口集装箱吞吐量增速与其他地区相比仍然较高，大连、烟台、日照、丹东等港口增速均达到两位数，如表 3 所示。

表3　　2013 年我国港口集装箱吞吐量排名　　（单位：万 TEU）

排名	港口名称	2013 年	2012 年	增速（%）
1	上海	3362	3253	3.35
2	深圳	2328	2294	1.48
4	宁波—舟山	1735	1617	7.30
5	青岛	1552	1450	7.03
6	广州	1531	1455	5.22
7	天津	1300	1230	5.69
8	大连	1002	806	24.32
9	厦门	801	720	11.25
10	连云港	549	502	9.36
11	苏州（内河）	534	586	-8.87
12	营口	530	485	9.28
13	佛山（内河）	271	267	1.50
14	南京（内河）	267	230	16.09
15	烟台	215	185	16.22
16	日照	202	175	15.43
17	福州	198	183	8.20
18	泉州	168	170	-1.18
19	丹东	156	125	24.80
20	虎门 *	150	110	36.25
21	中山	131	124	5.65
22	汕头	129	125	3.20
23	江阴（内河） *	120	115	4.3
24	海口 *	118	101	16.83

注：* 表示 2013 年数据为预测值。

逐月来看，2013 年前半年，我国港口外贸箱量增长动力不足，内贸箱仅维持平稳增长；受欧美经济的反复变化，7、8 月集装箱旺季对中国港口集装箱的提振效果有限，增速虽略高于去年同期，但仍远不及往年水平；自短暂旺季后，9 月增速再次探底，随后在外贸箱量助推下增幅有所反弹。总体来看，外贸箱增长依旧疲软，内贸箱仍是我国港口增长的主要动力。2013 年，全国规模以上港口完成外贸集装箱处理量 1.1 亿 TEU，同比增幅仅为 3.90%；内贸集装箱处理量达到 6357. 8 万 TEU，同比增幅达到 13. 90%，如图 4 所示。

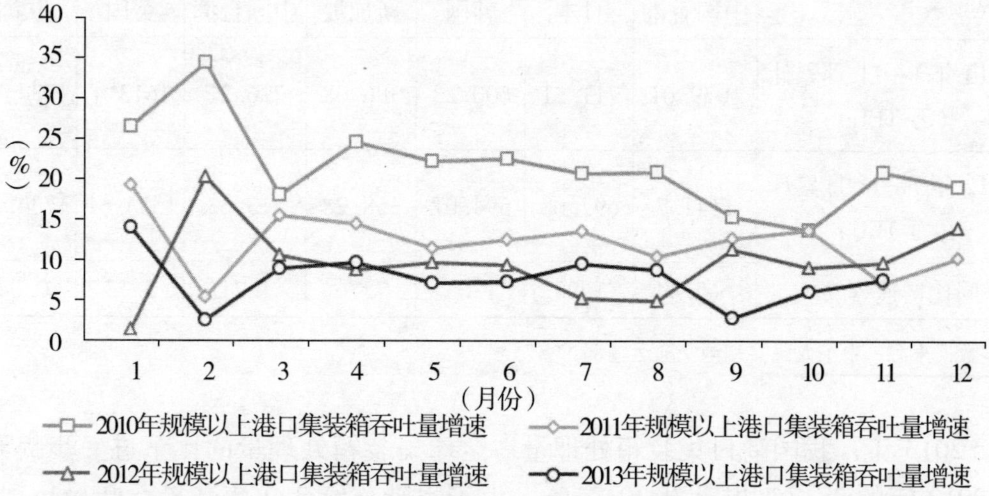

图 4　2010 年 1 月—2013 年 11 月中国规模以上港口集装箱吞吐量增速

数据来源：中华人民共和国交通运输部。

从航线来看，内支线和内贸线增幅依旧好于国际线，然而较 2012 年相比，国际线集装箱吞吐量增幅已有明显提升。2013 年前 11 个月，国际线港口集装箱吞吐量达到 9206. 91 万 TEU，同比增长 2. 67%，内支线和内贸线集装箱吞吐量分别为 1790. 32 万和 6357. 79 万 TEU，同比增长 10. 79% 和 13. 92%，内支和内贸线的增速与 2012 年相比分别下滑近 10 个百分点和 1. 5 个百分点。国际线中以至新加坡和美国的航线表现较好，同比增幅均在 5% 以上，而至中国香港、中国台湾及欧洲的航线则表现不济，处于零增长或负增长区间。但是，我们依然看到，美线和欧线在箱量增长上都出现明显复苏迹象，较 2012 年相比，增速分别提升 3. 5 个百分点和 5 个百分点，如表 4、表 5 所示。

表 4　　　　2012—2013 年中国港口集装箱内、外贸吞吐量

	外贸—国际航线		外贸—内支线		内贸	
	总量	出港	总量	出港	总量	出港
2013 年 1—11 月累计（万 TEU）	9206. 91	4730. 54	1790. 32	878. 04	6357. 79	3171. 60
2012 年 1—11 月累计（万 TEU）	8967. 46	4570. 09	1616. 00	799. 50	5580. 92	2765. 42
同比增速（%）	2. 67	3. 51	10. 79	9. 82	13. 92	14. 69

数据来源：中华人民共和国交通运输部。

表5　　2012—2013年中国港口部分国际航线集装箱吞吐量

	中国香港	日本	韩国	新加坡	中国台湾	美国	欧洲
2013年1—11月累计（万TEU）	1079.61	711.51	600.28	386.08	216.21	1613.4	1734.74
2012年1—11月累计（万TEU）	1141.7	697.68	594.07	358.28	213.63	1534.61	1734.13
同比增速（%）	-5.44	1.98	1.05	7.76	1.21	5.13	0.04

数据来源：中华人民共和国交通运输部。

2013年，我国港口集装箱处理量占全球集装箱处理量的比重进一步提升，由2012年的28.7%提升至30.35%。由于香港连续3年集装箱吞吐量呈现负增长，深圳港2013年以1.47%的增幅超越香港成为全球第3大集装箱港口。纵观全球前20大港口中，如表6所示，中国港口吞吐量增速仍远远高于其他地区港口，大连港以24.19%增速成为全球前20大集装箱港口中增长最快的港口，也使其在全球的排名由2012年的第17位上升至第13位。

表6　　2013年全球前20大港口集装箱吞吐量排名　（单位：万TEU）

排名			港口名称	2013年	2012年	增长率（%）
2013年	2012年	走势				
1	1	→	上海	3362	3253	3.34
2	2	→	新加坡	3258	3165	2.94
3	4	↑	深圳	2328	2294	1.47
4	3	↓	香港	2229	2312	-3.59
5	5	→	釜山	1768	1705	3.69
6	6	→	宁波—舟山	1735	1617	7.27
7	8	↑	青岛	1552	1450	7.01
8	7	↓	广州	1531	1455	5.24
9	9	→	迪拜*	1350	1328	1.66
10	10	→	天津	1300	1230	5.66
11	11	→	鹿特丹	1162	1187	-2.06

续　表

排名			港口名称	2013 年	2012 年	增长率（%）
2013 年	2012 年	走势				
12	12	→	巴生	1023	1000	2. 24
13	17	↑	大连	1002	806	24. 19
14	13	↓	高雄	994	978	1. 60
15	14	↓	汉堡 *	921	894	3. 03
16	15	↓	安特卫普	858	864	-0. 66
17	19	↑	厦门	801	720	11. 20
18	16	↓	洛杉矶	790	810	-2. 47
19	18	↓	丹戎帕拉帕斯	747	749	-0. 32
20	22	↑	长滩	673	605	11. 33

注：* 表示 2013 年数据为预测值。

3. 干散货吞吐量高速增长，原油保持温和增长

2013 年，干散货的高速增长成为提振我国港口吞吐量的重要因素。其中，由于国内需求继续保持平稳增长，外贸钢铁出口亦保持 12% 的增长，加之 2012 年年中多个高炉投产不断消耗铁矿石的库存，使得 2013 年我国铁矿石进口量维持高位，达到 8. 2 亿吨，同比增长 10. 2%。前 11 个月，规模以上港口铁矿石吞吐量达到 13. 5 亿吨，较 2012 年同期增长 10. 6%。主要铁矿石装卸港宁波—舟山、唐山、日照和青岛铁矿石吞吐量也都保持了两位数的增幅。2012 年，宁波—舟山港铁矿石处理量达到 2 亿吨，同比增长 12. 57%；唐山港处理铁矿石量 1. 72 亿吨，同比增长 22. 72%。

我国港口煤炭吞吐量于 2013 年又创新高，增速远超预期。据中国海关数据显示，2013 年我国煤炭进口量达到 3. 27 亿吨，同比增长 25. 91%。由于全国用电量和发电量继续保持 7% 左右的增幅，煤炭需求依旧保持高位，加之国际煤炭价格优势，外贸进口煤大幅增长。2013 年前 11 个月，我国规模以上港口共处理煤炭及制品 19. 79 亿吨，同比增长 9. 2%。中国主要煤炭装卸港中，秦皇岛、唐山和黄骅港煤炭吞吐量增速均超 15%，其中唐山和黄骅港增速更是超过 30%，长势强劲；而天津港受库存充沛的影响，下游需求低迷，煤炭处理量相对低迷。

与干散货吞吐量相比，液体散货吞吐量增长相对温和。2013 年，我国累

计进口原油2.82亿吨，同比增长3.29%。由于新能源对石油消耗的替代、页岩气对国际原油市场的冲击导致国际原油的价格优势，美国、日本的能源消耗开始向天然气转移，更多原油对中国市场的释放，加之中国炼油厂规模扩大，国内原油需求居高不下，共同促成了中国原油高位温和增长的局面。2013年前11个月，我国规模以上港口完成石油、天然气及制品吞吐量6.9亿吨，与2012年同期相比增长2.5%。主要原油装卸港口，宁波—舟山港和大连港原油处理量分别达到9000万吨和3000万吨，同比增长4.95%和6.32%。

4. 各港口群生产情况稳定增长，但区域不平衡性依然存在

由于不同区位港口腹地经济发展程度不同，各港口群发展仍表现出不平衡性。但总体来看，各港口群今年都基本维持了相对稳定的增长。其中，长三角港口群在上海和宁波—舟山港的带动下，得益于当地发达的经济和贸易环境，2013年前11个月累计完成货物吞吐量16.33亿吨，增幅升至7.74%，与去年相比增幅提升明显；同为外向型的珠三角港口群在下半年外贸货物的提振下，同比增长4.02%至6.31亿吨，增速较去年同期扩张近3%；环渤海湾港口群在煤炭、原油和粮食的拖累下，港口增速由20.83%下滑至11.31%，呈明显收窄态势，而随着产业北迁、大连港开辟新航线及唐山港集聚货源等利好因素加强，或将继续带动该港口群维持较快增长；东南沿海港口群和西南沿海港口群相对表现不济，前11个月仅分别实现货物吞吐量3.90和3.29亿吨，增速分别下滑7.3和6.6个百分点至9.74%和4.51%，如表7所示。

表7　2013年1—11月中国分区域港口群吞吐量增幅

分区域	2013年1—11月累计（万吨）	同比增速（%）	2012年1—11月累计（万吨）	同比增速（%）
环渤海湾港口群	285523	11.31	256507	20.83
长三角港口群	163320	7.74	151581	4.53
东南沿海港口群	38978	9.74	35517	17.04
珠三角港口群	63112	4.02	60673	1.75
西南沿海港口群	32932	4.51	31510	11.08

数据来源：中华人民共和国交通运输部。

2007—2013年的6年间，各港口群吞吐量所占份额也有较大变化。其中，环渤海湾港口所占比重由37%扩大至47%；西南沿海港口货物吞吐量占比也增长3个百分点至7%；东南沿海港口占总吞吐量的6%；而长三角、珠三角

港口的比重分别有所下滑，2013 年前十个月的比重仅为 27% 和 13%，如图 5 所示。

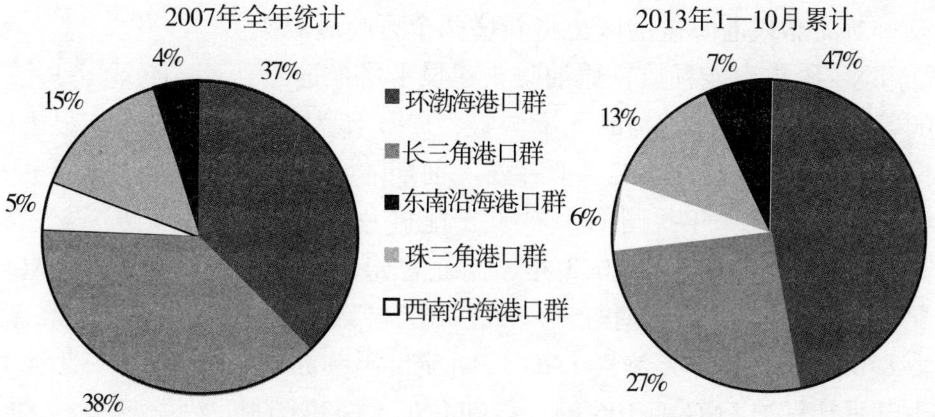

图 5　2007 年和 2013 年五大港口群市场份额比较

（二）港口建设趋于理性

随着世界经济复苏继续放缓，全国经济结构转型，港口生产维持低位增长，我国港口码头投资建设更趋理性。2013 年，我国码头建设投资增长进一步收窄。其中，沿海码头新增泊位数进一步减少，沿海水运基础设施投资建设资金控制于900 亿元以内，投资金额较2012 年减少5. 4%；内河水运基础设施投资稳步增长，但投资金额增幅较 2012 年相比进一步收窄。

1. 沿海港口产能结构进一步调整，内河港口建设稳步推进

2013 年，我国沿海港口产能进一步释放，截至 2013 年年底，沿海港口拥有生产性泊位 6670 个，万吨级以上生产泊位约 2060 个，总通过能力超过 70 亿吨，集装箱通过能力近 1. 8 亿 TEU。但新增码头泊位数目进一步减少，新建生产性泊位仅为 152 个，其中深水泊位 108 个。沿海港口码头功能布局结构进一步得到调整，产能扩张逐渐由发达地区的一线港口向落后地区的二三线港口转移。其中，相较于其他地区，环渤海地区码头产能供给充沛，黄骅港、东营港、天津港、日照港分别位居产能供给的前列。

相较于沿海港口投资金额的控制，由于内河港口码头建成时间较早，码头泊位设施相对落后，码头泊位结构不尽合理，2013 年我国内河港口建设依旧稳步推进。长江沿线四川泸州港、湖南岳阳城陵矶港、重庆涪陵港、果园港、安徽芜湖港以及浙江嘉兴港均有码头投产，产能得到进一步提升。例如，安徽芜湖港朱家桥外贸码头二期于 2013 年 10 月完工，新增产能 60 万 TEU。并且，

根据“十二五”计划，内河港口亦不断有新码头投入建设开工，例如，重庆2013年投资32亿元，加快乌江河口至白马、小江、梅溪河、抱龙河航道整治和支持保障系统建设，并且推动涪陵龙头港、主城果园港、万州新田港码头开工建设；浙江嘉兴港海盐港区也将新增两个万吨级码头。

2. LNG码头产能释放，原油码头建设平稳推进

随着我国使用能源结构的逐步调整，LNG作为清洁能源的需求显著增加。为了保障LNG运输，我国在“十二五”前期陆续投入建设一批LNG码头。随着建设的完工，2013年我国LNG码头产能进一步释放，并且LNG码头布局结构进一步得到优化和完善。2013年，河北曹妃甸、广东珠海和天津LNG接收站及配套码头设施相继建成投产，新增12万吨级LNG接卸泊位3个，新增吞吐能力870万吨；上海天然气LNG一期项目码头亦竣工，至2013年4月底，该码头已累计靠泊LNG船106艘，接卸LNG约622万吨，外输天然气82.3亿立方米；天津首个浮式LNG码头也初显规模，码头建成后可供15万吨级LNG船舶停靠作业，年吞吐量可达220万吨。目前，广东、福建、上海、江苏、辽宁、浙江、河北、天津皆配有LNG接收站及码头相关设施。

就原油运输系统来看，码头建设项目正平稳推进。2013年，五大港口群内原油运输枢纽皆有码头按计划稳步推进开工建设。环渤海湾青岛全面推进董家口港区45万吨级原油码头的开发建设，大连港长兴岛港区30万吨级原油码头工程竣工投入使用；长三角地区宁波—舟山港大榭港区中油燃料油30万吨级油码头工程完成竣工，舟山实华原油码头二期45万吨原油码头项目亦通过核准；东南沿海泉州港中华公司原油码头工程竣工；珠三角地区广东揭阳拟建设规模为30万吨级原油泊位1个，可兼靠15万~40万吨级油轮；西南港口群中钦州港三墩原油健在平台工程开工建设。

3. 北方铁矿石码头产能进一步提升，南方煤炭码头建设提速

2013年，我国北方铁矿石码头产能进一步提升。世界最大铁矿石接卸码头青岛董家口港区30万吨兼顾40万吨级的铁矿石接卸码头投产。烟台西港区、天津南疆港区等铁矿石的码头泊位也相继投产。此外，黄骅港散货港区矿石码头一期工程也得到国家发展改革委批复，新建两个20万吨级铁矿石卸船泊位；日照岚山港区3#15万吨级散货泊位以及4#30万吨级矿石泊位亦在按计划稳步推进。环渤海湾内铁矿石装卸码头泊位布局将进一步完善。

煤炭码头方面，2013年北方煤炭码头产能得到释放，黄骅港煤炭港区神华煤炭码头三期工程投产，新增通过能力5000万吨；唐山港区36#-40#新建2个15万吨级煤炭卸船泊位、3个10万吨级煤炭装船泊位。而长三角及珠三角地区煤炭码头在建和投产项目亦稳步推进。其中，包括珠海高栏港区、镇江

港句容华电储运基地 3 个煤炭接卸泊位、福建江阴港国电煤炭码头皆投产运行。而盐城港滨海港区煤炭中转储运基地码头工程、镇江港高资港区深化煤炭码头、嘉兴港独山港区煤炭中转码头、苏州太仓港区煤炭中转基地码头、广州珠江电厂煤炭码头等一系列项目也于今年相继开工建设。

4. 滚装码头迎来发展契机

随着区域贸易一体化的发展，我国与韩国、日本等周边国家的洲域内贸易量增长迅速，近洋运输业务发展迅速。而滚装运输由于其经济性和灵活性将因近洋运输需求的增长而得到发展。其中，随着我国汽车贸易量的增长，汽车滚装码头也将迎来发展契机。目前，我国沿海滚装码头主要分布于上海、天津、大连和广州四个城市。其中，由于中日、中韩贸易的开展，环渤海地区滚装码头业务量攀升迅速，主要以天津港和大连港为主要客货滚装中转的储运港口。2013 年，大连港与安吉物流计划在大窑湾北侧湾底新建汽车码头，打造整车内外贸出口和零部件物流基地和东北亚汽车物流枢纽。长三角港口群主要以上海港为主要汽车滚装中转港，上海洋山港新建的汽车滚装码头也于 2013 年投产运行，其设计吞吐能力达到 20 万辆，可靠泊 50000 总吨滚装船。珠三角港口群主要以广州港作为主要汽车滚装中转港，广州港有南沙汽车码头和新沙汽车码头，年设计通过能力达到 150 万辆。

（三）港口合作、资源整合得到进一步深化

2013 年，全球经济依旧不景气；我国二三线港口迅速成长，港口群内竞争日益加剧；三大国际集装箱航运企业为应对不景气的航运形式组成 P3 联盟。在这一系列背景下，港口通过资源整合的方式，加强合作，提升整体竞争力显得尤为重要。我国港口早在 20 世纪末便已经开始进行一系列的资源整合。其中，厦门漳州两港于 2006 年开始进行以政府为主导的整合，在历经了 7 年的发展，整合的效果已逐渐显现。2013 年，厦门漳州 7 个港口区货物吞吐量同比增长达到 12.6%，集装箱吞吐量同比增长 28.1%，增幅均高于全国平均水平。漳州港区港口集装箱吞吐量强劲增长也得益于厦门港的品牌优势。

2013 年，我国港口间的合作得到进一步的深化。其中，海南省政府积极推动海口和洋浦两港口进行资源整合。海口港与洋浦港互补性较强，海口以重箱进港较多空箱较少，而洋浦港恰恰相反，通过两港整合可以有效降低成本，提高港口运作效率。此外，厦门港除与漳州港进行全方位地整合外，2014 年厦门港将与潮州港实现合作，共同开发潮州三百门新港区小红山码头，通过厦门港通达全球的航线资源，带动潮州支线运输的发展。

（四）智慧港口建设加速

随着信息化技术的发展以及客户对港口服务效率提升要求的提高，各港口积极推进信息化技术在港口的应用，通过构建智慧港口，实现码头全自动化、生产调度指挥中心实现实时监控、物流电子商务服务体系可实现全程跟踪，港口、口岸、客户跨部门、跨区域的信息交换和共享。GPS 和 GPRS 技术将被应用到港口车辆堆场的调度当中，光纤传感技术被应用于港口设备的实时安全监控。一些港口也开始尝试将物联网技术、大数据技术、云计算技术、地理信息系统（GIS）等应用到港口生产。例如，大连港目前已实现大门进出港双向无人值守、系统自动获取入港车辆信息、自动配载系统自动生成船舶配载图并实时跟踪岸边装卸船作业等自动化港口生产。而全国首个自动化码头厦门海沧港远海码头也将在 2014 年投产运行。

（五）海铁联运发展迎来破冰期

长期以来，我国海铁联运发展的瓶颈有“最后一千米”铁路入港区的问题、铁路定价机制、海铁联运过程中频率和时间的保证问题等。2013 年，我国启动大部制改革，而铁路发展规划和政策的行政职责也正式划入交通运输部，我国港口海铁联运发展或将迎来破冰期。2013 年，主要沿海港口海铁联运量大幅提升。

宁波港：2013 年宁波市集装箱海铁联运业务累计完成 10.52 万 TEU，同比增长 77%。

大连港：大连港改进大连—长春集装箱“五定”班列的运行模式，准点率和频率得到提高。2013 年大连港铁路公司共完成 14.22 万 TEU，同比增长 93.3%。

营口港：2013 年营口共完成海铁联运量 32.5 万 TEU，同比增长 107.7%。

连云港：2013 年连云港铁路运输公司完成海铁联运量 15.56 万 TEU，同比增长 112.4%。

珠海港：随着广珠铁路 2013 年 4 月投入运行，对辐射华南腹地能源、钢铁、制造等行业运输需求有着积极的意义。2013 年珠海港海铁联运量达到 102 万吨，随着 2014 年神华码头装车线的投产，广珠铁路运力将进一步得到释放。

二、2014 年港口物流发展展望

1. 港口吞吐量将保持稳步增长，增幅基本与 2013 年持平

2014年，我国经济增长仍将保持平稳势头，预计增速将达到7.7%。由于各界对2014年世界经济形势认识相对一致，认为会好于2013年，因此2014年我国外贸形势仍将进一步好转。预计，2014年我国出口将增长9%左右，进口将增长7.5%左右。在此背景下，我国港口仍将保持稳步增长，吞吐量增速可能与2013年基本持平，保持在9%左右。

（1）集装箱吞吐量稳定增长，外贸集装箱吞吐量将提速

2014年，随着国际经济形势，尤其是欧美经济形势的好转，我国港口集装箱吞吐量将在外贸箱的提振下保持稳定增长。由于我国运输结构调整以及港口统计制度的完善，集装箱吞吐量增幅与2013年相比不会有明显提升，基本与2013年增幅持平，预计2014年我国集装箱吞吐量增幅将达到7.5%左右，集装箱吞吐量将超过2亿TEU。其中，外贸集装箱增速将有小幅提升，达到4.5%左右。随着P3联盟的运作，超大型集装箱船的投入运行，美线和欧线将成为外贸集装箱增速提升的主要动力。值得一提的是，随着中国（上海）自由贸易试验区的运行，虽然短期内不可能为上海港带来集装箱吞吐量的明显提升，但是随着入区注册企业数目的增加，将会使上海港集装箱量保持稳定增长，相关试验制度的推行，或将使上海港国际中转箱量小幅提升。

（2）煤炭、铁矿石吞吐量增速小幅下滑，液体散货吞吐量低速增长

煤炭方面，2014年预计我国全社会用电量仍将保持稳定增长，然而受国际经济增长以及国际资源类商品通胀影响，国际煤价可能上涨，国际煤价优势缩小，外贸煤增长速度将放缓。此外，国内煤炭可能由于库存回升，使得运输需求不及2013年增速。因此，预计2014年港口煤炭吞吐量增速将保持7.5%左右。铁矿石方面，随着我国产能过剩问题日益凸显，而钢铁产能过剩现象严重，加上国家对产能过剩产业的宏观调控，铁矿石吞吐量增速也将有所下滑。2014年预计我国港口铁矿石吞吐量增速将保持8%左右。液体散货方面，由于我国汽车产业等发展前景依旧看好，且我国原油对外依存度依然较大，因此原油吞吐量仍将保持稳定增长，但是随着油改电、油改气技术在各个领域的推行，原油吞吐量增幅不会过高，2014年预计原油吞吐量增幅将维持在2%左右。

2. 内河码头建设将稳步推进，沿海港口进一步向深水化、大型化发展

随着国务院发布《关于加快长江等内河水运发展的意见》，内河码头建设按计划稳步推进。内河码头项目逐渐竣工，产能将进一步释放，并且未完成项目将在2014年进一步推进。此外，随着集装箱超大型船舶的投入运营，以及2014年年初交通运输部印发的《沿海码头靠泊能力管理规定》使得40万吨的矿砂船有可能按照管理规定的要求靠泊我国码头，我国沿海码头将进一步向大

型化发展，港口航道疏浚和加深工程将在2014年进一步得到推进。

3. P3联盟的出现将进一步强化港口间合作

2013年，航运界P3联盟对全球港航业都产生了不小的触动，这一事件也预示着国际集装箱航运市场上航运大联盟将成为大势所趋。而这一趋势将对全球港口业产生极大的挑战，船舶大型化结合航运业的大联盟将使得区域内集装箱枢纽港地位的竞争愈演愈烈，而在与航运联盟的博弈过程中，港口业将不得不面临议价能力、港口生产能力的挑战。同时，在竞争过程中，区域内港口的格局或将产生变化，区域内各港口的市场份额也将产生调整。对于我国港口而言，虽然从目前的挂靠港数目来看并没有减少，但P3联盟使得我国枢纽港与周边港口之间的竞争加剧。因此，面对航运企业的横向和纵向的联合与一体化，我国港口的“单打独斗”更难以获得与客户谈判的优势。因此，港口间需要通过横向的联盟与整合，以更紧密的协同工作方式，提升应对大船挂靠的港口服务水平和服务效率，同时提升港口业的主导优势。

4. 港口管理体制改革将步入关键的一年

十八届三中全会强调要求深化行政体制改革，转变政府职能，构建开放型经济新体制。这要求港口行业在未来一段时间进一步探索体制改革的路径。此外，中国（上海）自由贸易试验区的运行为我国港口体制改革先行先试提供了重要的试验基地。2014年是我国港口管理体制改革的关键一年。行业主管部门将就岸线审批流程、行政收费等内容进行改革探索，进一步简化港口相关的审批程序；同时强化市场的作用，探索港口价格机制；强化行政部门对港口行业市场的宏观指导作用，构建公平、开放的港口市场规则。

（上海海事大学　上海国际航运研究中心　赵楠）

2013 年国际集装箱运输市场发展回顾与 2014 年展望

一、2013 年国际集装箱运输市场发展回顾

（一）国际集装箱运输市场整体表现不及 2012 年

1．从长周期看，国际集装箱市场运价仍处震荡上行轨道

国际班轮运输市场运价经历了 2012 年飞跃性增长后，未能继续保持上升势头，转势下行。2013 年中国出口集装箱运价综合指数均值为 1081.8 点，较 2012 年下跌 7.61%，如图 1、图 2 所示。

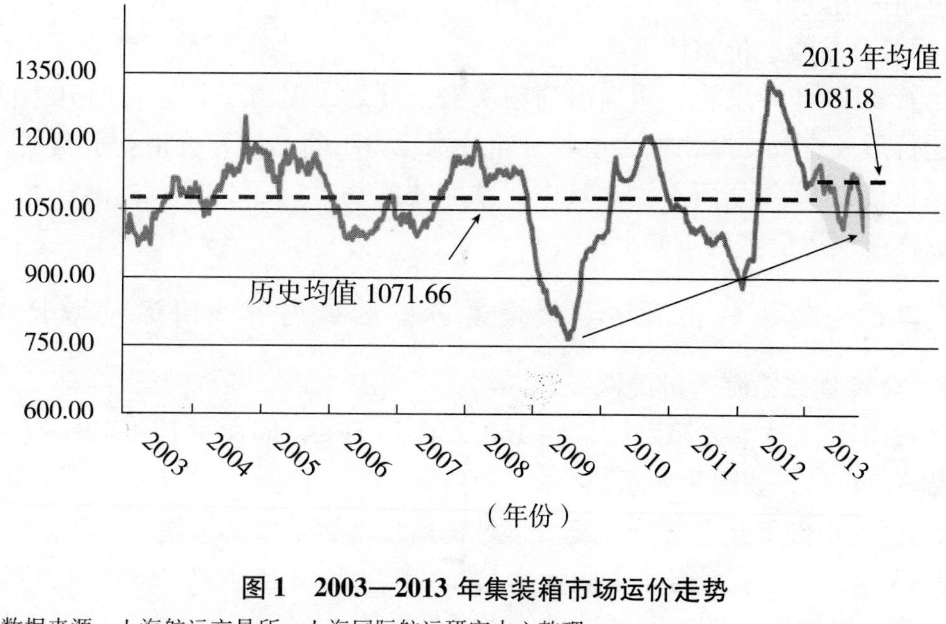

图 1　2003—2013 年集装箱市场运价走势

数据来源：上海航运交易所，上海国际航运研究中心整理。

2．从短周期看，集装箱市场运价呈下行走势

2013 年 CCFI 运价指数承压较大，总体呈现下行走势。全年运价最高位 1152.47 点出现在一季度，三季度在集运旺季和班轮企业提价的双重作用下运

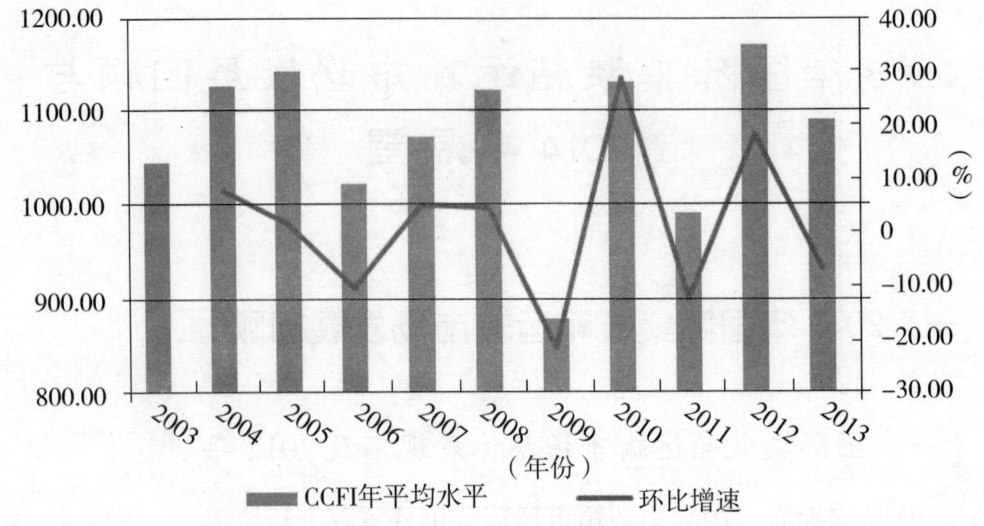

图 2　2003—2013 年集装箱市场运价均值趋势

数据来源：上海航运交易所，上海国际航运研究中心整理。

价在短期内出现反弹。

3．各分航线运价整体下滑

尽管 2013 年各班轮公司推出高频次涨价计划，但由于货运量回升未能对市场运价形成有效支撑，加之主要班轮公司运力不断释放和价格竞争激烈，分航线运价较 2012 年全面下滑。其中亚欧航线震荡下行压力较大，仅日本、韩国等近洋航线运价实现小幅上涨。

（二）全球集装箱海运量缓慢复苏，区域内航线海运量增长较快

1．全球集装箱海运量缓慢复苏

2013 年，全球集装箱海运量为 160. 2 百万 TEU，同比增长 4. 77%（2012 年增幅 3. 24%），如图 3 所示。

2．主干航线海运量缓慢恢复，区域内航线海运量增长较快

2013 年，主干航线海运量同比增长 2. 8%（2012 年下跌 0. 85%），其中，泛太平洋航线增长 1. 80%，亚欧航线海运量增幅 4. 1%，大西洋航线海运量增幅 1. 90%。次干航线内生动力较强，区域内航线集装箱海运量同比增长 6. 52%，亚洲区域内航线海运量增幅高达 7. 20%，南北航线集装箱海运量增长 5. 30%，如图 4 所示。

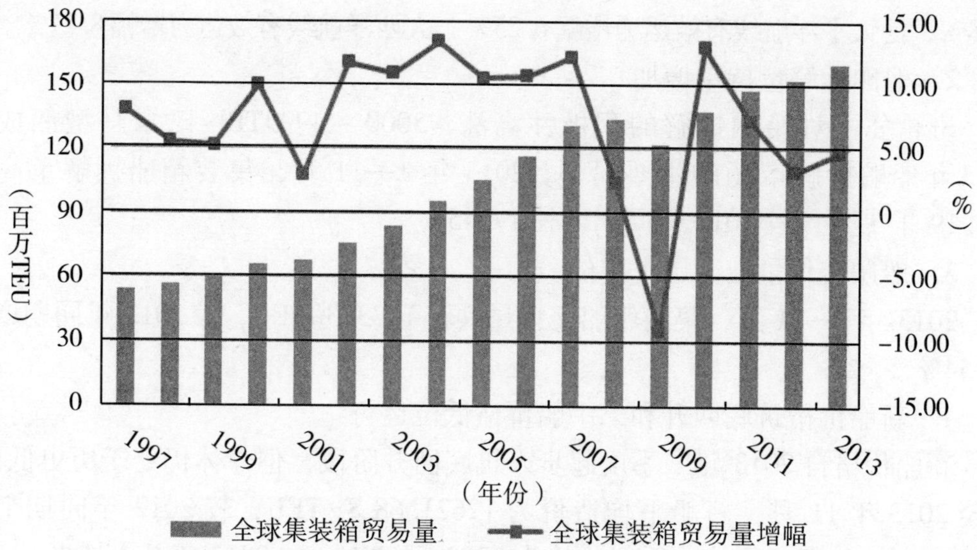

图3 全球集装箱海运量

数据来源：克拉克森，上海国际航运研究中心整理。

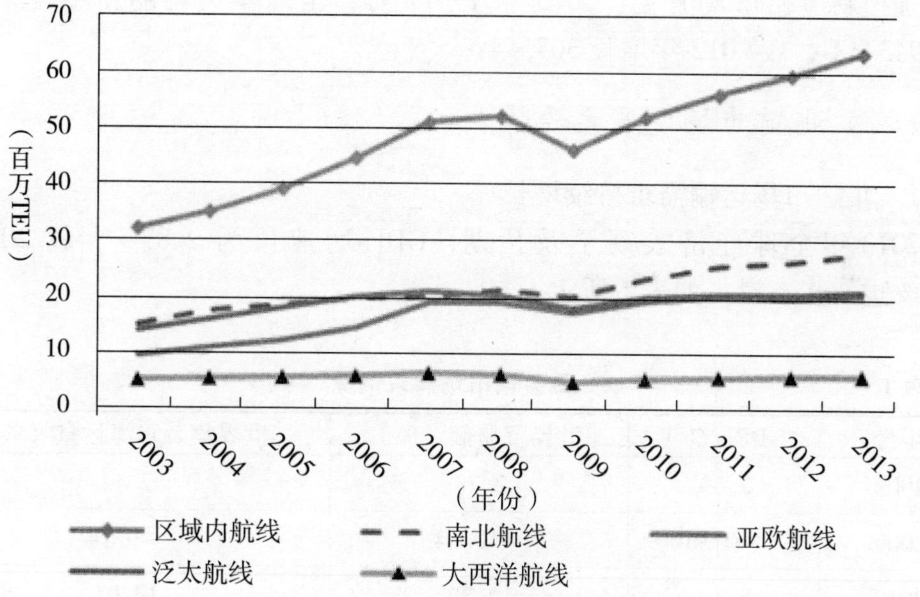

图4 分航线集装箱海运量

（三）运力投放压力依然较大

1．运力规模加速扩张

数艘大型船舶集中交付推高市场运力规模。截至2013年年底，全集装箱船队运力为1736.7万TEU，同比增长6.99%。其中，亚欧航线有效运力增幅仅为

1.48%，泛太平洋航线有效运力增幅6.25%，大西洋航线有效运力增幅8.27%。

2. 船舶拆解量持续增加

班轮公司对船舶拆解的积极性高涨，3000～4999TEU巴拿马型船成为2013年船舶拆解市场的主要船型。2013年1—11月，集装箱船拆解量高达383.19千TEU，较2012年同期增长17.45%。

3. 船舶交付量处于历史高位

2013年1—11月，集装箱船交付量共计1273730TEU，较2012年同期增长16.54%。

4. 新船价格筑底回升和二手船价格低位运行

新船价格自2013年二季度起步入筑底回升阶段，但总体仍处于历史低位。截至2013年11月，新船平均造价为12621.68＄/TEU，较2012年同期上涨8.32%；10年船龄平均二手船价格为5000＄/TEU，与2012年基本持平。

5. 新签订单数量猛增

2013年船东订船意愿高涨，与2012年低迷运行的新造船市场形成强烈反差，加速新造船市场升温。2013年1—11月，全球集装箱船新签订单量为1733943TEU，较2012年增长307.44%。

（四）当前市场发展主要特点

1. 集运市场运输需求持续增长

2013年全球经济表现不及预期，GDP增速仅为2.87%，较2012年3.18%进一步下滑，如表1所示。

表1　　集装箱市场需求情况

年份	GDP（%）	世界贸易额（%）	世界集装箱海运量（%）
2008	2.69	2.78	2.44
2009	-0.38	-10.64	-9.14
2010	5.19	12.79	13.01
2011	3.91	6.11	7.24
2012	3.18	2.71	3.24
2013	2.87	2.92	4.77
2014*	3.59	4.94	6.12

注：*表示预测值。

数据来源：IMF，上海国际航运研究中心整理。

2. 超大型班轮公司联盟加剧市场竞争力

（1）集装箱市场寡头垄断格局加剧

截至 2013 年 10 月，全球前 10 大班轮公司市场份额高达 63.9%，市场集中度进一步提高，如图 5 所示。

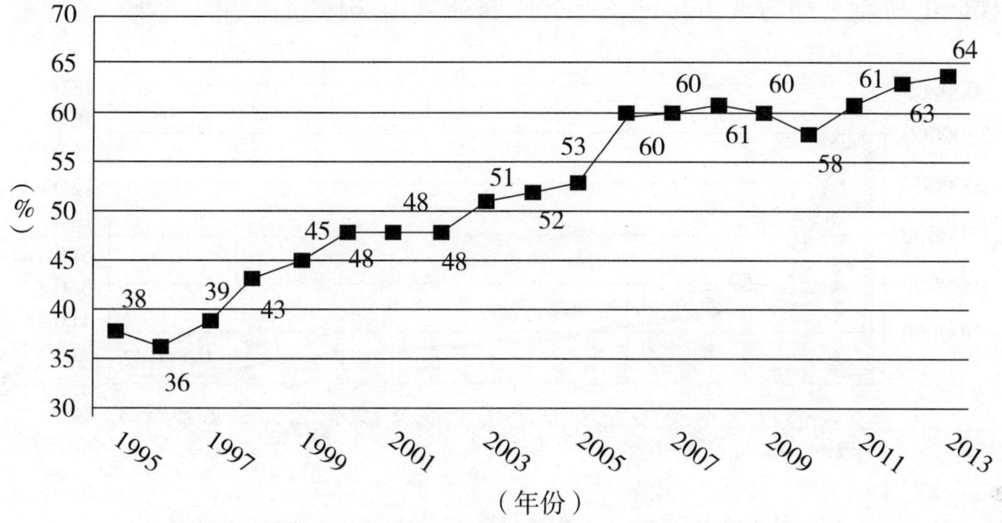

图 5　前 10 大班轮公司运力市场份额

数据来源：Alphaliner，上海国际航运研究中心整理。

（2）班轮公司竞争力度进一步加大

目前，全球前 20 大承运人中已有 13 家加入联盟的行列，占据集运市场总运力高达 68.85%。受此影响，未来班轮市场甚至可能会呈现 P3 联盟和非 P3 联盟对峙格局，如图 6 所示。

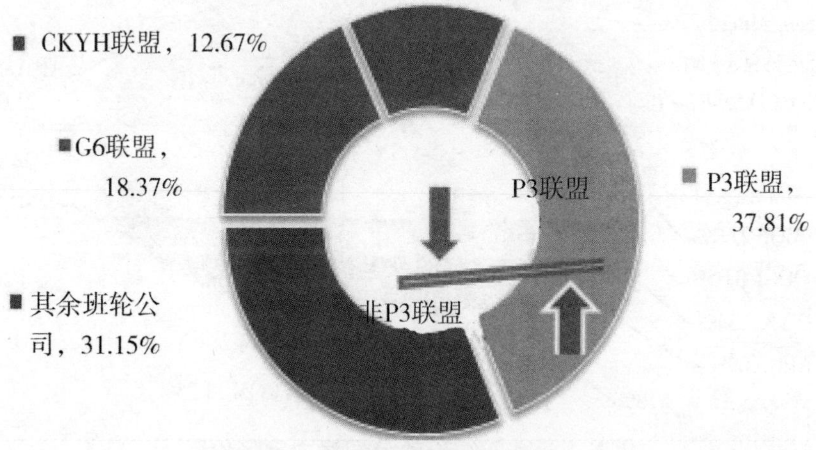

图 6　全球班轮联盟市场份额

数据来源：Alphaliner（数据截至 2013 年 10 月）。

（3）集运市场分化程度加剧

各大班轮公司间运力差异不断扩大，集运市场进一步分化。处于第一梯队的班轮巨头继续扩大优势。而运力规模不足1% ~2%的第三梯队班轮公司，目前只能退出主干航线或专注于单一的细分市场。而P3联盟形成后，将对第二梯队的班轮公司造成直接冲击，严重挤压其市场份额，如图7所示。

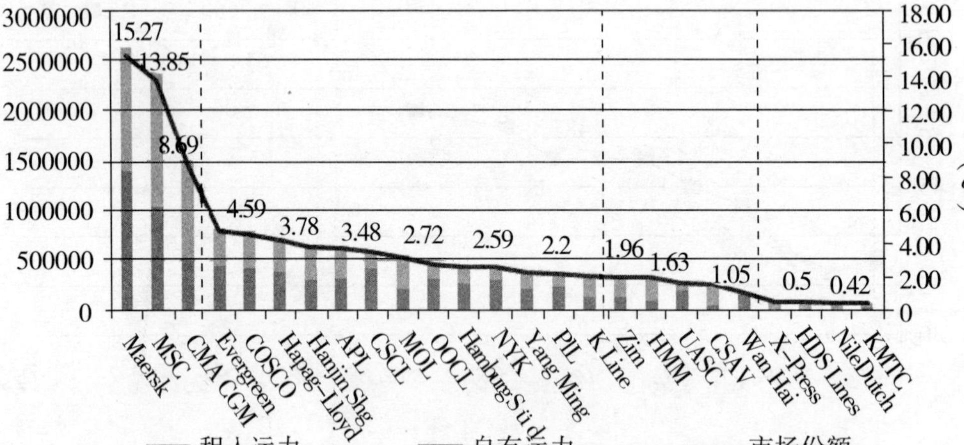

图7　全球航运公司集装箱运力市场份额

数据来源：Alphaliner（数据截至2013年10月）。

3．各主干航线班轮公司垄断程度不同

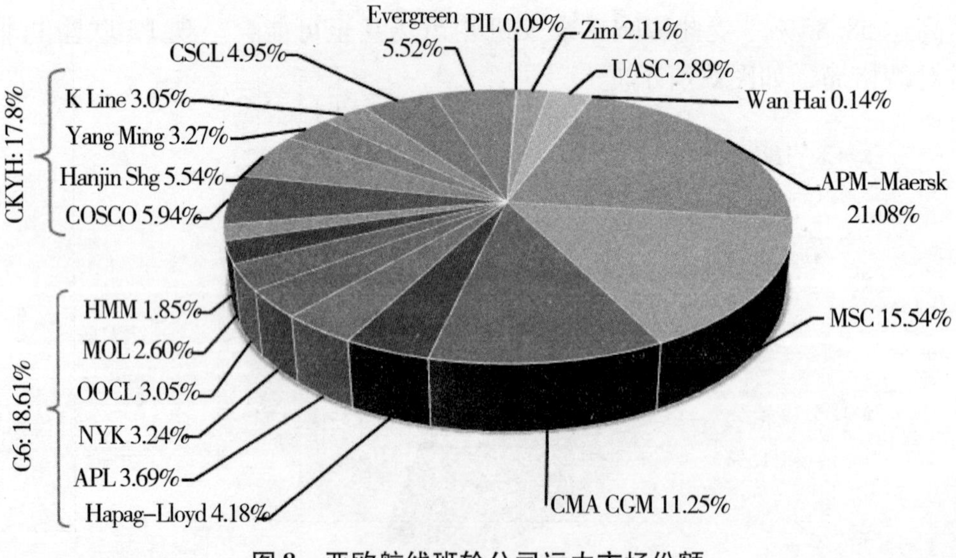

图8　亚欧航线班轮公司运力市场份额

数据来源：Alphaliner（时间截至2013年10月）。

亚欧航线上，马士基、地中海航运、达飞三大班轮公司的市场份额由2012年49.7%降至2013年47.87%，仍占据亚欧航线半壁江山；泛太平洋航线上，各大班轮公司运力分布相对平均，除马士基航运高达10.55%外，其余班轮公司份额均在10%以下。大西洋航线上，地中海航运市场份额较2012年出现大幅度提升，超过航线总运力三分之一，部分班轮公司市场份额正面临被吞并的窘境，如图8、图9、图10所示。

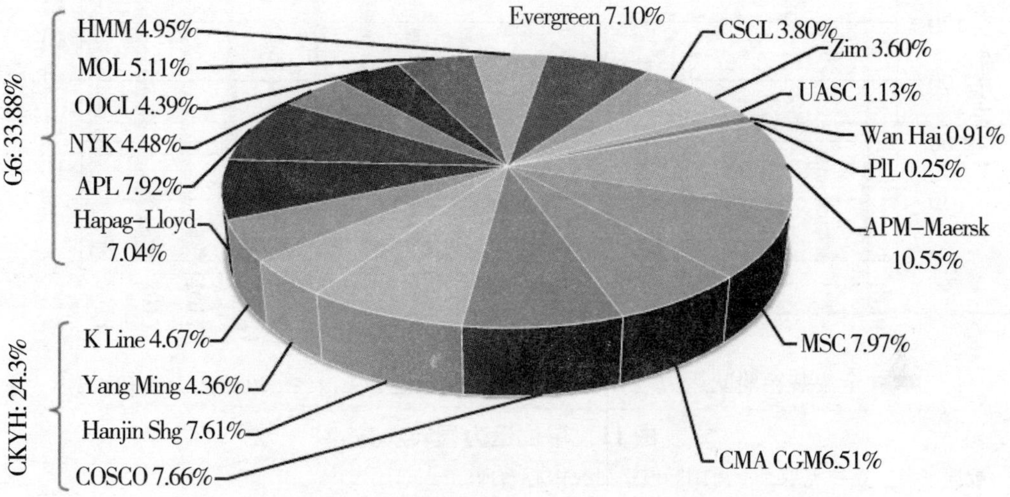

图9　泛太平洋航线班轮公司运力市场份额

数据来源：Alphaliner（时间截至2013年10月），上海国际航运研究中心整理。

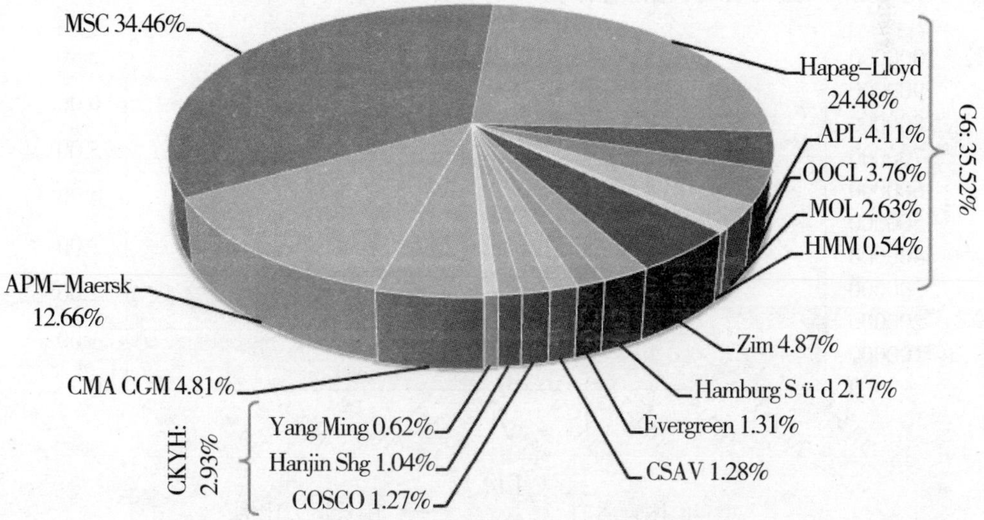

图10　大西洋航线班轮公司运力市场份额

数据来源：Alphaliner（时间截至2013年10月），上海国际航运研究中心整理。

4. 运力不断释放加重运力过剩程度

（1）单位运力周转次数进一步降低

2013 年，单位运力周转次数为 9.22 吨/载重吨，较 2012 年进一步减少（单位运力周转次数 = 年集装箱海运量/当年全球集装箱船队运力），如图 11 所示。

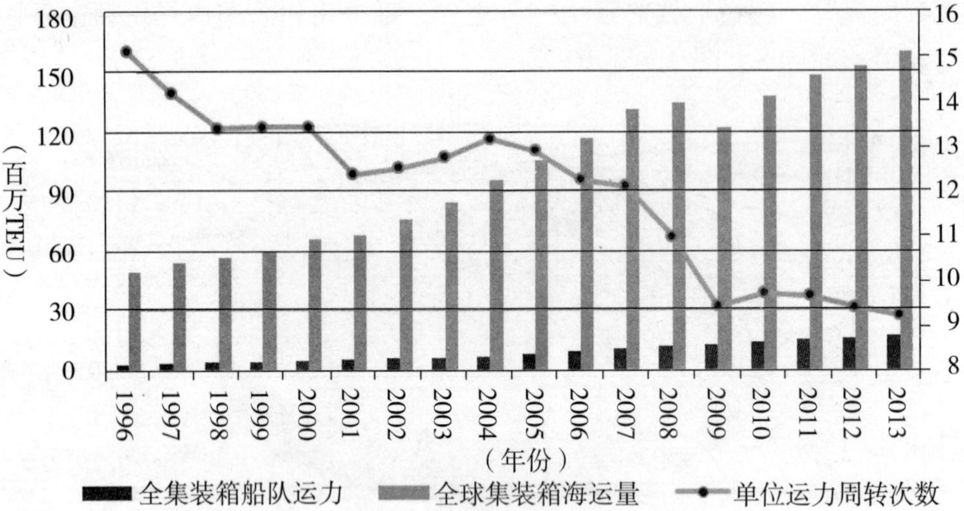

图 11　单位运力周转次数

数据来源：克拉克森，上海国际航运研究中心整理。

（2）旺季闲置运力创历史低位

运输旺季期间集运市场竞争加剧，班轮公司加大力度释放前期封存运力、低价争抢货源，全球集装箱船舶闲置运力屡创新低，如图 12 所示。

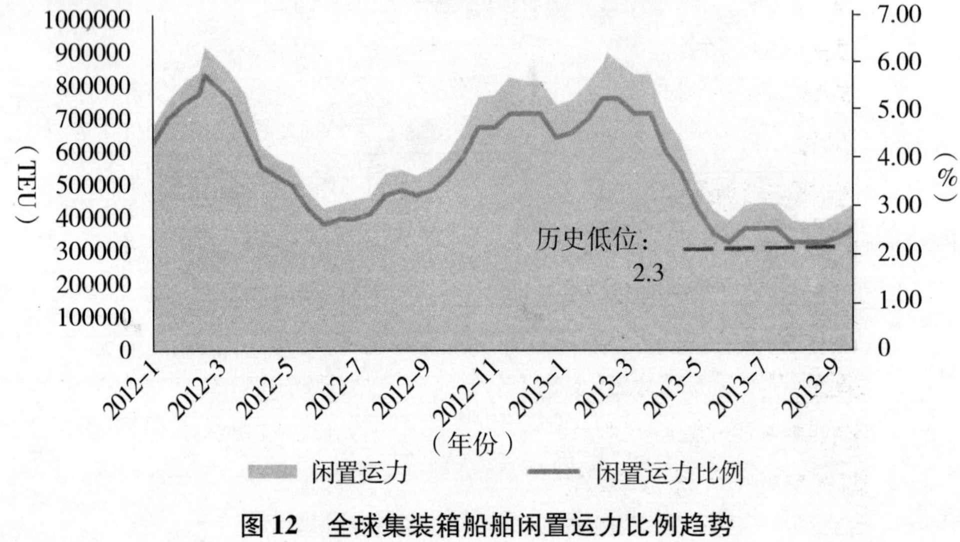

图 12　全球集装箱船舶闲置运力比例趋势

数据来源：Alphaliner，上海国际航运研究中心整理。

5．大型集装箱船舶订单飞速增长

船东出于船舶造价触底、节能环保效益显著、大型化竞争加剧以及看好未来船舶资产升值空间等因素纷纷订造大船，超大型船舶订单呈爆发式增长。2013 年 1—12 月，8000 + TEU 船舶新签订单已占新船订单总量 87. 32%。

6．集装箱船比例不断提升

2013 年集装箱船正以其运输费率及航线分布优势对其他船型市场造成侵蚀，用于运输集装箱的杂货船、散货船以及多用途冷藏船正逐步被专门负责集装箱运输的集装箱船舶取代，如图 13 所示。

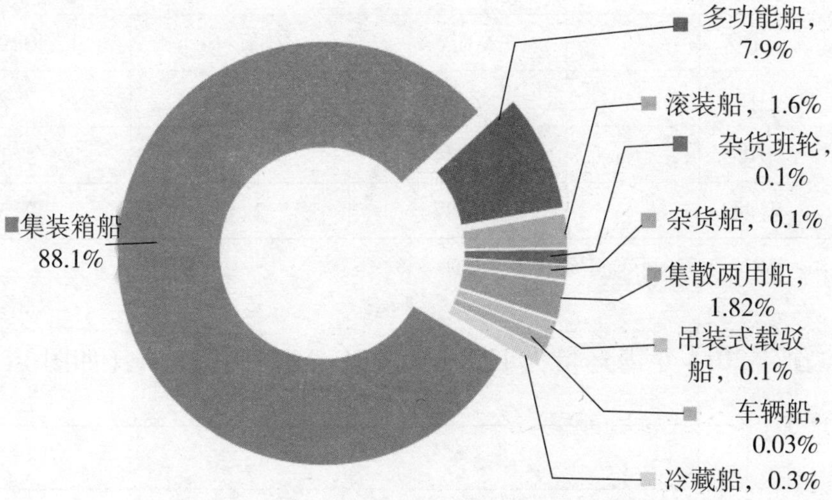

图 13　2013 年运输集装箱船舶船型比例

数据来源：克拉克森。

二、2014 年国际集装箱运输市场发展展望

1．预计 2014 年海运量增幅 6. 12%

（1）世界经济维持中低速增长

预计 2014 年全球经济表现将优于 2013 年，但仍将维持中低速增长态势。据 IMF 预测，2014 年全球 GDP 增长 3. 59%，发达经济体增速有所加快，新兴经济体增速小幅放缓。发达经济体稳步复苏，发展中经济体经济增速放缓但仍将是世界经济的主要推动力，但欧元区失业率高企、美国退出量化宽松、日元贬值和新兴经济体增长放缓等制约贸易增长因素犹存，如表 2 所示。

表 2　　世界经济增长率未来发展预测　　（单位:%）

年份	2012	2013（e）	2014（e）
世界经济	3. 18	2. 87	3. 59
发达经济体	1. 47	1. 17	2. 03
新兴及发展中经济体	4. 92	4. 55	5. 07
美国	2. 78	1. 56	2. 59
日本	1. 96	1. 95	1. 24
英国	0. 17	1. 43	1. 87
欧元区	-0. 64	-0. 44	0. 96
中国	7. 70	7. 60	7. 25
印度	3. 24	3. 80	5. 15
巴西	0. 87	2. 54	2. 50

数据来源：IMF，上海国际航运研究中心整理。

（2）预计 2014 年海运量为 170 百万 TEU，增幅 6. 12%（如图 14 所示）

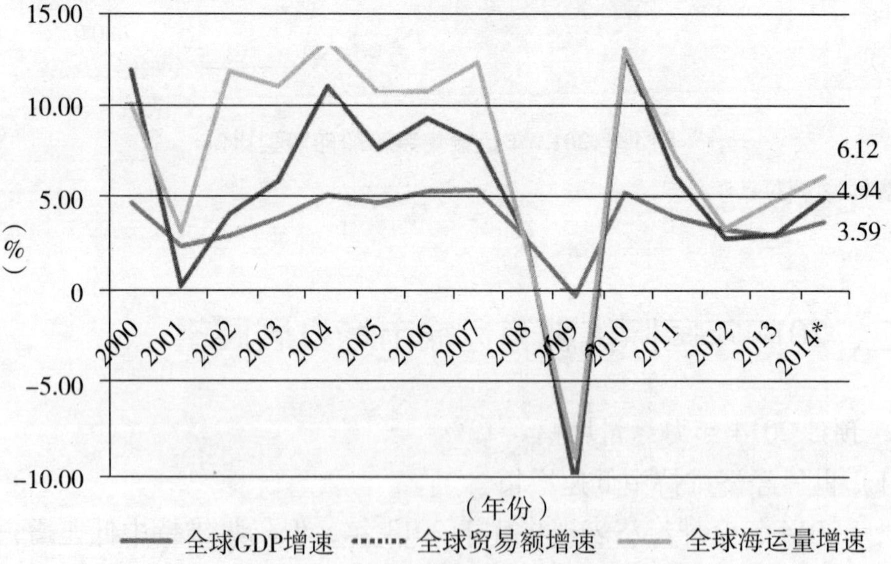

图 14　全球集装箱海运量预测

数据来源：上海国际航运研究中心整理。

2014 年在发达经济体内升动力逐步增强的前提下世界集装箱海运量将有所回升。其中，亚欧航线货量在欧元区逐步走出经济衰退的预期下，同比出现大幅提升，预计增幅达 5.57%；美国住房市场复苏、家庭财富增加、私人需求持续升温，将助推 2014 年货量增幅达 5.02%；大西洋航线海运量预计从 2013 年 1.88% 增长至 2.42%。而区域内航线和南北航线增速则较为平稳。

2. 运力规模平稳扩张，预计 2014 年集装箱船队总运力增幅 5.63%

手持订单量小幅增长，预计 2014 年交付运力 1.57 百万 TEU。其中，大型化集装箱船舶将占据交付市场主体。随着 2014 年货运需求小幅稳步提振、租船市场逐步回暖，船舶拆解活动预计有所降温，预计 2014 年船舶拆解量为 275130TEU。据预测 2014 年将有 57 艘 10000 ~ 18500TEU 超大型集装箱船舶交付运营，亚欧航线供求矛盾更为严峻，大部分替代运力最终都将涌向泛太、南北等航线，对集运市场产生“瀑布效应”。预计 2014 年全球集装箱船队总运力为 1835 万 TEU，同比增幅 5.63%。

3. 平均运价小幅回暖，预计 2014 年 CCFI 平均值在 1100 ~ 1150 点

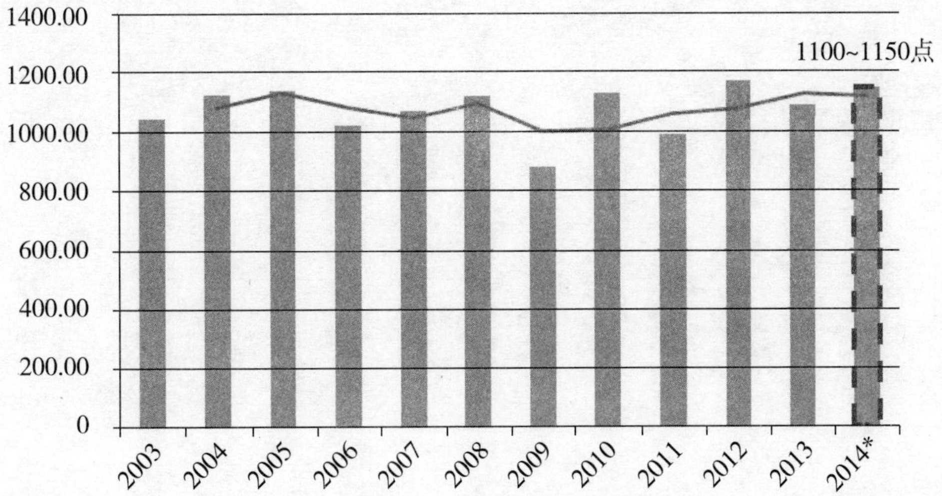

图 15 中国出口集装箱运价综合指数

数据来源：上海航运交易所，上海国际航运研究中心整理。

（1）海运量增速高于运力增速，供求失衡状况改观尚需时日

根据预测，2014 年全球集装箱海运量增幅 6.12%，全球集装箱船队总运力增幅 5.63%，海运量的增长速度将超过运力增长速度无疑对集运市场释放利好消息，但早前积累下来的供大于求的市场基本面在短期内难有改观，尚待海运量进一步发展和船舶市场的新动向。

（2）预计 2014 年 CCFI 将呈现“前高后低”走势，均值将在 1100 ~ 1150

点区间内运行

截至 2013 年 11 月 18 日，中国出口集装箱运价综合指数年均 1085.2 点。预计 2014 年运价指数将继续维持 2013 年均值水平，CCFI 全年均值将在 1100～1150 点震荡运行。从运价形态上看，全年走势呈现前高后低。

（上海海事大学　上海国际航运研究中心　张永锋　周敏励）

2013年沿海干散货市场发展回顾与2014年展望

2013年，中国沿海干散货运输市场呈现“冰火两重天”的走势，前半年延续低迷，后半年则快速上涨，后期船舶周转率降低及旺季需求大幅提高是运价快速上涨最主要的因素。预计2014年市场将略好于2013年，供需失衡将有所缓解。

一、2013年沿海主要干散货运输市场回顾

1. 沿海干散货运价年均值小幅上涨，供需矛盾有所缓和

受宏观经济企稳趋暖、运力增速继续放缓的影响，2013年中国沿海干散货运价较2012年有所回升，但由于运力过剩局面仍然存在，下半年涨势犹如昙花一现并于年底逐渐消退。截至2013年12月27日，上海航运交易所发布的中国沿海散货综合运价指数（CBFI）全年平均值为1125.92点，同比小幅上涨2.48%，如图1所示。

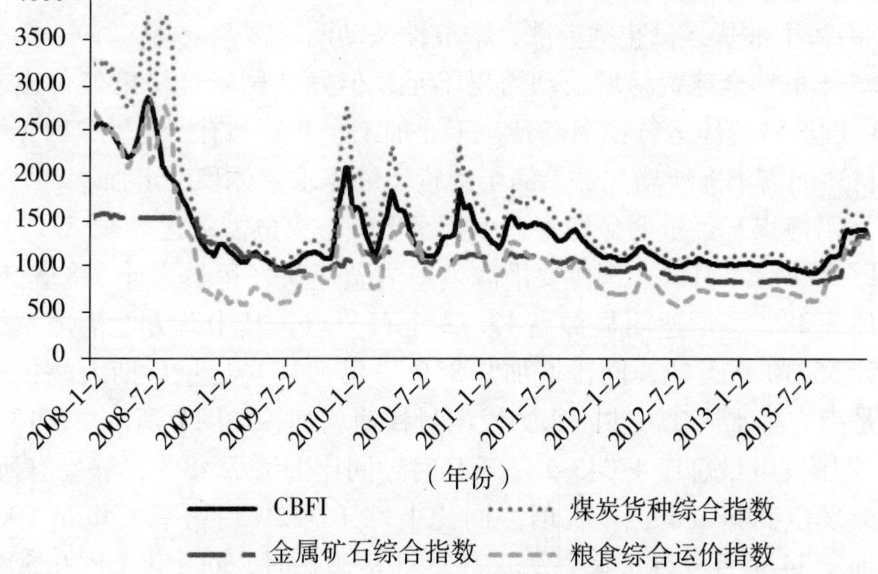

图1　2008—2013年沿海散货综合运价指数走势

数据来源：上海航运交易所。

（1）沿海煤炭运价前低后高，季节特征显著

2013年旧版沿海煤炭运价指数均值为1227.63点，同比上涨2.69%。其中，上半年受运力高位以及国际煤炭价格优势犹存的影响，沿海煤炭运价持续低迷，但在电厂耗煤量依旧保持8%增速的支撑下，运价跌幅同比有所收窄。下半年全国罕见高温持续刺激电煤需求，加上沿海遭遇多次台风和双台风袭击，部分运力滞港，短期内运力过剩得到改善，运价大幅上升，诸多航线运价回升至保本线以上。

（2）沿海矿石运价止跌微涨，震荡上行

2013年沿海矿石运价指数均值为960.00点，同比上涨3.50%。其中，上半年持续低迷，下半年则快速上涨。2013年12月27日的沿海金属矿石综合指数较上年同期上涨70.65%。拉动下半年矿石运价快速上涨的原因同拉动煤炭运价上涨的原因类似，间断出现的台风和雾霾等恶劣天气是首因。此外，港口库存低位以及国外矿山积极出货也在沿海矿石运价的上涨中发挥了积极作用。

（3）沿海粮食运价在其他货种的带动下也有明显上涨

2013年沿海粮食运价指数均值为874.00点，同比上涨18.02%，整体走势与沿海煤炭运输市场相仿，季节性波动较大。其中，上半年H7N9禽流感疫情爆发，家禽业遭受重大冲击，广大养殖场户损失巨大，终端粮食需求骤降。下半年在猪市回暖，饲料等下游行业刚性需求增长的带动下，粮食运输需求有所好转，加之沿海煤炭市场快速上行的拉动作用，沿海粮食运价止跌上涨。

2．沿海干散货运量止跌上涨，季节性波动明显

2013年虽然全球贸易增长动力仍不足，但发达国家经济已经传出复苏信号，且中国经济总体运行稳中有升，工业加工企业赢利有所好转，对于大宗散货、原材料的需求有所增加，沿海干散货运输需求整体稳中走强。

（1）沿海煤炭运量明显增多，主要缘于旺季火电需求猛增

2013年1—11月，全国主要沿海港口内贸煤炭发运量累计57835.3万吨，同比增加8.48%，增速明显提高13.72个百分点。其中北方七港内贸煤炭发运量累计55210.9万吨，同比增加9.85%。沿海煤炭运量后期大幅拉升的原因首先是南方降水同比减少，火力发电量快速增加，如图2所示。2013年1—11月，全国发电量总计47045.1亿千瓦时，同比上涨7.48%，涨幅有所拓宽。其中火力发电37581.5亿千瓦时，同比上涨10.72%，占总发电量79.88%，同比增加2.34个百分点；水力发电7138.8亿千瓦时，同比仅上涨0.50%，占总发电量15.17%。另外，6月之后随着国内煤价的跌跌，进口煤冲击明显减弱，据中国海关统计数据显示，2013年1~11月，中国煤炭进口总量为2.45

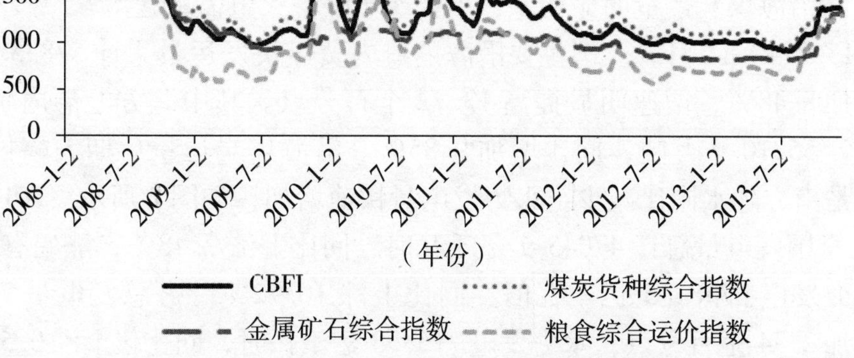

亿吨，同比增加 18.8%，增速下降 8.64 个百分点。其中，1—10 月动力煤累计进口 9134.79 万吨，同比增加 15.96%，增速急剧下降 93.83 个百分点，如图 3 所示。

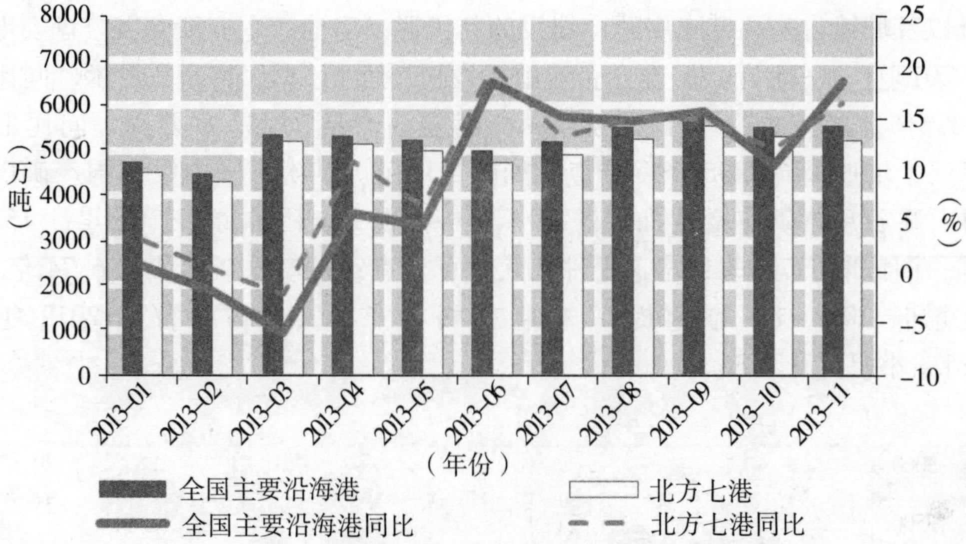

图 2　2013 年全国主要沿海港口内贸煤炭发运情况

数据来源：我的钢铁网。

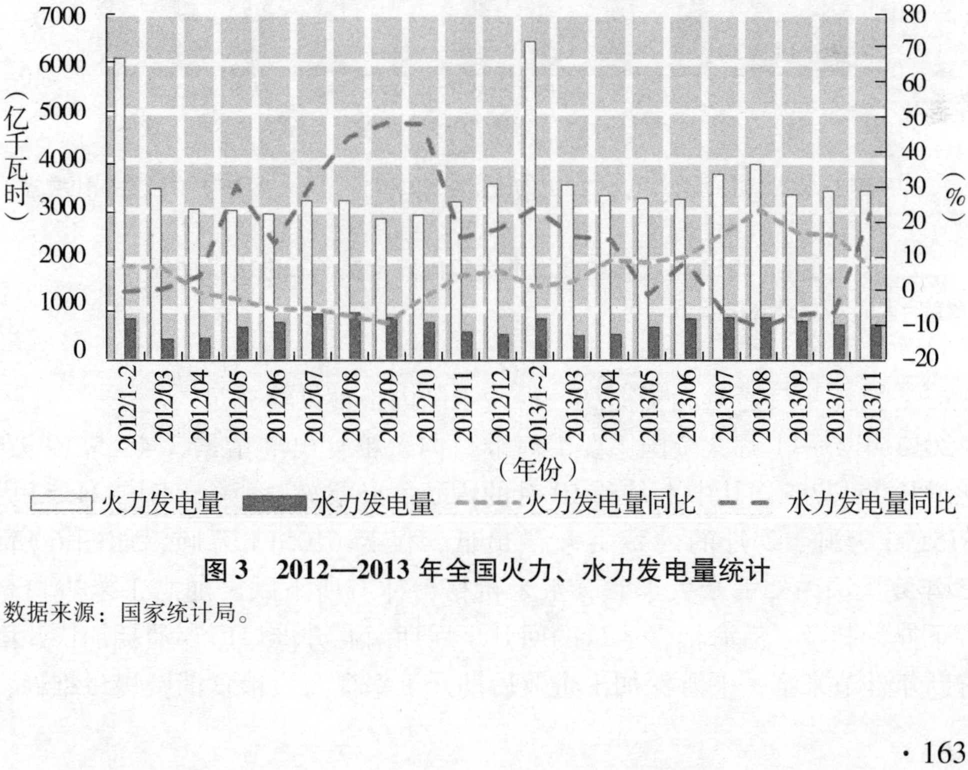

图 3　2012—2013 年全国火力、水力发电量统计

数据来源：国家统计局。

（2）沿海矿石运量有所改善，钢材产量延续高增长是主因

2013 年 1—11 月，全国主要沿海港口内贸铁矿石出港量累计 2.08 亿吨，同比上涨 10.94%，如图 4 所示。沿海矿石运量增速恢复上升的主要原因包括两方面：首先，受宏观经济向好刺激，钢材生产高位运行。由于国家经济整体向好以及城镇化建设带来房地产建设的新机遇，房地产企业新开发楼盘表现积极。2013 年 1—11 月，房地产企业新开发房屋面积 181055 万平方米，同比提高 11.5%，增速加快 5 个百分点；全国粗钢产量 71222.8 万吨，同比上涨 9.75%，增速提高 7.08 个百分点，如图 5 所示。其次，国内沿海国产矿供给增加，矿石总体供应增速加快。2013 年 1—11 月，国内原矿产量累计 13.04 亿吨，同比增长 7.9%，增速上涨 7.5 个百分点；进口铁矿石累计 6.74 亿吨，同比增长 10.73%，增速提高 2.44 个百分点，供应占比仅由 2012 年的 35.81% 小幅上升至 36.41%。

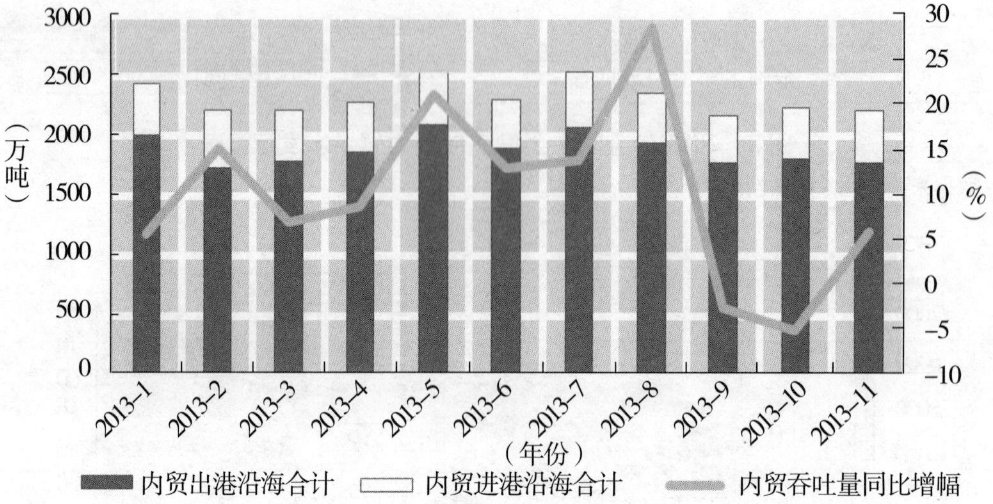

图 4　2013 年全国主要沿海港口内贸金属矿石进出港情况

数据来源：交通运输部综合规划司。

（3）沿海粮食运量大幅提高，得益于国内粮食供给充足

2013 年 1—11 月，全国主要沿海港口内贸粮食出港量累计 4865.19 万吨，同比增长 15.77%。其中 1 月和 10 月的内贸吞吐量较高，分别达 824.52 万吨和 815.16 万吨，2 月的内贸吞吐量最低，仅为 610.13 万吨，如图 6 所示。2013 年夏天国内外玉米大丰收，玉米价格整体有所下跌，加之玉米进口量的大幅下挫，刺激了沿海粮食运量的回升。后期南北方港口库存消耗加快，随着传统新年佳节来临，下游深加工企业后期开工率提高，粮食消费慢慢维稳，整

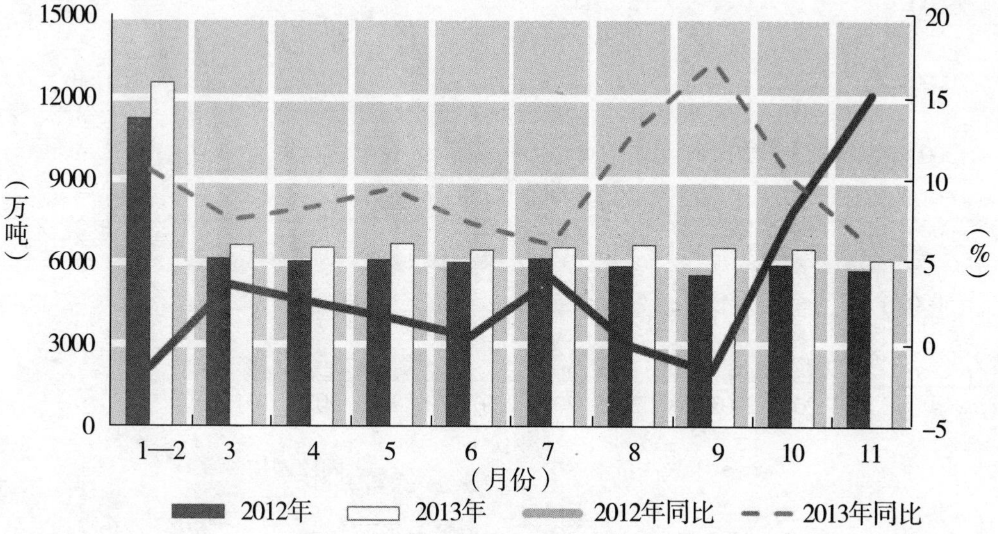

图 5 2012—2013 年 1—11 月粗钢月度产量

数据来源：我的钢铁网。

体上沿海粮食运量呈现较快增长，如图 7 所示。

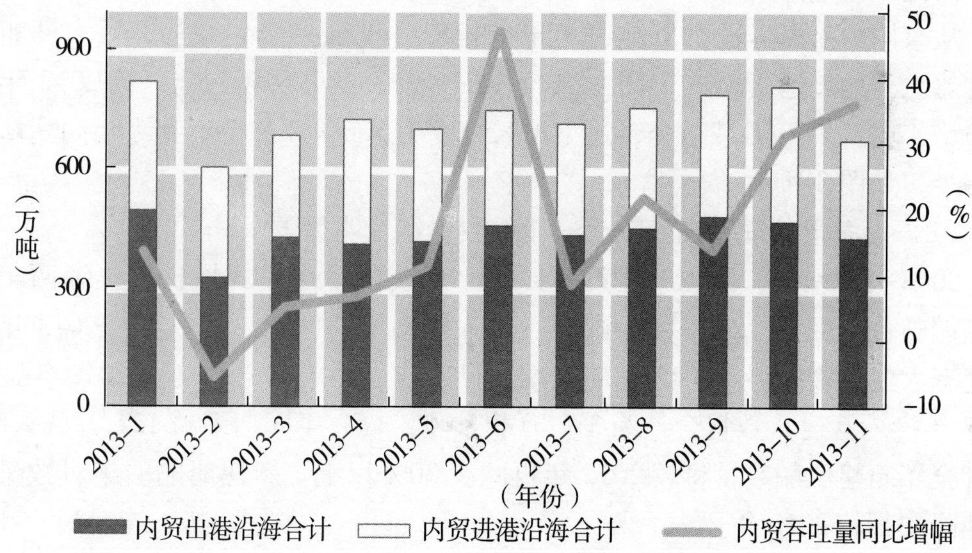

图 6 2013 年全国主要沿海港口内贸粮食进出港情况

数据来源：交通运输部综合规划司。

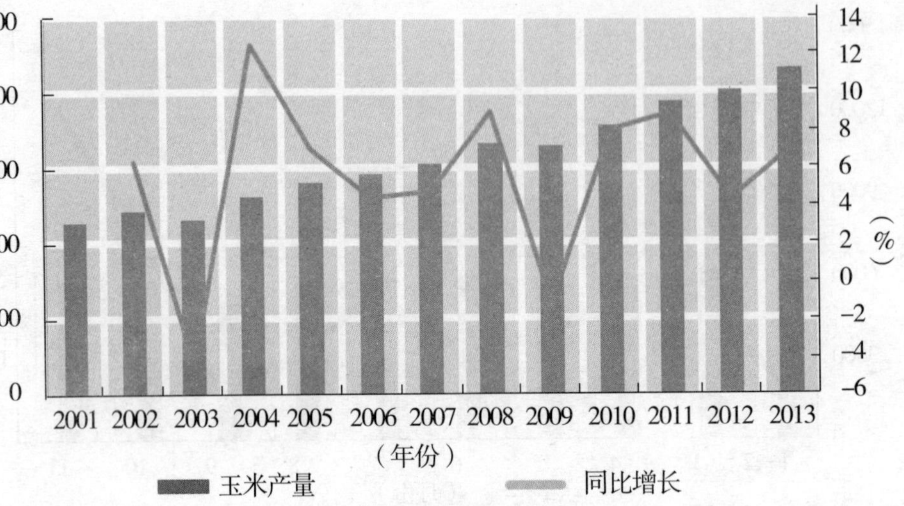

图 7　2001—2013 年全国玉米产量

数据来源：国家统计局，中国粮油中心。

3. 沿海干散货新增运力大幅削减，增速继续放缓

2013 年，航运企业已普遍意识到运力过剩给航运业带来的窘境，为控制亏损规模都有意识地通过延迟交付、提前报废老旧船舶等方式控制运力的增长，因此全年中国沿海干散货船舶运力增速继续放缓。截至 2013 年 9 月 30 日，从事国内沿海运输的万吨以上干散货船（即除去集装箱船，重大件船等特种船之外的普通货船，下同）共计 1660 艘，5219 万载重吨，较 2012 年年末净增 42 艘，279 万载重吨，运力增长幅度为 5.6%，甚至不到去年同期增幅的一半，如图 8 所示。

（1）沿海干散货新投入营运的船舶数量继续明显下滑

2008—2009 年，国内新建万吨以上干散货船呈爆发式增长，连续两年新增船舶吨位数翻番，2010 年后则开始进入缓慢增长区间，且 2012—2013 年的增速有大幅放缓趋势。2013 年前三季度投入营运的新建船舶（含 2012 年建成 2013 年投入营运）数量合计为 377 万载重吨，较去年同期缩减 121 万载重吨，预计全年新建船舶数量将较 2012 年再减少 30% 以上。新建船舶的绝对数量和增速降幅都较 2012 年要大。

（2）沿海干散货运力的船龄和船型结构基本稳定

经过近几年老旧船舶的大量拆解，2013 年前三季度，大量老旧运输船舶持续以低于 33 年的国家强制报废年限提前处置退出市场。加之新投入营运的新建船舶数量大幅减少，沿海万吨以上干散货船的平均船龄与 2012 年基本持

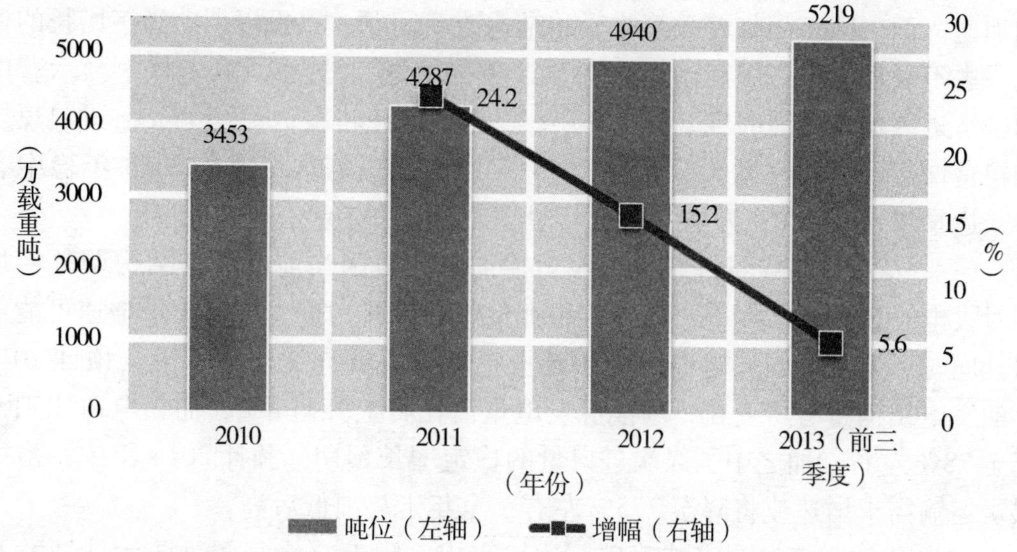

图 8　2010—2013 年第三季度沿海干散货船运力情况

数据来源：交通运输部。

平，微幅上涨 0.1 年。同时，由于前三季度新投入营运的新建船舶主要都集中在 4 万载重吨以上的大吨位船舶，因此 2013 年沿海干散货运输船队的平均吨位也略有增加，截至 2013 年第三季度，沿海干散货运输船队的平均吨位为 3.14 万载重吨，较 2012 年小幅增加 0.09 万载重吨。

（3）运输企业运力结构多保持稳定，营业利润大部分仍为负值

受制于前几年航运市场的深度低迷以及船公司的高负债率，各大航运企业的新建船舶订单都大幅减少，导致 2013 年航运企业的新船下水量寥寥无几，运力规模基本保持稳定。企业经营方面，2013 年上半年，受全球经济低迷影响，国际国内航运市场需求下降和运能过剩导致运价低位运行，沿海干散货企业赢利情况继续恶化。2013 年下半年，随着运输需求的好转和运力供给的紧张局面，沿海运价快速拉升，航运企业亏损额度得到一定弥补。就 2013 年前三季度的营业利润来看，选取的部分沿海干散货运输上市企业中，仅中海海盛一家在 2013 年 1—9 月实现了赢利，其他仍为亏损，但亏损额已较 2012 年同期有不同程度的削减。

二、2014 年沿海干散货运输市场展望

1．沿海干散货运输需求增速或有所下滑，增速在 7% 左右

随着欧洲逐步走出衰退，美国和日本经济走向复苏，2014 年全球经济预期加速。而中国正面临着政策收紧和结构改革问题，以投资带动经济增长的模式一去不复返，十八届三中全会深化改革的主题，淡化 GDP 考核，预示着中国经济进入增长放缓时期，预计 2014 年 GDP 增速将在 7% ~7.5%。进口煤炭和粮食增多的可能性较大，预计 2014 年沿海运输需求增速较 2013 年稳中有降，运量增速在 7.0% 左右，且全年呈现“M”型走势。

（1）火力发电减弱将影响煤炭运输需求。我国当前的经济结构调整将加大对火电、炼钢及水泥等主要耗煤行业的节能减排力度，电煤需求增速可能下滑。同时，鉴于全国火电电源基本建设投资完成额同比出现下滑，预计 2014 年的发电结构将有所变化，新能源发电量占比将上升至 8%，而火电占比则下降至 78% 左右。加之中国煤炭进口量的稳定增长预期，预计 2014 年中国沿海煤炭运输需求增速或将降至 7.5% 左右，全年走势前低后高。

（2）化解产能过剩将减速矿石运输需求。随着《大气污染防治计划》和《化解产能严重过剩矛盾的指导意见》政策的逐步落实，各地将淘汰部分高耗能钢铁企业。同时，钢铁行业的下游产业房地产、机械行业、家电、汽车、船舶行业都存在一定的下行风险，预计 2014 年国内粗钢新增产能将有所缩减，国内钢铁产量增速下滑。加之进口矿石需求占比仍在 60% 左右，因此预计 2014 年中国沿海矿石运输需求增速也将放缓至 6% 附近。

（3）加工企业不景气削弱粮食运输需求。2013 年 10 月底全国饲料生产专用设备的产量同比出现负增长，饲料加工的利润率也有所下滑，预计 2014 年饲料业粮食需求总量将以刚性增长。同时粮食深加工企业亏损加剧，国内外玉米价差进一步扩大导致玉米进口量增多等因素，都将削弱沿海粮食的运输需求，因此预计 2014 年中国沿海粮食运输需求增速或将放缓至 8% 左右。

2. 沿海干散货运力增速继续放缓，增幅在 5% ~6%

鉴于前两年船舶订单数量的大幅减少，2013 年第四季度的集中交船期将难以再现。根据上海国际航运研究中心测算，2013 年年底国内沿海运输万吨以上干散货船将达到 5310 万载重吨左右，全年运力增幅在 7.5% 左右；全年投入营运的新建船舶将达 461.45 万载重吨左右，同比减少 33%。虽然 2013 年新船订单在低船价的影响下有所增加，但运力投放的效应可能要在 2014 年之后显现。因此 2014 年中国沿海干散货船运力增速预计还将继续放缓至 5% ~6%，这意味着 2014 年运力过剩的局面将略有缓解，各大船东也将更加理性地控制船舶数量，如图 9 所示。

（1）2013 年新船订单增幅较大。根据中国船舶工业协会公布的统计数据显示，2013 年 1—10 月中国造船完工量同比下降 25.4%，承接新船订单量则同比增长 183%。这些船舶要一年或两年之后才能完工，2014 年的交付数量尚不会出现大幅波动，但如果 2015 年之后航运业仍未回暖，这些后交付的船舶很有可能会加深航运业和造船业的困境。

（2）大量老旧船舶还将提前退出市场。2013 年 12 月 9 日，《老旧运输船舶和单壳油轮提前报废更新实施方案》出台，鼓励具有远洋和沿海经营资格的中国籍老旧运输船舶和单壳油轮提前报废更新，根据不同船舶类型、提前报废年限，中央财政安排专项资金按 1500 元/总吨的基准对报废更新的船舶给予补助。另外，该方案还提出“补助资金按各 50% 的比例分别在完成拆船和造船后分两次发放”，这将极大地推进中国籍老旧船舶的拆解。据克拉克森估计，若补贴资金全数发放，市场上约有 500 多艘符合条件的老旧船舶需要淘汰，消耗约六成的老旧船舶运力。

（3）货主企业仍将成为运力增长主力。除排名前列，市场份额较大，资金雄厚的沿海运输企业外，多数中小型沿海运输企业的在建船舶数量都极少，2013 年的新增船舶订单量也几乎为零。但与此同时，神华中海等货主类型的投资主体的船舶运力还可能继续增加。根据神华中海的数据显示，2013 年上半年公司赢利 0.536 亿元，在建船舶数量 35 艘，共计 190 万载重吨。

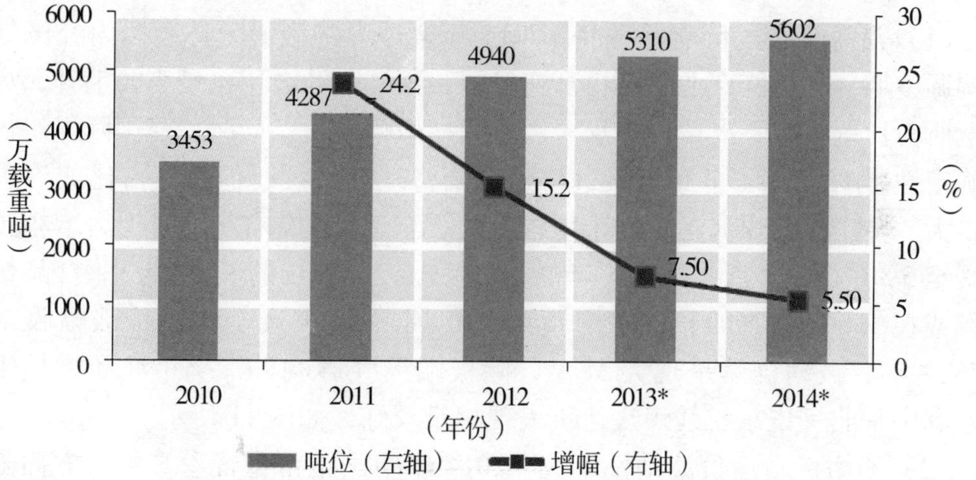

图 9　国内沿海运输的万吨以上干散货船总运力预测

注：* 为上海国际航运研究中心预测值。

3. 沿海干散货运价均值略有回升，增幅在 5% ~6%

2014 年全球经济温和增长，国内经济短期内利空因素增多，以稳为主、调结构、促改革仍是主要基调。鉴于运力过剩局面略有缓解，预计 2014 年沿海干散货运价将上涨 5% ~6%，沿海干散货运价指数（CBFI）保持在 1000 ~

1400 点，其中前两季度可能出现较大回落，后两季度则有所走高，如图 10 所示。

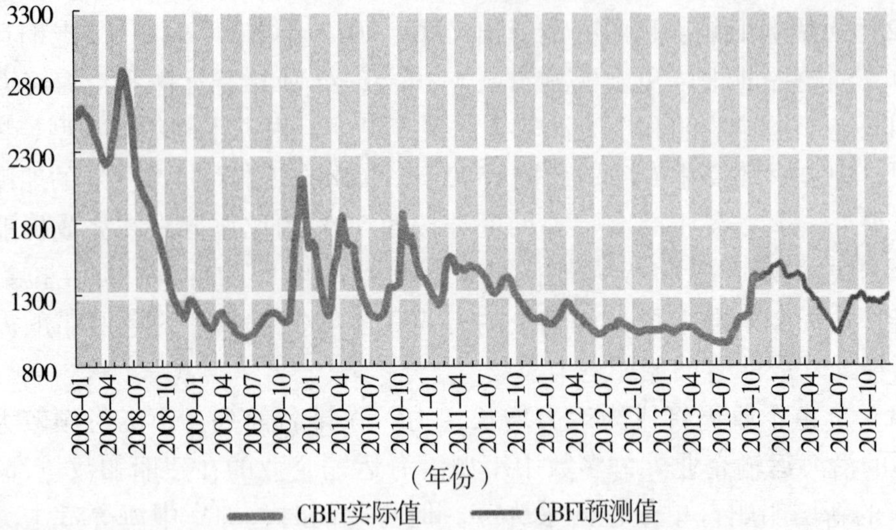

图 10　2014 年沿海散货综合运价指数（CBFI）预测

数据来源：上海国际航运研究中心。

（1）沿海煤炭运价前低后高。2014 年全球经济缓慢复苏，国内经济处于结构调整期，高耗能产业将不再高速发展，预计全社会用电量小幅上升，火电发电所占比例将有下滑，国内煤炭需求预期微幅增长。同时，受国际煤炭供给不确定性影响，2014 全年煤炭进口量增幅将继续放缓，但总量占比或许进一步扩大。鉴于沿海煤炭运输需求增幅将放缓至 7.5% 左右，同时运力增幅预计放缓至 5% ~6%，综合考虑其与粮食市场、矿石市场的联动性及非食品价格涨幅或在 1.6% 左右的预测值，预计 2014 年沿海煤炭全年运价涨幅收窄至 8.7% 左右，波动仍然呈现大 M 型，除极端天气影响外，全年波动将趋于平缓。其中华北—华东航线煤炭运价表现相对较好，如图 11 所示。

（2）沿海矿石运价波动性不大。2014 年中国钢市喜忧参半：一方面随着中央财政将经济由高速增长调整至中高速高质量增长模式，2014 年房地产行业、机械行业与家电行业增速或将有一定程度的下行；另一方面全球经济缓慢复苏，外需将带动中国钢材出口增长；基建投资以及城镇化的推进将在中后期为国内钢市带来利好；汽车行业仍将保持平均增速，造船行业耗钢量将随着 2013 年新造船订单的反弹而有所增加。预计 2014 年全国耗钢量将低速增长，进口矿石需求将达到 8.5 亿吨左右，沿海矿石运量呈现低速增长态势，增长幅度为 6% 左右。此外，钢厂矿石“随采随用”的模式继续将为沿海铁矿石运价增加一定的不确定性，同时天气因素也将对沿海铁矿石运价产生一定影响。预计 2014 年沿海铁矿石运价将小幅回升，全年均值涨幅在 3% 左右，最高点将出现在第三季度，如图 12 所示。

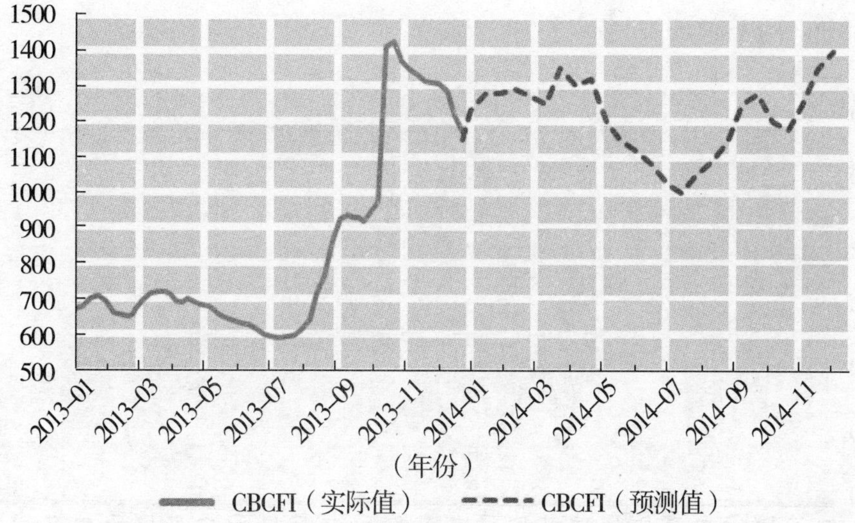

图 11　2014 年新版中国沿海煤炭综合运价指数（CBCFI）预测

数据来源：上海国际航运研究中心。

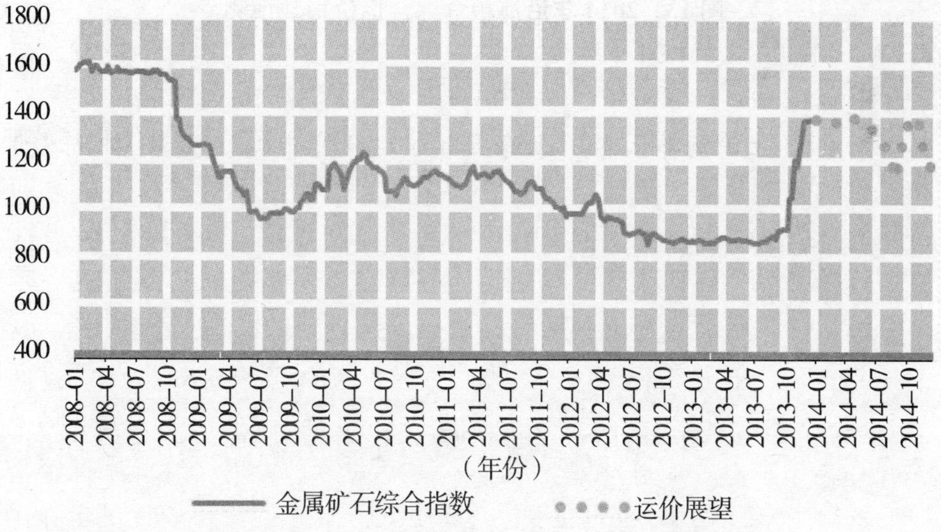

图 12　2014 年沿海金属矿石综合运价指数预测

数据来源：上海国际航运研究中心。

（3）沿海粮食运价季节性特征显著。2014 年国内饲料行业刚性需求将有所减弱，深加工行业更是如此，加上粮食进口量可能增多，国内粮食供给占比将较2013年下滑，预计沿海粮食运量增幅在8%左右。由于沿海粮食运价受沿海煤炭运价影响较大，预计2014年沿海粮食运价增幅将与沿海煤炭运价保持基本一致，预计增幅在9.2%左右，且沿海粮食运输市场季节波动特征仍相对明显，如图13所示。

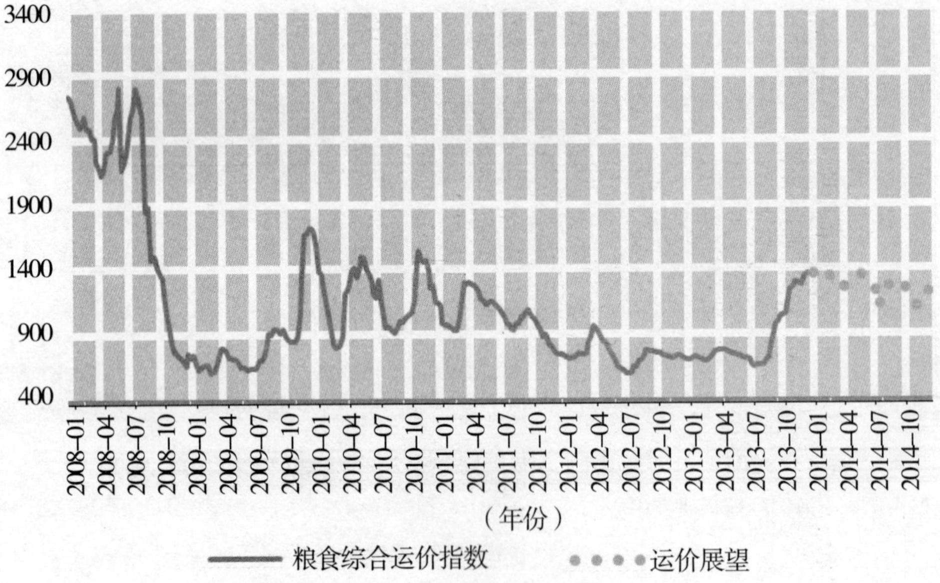

图13　2014年沿海粮食综合运价指数预测

数据来源：上海国际航运研究中心。

（上海海事大学　上海国际航运研究中心　李倩雯　陈蔓）

2013年航空货运市场发展回顾与2014年展望

一、2013年航空货运市场发展回顾

2013年，对于航空运输业而言，注定是不平静的一年。持续四年的经济危机，在欧洲经济走平、美国经济复苏的期望下，并没有给世界经济带来更多的惊喜，而是仍然在反反复复中“挣扎”。全球贸易增长缓慢、国际旅游与商务往来也未见大幅反弹，航空运输需求似乎一时之间“被冻结”，整体增长速度明显低于预期。尤其是航空货运，更是呈现四年“原地踏步”的“徘徊”局面。纵观全球经济与航空运输的发展，盘点2013年的航空货运，可以用两个核心词来表述，即：“低迷”与“变革”。

低迷是市场需求的“萎靡不振”。根据国际航空运输协会（IATA）2013年10月货运市场分析报告，全球1—10月的全球货运吨千米（FTK）累计仅比2012年增长了0.8%，而对应的货邮吨千米（AFTK）却是增长了2.2%，如表1所示。

表1　　全球航空货运市场数据　　（单位：%）

Year on Year Comparison	Dec 2013 vs. Dec 2012			2013 vs. 2012		
	FTK	AFTK	FLF	FTK	AFTK	FLF
Africa	2.4	−0.3	33.1	1.5	6.6	30.4
Asia/Pacific	−1.1	4.0	58.5	−1.6	0.1	58.7
Europe	2.7	2.9	50.6	1.7	1.8	48.7
Latin America	−5.2	−3.2	45.5	1.3	2.3	43.9
Middle East	13.2	13.1	45.7	12.9	12.1	45.0
North America	−1.6	0.2	40.0	−1.5	0.8	38.8
International	1.6	4.0	50.0	1.2	2.6	49.0
Africa	1.7	1.0	31.3	1.0	6.6	29.0

续 表

Year on Year Comparison	Dec 2013 vs. Dec 2012			2013 vs. 2012		
	FTK	AFTK	FLF	FTK	AFTK	FLF
Asia/Pacific	-0.3	5.0	55.8	-1.0	0.8	55.5
Europe	2.9	2.7	49.5	1.8	2.2	47.5
Latin America	-5.0	-2.4	42.9	2.4	1.8	41.9
Middle East	13.0	12.5	45.4	12.8	11.8	44.5
North America	-0.5	0	35.0	-0.4	0.9	34.3
Total Market	1.8	3.6	46.3	1.4	2.6	45.3

FTK：Freig ht-Tonne-Kilometers；AFTK：Available Freight Tonne Kilometers；FLF：Freight Load Factor

All Figures are expressed in % change Year on Year except FLF which are the load factors for the specific month.

相比全球市场，我国航空货运市场不再是“一枝独秀”，而是走在了“低迷”的前列。根据中国民用航空局公布的月统计数据，我国航空货运市场自2010年以来，几乎就没有增长。从货邮周转量来看，2010年，我国航空货邮周转量月平均值是14.5亿吨千米，2011年、2012年分别是14.4亿吨千米与13.5亿吨千米，2013年1—11月为14亿吨千米，较2010年约低0.5亿吨千米；而从货邮运输量来看，则只是与2010年的46万吨持平（4年分别为46万吨、46.1万吨、45万吨、46.1万吨）。然而，与此对应的却是我国航空货运运力规模的不断扩大，市场出现了明显的“供大于求”的局面，航空货运企业惨淡经营，纷纷寻求商业模式转型，如表2所示。

表2　　2010—2013年我国航空货运量月平均值

年份	货邮运输量（万吨）	货邮周转量（亿吨）
2010	46.0	14.5
2011	46.1	14.4
2012	45.0	13.5
2013	46.1	14.0

变革是市场格局与商业模式的转变。在市场增幅“低位徘徊”的过程中，市场竞争格局也出现了明显的变革。如果说，在经济危机之前，市场重点由经

济发达的欧美市场转向了亚太地区以及以中国为代表的新兴市场。那么，在经济危机之后，随着中东地区航空运输业的快速发展，以及全球经济秩序的调整与供应链格局的转变，市场重心正在从亚太地区与新兴市场，转向中东地区与非洲及拉美地区。同时，在电子商务“井喷式”发展与劳动力成本上升导致的产业转移的背景下，我国航空货邮市场格局也出现了明显的调整，国内市场增长明显快于国际市场、中西部地区的增长速度明显高于东部沿海地区。

市场格局的变化，必然会带来航空货运企业及相关物流企业的商业模式转型。从全球竞争的视角看，传统客货兼营的航空公司正在不断调整运力安排，放弃全货机经营，或是放弃大型货机机型正成为一些大型航空公司未来战略调整的方向。而对于以 UPS 与 FedEx 为代表的航空快递企业而言，也开始了加大中型货机引进的速度，并加快了对普通货运市场的营销力度。在国内，航空货运企业战略变革的意图则更为明显，以东海航空与扬子江快运为代表的全货机运营公司，正在或是已经申请了客运牌照，向综合型航空公司转型；而以中国东方航空集团为代表的客货兼营的航空公司，则寻求的是从传统航空货运服务向航空快递服务的战略转型。自 2012 年开始，东航集团就通过一系列重组动作，实现了东航集团内部航空货运资源的全面整合，并在此基础上创新商业模式，推出了东航快递、产地直达、卡车航班等全新的产品。

二、2014 年航空货运市场发展展望

展望 2014 年的航空货运，市场前景仍然不明，企业跨界发展将加速。根据 2013 年 12 月 18 日联合国发布的《2014 年世界经济形势与展望》报告，2013 年世界经济增长动力不足的主要原因是包括欧盟国家和美国在内的发达国家依然陷于经济衰退的困境之中；2014 年，包括巴西、中国、印度和俄罗斯在内的新兴经济体的经济表现可能会呈现分化局势，中国的增长相对稳定，但有些国家受到外部需求下降和外资流出的影响，经济局势可能会相对困难，甚至存在“硬着陆”的风险。更为重要的是，2013 年 12 月 19 日，美联储突然宣布自 2014 年 1 月开始将每月 850 亿美元的资产购买计划削减掉 100 亿美元，宣告美国持续了五年的量化宽松政策（QE）终于开启了逐渐退出的步伐，从而为 2014 年的全球经济增长带来了更大的政策风险。这就意味着，2014 年的航空货运前景难料。

无独有偶，2013 年 11 月 15 日，总部位于日内瓦的世界经济论坛也发布了《2014 年全球议程展望》报告，列出了 2014 年全球领袖必须关注的十大趋势，包括中东和北非社会紧张局势升级、收入差距拉大、结构性失业、网络威

胁加剧、对气候变化不作为、对经济政策的信心下滑、领导力价值缺失、亚洲中产阶级扩大、特大城市的重要性增加以及网络不实信息迅速传播等。

显然，全球经济发展的不确定性，也直接考验着经历三十多年改革开放的中国经济增长模式。自十八届三中全会以来，我国开启了新一轮经济改革，上海自由贸易区的建立，宣告了中国未来经济发展将步入改革的深水区，增长速度必然会退居其次，产业结构调整与经济增长模式转型将成为未来很长一段时间内中国经济发展的主要特征。这也就是说，受经济危机的影响，自 2010 年以来外贸进出口增幅放缓的趋势将持续，我国国际航空货运市场将难以呈现 2004—2007 年高速增长的局面；而国内市场，则会因为以电子商务为主要服务对象的快递业的快速发展，仍然会呈现“脱腹舱”化与专业化的发展趋势。但其商业模式，尤其是赢利模式仍然有待进一步明确。

事实上，在 2013 年，国内航空货运与快递业之间就上演着“跨界发展”的大戏。这种“跨界”，首先是表现在航空货运服务链的延伸上，一方面是快递服务企业由地面服务向空中服务发展，如顺丰速运成立了货运航空公司，圆通快递也递交了筹建申请；另一方面是航空货运企业由空中服务向地面服务延伸，如中国货运航空公司的“东航快递”、“卡车航班”，海航集团的天天快递等；其次是机场货运服务企业的业务多元化发展，由过去单一的货站服务，向物流园、综合保税区等业务拓展，譬如郑州的空港综合经济实验区、重庆的机场综合保税区等。因此，在市场需求依然“疲软”的 2014 年，传统航空货运企业以资源整合为战略方向的服务链延伸策略仍然会成为发展的主基调；而以电子商务为依托的快递企业，也可能在民航深化改革的背景下，快速向空中运输发展。尤其值得注意的是，2014 年，以自由贸易区为依托的跨境电子商务服务有可能成为航空物流的生力军，这也必然会为航空货运服务企业与快递服务企业间的“跨界”发展带来新的机遇。

（中国民航管理干部学院航空运输服务研究所　邹建军）

2013年仓储业发展回顾与2014年展望

一、2013年仓储业发展回顾

（一）仓储业业务增速放缓

根据中国物资储运协会对全国62家有代表性的仓储企业调查统计，2013年样本企业主营业务收入共计319亿元，比2012年增长8.3亿元，增幅是2.66%，低于往年同期水平，也远低于2013年我国国民生产总值7.7%的增速。在过去10年甚至更长的一段时期内，样本企业仓储业务收入增速一直远高于GDP增速。在GDP高速增长时期，仓储业主营收入增速一般在15%以上。应该说2013年是仓储业收入的低谷期。样本企业货物吞吐量5946万吨，比2012年下降了30%，期末库存量388万吨，比上年减少12%。货物平均周转次数是7.66次，高于上年的7.6次，这说明货物的周转次数加快，反映了当前我国物流的一个新动向，即少批量、多批次、快周转的特点。2013年样本企业的平均收入利润率只有1%左右，说明仓储业的经营状况出现恶化。

（二）仓储业业务结构调整

2013年仓储业受到经济增速放缓、经济结构调整的影响较大。经济结构调整主要是去产能化，一些过度发展的行业要往下调产能，体现在仓储业上主要表现为库房业务增长，货场业务减少。这是因为大宗商品的流通量在减少，所以货场的利用率下降。库房业务提高，则是因为库房业务主要存储的是生活资料，在经济结构调整的大背景下，生活资料业务量明显增加。

（三）仓储业投资增速加快

2013年全国仓储业的投资快速增长。全国仓储业全年投资为4200.7亿元，同比增长32.7%，增速较上年提升4.6个百分点，远高于全国固定资产投资19.3%的增速。事实上，自2010年以来，我国仓储业的投资增速都超过25%。原因在于城市扩张速度快，仓库迁建较多。同时，也因为近年来，各地对物流园区的发展非常重视，规划了一批物流园区。到了2013年，这些园区普遍进入投资建设阶段。此外，土地价格过高也是推动仓储业投资增加的重要原因。

（四）物流园区进入规范化发展阶段

2013年10月15日，国家发展改革委等12部门发布了《全国物流园区发展规划》（以下简称《规划》），是我国第一个国家级的物流园区专项规划。2003年有关部门曾经下发文件，清理整顿各类园区，其中就包括物流园区。但是十年之后，物流园区不但没有被清理，反而有了更大的发展，其关键是市场起了决定性作用，物流市场的发展需要物流园区这样一种业态。应该说，《规划》是一个里程碑式的文件，标志着我国物流园区进入规范化、科学化、理性化的发展阶段。此外，我国物流园区转型升级的态势比较明显。就现状而言，正在从土地招商的初级阶段向服务创新、管理创新的发展阶段过渡，而一些发展较早的物流园区正在进行新一轮的转型规划，以适应下一个十年的物流需求。

（五）仓储网络获得重视

2013年业界对仓储网络的重视度提高到前所未有的地步，尤其是电子商务企业。电商物流在2013年里继续高速发展，而电商物流分拨中心的建设则是热点中的热点，包括京东商城、阿里巴巴等电商企业都在建设自己的仓储网络。这是因为在订单产生后，货物交付需要马上进行。如果货物交付不完成，交易是不完整的，也会影响用户体验。所以拥有完善的仓储网络成为电商物流的关键。而拥有仓储网络来保证交易标地的真实性、交易的安全性、资金的安全性也成为电商能否扩张的前提条件。所以京东商城、阿里巴巴、苏宁云商、顺丰、传化等都把仓储设施作为头等大事来抓，希望通过其网络的完善来实现电商快速交付、小批量、多批次的流通。

（六）仓储业成为地方政府发展重点

2013年许多地方政府把仓储业作为发展物流的重点。这是因为在城镇化过程中，迅速扩张的城市急需物流系统的支持。不断扩张的城市必然要具备一部分仓储物流设施或道路、商贸设施，这对整个仓储业而言也是发展的机会。同时需要指出的是，城市迅速增长的人口，带来了迅速增长的生产消费和生活消费，所以综合交通和仓储节点的建设是首要任务，而一个城市的物流节点不仅仅是一种模式，它需要有多种模式，大中小都要具备，否则这个城市的物流体系就不完整。因此每个城市需要对物流枢纽、物流园区、物流中心，货物集散中心和配送中心以及末端站点进行完整的规划建设，这样才能形成一个完整的城市物流节点体系。

（七）外资物流地产企业扩张加速

普洛斯目前在中国已经拥有1500万平方米的仓储设施，按照0.6的容积率计算，则占有2500万平方米的土地，已经成为我国最大的仓储物流地产提供商。值得注意的是，普洛斯已经不仅仅是单一拿地，它还进入物流业务，参股了多家物流企业。所以这样的外资企业具有相当大的活力，也正在悄然改变着我国仓储市场的布局。

目前外资物流地产商在规划、建设和运营等方面都比较规范，而这是国内市场所缺乏的，其在满足市场需求的同时，也给国内物流地产的开发带来可参考的经验。与外资相比，我国目前物流地产的投资机制还没有国外灵活，从资金的筹措到项目的落地、建设、招租、运营等一整套程序，我国企业还比较落后。可以说外资给我们提供了一个标准化的物流地产以及物流设施的参考样本，能给我们带来新的理念和新的运营模式，同时也缓解了我国物流设施缺乏的窘境，我们应该看到外资投资物流地产积极的一面。另外，外资的进入也给我国的物流地产市场带来了负面的影响。其主要表现在冲击了我国的物流地产市场，分割了国内物流地产的市场份额。

（八）仓储业发展障碍依然存在

2013年我国仓储业的发展应该说取得了一定的进步，但是需要注意的是，目前仓储业的发展也还存在一些障碍。

首先，是仓储企业向供应链企业的转变比较困难。拥有土地是仓储企业的资源优势，但过分依赖土地就成为仓储企业发展的一个障碍。安于现状、故步自封使得不少企业忘记业务不断创新、资源不断整合、人才不断涌现才是企业发展的根本。

其次，是我国仍然缺少全国性仓储业总体布局规划，缺少仓储规模的参数。一座城市、一个省区需要多少物流设施，建设多大规模的仓储设施和物流园区，在现阶段都缺乏真实参数，城市发展规划与物流发展规划不协调、不同步，物流园区与居住区相间布局，物流区和居住区交叉的布局则造成货流、物流和人流的混乱交叉，增加了流通成本。此外是地方政府对仓储业的认知不足。地方政府希望仓储能够带来高收入、高税收、高额投资，对入驻企业要求过高，这也是缺少全国总体规划布局的表现。

再次，仓储用地供应不足，土地指标紧缺，土地价格昂贵。其主要原因是当前地方政府并没有把仓储规划当作基础规划对待，仍然用税收、就业、土地财政的指标来决定土地的使用。而土地的比较收益使得土地供应向收益高的行业倾斜，从而导致物流用地相对偏远，仓储设施分布不均衡，加大了运输成本，加剧了交通的拥堵。

最后，城市的规划变动驱逐了一些仓储企业。2013 年中国物资储运协会就有五家会员单位被勒令迁出，迁到哪里、如何迁建，政府不安排，所以城市规划问题也给仓储业带来了很多意想不到的损失。

二、2014 年仓储业发展展望

在我国经济转型与经济结构调整的大背景下，我国仓储业发展的环境也发生了相应的变化。2013 年十八届三中全会提出了新一轮改革总纲领，指出市场在资源配置中起决定性作用。对仓储业而言，其未来必将面临充分的竞争，政府补贴、税收优惠也会减少或改变方式。同时整体经济中去产能化的速度在加快，尤其是钢铁、水泥、玻璃等高耗能、高污染行业产能减少，为这些行业服务的仓储业将会面临转型。另外，电子商务将颠覆传统的交易方式，仓储业的业务发展也会改变。快速响应、快速分解、小批量、多批次、可视化、网络化等需求都是仓储业将来的发展方向。所以在未来仓储设施的规模、布局、构造要主动适应这些变化。

（一）冷藏、冷库发展加快

在过去几年，随着我国居民生活水平的不断提高，冷藏、冷库发展速度比较快，这也在一定程度上完善了仓储业的结构。而随着人民生活水平的提高和资源分布的变化，冷藏、冷库还有相当大的发展空间。但需要注意的是，冷藏、冷库的发展应采用先进的工艺，不要忽视安全，同时还应合理布局规划，以免造成资源的浪费。之所以提出这一观点，是因为目前我国的一些企业在冷藏、冷库的工艺上仍然比较落后。不少冷库的站台是开放式的，这意味着冷藏的货品要拿到开放式的站台上，然后再装车，而进库的货品则需要从冷藏车上卸下来，放到开放式站台上再进库，导致了热能的损失。因此冷库的设计一定要密闭、密封。以日本东京驻地的海鲜市场为例，其作为日本代表性的海产品的批发市场存在多年，但目前已经决定搬迁，其原因就在于交通规划问题与制冷技术落后。所以说一定要用新的技术和工艺设计新的冷库。

（二）仓储设施供应紧张得到缓解

仓储设施供不应求的局面将会缓解，但一线城市仍然紧张。仓储业的投资额已经连续多年增速超过 25%，主要是因为物流园区进入大规模建设时期造成的投资增长。2013 年一线大城市的仓储价格增速有所放缓，有的地方还出现了一些下降，说明仓储设施快达到饱和的临界点。尽管有些地方政府已经注意到这一点，但是相关的建设依然比较活跃。以北京为例，目前北京市区已经不再批准相关仓储设施建设，但是北京周边的廊坊、固安、武清等地的仓储设施建设依然活跃。因此现阶段我们需要研究物流园区的结构、商贸物流园区和其他物流园区的比例以及商贸设施和物流设施的占地比例和投资比例，搞清楚这一点才能知道仓储设施的供给量。而相关数据表明，每百亿的社会商品零售总额大概需要 21 万 ~ 26 万平方米的库房。

（三）仓储与电商金融、快递的融合加快

2014 年将是仓储业大变革的一年，仓储业与电商、金融、快递的融合将明显加快。由于电商交割需要快速便利，这使得相关生产企业能够根据大数据得出安全库存量，预存货物到各个仓库，以便随时配送。事实上，2013 年由阿里巴巴牵头成立的“菜鸟”的初衷就在于此。应该说目前货物运输已经不成问题，但是落地配与仓储反而成为其短板。这是因为要实现 4 小时、8 小时、24 小时的及时送货，就必须在相关的配送区域内有相应的仓储，并预先库存相关的货物。如果预先库存货物，则会导致贸易商、制造商资金需求因库存增加而增加，因此就需要相关的金融机构来提供融资，这时质押监管的需求也在增加。另外，快递业的市场分割已经完成，下一步必将进入精细化的管理阶段，其目标就是优化节点，一级节点规模将会逐步加大，只有足够大才能实现满载。此外，电商企业中厂家直销的产品比例在增大，多级批发的模式将会改变。而这一系列的因素将会促使仓储业与电商、金融、快递的融合加快。

（四）园区发展进入转型升级

我国物流园区经过一个时期的发展，目前已经渐成规模。物流园区已经朝着规模化、规范化、高端化方向发展，这不仅仅表现在物流园区等物流地产项目数量的增加，也表现在物流地产的规划、建设、运营和投资上。

过去很多地方政府和企业在物流园区建设初期不关心运营问题，通常是先建了再说，导致物流园区的后续运营出现较大的困难。但是现在这一情况已经开始改变，物流园区的规划、建设和运营逐步走向规范化，定位明确，功能突

出。同时，对于物流地产的投资也更加理性化。现在无论是政府还是企业对于物流地产的投资都会根据实际需要进行合理投资，一方面是因为国家对于土地的严格控制，使得地方政府在有限的土地资源上必须合理规划，另一方面是投资各方更加看重收益。此外，随着银行贷款的不断严格，在成本不断上升的背景下，也倒逼物流地产的投资趋于理性化，不再盲目扩张。

（中国物资储运协会　姜超峰）

2013年国际货代业发展回顾与2014年展望

2013年，是我国“十二五”规划的第三年。面对错综复杂的内外部环境，国际货代业在增长中提质，在发展中创新，稳中向好，有力支撑了我国对外经济贸易的平稳增长和国际物流的转型升级，经营发展中出现了一些新亮点，也面临着不少亟待解决的问题。

一、2013年国际货代业发展回顾

1. 行业总量平稳增长

2013年，我国对外贸易发展引人注目。全年货物贸易额突破4万亿美元大关，达41603.31亿美元，同比增长7.6%。贸易总量首次超过美国居世界首位。其中，出口22100.42亿美元，增长7.9%；进口19502.89亿美元，增长7.3%。贸易是运输的基础，贸易量的稳步增长为国际货代业的经营发展提供了坚实的市场空间。反映在外贸货运量上，2013年1—11月，全国规模以上港口完成外贸货物吞吐量304979万吨，同比增长10.1%；航空运输方面，2013年全年完成货邮吞吐量1258.5万吨，同比2012年增长4.9%。其中国际航线完成428.5万吨，同比增长3.4%。

2. 行业经营难度加大

2013年8月1日，物流业“营改增”试点在全国全面推行。国家在物流行业实施“营改增”政策的初衷本是通过结构性减税，解决目前物流行业普遍存在的重复纳税和税负过重等问题。但由于国内多数物流业务存在进项税少等情况，所以新政实施的效果事与愿违，广大物流企业总体税负不降反增，令行业企业叫苦不迭。

其中冲击最大的当属国际货代业。2013年12月，财政部、国家税务总局发布了《关于将铁路运输和邮政业纳入营业税改征增值税试点的通知》（财税〔2013〕106号），国际航运业享受零税率或免税政策，由于国际货代业没有进项税抵扣，须按照包括国际运费在内的全额收入缴纳销项税，导致国际货代业税负大幅增加。后经中国物流与采购联合会等积极协调，财政部门对106号文中国际货代业免税政策给予解读，但各地税务部门解释不一，实际操作中国际货代的免税政策并没得到贯彻落实。这导致企业在业务报价、开具发票、会计处理等方面无所适从，已严重影响了正常业务开展。

另外，现阶段，国际货代服务同质化现象严重，各类细分市场竞争激烈，加之这些年人工成本（国际货代经营的主要成本）上涨过快及营销费用和IT等运营成本大幅增加，导致国内多数国际货代企业经营困难，行业利润率普遍不高。

3．专业化经营风生水起

国际货代业务线长，产品丰富。当前市场是一个专业化制胜的时代。不管是国际货代，还是国际物流，同属完全竞争市场，要想在市场中胜出，必须有效配置有限资源，走专业化和差异化服务的路子。市场竞争的加剧使得货代和物流服务的边界缩小，将货代做到极致和专业化便成为物流服务。为此，国内大中小货代企业无不紧密结合自己的资源优势和市场需求，将专业化经营作为企业谋求发展基本策略。许多中小货代企业推出的特定航线整箱物流及海运集拼、空运集品、空运危险品等特色物流发展快、势头好。专业化经营不仅提升了细分市场的集中度，而且显著提升了行业企业的利润率。

同时，一些大中型国际货代企业推陈出新，大力发展新兴高端物流业态，市场前景好、模式相对成熟的工程物流、会展物流、国际采购物流和保税物流等国际物流业务方兴未艾，中国外运、中远物流成为行业领先者。中国外运承接的中信建设安哥拉社会住房项目全程物流服务，自2008年4月至2014年3月，六年间共发运430万计费吨货物，成为行业历史上单个发货量最大的海外物流项目，在卸船速度、包装制作方案及物流服务模式等方面创造了多项海内外标杆。

4．海外网络布局向纵深推进

国内物流重在前期的资源投入和后期的运营管理，国际货代和物流重在营销和网络。Schenker、Khune Nagel 等行业领先的全球货代物流商优势之一就是拥有一个上百年积淀的全球网络。海外网络是货代物流企业的战略资源。近年来，国内各类货代企业结合自身业务特色和项目需要，知难而进，想方设法通过海外代理、自建、合资等多种方式，加紧在海外建立网点，其中非洲、中东、东南亚等新兴市场成为海外布局的重点。截至2013年年底，中国外运的海外网络已达69家，覆盖了全球72个国家和地区，其中自建网点13个，主要为工程项目物流服务。一些大中型民营货代物流企业不甘示弱，如克运物流、格林福德等公司在非洲、南美等项目集中区域广设网点，并购置车辆，经营卡车车队。

当然，2013年，行业发生的相关大事还不少。如令世人瞩目的上海自贸区成立运营；少数大型物流企业还“触电上网”，组建物流电商平台，探索传统业务与电子商务的融合。但这些对行业造成的影响还未显现，效果有待进一步观察。

如上所述，尽管这些年来国际货代业取得了不少成绩。但客观上说，长期以来制约该行业持续较快发展的因素仍未根本改观。主要表现在三个方面：一是整个行业业务量和收入增长放缓。这其中既受国内外贸增长和对外承包工程量增长放缓等需求的影响，也是行业本身转方式、促转型之困难使然；二是难以形成创新的经营模式。多数货代物流企业仍停留在“赚取差价、关系营销、低层次资源整合”的阶段。不像近年来快速发展的快递、快运、冷链等国内物流业务，创新点竞相频出，跨境竞合、平台整合、物流电商等模式各领风骚；三是政府部门对加快发展国际货代及物流的认识、相关的政策扶持远未提到应有高度。

二、2014 年国际货代业发展展望

1. 业务总量仍会在外贸转型升级中保持平稳增长

受欧美主要经济体经济复苏、新兴经济体经济较快增长的影响，多家权威机构预测，未来 2 ~ 3 年，世界经济总体向好。世界银行预测，2014 年全球贸易增幅将从 2013 年的 3.1% 增长到 4.6%，2015 年和 2016 年增长率均有望达到 5.1%。受此影响，预测 2014 年国际班轮市场将逐步走出低谷，全年全球海运量有望达到 1.7 亿标准箱，增幅达 6.12%。

从国内看，2013 年我国虽然从货物贸易总量上已超越美国成为全球第一贸易大国，但仍不是贸易强国。2013 年中国出口额占世界贸易额的比重大约 12%。中国外贸发展的既定策略是通过调整结构、优化布局、提质增效、转型升级等措施，确保年出口额在同期世界贸易额中的占比稳步增长，到 2020 年超过 20%，成为名符其实的贸易大国。同时，中国将在“十二五”及相当长时期深入实施新一轮“走出去”战略，对外工程承包、对外直接投资的总量和规模将会持续扩大。预计未来 5 年，中国对外投资的规模将达到 5000 亿美元。

贸易是运输的前提，贸易投资量的扩大意味着物流需求量的增加。虽然相对于前些年的快速增长，需求增速会放缓，但绝对量仍会小幅增长，这是确保未来 5 ~ 10 年我国国际货代业务可持续发展的基石。

2. 在差异化竞争中体现经营模式的创新转型

近年来，在新经济如物流电商等领域，出现了很多颠覆性的商业模式。但个人认为，国际货代与物流仍属于传统物流的范畴，经营模式短时期内难以出现系统性和革命性变革。

创新包括制度创新、管理创新和技术创新，对该行业来说，主要是管理创新和制度创新。基于该行业的现状，创新转型从以下方面相对容易推进：一是

服务创新。整合功能，延长链条，走货代物流化的路子是行业内多数企业未来发展的必由之路。二是管理创新。物流重在整合管理。相对于国内物流，国际物流具有轻资产、重网络、拼经验、靠人才等软性服务特点，实践中要做好营销创新、网络渠道创新和人才培养创新这三篇文章。举例来说，目前，工程物流业务竞争日趋激烈，国内行业企业通过在海外项目集中的非洲、中东、东南亚和南美等区域设立分公司，反向销售国内目标客户，或是工程物流营销的一个创新之举。但其中选好海外分公司经理人非常重要，通业务、懂语言、善沟通、能吃苦、会管理、讲忠心是必备素质，否则总部对设立海外分公司的期待及其承担的使命就会大打折扣。三是制度创新。体制影响物流服务的效率和效果。当前，国有大型物流企业普遍运营低效，而一些民营物流企业异军突起。党的十八届三中全会明确提出：发展混合所有制经济。物流作为商贸服务领域的一个充分竞争行业，如何调动广大员工的积极性，有机融合民营经济的效率活力和国有经济的资源优势，在物流行业推动混合所有制经济的落地生长，理应成为大型国有物流企业思考的一个现实问题。

3．政府要为行业企业“走出去”提供政策支撑

现阶段，我国物流业发展的一个突出特点就是“请进来”有余，“走出去”不足。近些年，经多方努力，国内物流的发展环境虽仍不尽如人意，但已有较大改善。而在国际物流方面，除保税物流有相关政策外，其他支持发展国际货代和物流的政策大多还是空白。

统筹国内国际物流协调发展，下大力推动物流业“走出去”是新形势下贯彻落实十八届三中全会精神的应有之义，也是提升国内物流企业国际竞争力、适应新一轮“走出去”战略需要、加快扩大服务贸易出口（运输是当前中国服务贸易逆差的第一大项目）等目标的迫切需要。

现阶段，破解国际货代及物流发展难题的关键在于政府的前期引导支持。结合行业多年来面临的问题，我们提出如下建议：一是顺应企业的呼声，并遵循国际惯例，尽快明确落实国际货代业增值税免税政策；二是抓紧出台2013年1月商务部颁布的《关于加快国际货运代理物流业健康发展的指导意见》的实施细则；三是鉴于海外网络是行业企业的薄弱和核心竞争要素，加快研究试点商务部和财政部现有的扶持外贸企业设立海外营销网络、对外经济合作专项资金等可覆盖到国际货代和物流业之政策措施；四是聚焦热点和难点问题，国内产学研各界应加大交流沟通，有关行业媒体加大舆论宣传，汇聚一切有利于发展国际物流的“正能量”。

（中国外运长航集团有限公司研究室　梅赟宾）

2013年快递业发展回顾与2014年展望

2013年，我国快递业业务量增速连续第三年保持在50%以上，仍处于高速增长期。正如在马年春节到来之际，国务院总理李克强在慰问快递员工时指出的那样，“快递业关系经济民生，你们既是在运送商品，也是在传递亲友心意，给大家送去春节的温暖，把幸福快递到千家万户，是中国经济的‘黑马’”。

一、2013年快递业发展回顾

据国家邮政局统计，2013年我国快递业完成快递业务量91.9亿件，同比增长61.1%；快递业务收入完成1441.7亿元左右，同比增长36.6%。其中，同城业务收入累计完成166.4亿元，同比增长51%；异地业务收入累计完成829亿元，同比增长30.5%；国际及港澳台业务收入累计完成270.7亿元，同比增长31.7%。全年我国快递业务量接近美国，保持了全球快件量第二大国的地位，如图1、图2所示。

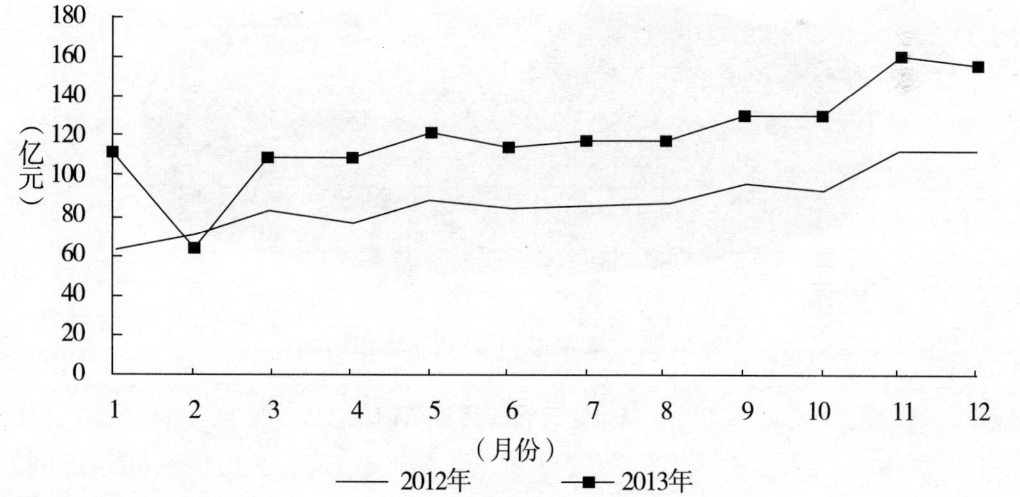

图1 快递业务收入情况

2013年，同城、异地、国际及港澳台快递业务收入分别占全部快递收入的11.5%、57.5%和18.8%；业务量分别占全部快递业务量的24.9%、72.2%和2.9%。与去年同期相比，同城快递业务收入的比重上升1.1个百分点，异地快递业务收入的比重下降2.7个百分点，国际及港澳台业务收入的比重下降了0.7个百分点，如图3所示。

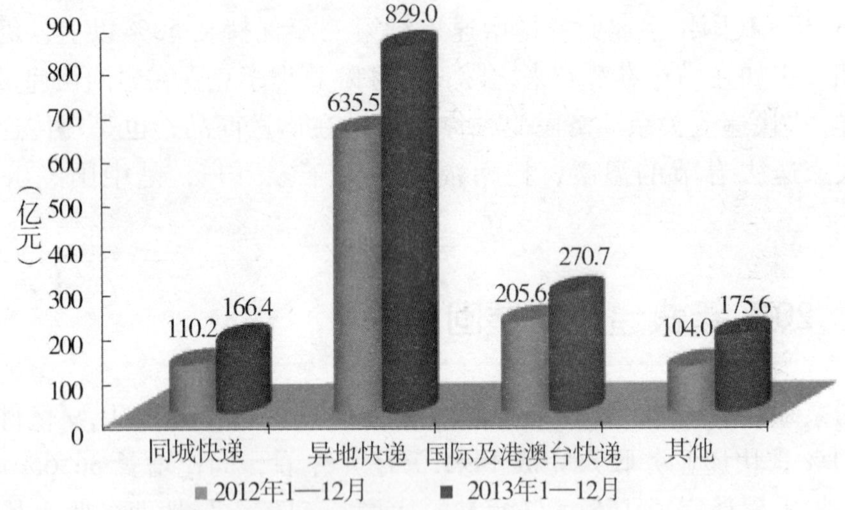

图2　分专业快递业务收入比较

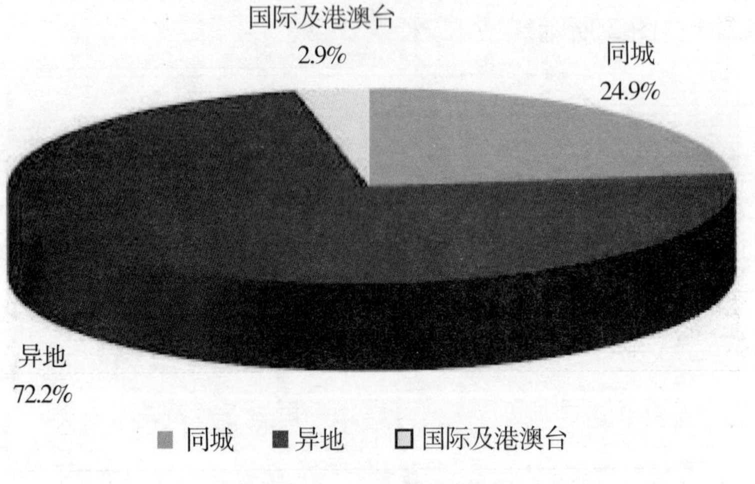

图3　快递业务量结构

2013年，东、中、西部地区快递业务收入的比重分别为83.2%、9.2%和7.6%，业务量比重分别为81.3%、10.8%和7.9%。与去年同期相比，东部地区快递业务收入比重上升了0.9个百分点，快递业务量比重下降了0.6个百分点；中部地区快递业务收入比重下降了0.1个百分点，快递业务量比重上升了 0.3 个百分点；西部地区快递业务收入比重下降了 0.8 个百分点，快递业务量比重上升了 0.3 个百分点，如图 4 所示。

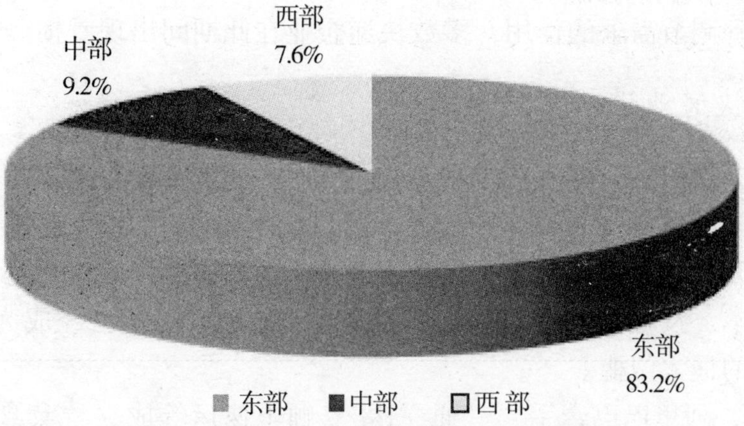

图 4　东、中、西部快递业务收入结构

据快递物流咨询网统计，2013 年民营快递所占的快递业务量达到 80% 以上，业务收入占到 62% 左右。

总体来看，2013 年快递业的呈现以下特点。

（一）市场集中度进一步提升

据统计，2013 年我国快递业市场加快向前六大快递企业集中，市场集中度进一步提升。这六家快递企业是“三通一达”（申通快递、圆通速递、韵达快递、中通快递）、顺丰速运和邮政速递，六家企业占我国快件业务量市场份额的 80% 左右，与往年相比同比上涨了 5% 左右。这主要是由于前六大企业服务范围较广，网点综合实力相对较强，市场定位覆盖“高中低”，多数电商首选这前六大快递企业。

从快递业务量占比的结构看，形成了两极分化的局面。即前六大快递企业日均业务量超过 380 万件，其他企业日均在 100 万件以下。

（二）“双十一”和“双十二”没有发生爆仓

由于国家邮政局和中国快递协会对“双十一”促销市场进行了调研和预测，并协调阿里巴巴和快递企业制定应对预案。快递企业不计代价购买了数百辆各式车辆，租赁了上千台专业运输车辆；新建集散中心 150 个左右；招聘临时工；组织“家属团”应对“购物狂欢节”等。同时，多数快递企业将原来在集散中心进行的“集包”作业改在了在加盟网点作业；还广泛采取了干线班车直发模式，减少了集散中转，大大地缓解了集散中心分拨的压力。对于2013年的“双十一”和“双十二”促销活动来说，快递企业向社会交出了一份满意答卷，值得惊喜和骄傲。但是，由于存在资源过度浪费，同时快递价格杠杆没有起到调节需求的作用，多数快递企业在此期间出现亏损。

（三）快递业进入资本时代

经过20年的发展，快递企业的规模层次和竞争格局已经形成。如果新进入快递业，没有巨额投资将难以形成竞争力。同时，兼并重组也需要巨额投资；信息化升级、自动化分拣、自助柜设立、发展航空快递等都也都需要大量投入。在资本、技术、人才、商业模式四个要素中，资本已经成为核心要素，是市场准入的最大门槛。

2013年，阿里巴巴牵手“三通一达”、顺丰速运等成立“菜鸟网”；腾讯收购易讯，包括自建快递物流部分；招商局、中信和元禾注资顺丰速运，占有25%的股份；力鼎、凤凰资本投资全峰快递；原中通快递华南区负责人吴传荣投资快捷速递；联想控股旗下的增益供应链投资、控股成立增益快递；能达快递重组等。一系列资本运作的事件显示了快递业受到资本的重点关注，已经进入资本时代。

（四）内资快递“微利化”和“无利化”趋势形成

据快递物流咨询网的统计，由于持续多年的“价格战”依旧，快递企业利润持续下滑，企业利润率已经由2003年的30%下降到5%左右。对于不可控因素较多的快递业来说，这个利润水平基本处于亏损的边缘。就件均收入来看，已经由2007年的28.6元下降到2013年12月份的15.7元，下降幅度达56%，异地快递的件均收入下降更是高达59%。同时，由于部分快递企业加盟商服务范围较小，在“微利化”和“无利化”的趋势下难以形成规模效益，进一步加剧了经营的困境。据快递物流咨询网统计，2013年，也是加盟制快递企业加盟商亏损面最大的一年，也是加盟商退出快递市场数量最多的一年。

（五）“价格战”作为竞争手段依然处于主导地位

主要是快递产品单一形成的同质化竞争所致，没有形成差异化和专业化的快递市场竞争格局。快递业“价格战”主要表现在“网购”快递市场，并以“三通一达”为代表。2013年，以他们为主的“价格战”进一步加剧。这种竞争手段不仅造成快递业向“微利化”和“无利化”发展，而且不利于快递企业健康和可持续发展。总体来看，我国快递业的主流基本上走的是“以价换量”的发展模式，仍然没有跳出“谁先涨价谁先死，谁不涨价谁等死”的怪圈。

（六）“网购”快递所占比例继续增大

从快递业务结构看，2013 年“网购”快递占到快递业务量的 70% 左右，同比增长 4% 以上。它预示着我国消费类快件连续三年处于主导地位，与发达国家以商务快件为主的业务结构形成了较大差异。其原因是以“三通一达”为主的快递企业，提供了廉价的甚至是无利的快递产品助推了“网购”的高速发展，而“网购”又是快递业务新的增长点，出现了“低成本、低价格、低端服务”的“三低”现象。

（七）电商自建快递物流继续扩张

一方面像京东、易讯、1 号店、唯品会和苏宁易购等电商自建快递物流不断向二三线城市扩张；另一方面，他们增强了一线城市“最后一千米”派送时限的竞争。京东推出了“极速达”快递产品，以提升客户购买商品后快递服务时效的体验，提高竞争门槛，从而提升市场占有率。易迅网自建物流团队引以为傲的“一日三送”服务已经覆盖了北京、上海、深圳、重庆、武汉等多个城市。但在其自建物流队伍尚未覆盖的区域，易迅网虽然采用与第三方物流合作的方式为用户提供配送服务，但很难与自建团队的水平媲美。不过，据透露，未来易迅网将把“一日三送”模式推广到更多区域。

（八）“网购”快递同城化趋势显现

2012 年同城快递业务量占比 23.1%，同比增加了 0.8%；2013 年同城快递占比 25.5%，同比增加了 2.2%；像成都同城快递业务量中的同城快递同比增长 146.5%，均大大高于异地快递和国际快递的增长比例。这种现象预示着“网购”购买向同城转移，预示着同城化“网购”的布局日趋完善，预示着消费者对快递价格的敏感度依然很高。针对这种趋势，圆通速递、中通快递和申通快递正在推出“代收货款”（COD）业务产品。

（九）快递业已经成为媒体关注的焦点

2013 年，“暴力分拣”、“倒卖客户信息”、“夺命快递”和快递企业倒闭引发的负面事件等让快递业成为媒体不断曝光的行业。社会舆论对快递业的诚信和规范发展产生了质疑，对快递业“做大”了没有“做强”产生了质疑，对快递业“以价换量”的发展模式产生了质疑。与此同时，宁波“八位快递哥”、辽宁“快递哥”等多起快递员英勇救人的事迹也让社会感动，受到了广泛的好评。

二、2014 年我国快递业发展展望

（一）快递业发展继续保持高速发展的态势

从宏观经济层面看，十八届三中全会发布的《中共中央关于全面深化改革若干重大问题的决定》和 2013 年中央经济工作会议确定的 2014 年六大任务，为 2014 年我国经济稳定发展奠定了基础。特别是加大改革的力度和提高对外开放的水平，为快递业的可持续发展注入了新的活力。此外，上海自贸区将成为跨境“网购”快递新的业务增长点。

从快递市场的需求看，“网购”消费模式潜力巨大，继续不断释放出购买能量。特别是“70 后”至“90 后”已经对“网购”产生了过度依赖，其“鼠标式”的购买方式也符合其心理特点和快节奏的生活方式。而“网购”物流对快递的依赖度极大。2014 年 O2O 模式将为“网购”注入新的活力，对于下游的快递业来说，受其利好因素影响将引发业务量的高速增长。

“竞争容易转型难”。从快递价值规律的角度看，国内快递没有像国际快递一样建立“浮动式”定价机制。预计，2014 年我国快递业基本上还会延续“以价换量”的发展模式。这种粗放型的发展模式还会继续助推“网购”快递业务量高速增长。

从快递时限产品看，大多数快递企业产品单一，没有建立标准的快递服务时限产品体系，其结果是同质化竞争引发的“价格战”。而“价格战”有利于“网购”快递的高速增长。

从快递业务的结构看，“以价换量”的发展模式还会继续影响快递业务结构。2013 年“网购”快递占到业务量的 70% 以上，其增速高于商务快递业务量的增长速度。预计 2014 年“网购”快递业务量所占的比例将会达到 75% 左右。预示着我国“网购”消费类快件将继续处于主导地位。

预计，2014 年快递业务量同比将以 45% 以上的速度增长，业务收入同比呈现 35% 以上的增长速度。与此同时，同城快递的比例将小幅增长，异地快递的比例小幅下降，国际快递所占比例上涨明显。

（二）快递企业与电商之间的联动发展机制尚未完善，快递业经营依然受制于电商

电商还会继续以快件量的优势，利用快递业同质化竞争的弊端打压快递价格，进一步迫使以“网购”为主的快递企业向“微利化”和“无利化”转型，造成快递企业“转型升级”和“转变发展”内生动力不足。同时，以“网购”为主的快递企业将形成快递价格的两极分化，即对电商“以价换量”，对散户实施涨价，这暴露了快递企业陷入了发展的困境。

（三）快递企业“微利化”和“无利化”趋势加剧

多数快递企业之间同质化竞争引发的“价格战”在2014年还会延续，它将加剧快递企业价格上的恶性竞争。据快递物流咨询网的抽样调查，如果不采取有效措施，2014年快递企业的利润率还会持续下滑，将下降到5%以下，致使多数快递企业难以跳出“谁先涨价谁先死，谁不涨价谁等死”的怪圈。

（四）电商和电商平台自建快递物流将向公共平台转型

对于电商和电商平台来说，占有更多的市场份额是其主要战略之一。其竞争力不仅表现在商品的价格上，还表现在快递物流的服务体验上。2014年电商企业如京东、苏宁易购、1号店和易讯等将开放快递物流平台。其主要目的是扩大市场份额和形成新的赢利模式。因为电商自建物流以提供个性化服务为主，第三方快递以提供标准化快递为主，电商自建快递物流对第三方快递产生的冲击影响有限。

（五）“仓配一体化”成为“网购”快递新模式

2014年，“三通一达”、顺丰速运、邮政速递等快递企业将会加大“仓配一体化”投资力度。从供应链的角度看，为“网购”电商提供仓储、加工、配货、包装、快递和增值服务（如代收货款、签单返还）等服务，是向供应链的上游延伸，它不但可以提升快递的附加值，还可以进一步增强电商对快递品牌的依赖度和依存度，这也是“倒逼”以“网购”为主的快递企业不得不通过增值服务寻找利润空间，并强化了对“网购”货源的控制力。

（六）中小型快递企业经营风险加剧

2014年，前六大快递企业将加快向综合物流转型，其在专业快递市场竞争的序幕将会展开，这将进一步挤压中小型快递企业的空间。主要是中小型快

递企业服务范围有限导致电商不选择他们作为快递分供商。如果他们缺乏经营特色或者在专业化上缺乏竞争力，其经营风险就会加大。据快递物流咨询网的推测，2014 年将有 50% 以上的中小型快递企业亏损，如果没有资金的注入，经营风险将进一步加剧。2014 年伊始，国强快递倒闭就是由于服务范围有限，与“三通一达”相比缺乏经营特色，形成同质化竞争，仅仅靠降价难以提高市场份额，并加剧了亏损而引发资金链断裂。

（七）快递企业转型升级开始显现

2014 年，由于快递企业“微利化”和“无利化”趋势加剧，它将加速产业集聚化、经营集约化和市场集中化发展；将促进市场加速向“品牌优、规模大、实力强、后劲足”的快递企业集中，将推动快递企业向一体化、集约化、标准化、机械化、自动化、国际化升级；将加速快递企业向细分市场转型，即细分为冷链快递、文件快递、化妆品快递、母婴产品快递、水果快递、危险品快递；将促进大型快递企业向综合化转型，中型快递企业向专业化转型，小型快递企业向个性化转型，即按照综合实力进行行业分工。否则，中型快递企业继续追逐“三通一达”或者顺丰速运的发展模式，其经营风险将大大加大。

（八）快递“营改增”促进快递业务与运输业务剥离负担

根据财政部、国家税务总局近日联合下发通知确定了快递行业适用税率。所提供的快递服务，就其交通运输部分适用 11% 的税率，其快递的收派服务适用 6% 的税率。根据对比分析，6% 的增值税率与 3% 的营业税率基本一样，但是，交通运输部分 11% 的运输税率，对于抵扣项目较少的快递业来说，较 3% 的税率高出了一倍以上。这将促使企业将快递业务与干线运输业务剥离，即快递企业将成立专业化的运输公司，以降低税负的压力。同时，部分快递企业还将因为财务不规范，加盟制派送费可能列入收入等因素而多缴纳税收。

（快递物流咨询网　徐勇）

2013年物流地产业发展回顾与2014年展望①

物流地产业自20世纪80年代由美国提出后，经过近30年的发展，在国际上已成为物流业发展的重要基础。2013年9月《全国物流园区发展规划》（以下简称《规划》）发布，明确了我国物流园区布局城市、选址要求和发展目标，为我国物流园区的发展指明了方向，对我国物流地产业的健康发展奠定了坚实基础。

2013年，我国物流地产业平稳发展，以物流园区、物流中心、配送中心、分拨中心、物流仓库等为主体的物流地产业在中国继续保持良好的发展态势。

一、2013年物流地产业发展回顾

2013年是实施“十二五”规划承前启后的关键之年，也是贯彻落实十八大精神的开局之年。我国政府全面深化经济体制改革，经济运行保持稳中求进的总基调，物流业各项指标平稳增长。物流相关行业固定资产投资保持快速增长，物流基础设施建设稳步推进，物流地产需求持续增长，园区布局及功能更加合理、完善，物流地产业发展迅速。

（一）物流地产市场需求强劲，物流服务设施租金持续上涨

2013年政府继续加强对房地产市场的调控。3月，国务院办公厅发布了《关于继续做好房地产市场调控工作的通知》，着力深化改革、调控以稳为主，不同城市政策分化调控。同时，十八届三中全会中新型城镇化战略的落地也推动房地产市场逐步回归理性。

在房地产市场调整、物流业快速发展的形势下，物流地产成为各方投资和关注的焦点。2013年11月28日，苏宁在上海奉贤地区占地25万平方米，总投资额达11亿元的物流基地项目举行了奠基仪式。2013年12月24日，普洛斯（中国）正式签约进驻南海（丹灶）物流新城。

纵观2013年我国物流地产市场，尤其是上海等沿海经济发达地区的工业物流地产市场需求旺盛，物流服务设施租金价格持续增长。

---

① 本项研究获国家科技支撑计划（2012BAH21F01）支持。

世邦魏理仕（CBRE）报告显示，2013 年第四季度有多个知名物流仓库开发商如普洛斯等在一、二线城市的高品质仓储物业交付使用，在一定程度上缓解了部分市场供不应求的状况，但来自电商及第三方物流的旺盛租赁需求仍令整体市场呈现供不应求的局面。受此推动，全国优质物流仓库平均租金指数环比上涨0.5%，当季全国主要城市租金无一下跌。其中，武汉、杭州、深圳和广州的租金涨幅保持在1%以上。2013 年全年受供应短缺和旺盛需求推动，杭州和深圳的优质物流仓库平均租金同比涨幅均高于5%。

2013 年7 月，仲量联行发布的《中国物流市场的机遇》白皮书显示，目前，上海物流园区的租金为35 美元～60 美元/（平方米·年）。仲量联行中国区工业地产部表示，在过去几年里，上海物流地产的租金每年增长5%～10%。

戴德梁行的统计数据显示，2013 年第一季度整体工业的租金继续保持上涨态势，小幅攀升至人民币29.21 元/平方米/月，环比上升2.7%。值得关注的是，其中仓库的租金环比上涨了约3 个百分点，达到人民币38.93 元/平方米/月。同期，仓库的空置率环比下降3%～6.38%。

（二）外商投资物流地产热情继续升温

2013 年，全球经济延续低速增长态势。我国国民经济保持平稳增长，固定资产投资稳步推进。随着电子商务的快速发展，越来越多的外商将投资目标从欧美转向中国，从传统房地产市场转向新兴的物流地产市场。

据报道，最近六七年，海外基金对上海核心商圈的商业物业兴趣浓厚。然而，如今海外基金的收购兴趣发生转移，更多转向物流地产。戴德梁行工业及物流地产部透露，目前高端物流地产回报率高达8%，比住宅与办公楼4%～6%的回报率高2～4 个百分点。

2013 年7 月，德意志银行发布了亚太地区物流发展（特别是物流地产）的投资活动报告。报告指出，与其他地产类型相比，物流地产领域存在很大上升空间。报告认为，物流地产即将登上舞台，成为新的热点。在追求高回报的投资者群体中，已经成为亚太地区最受欢迎的投资选择。初级市场中写字楼和住宅收益的减少也加速了这一趋势的发展。在亚太地区，许多投资者，如养老金、主权财富基金、开发商、房地产投资信托公司以及私募基金正竞相购买高品质的物流资产。大多投资者认为大中华区的工业地产和物流地产是未来的投资热门。

亚洲非上市房地产投资协会（ANREV）2013 年最新一期投资者调查显示，投资者对亚太地区工业地产的投资兴趣现已超过写字楼和住宅类地产。亚太地区110 名被调查者中68%的人表示今年将会把投资重点放在工业地产和物流地产领域，而2012年这一数字仅为28%。

据东方财富网报道，全球另类资产管理公司凯雷投资集团和The Townsend Group于2013年8月29日共同宣布与中国最大的物流仓储物业开发商之一的上海宇培集团建立战略合作平台，共同投资中国的17个现代化物流仓库。

（三）物流园区布局更趋合理，配送中心试点城市逐步建立

受我国经济发展格局东南发展快、西北发展慢的影响，我国物流园区布局也体现出东南沿海多西北少的特点。《规划》指出将北京、天津等29个城市确定为一级物流园区布局城市，石家庄、邯郸等70个城市确定为二级物流园区布局城市。《规划》按照物流需求规模大小以及在国家战略和产业布局中的重要程度，为物流园区的发展画出了“路线图”。2013年12月31日八项物流国家标准正式发布，其中包括物流园区服务规范及评估指标、物流园区统计指标体系等标准，为物流园区以及物流地产的规范化发展指出了明确的方向。

2013年各地物流园区的纷纷开建和落户，在适应各地经济发展的基础上，物流园区的建设已由东南沿海向内陆地区转移，趋向均衡发展。这一方面是由于沿海地区土地资源紧缺，土地租金价格较高，另一方面随着中西部地区经济的迅速发展，也需要专业化、现代化的物流基础服务设施与之相适应。

2013年7月24日，三峡物流园正式开业。该项目占地1154亩，总建筑面积80.8万平方米。作为鄂西渝东最大的综合性物流项目，该项目不仅是一个大型的一站式生活品采购中心，更是一个集运输、仓储、货代和信息等于一体的复合型服务产业，对加快推进湖北长江经济带新一轮开发具有重要意义。

新丝绸之路经济带的提出，对我国西部地区物流园区的发展具有强大的推动作用。陕西提出发挥国际港务区、综合保税区的作用。甘肃省提出新建中国甘肃东部（甘谷）物流中心，该项目占地1518亩，总建筑面积113.7万平方米，着力打造集交易、仓储、加工、配送、金融、电子、商务于一体的区域综合性现代化物流园区。

2013年11月22日，《防城港市大西南公车物流园区物流专项规划》通过专家评审。防城港作为中国西部地区的第一大港，东进西出的桥头堡，是西南地区走向世界的海上主门户，同时也是链接中国—东盟，服务西部的物流大平台。该物流园区的建设满足了西部地区经济发展的需求，有利于促进我国西部地区经济的快速发展。

近年来，随着第三方物流的快速发展我国物流配送效率得到了很大的提

高，但是物流“最后一千米”问题仍然凸显。2012 年，商务部下发了《关于推进现代物流技术应用和共同配送的指导意见》，首批选择了 9 个城市开展现代物流技术应用和共同配送试点；2013 年，商务部、财政部进一步将城市共同配送工作纳入现代服务业产业试点范围，确定了 15 个试点城市，包括包头、沈阳、吉林、牡丹江、徐州、福州、秦皇岛、淄博、烟台、漯河、襄阳、湘潭、中山、遵义、天水。从布局上看，我国物流配送中心试点城市区域性分布趋向均衡协调，如图 1 所示。

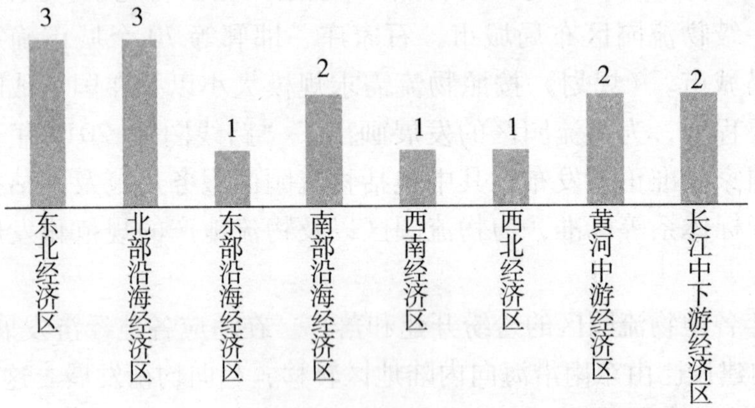

图 1　八大经济区共同配送试点城市数量

（四）物流园区转型升级明显，物流服务体系日趋完善

我国物流园区在近几年发展的基础上，全国性的布局基本形成。但是物流园区在运营方面服务功能单一、管理缺失等问题在很大程度上制约了物流园区的发展。随着我国经济的转型发展，物流地产也将向集约化与协同化、规模化与网络化、绿色化与低碳化发展。

《规划》明确提出要完善物流园区服务功能。各地结合自己的产业特点和地理位置，优化物流园区基础设施建设，为入驻企业服务。物流园区的赢利模式包括三个方面：一是政府的赢利模式。即通过经济总量增加、税收增加、就业扩大等来取得经济与社会效益；二是开发商的赢利模式。即通过园区土地增值、物业增值、土地与物业转让或出租收入、配套服务等来取得经济效益；三是入驻企业的赢利模式。即通过交易收入、仓储收入、配送收入、信息中介收入、加工收入等来取得经济效益。现代化物流园区要相对于传统物流园区在质量上有所提升，就需要在园区服务体系、电子商务平台和统一结算等企业赢利模式方面做出努力，提高物流园区的增值服务。

据报道，青岛的物流园区不再以租赁为主要经营模式，而是加入更多增值服务，由传统的收租者转变为物流组织者，例如搭建公共信息平台、提供金融等衍生服务，创造出促进内需增长的价值。以青岛物流分拨交易中心为例，该中心不仅是实物集散分拨交易中心，而且是信息汇聚中心，园区现代化的信息中介交易中心，将为全国各地的来青岛车辆提供返程的货物资源和信息资源，大大提高车辆满载率，降低配货成本。使入驻园区的物流企业通过配货信息的服务，车辆载货率提升了三成以上。

专业化物流园区加快发展。2013 年 12 月 24 日，普洛斯签约落户物流新城，拟建“快消及电商物流园”，将主打快消品和电商行业，而且计划将电子商务的结算中心和仓储分拨中心一起落户园区，提高物流园区的增值服务功能。

（五）电子商务进一步推动物流地产快速发展

随着电子商务的持续快速发展，电商企业纷纷加大对物流地产的投入力度，在全国各地建立自己的仓储物流中心。2013 年 5 月 28 日，阿里巴巴集团、银泰集团联合复星集团、富春集团、顺丰集团、“三通一达”（申通、圆通、中通、韵达），以及相关金融机构共同宣布“菜鸟网络科技有限公司”正式成立。该公司计划首期投资 1000 亿元，在 5 ~ 8 年的时间，努力打造遍布全国的开放式、社会化物流基础设施。

2013 年 8 月 27 日，腾讯电商控股公司宣布其华南电子商务运营总部项目正式奠基，总投资达 10 亿元。华南电子商务运营总部项目主体为仓储面积达 20 万平方米的腾讯电商华南区域物流中心，位于广州市黄埔开发区云埔工业区，建成后，将辐射广东、广西、海南、福建四省，为旗下易迅网、分销商户、QQ 网购开放平台商户提供信息化、仓储配送等服务。在此之前，易迅宣布将在 2012 年已经建成北京、上海、深圳、重庆、西安、武汉六大仓储物流中心的基础上，再度在沈阳、济南、福州、成都等 10 个城市建立大规模仓储中心。

2013 年农产品电商异军突起，预计网上交易额将达 500 亿元，隐藏在这背后的是农产品冷链物流和仓储解决方案的日益完善。据中国物流与采购联合会冷链物流专业委员会统计，我国现有 2 万座冷库，2013 年我国冷链物流业固定资产投资超过 1000 亿元，同比增长 24.2%，增幅同比提高 16%。截至 2013 年 10 月，2012—2013 年期间已建成的冷库数量共 18 个。根据中国物流与采购联合会冷链物流专业委员会对全国直辖市、省会城市及计划单列市的单体 1000 吨以上的公用型冷库（企业自建自用除外）的统计，全国直辖市、省会城市、计划单列市的公用型冷库共计981.73万吨，2454万立方米，据此推算全国的公用型冷库共计2637.09万吨，折合7127.27万立方米。

二、2014年物流地产业发展展望

2014年我国将继续坚持稳中求进的工作总基调，积极推进“十二五”规划的贯彻落实，保持政策的连续性和稳定性。积极推动深化改革，保持经济平稳健康发展。随着《全国物流园区发展规划》的发布，中国物流地产业的发展环境和产业政策将不断改善。在这样有利的背景下，预计2014年中国物流业将继续保持平稳增长，物流地产业面临良好的发展机遇。

（一）物流相关行业固定资产投资平稳发展

受我国经济发展现状和相关政策的影响，物流业成为我国经济转型的重点行业。仓储、物流园区建设热情高涨。随着电子商务、电视购物等新型消费方式的快速发展，日用消费品、电子消费品仓储需求快速增加，仓储资源出现持续紧缺局面。在仓储物流费用不断上涨、第三方物流不能满足需求且物流地产投资具有相对稳定客观的回报的情况下，电子商务和零售业企业开始纷纷投资自建物流仓储设施，支撑物流业投资保持快速增长。随着投资的稳步增长，2014年我国物流业基础设施条件继续得到改善，物流业可持续发展能力将继续得到增强。

2014年全国交通运输工作会议指出2014年要推进现代物流发展，继续推进具有公共服务功能的货运枢纽（物流园区）建设，全面加快国家级交通运输物流公共信息平台建设，深入推进甩挂运输、零担快运、城市配送发展。物流相关行业固定资产投资的稳步推进，将保障物流地产业的平稳发展。

（二）物流地产市场需求将持续增长，租金继续上涨

2014年，以宏观经济的稳定发展和国家相关政策的大力支持为基础，以电子商务、第三方物流等相关行业和企业业务扩展需要的增加为动力，物流地产的市场需求量将持续增长，租金继续上涨。

电子商务、第三方物流等相关行业的快速发展加快了物流地产的繁荣。2013年我国10万亿元的电子商务交易额中，网络零售超过1.8万亿元，且以每年6000亿元的速度增加。消费者对网购产品需求的加大，增大了各生产商对仓储空间的需求，同时网购产品档次和附加值的增加也使得优质仓储空间供

不应求。如阿里巴巴等多家电商不断加大与电子商务配套的现代物流体系建设。“菜鸟”已启动了包括北京、天津、广州、武汉、金华、海宁等十多个城市的拿地建仓项目。

世邦魏理仕（CBRE）发布《2013 年第四季度中国房地产市场回顾与 2014 年市场展望》显示，鉴于电子商务的蓬勃发展势头，预计 2014 年优质物流仓库的租赁需求及电商的物流仓库自建需求仍将保持强劲。加之各主要市场的物流仓储用地供应十分有限，预计各主要城市供不应求的市场状况将会持续，市场平均空置率仍将保持低位，租金亦稳中有升。预计良好的市场基本面及理想的投资回报也将吸引更多的投资者关注物流地产。

2013 年 9 月 29 日，中国（上海）自由贸易试验区（简称自贸区）正式挂牌成立。自贸区是中国大陆第一个自由贸易区，是顺应全球经贸发展新趋势，更加积极主动对外开放的重大举措。同策咨询研究部总监张宏伟认为，上海自贸区的成立，有利于产业资源整合与产业地产发展，物流、地产、商贸等行业有望迎来新一轮黄金发展期。预计未来自贸区亚太分拨中心、跨国公司地区性总部等均将大量使用当地的仓库和厂房资源。而在工业物流市场方面，自贸区的设立将催生区内和周边物流设施市场的需求。

（三）外商投资占比逐渐增大，投资主体多元化趋势更加明显

目前，中国在建、运营的物流园区多数由民营企业、政府或国有企业作为投资主体建设，外资、合作投资占比较小。根据近年来电子商务的快速崛起，电商企业纷纷投资物流地产，建设自己的仓储用地。同时国际大型物流地产开发商进入中国市场，可以预见，2014 年民营企业将继续占主要投资地位，同时外资占比将会持续增加。

2013 年以来，全球经济在调整中艰难复苏，总体形势有所改善。展望 2014 年，全球经济在转型中呈现弱增长态势，世界经济面临的下行风险的不确定性依然存在。而我国经济在新一届政府的领导下，保持平稳增长。跨国地产商纷纷将投资目标指向中国。

（四）物流园区布局更趋合理，物流园区示范工程有望启动

我国物流园区及配送中心等的建设虽在近几年得到了快速发展，但是也出现物流园区盲目建设、基础设施不全、服务功能落后等问题。

近两年来，一些地区的钢铁企业开始建设集中化管理运营的钢铁物流园区。这种钢铁物流园区为钢铁产品的销售提供了更为便利的环境，更有利于钢铁物流行业的转型升级。据不完全统计，西安市区的钢材营销商户超过 1000

家，分布在40多个钢材仓储和交易市场，普遍存在“小、散、乱、弱”的问题。2014年西安钢铁物流市场将加速建立集中化管理和运营的大型钢铁物流园区，促进钢铁物流的转型升级，优化资源配置，发展园区配套功能，提高钢铁物流园区集中化、规范化管理。

《规划》对我国物流园区，尤其是国家级示范物流园区提出了明确的发展要求。指出各地要结合实际，选择一批发展条件好、带动作用大的园区，作为省级示范物流园区加以扶持推广。在此基础上，开展国家级物流园区示范工程。为贯彻落实《规划》，中国物流与采购联合会物流园区专业委员会在2014年2月召开了2014年中物联物流园区专委会主任（扩大）会议，讨论、交流物流园区工作经验和2014年工作安排。会议透露，2014年我国物流园区示范工程有望启动。

（五）物流园区功能进一步完善，网络化运营成发展趋势

面对我国物流园区建设和运营中出现的一系列问题，预计2014年我国物流地产将突出完善物流园区基础设施建设，提高物流园区的综合服务功能，同时摆脱“点式经营”的弊端，以投资、托管、加盟的方式形成强大的物流园区跨区域网络联盟。

《规划》对我国物流园区发展提出了明确的发展要求。指出今后几年，是我国物流业发展的重要时期。科学规划、合理布局物流园区，充分发挥物流园区的集聚优势和基础平台作用，构建与区域经济、产业体系和居民消费水平相适应的物流服务体系，是促进物流业发展方式转变、带动其他产业结构调整以及建设资源节约型和环境友好型社会的必然选择。预计2014年全国各地关于物流集聚区的规划将陆续出台，一些地区也会成立专门机构对物流集聚区进行管理、服务。各地集聚区内的基础设施建设将不断增强，物流集聚区的配套水平也将进一步得到提升。

例如，具有明显开放型经济特征的江苏省，已打破园区“点式经营”模式，建立全省园区联盟组织，推动物流园区网络化运营，推动苏南、苏中、苏北三大经济区的协调发展。浙江省基本形成了以省重点物流园区为核心，不同层级、不同特色的物流园区协调发展的物流服务体系。而以浙江传化“公路港”为代表的部分国内物流园区运营商，通过连锁复制方式逐步实现在全国范围内园区的网络化布局和运营，发展势头较快。

2013年国务院机构改革将铁道部并入交通运输部，组建国家铁路总局，改变了过去铁路、公路、水路、航空、邮政部门分割和政出多门的管理体制，有利于资源的科学合理配置。使各种运输方式的转换、衔接更加顺畅，对物流

园区基础设施建设和综合服务能力的提升必将起到巨大的推动作用。

（六）移动互联网和电子商务的发展将改变物流地产的发展模式

众所周知，在智能手机等移动终端设备大量普及的今天，借助移动互联网的传播优势推进行业信息化发展已经成为时下最热门的话题。据 2014 中国互联网产业年会上发布的数据显示，2013 年我国移动互联网网民规模达 6.52 亿，移动互联网市场规模突破 300 亿元人民币，其中可穿戴设备市场规模同比增长 301.64%。预计这一数据在 2014 年还将继续高速增长，并进一步向三四线城市市场渗透。

随着移动互联网和电子商务的不断发展，物流行业未来竞争将会愈演愈烈，仅依赖传统的线下市场的开拓很难在未来竞争中博得一席之地。移动互联网的兴起为物流行业开拓了全新的营销推广渠道，更打开了全新的市场大门。目前一些大型物流企业的信息化水平较高，已普遍应用仓储管理、运输管理、财务管理和订单管理系统。与此同时，掌上配货、车辆和货物跟踪监控、呼叫中心调度等移动互联网应用系统已在物流行业实现应用。这一方面提高了物流企业的运输、配送效率，另一方面将进一步弱化物流园区传统的以租赁为主的赢利模式，对物流园区的网络化增值服务提出了更高的要求。

移动互联网和电子商务对物流园区的未来发展将主要有两方面的影响。一方面，从园区建设来说，目前我国的一些物流园区存在着建设缺乏统一规划、盲目追求占地面积，空置率高、物流园区节点设置不合理、物流资源浪费严重等问题。而区域上由于规划缺乏协调性，导致物流园区的建设重复、分流资源，也显现出各自为政、缺乏联系、衔接不畅等问题。随着移动互联网和电子商务的发展，这些问题有望得到改善，园区间联网沟通的信息化建设，以及面向园区企业和相关社会大众的信息化平台建设有望逐步开展，从而使物流园区的孤岛效应逐步减弱，提高信息的发布效率和传播速度，园区增值服务能力逐步提升。

另一方面，为了提升送货的速度，弥补第三方物流的不足，卓越亚马逊、阿里巴巴集团、京东商城等开始自建物流配送中心，“电商企业 + 自建物流园区”式运营配送中心已是大势所趋。再者，移动互联和电子商务的普及也改变了传统的客户需求方式，网购“新经济”以及客户个性化的需求使端到端的物流服务成为未来的主体，这将极大地改变物流集聚和产品送达的方式。这种趋势在一定程度上会对物流园区的布局产生重要而深刻的影响，需要引起物流园区经营者的足够重视。

此外，近年来全国各地诞生了一批几十平方千米甚至上百平方千米的大型物流园区或集聚区。在这些园区规划实施时，要充分考虑到移动互联网和电子商务对商业模式和物流运作的影响，要建立完善的物流园区电子商务平台，整合物流信息资源，整合社会物流资源，实现与电子商务 B2B 或 B2C 系统的对接，同时也要融入电子政务功能，提高政府在线协同服务能力。

（西安市商用信息系统分析及应用工程实验室　刘缨缨　孙雨
西安交通大学管理学院　冯耕中　吴勇　王能民
上海交通大学安泰经济与管理学院　蒋炜）

参考资料

［1］国家发展改革委．关于印发全国物流园区发展规划的通知［EB/OL］．［2013－09－30］．http：//www. ndrc. gov. cn/zcfb/zcfbt2/201310/t20131015_562484. html.

［2］中国物流与采购联合会，中国物流学会．第三次全国物流园区（基地）调查报告（2012）［R/OL］．［2012－09－30］．http：//www. chinawuliu. com. cn/lhhkx/201209/13/187178. shtml.

［3］国务院办公厅．关于印发深化流通体制改革加快流通产业发展重点工作部门分工方案的通知［EB/OL］．［2013－05－30］．http：//www. gov. cn/zwgk/2013－06/05/content_ 2419964. htm.

［4］交通运输部．关于交通运输推进物流业健康发展的指导意见［EB/OL］．［2013－06－06］．http：//www. moc. gov. cn/zhuzhan/zhengwugonggao/jiantongbu/guihuatongji/201306/t20130607_ 1425311. html.

［5］国家发展改革委办公厅．关于组织开展 2014—2016 年国家物联网重大应用示范工程区域试点工作的通知［EB/OL］．［2013－10－03］．http：//www. gov. cn/zwgk/2013－11/08/content_ 2524053. htm.

［6］青岛物流园区谋转型［N/OL］．［2013－09－23］．http：//epaper. qdcaijing. com/cjrd/html/2013－09/23/content_ 150464. htm.

［7］全球物流地产巨头落户丹灶［N/OL］．［2013－12－26］．http：//www. 56888. net/News/20131226/0607124751. html.

［8］张骏斓．海外基金兴趣转向物流地产［N］．新闻晚报，2013（57）：17.

［9］2013 年全国交通运输工作会议［R/OL］．［2012－12－29］．http：//www. moc. gov. cn/zhuzhan/gongzuohuiyi/quanguojiaotong_ GZHY/2013jiaotonggongzuo_ HY/.

［10］2013 年中央经济工作会议［R/OL］．［2013－12－13］．http：//

www. xinhuanet. com/fortune/2013zyjjgzhy. htm.

［11］中国共产党十八届三中全会［R/OL］.［2013－11－13］. http://politics. people. com. cn/n/2013/1113/c1024－23520857. html.

［12］2013 年电子商务十大“头条”事件［N/OL］.［2013－12－15］. http://www. 199it. com/archives/181676. html.

［13］佛山丹灶牵手普洛斯打造电商物流园［N/OL］.［2013－12－20］. http://www. chinawuliu. com. cn/zhxw/201312/20/269637. shtml.

［14］物流地产今年租金预涨 10%［N/OL］.［2013－07－27］. http://www. cla. gov. cn/html/200710/29/200710298648. htm.

［15］移动互联网对物流行业产业化的影响［N/OL］.［2013－12－07］. http://www. ehuojia. cn/news/3274. html.

［16］张建雄，张炜. 移动互联网在物流行业的应用研究［J］. 电信科学，2001（10）：20－24.

2013年金融物流发展回顾与2014年展望[①]

金融物流是金融业与物流业相互融合的产物。在现代流通向国际化、规模化发展之际，融合成为显著特征，商贸与物流、电商与金融、银行与保险、互联网与金融都在快速融合，创造出一个又一个新型业态。而金融和物流，是确保流通顺利完成的两大支柱。2013年金融物流业务出现负增长的同时，也孕育出新的机遇和亮点。电商改变了消费品的流通方式，也将改变大宗商品的流通方式，金融物流将在这个变革中起到重要的中介和担保作用。

一、2013年金融物流发展回顾

2013年，金融物流行业变动较大，呈现出总体下滑、国退民进、优化整顿的态势。

（一）金融物流业务大幅下降

根据对中国物资储运协会有关企业的调查显示，动产质押监管业务量下降40%以上，业务收入下降30%以上。国有企业纷纷主动收缩战线，部分国有大型企业全面退出监管业务。与此同时，部分民营企业趁势进入市场，承接了国有企业退出的项目。前两年形成的监管事故演变成诉讼案件。据报道，在重灾区上海，一年中大约有1000起质押业务的诉讼。一大批钢材市场和钢贸企业破产关门退出。银行业损失较大，在有些银行的坏账中，质押融资坏账占到50%，部分责任人因此被撤职、降职，甚至受到法律惩处。

导致金融物流业务下滑的原因，一是2012年的业务事故，让银行和监管企业都提高了警戒程度，选择客户的标准提升，一些企业的质押融资需求被拒；二是国务院国有资产监督管理委员会发文，要求提高质押融资和融资性贸易的风险控制级别，上收业务审批权限，严格追究责任，致使央企有关业务全面收缩；三是宏观经济增速放缓，小微企业特别是贸易企业经营困难，信贷需求下降。

① 本文引用数据部分来自国家统计局、中国银行业协会、工业和信息化部等。

（二）金融物流业务在调整和整顿中发展

一是许多监管企业收缩战线，清理不安全的业务模式。有的企业规定所有监管业务都必须在自有仓库完成；有的企业加强了对客户的调查和审核，不合格的客户坚决不做；有的企业引入保险机制，让保险公司再加一道安全锁。

二是供应链金融物流渐成主流。“供应链金融物流是指金融企业和物流企业在供应链的链条上寻找核心企业，并对其上下游企业融资”。这一年，银行业大力发展供应链金融业务，开展了保兑仓融资、订单融资、厂商银等链上融资业务，安全系数大幅提高，当年新发生的贷款事故大幅降低。物流企业也通过监管业务开发供应链上有关企业的物流业务，链条环节掌控越多，业务越安全。把货代、运输、仓储、销售与监管结合起来，利用关联关系多环节控货、一体化运营物流业务。

2013 年新发生的事故较少，也说明金融物流业务的设计是安全的，不安全因素主要来自于管理执行和人员素质。

三是电子商务平台融资发展迅猛。在第三方电商平台的业务设计中，全部加入了融资功能。2013 年 7 月，89 家企业向工业和信息化部上报了电子商务平台规划。其中，国企及国有控股企业 40 家，占 44.9%；民营及民营控股企业 48 家，占 55.1%。从主体类别看，各类商品交易所 12 家，占 13.5%；企业及企业设立的电子商务公司 40 家，占 44.9%；IT、科技、市场类占 37 家，占 41.6%。资产 1 亿元以上的企业 35 家，主要集中在制造企业和交易所。其基本模式是，电商与银行签署战略合作协议，由电商向银行推荐具有融资需求的客户，并负责部分征信工作，银行审核借款企业资质后发放贷款。其业务细分起来，又包括订单融资、在线保理等不同形式。这里，电商要对相应的货物实施监管，由此产生了对物流监管企业的需求。

四是互联网金融异军突起。截至 2013 年 6 月底，银行金融机构网上银行个人客户 67922.5 万户，企业客户 1310 万户，交易额 972.5 万亿元。在大型电商企业中，从 2009 年开始就利用互联网技术完成金融活动，到 2013 年，呈爆发式增长。中国银行业协会常务副会长杨再平谈及此事时说，互联网金融“让银行家彻夜难眠”。电商融资的主要模式是基金理财、第三方支付、市场担保贷款等。这种建立在大数据分析基础上的金融模式，通过数据分析来判断借款者的资信，通过小微贷款来控制风险机率，很有竞争力。短短一年里，集聚起数千亿资金。需要指出的是，这类业务目前与控货关系不大，因此也存在一定的问题，如在线融资是否需要电商平台担保？担保是否可靠？担保是否需要平台资产规模等。

（三）有关金融物流业务的研究和管理

2012年钢贸事件影响很大，引起了社会各界的关注，围绕金融物流开展了许多工作。一是举办了一系列的高峰论坛和研讨会，如中国仓储协会、中国银行业协会在北京举办了仓储和担保品管理国际研讨会，中国人民银行、天津市人民政府在天津举办了动产监管登记研讨会，中物华商国际物流股份有限公司举办了动产质押在线登记系统论证会等。二是成立了一些研究与合作的平台组织，如2013年12月，四十多家企业在南昌发起设立了供应链金融服务联盟。三是商务部流通业发展司主持召开了动产质押融资问题座谈会，银行、物流行业协会、政府部门共同研究金融物流业务管理问题。商务部流通业发展司还在青岛举办学习班，邀请专家介绍该项业务的发展与存在问题。四是商务部委托中国物资储运协会等制定的行业标准《动产质押融资监管服务规范》、《动产质押监管企业评估指标》已于2013年11月1日生效。五是商务部委托中国物资储运协会、西安交通大学研究的课题“动产质押监管体系研究”已经完成，并通过了专家组评审。

（四）行业发展存在的问题

1. 金融物流缺乏理论研究

上海钢贸事件严重挫伤了有关当事人的积极性，但缺乏对事件的研究总结，以至于在思想认识上还存在偏差。管理部门认为是钢贸行业出了问题，把板子打在了钢贸企业身上，事实上是打错了，其实真正做贸易的企业出事的并不多。在这类事件中，银行和国企受损严重，究其根本原因，一是绩效考核压力大，过度逐利、过度放贷、放松管理；二是没有市场规则和标准，无边界创新模糊了罪与非罪的界限；三是地方政府主管部门不作为。在严厉追责的体制下，各有关部门不会主动去管那些不在自己职责范围内的事情，哪怕这些事会引来巨大问题。因此，如何管理新生的边缘性事物，是政府部门需要面对的大问题。

2. 信息体系不透明

重复质押、量价不足、以假充真、以次充好、虚假仓单等行为，就是利用了信息不对称的漏洞。质物登记和公示无平台，无法定载体，主管部门各自为战，行业协会互不来往，银行之间相互封锁，征信不完整、不可信等，让不法分子有机可乘。

3. 法律环境不完善

有些银行家提到，事到临头，竟然没有人帮助他们。事故发生时，公安不受理，因为他们的职责里没有这项规定；起诉时，法院不受理，因为不知道应当按照哪部法规进行审理。这种业务参与方多、环节多、关系复杂、产品多样，也是导致事故多发的原因。

二、2014年金融物流发展展望

（一）金融物流业务会稳步发展

一是金融物流业务的主流仍然是积极向上的。在钢贸事件中，也有许多银行和监管企业一件恶性业务事故都没有出现，没有遭受实质性损失。不良贷款率在各类业务中是最低的，说明业务风险是可控的。二是中小企业已经成为我国发展经济的主力军，而金融物流是助力中小企业发展的有效手段，有着庞大的需求基础。三是随着电子商务和网上银行的发展，线上交易支付、线下管控货物必将紧密合作，只有如此才能完成交易过程。网站需要积累信用，这就需要与优秀物流企业合作，以保证货物安全。四是金融物流业务是银行和监管公司重要的利润来源。我国银行企业已经达到3800家左右，其中村镇银行突破1000家，加上融资性担保公司和小额贷款公司，共有18000多家金融机构。激烈的同业竞争、金融脱媒和利率市场化冲击，使银行业不能放弃任何贷款的机会。互联网金融目前集中于小微贷款，50万~500万元的贷款区域还是金融物流的空白。面对新兴的市场群、较低的业务风险、较高的收入利润率，银行和物流企业没有理由不做这种业务。

（二）金融物流各方会进一步协调利益，达成共识，合作发展

经历过钢贸事件后，各方都认识到，唯有合作才能共赢。那种一心想把责任和风险都推给其他人的做法，只能带来猜疑和共同损失。痛定思痛，银行业愿意支付更多的费用来保证项目的安全，监管企业愿意加大人力和资金方面的投入。从长远来看，为出质人服务，促进实体产业发展是服务业的根本目的。在金融物流业务中，银行关注客户资信、货物权属、质物价格、质物数量、质物质量、市场趋势、监管状态、质物变现、监管企业资信等；监管企业关注客户资信、服务范围、质物数量、监管安全、合同责任、过程管理、风险控制、理念异同、经营状况等；出质企业关注是否借还方便、审批快速、成本低廉、满足经营等。只要各方利益安排与责任一致，金融物流业务就会得到健康发展。

（三）国家有关部门和行业监管体系会逐步完善

一是搭建平台，沟通信息。建立政府、企业沟通平台，政府部门要及时掌握业务动态，进行政策支持和方向指导；建立银行与监管企业沟通平台，以协调模式、流程和责权利关系；建立行业协会沟通平台，及时总结行业发展经验和动态，及时推广，发现问题，及时预警；建立质物登记、公示平台，方便各有关方面查询和取证；建立企业资信评级和企业征信平台，奖优驱劣等。二是宣贯执行行业标准，规范行为。《动产质押监管服务规范》、《动产监管企业评估指标》的推行，会使有关各方行之有矩。下一步，还拟出台动产质押融资格式合同及质物计量方法等规范。

（四）需要进一步研究的问题

一是创新和混业经营问题。银行可不可以建立自己的监管公司？物流企业可不可以涉足金融业务？电商平台融资受不受制约？二是监管与保管责任区分问题。银行认为，监管企业应当承担质物保管的责任；监管企业认为，监管和保管是两种责任。三是质物验收方式、验收标准如何确定。四是出质人、质权人、监管人之间的法律关系如何明确。五是质物质量、价格确认由谁负责。六是质物变现的方式、方法和时效，可不可以建立一个快速变现的平台，或经法院审核后进行快速处置，以减少等待时间。七是业务各方的退出机制。八是质物留置权与仓储留置权发生矛盾时的解决方法。九是公示与登记的效力如何保证。十是仓单质押融资问题。比如，可转让仓单与不可转让仓单是否需要区分，可转让仓单的法律效力如何，对开具可转让仓单的单位是否需要进行管理，对开具仓单的单位应当如何管理？十一是如何建立行业自律和诚信体系。目前通用的方法是，树诚信典型，进行契约式管理和信息化监督，进行诚信评级，建立诚信档案，积累信用，信息联网，奖惩结合。在这方面，建立一个公共平台很有必要。

（中国物资储运协会　姜超峰）

2013年保税物流发展回顾与2014年展望

2013年是中国保税物流发展史上具有里程碑意义的一年，中国（上海）自由贸易试验区的成立为我国保税物流画上了浓墨重彩的一笔；原有的各类海关特殊监管区域也在经历整合的洗礼。

一、2013年保税物流发展回顾

（一）国家政策引导保税物流发展

新一届中央政府上任伊始，掀起了一轮改革新浪潮。各经济主管部门相继出台了关于海关特殊监管区域的新办法，促进了保税物流健康发展。

2013年4月23日，为完善海关特殊监管区域外汇管理，促进海关特殊监管区域科学发展，国家外汇管理局对《保税监管区域外汇管理办法》进行了全面修订，最终形成了《海关特殊监管区域外汇管理办法》。它的执行将对我国海关特殊监管区域的外汇流通进行规范高效的管理。

另外，海关总署也将出台特殊监管区域准入退出管理办法，与国发58号文《国务院关于促进海关特殊监管区域科学发展的指导意见》、特殊监管区域设区条件、适合入区项目指引、管理办法共同形成特殊监管区域“1+4”基本制度，以规范特殊监管区域的可持续性发展。

（二）中国（上海）自由贸易试验区正式成立

改革开放之初，我国先后建立了多个保税区，从那时起，就一直有人呼吁建立类似中国香港和新加坡等地区和国家的政策非常宽松的自由贸易园区。但是，由于经济体制与政治体制等因素的限制，我国一直没有建立这类自由贸易园区，而是建立了各种类型的保税监管场所和海关特殊监管区域。

2013年8月17日，国务院正式批复同意设立中国（上海）自由贸易试验区。9月29日，中国（上海）自由贸易试验区正式挂牌开张，范围涵盖上海外高桥保税区、外高桥保税物流园区、上海洋山保税港区以及上海浦东机场综合保税区4个海关特殊监管区域，总规划面积28.78平方千米。

上海的自由贸易试验区模式是在一国领土之内规划出一块区域，视其为境内关外，给予特殊的关税政策，以此吸引投资，促进经济增长。根据商务部和海关总署在商国际函〔2008〕15号中给出的建议，FREE TRADE AREA统一翻译为“自由贸易区”；FREE TRADE ZONE则统一翻译为“自由贸易园区”，因此，上海的自由贸易试验区是典型的自由贸易园区。

依据《中国（上海）自由贸易试验区总体方案》，上海自由贸易试验区主要包括五个方面的任务，九条措施。五个主要任务分别是：加快政府职能转变、扩大投资领域的开放、推进贸易发展方式转变、深化金融领域的开放创新和完善法制领域的制度保障。九条具体措施分别是：深化行政管理体制改革、扩大服务业开放、探索建立负面清单管理模式、构筑对外投资服务促进体系、推动贸易转型升级、提升国际航运服务能级、加快金融制度创新、增强金融服务功能以及完善法制保障。

概括来说，中国（上海）自由贸易试验区的主要功能就是推进服务业扩大开放和投资管理体制改革，推动贸易转型升级，深化金融领域开放，创新监管服务模式，探索建立与国际投资和贸易规则体系相适应的行政管理体系，培育国际化、法治化的营商环境，发挥示范带动、服务全国的积极作用。

随着自由贸易试验区各项功能的逐步实现与深入，我国保税物流也会快速发展，特别是在以下几个方面：

（1）上海自贸区允许内外资银行在区域内设置分支机构，根据个人需要允许开立不同形式的个人账户；允许外汇自由兑换，允许航运企业在自贸区内利用境外银行的低成本融资，并利用这些资本在自贸区进行船舶融资租赁等各项活动。引进各种金融机构开办航运保险业、开展运力衍生品合同期货交易。

（2）为了体现自由贸易试验区创新监管服务模式的要求，《中国（上海）自由贸易试验区管理办法》根据《中国（上海）自由贸易试验区总体方案》，以“一线放开”、“二线安全高效管住”为原则，规定了自贸试验区进出境监管措施：

第一，对自贸试验区和境外之间进出货物，允许自贸试验区内企业凭进口舱单信息将货物先行提运入区，再办理进境备案手续，即“先入区、后报关”。这样可以缩短通关时间，降低通关成本。

第二，对自贸试验区和境内区外之间进出货物，实行智能化卡口、电子信息联网管理模式，完善清单比对、账册管理、卡口实货核注的监管制度。

第三，允许自贸试验区内企业在货物出区前自行选择时间申请检验。

第四，推进货物状态分类监管模式。对自贸试验区内的保税仓储、加工等货物，按照保税货物状态监管；对通过自贸试验区口岸进出口或国际中转的货物，按照口岸货物状态监管；对进入自贸试验区内特定的国内贸易货物，按照非保税货物状态监管。在同一个监管区域内可以存放三种监管状态下的货物，为国际贸易商和国内贸易商都提供了方便，提高了物流设施的利用率，降低了物流成本。

第五，对于进出口货物，推行“一次申报、一次查验、一次放行”模式。

第六，简化自贸试验区内货物流转手续，按照“集中申报、自行运输”的方式，推进自贸试验区内企业间货物流转。

(3) 自由贸易试验区总体方案允许非五星旗船在国内沿海港和上海港之间开展同船捎带业务，降低了船公司的中转成本，吸引船公司在自由贸易试验区内注册，利用上海港开展沿海港口拼货业务，还能享受到国际业务免营业税的优惠。

(4) 上海自由贸易试验区允许从事国际人才中介业务。按自贸区服务业扩大开放的措施，“允许设立中外合资人才中介机构”，“允许港澳服务提供者设立独资人才中介机构”。这些人才中介机构在境外拥有大量资源，其入驻自贸区，意味着无论是企业主向海外招聘，还是外资企业在内地招聘，都便利不少。

当然，上海自贸区的改革远远不止这些，自贸试验区发展航运金融、国际船舶运输、国际船舶管理、国际船员管理、国际航运经纪等产业，发展航运运价指数衍生品交易业务，发展航空货邮国际中转，加大航线、航权开放力度等改革都会对我国保税物流产生深远的影响，届时，我国保税物流业也会更为完善。

(三) 海关特殊监管区域建设稳步推进

国务院于2012年年底印发的《国务院关于促进海关特殊监管区域科学发展的指导意见》的出台可谓正式拉开了我国综合保税区建设的新高潮。另外，上海自由贸易试验区的挂牌，也极大刺激了中西部各省市发力综合保税区。截至2012年年底，我国已设立了30个综合保税区，基本能够满足各主要经济发展区域的保税需求。因此，2013年我国新增综合保税区并不多，全年新增的综合保税区仅有5个：分别是南通综合保税区、太仓港综合保税区、湖南湘潭综合保税区、贵阳综合保税区、红河综合保税区，如表1、图1所示。

表1　　截至2013年12月全国综合保税区情况

序号	名称	成立时间	规划面积（平方千米）	备注
1	苏州工业园综合保税区	2006/12/17	5.28	国内首个综合保税区
2	天津滨海新区综合保税区	2008/03/10	1.967	
3	北京天竺综合保税区	2008/07/23	5.944	国内第一家直接依托空港口岸设立的综合保税区
4	广西凭祥综合保税区	2008/12/19	8.5	国内第一个在陆地边境线上设立的综合保税区
5	海口综合保税区	2008/12/22	1.93	国内第一个省会城市综合保税区
6	黑龙江绥芬河综合保税区	2009/04/21	1.8	
7	上海浦东机场综合保税区	2009/07/03	3.59	
8	江苏昆山综合保税区	2009/12/20	5.86	
9	重庆西永综合保税区	2010/02/15	10.3	国内面积最大综合保税区
10	广州白云机场综合保税区	2010/07/03	7.385	全国最大的空港综合保税区
11	苏州高新技术产业开发区综合保税区	2010/08/25	3.51	全国首家通过“信息化围网”技术来进行监管的综合保税区
12	成都高新综合保税区	2010/10/18	4.68	
13	郑州新郑综合保税区	2010/10/24	5.073	
14	潍坊综合保税区	2011/01/25	5.17	
15	西安综合保税区	2011/02/14	6.17	西北地区第一个综合保税区
16	阿拉山口综合保税区	2011/05/30	5.6	新疆首个综合保税区
17	武汉东湖综合保税区	2011/08/29	5.41	湖北首个综合保税区
18	沈阳综合保税区	2011/09/07	7.1982	东北地区内陆城市第一个综合保税区
19	长春兴隆综合保税区	2011/12/16	4.89	
20	无锡高新区综合保税区	2012/05/10	3.497	
21	济南综合保税区	2012/05/15	5.22	

续　表

序号	名称	成立时间	规划面积（平方千米）	备注
22	盐城综合保税区	2012/06/18	2.28	苏北第一家综合保税区
23	淮安综合保税区	2012/07/19	4.92	
24	曹妃甸综合保税区	2012/07/30	4.59	
25	太原武宿综合保税区	2012/09/02	2.94	山西省第一家综合保税区
26	银川综合保税区	2012/09/10	4	
27	南京综合保税区	2012/09/17	5.03	
28	西安高新综合保税区	2012/09/22	3.64	
29	舟山港综合保税区	2012/09/29	5.85	
30	衡阳综合保税区	2012/10/25	2.5743	湖南省第一家综合保税区
31	南通综合保税区	2013/01/03	5.29	
32	苏州太仓港综合保税区	2013/05/30	2.07	
33	湘潭综合保税区	2013/09/09	3.12	
34	贵阳综合保税区	2013/09/14	3.01	国内首个山地生态型综合保税区
35	红河综合保税区	2013/12/17	3.29	云南省第一个综合保税区

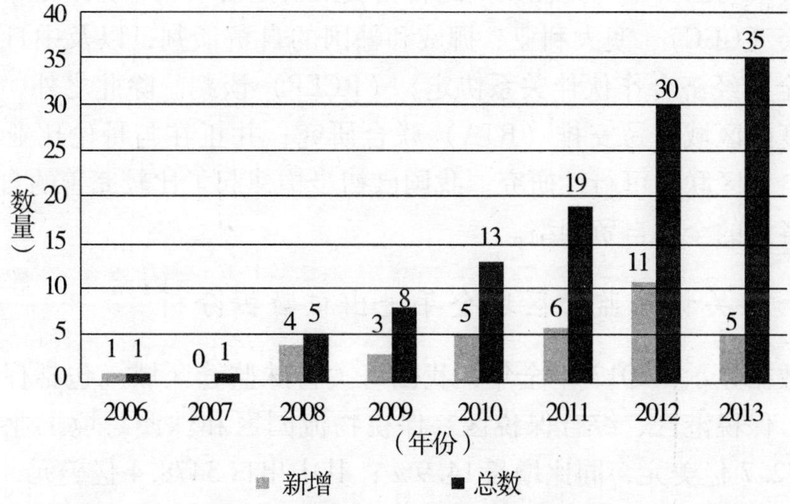

图1　我国历年综合保税区数量

（四）自由贸易区（FTA）建设

自由贸易区分为两种形式，除了上海的模式以外，还有一种自由贸易区（Free Trade Area）模式，是主权国（地区）与主权国（地区）之间签署的，就贸易开放、取消关税壁垒、降低关税而达成互惠互利的双边或多边贸易政策。

2013年十八届三中全会提出要“加快自由贸易区建设”、“形成面向全球的高标准自由贸易区网络”，凸显了中共中央对我国推进自由贸易区建设的坚定决心。

2013年5月24日，中国与瑞士签署的《关于结束中国—瑞士自由贸易协定谈判的谅解备忘录》宣告了中国——瑞士自由贸易区正式建成。中瑞自贸协定于2011年1月正式启动，在两年半时间内，双方经过九轮谈判，已就实质性问题达成一致。

2013年4月15日，中国与冰岛签署了《中华人民共和国政府和冰岛政府自由贸易协定》。该协定是我国与欧洲国家签署的第一个自由贸易协定，涵盖货物贸易、服务贸易、投资等诸多领域。

截至2013年年底，我国正在建设的自由贸易区有18个，共涉及31个国家和地区。其中，已签署的自由贸易协定有12个，分别是中国与东盟、巴基斯坦、智利、新西兰、新加坡、秘鲁、哥斯达黎加、冰岛和瑞士的自贸协定，内地与香港、澳门的更紧密经贸关系安排（CEPA），以及大陆与台湾的海峡两岸经济合作框架协议（ECFA）。目前，除了与冰岛和瑞士的自贸协定还未生效外，其余均已实施。正在谈判的自由贸易协定有6个，分别是中国与海湾合作委员会（GCC）、澳大利亚、挪威和韩国的自贸谈判，以及中日韩自贸区和《区域全面经济合作伙伴关系协定》（RCEP）谈判。除此之外，我国还完成了与印度的区域贸易安排（RTA）联合研究；并正在与哥伦比亚和斯里兰卡等开展自贸区联合可行性研究。我国已初步构建起了比较完善的自由贸易平台和辐射各洲的全球自贸网络。

（五）海关特殊监管区域全年进出口数据分析

海关数据显示，2013年全年，我国海关特殊监管区域（包括保税区、出口加工区、保税港区、综合保税区、保税物流园区和珠澳跨境工业区）进出口累计6972.7亿美元，同比增长14.9%；其中出口3478.4亿美元，同比增长17.7%；进口3494.3亿美元，同比增长12.2%。相比2012年29.1%的增幅，我国海关特殊监管区域总进出口额在2013年的增长幅度下降了11.4个百分点，这与国际大环境有一定关系，也与我国政策导向有着密不可分的联系。同时，可以看到，我国海关特殊监管区域在我国外贸进出口事业中仍然有着举足轻重的作用。相关数据如表 2、图 2 和图 3 所示。

表 2　　2013 年 1—12 月全国海关特殊监管区域进出口、出口和进口数值

年/月	进出口（亿美元）	同比（%）	环比（%）	出口（亿美元）	同比（%）	环比（%）	进口（亿美元）	同比（%）	环比（%）
2013/01	607.2	75.3	-3.7	304.5	80.1	-5.8	302.7	70.7	-1.5
2013/02	483.3	21.8	-20	243.8	31.9	-20	239.5	13	-20.9
2013/03	922.3	81.3	90.9	457	89.6	87.5	465.6	73.9	94.4
2013/04	713	60.2	-23	355.5	67.5	-22	357.5	53.7	-23.2
2013/05	499.1	0.9	-30	246.6	2.7	-31	252.5	-0.9	-29.4
2013/06	460.3	-10	-7.8	229.6	-9.5	-6.9	230.7	-11	-8.6
2013/07	541.2	5.8	17.6	256.8	5.9	11.8	284.4	5.7	23.3
2013/08	525.3	1.3	-2.9	257.7	8.4	0.4	267.6	-4.6	-5.9
2013/09	526.5	-7.2	0.2	240.3	-9.1	-6.8	286.2	-5.5	6.9
2013/10	544.4	1.2	3.4	282.9	3.8	17.7	261.5	-1.4	-8.6
2013/11	605	1.1	11.1	326.4	3.8	15.4	278.6	-2	6.5
2013/12	601.4	-4.7	-0.6	307.5	-4.9	-5.8	293.9	-4.5	5.5
合计	6972.7	14.9		3478.4	17.7		3494.3	12.2	

（六）不同类型海关特殊监管区域发展概况

纵观 2013 年我国各类海关特殊监管区域的进出口数额，可以看出：我国保税区以 3170.2 亿美元的进出口数额持续遥遥领先于其他各类海关特殊监管区域。但从增长幅度来看，我国保税港区和珠澳跨境工业区则分别以 67.3% 和 64.6% 的增幅位列前茅。珠澳跨境工业区可以说是 2013 年出现的一匹黑马，从 2012 年的持续走低一跃成为 2013 年各类海关特殊监管区域进出口增长亚军。与珠澳跨境工业区表现截然相反的则是保税物流园区，2013 年我国保税物流园区的进出口增幅为 -7.2%，与 2012 年 30.9% 的增幅形成了鲜明对

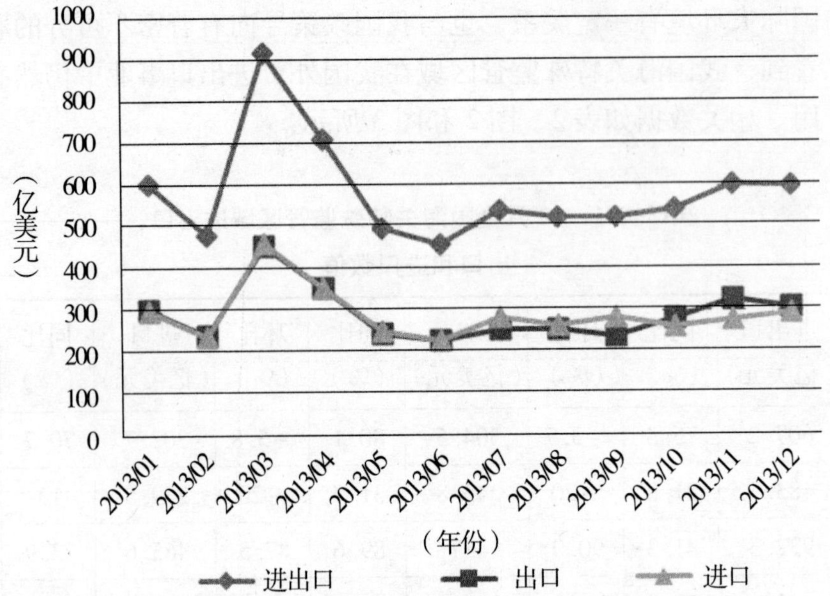

图2　2013 年海关特殊监管区域进出口价值

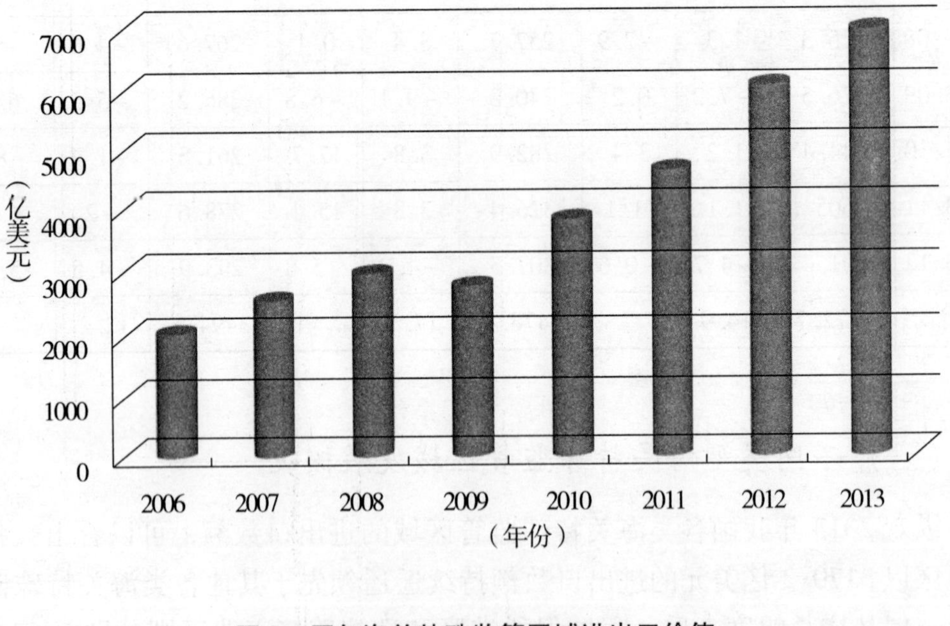

图3　历年海关特殊监管区域进出口价值

比。另外，综合保税区以 10.6% 的增速持续增长，表现出不可小觑的实力。出口加工区则以 -10.3% 的增幅垫底。如表 3 所示。

表 3　　2013 年海关特殊监管区域进出口数值汇总

监管区域类型	进出口（亿美元）	同比（%）	进口（亿美元）	同比（%）	出口（亿美元）	同比（%）
保税区	3170.2	25	1251.6	43	1918.6	15.4
出口加工区	1168.5	-10.3	738.7	-9.6	429.8	-11.5
保税港区	583.2	67.3	249.4	84.1	333.8	56.7
综合保税区	1895.3	10.6	1147.1	10	748.2	11.5
保税物流园区	153.6	-7.2	90.7	6.6	62.8	-21.8
珠澳跨境工业区	1.99	64.6	0.8	95.6	1.19	48.6

1. 全国保税区进出口情况

2013 年 1—12 月全国保税区进出口累计 3170.2 亿美元，同比增长 25%；其中出口 1251.6 美元，同比增长 43%；进口 1918.6 亿美元，同比增长 15.4%。特别值得一提的是，我国保税区在 3 月的进出口额达到 627.8 亿美元，增幅达 1.8 倍，这也直接导致了我国海关特殊监管区域总体进出口额在 3 月的爆炸式增长。如表 4 和图 4 所示。

表 4　　2013 年 1—12 月全国保税区进出口、出口和进口数值

年/月	进出口（亿美元）	同比（%）	环比（%）	出口（亿美元）	同比（%）	环比（%）	进口（亿美元）	同比（%）	环比（%）
2013/01	316.8	160	19.8	130.5	250	29.3	186.2	120	14
2013/02	273.7	74.1	-13.6	112.3	140	-14	161.4	45	-13.3
2013/03	627.8	180	130	278.8	280	150	349	130	120
2013/04	405.5	110	-35.4	177.6	170	-36.3	227.9	77.6	-34.7
2013/05	202.6	-9.6	-50	70.7	-11.1	-60.2	131.9	-8.8	-42.1
2013/06	173.2	-21.5	-14.5	59.6	-20.1	-15.7	113.6	-22.2	-13.9
2013/07	230	-0.6	32.8	82	3.7	37.5	148	-2.8	30.3
2013/08	208.3	-10.9	-9.4	78	-2.8	-4.8	130.3	-15.2	-11.9
2013/09	181.1	-22.7	-13.1	58.8	-28.5	-24.6	122.3	-19.5	-6.1
2013/10	170.8	-16.5	-5.7	64.7	-8	10	106.1	-21	-13.3

续 表

年/月	进出口（亿美元）	同比（%）	环比（%）	出口（亿美元）	同比（%）	环比（%）	进口（亿美元）	同比（%）	环比（%）
2013/11	183. 1	-19. 9	7. 2	68	-20	5. 1	115. 1	-19. 8	8. 5
2013/12	195	-26. 3	6. 5	70. 6	-30. 1	3. 9	124. 4	-23. 9	8
合计	3170. 2	25		1251. 6	43		1918. 6	15. 4	

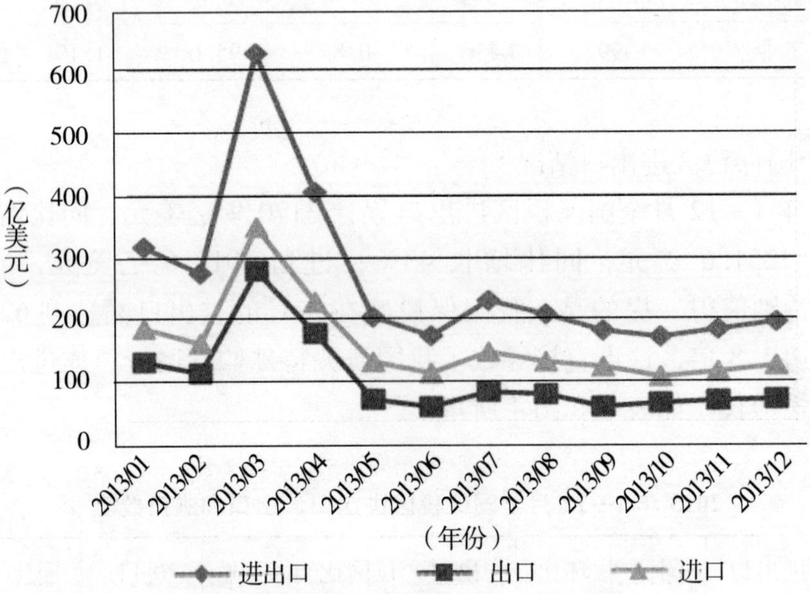

图 4　2013 年全国保税区进出口价值

2. 全国出口加工区进出口情况

2013 年 1—12 月全国出口加工区进出口累计 1168. 5 亿美元，同比降低 10. 3%；其中出口 738. 7 亿美元，同比降低 9. 6%；进口 429. 8 亿美元，同比降低 11. 5%。如表 5 和图 5 所示。

表 5　2013 年 1—12 月全国出口加工区进出口、出口和进口数值

年/月	进出口（亿美元）	同比（%）	环比（%）	出口（亿美元）	同比（%）	环比（%）	进口（亿美元）	同比（%）	环比（%）
2013/01	97. 9	9. 2	-23. 5	61. 4	7. 1	-21. 8	36. 5	12. 9	-26. 2
2013/02	78. 6	-14	-19. 7	54. 1	-7. 3	-11. 9	24. 5	-25. 9	-32. 8

续　表

年/月	进出口（亿美元）	同比（%）	环比（%）	出口（亿美元）	同比（%）	环比（%）	进口（亿美元）	同比（%）	环比（%）
2013/03	94. 2	-9. 2	19. 8	60. 6	-8. 4	12	33. 5	-10. 5	36. 9
2013/04	98. 8	10	4. 9	58. 4	5. 4	-3. 7	40. 4	17. 3	20. 6
2013/05	92. 2	-9. 3	-6. 6	56. 9	-10. 3	-2. 6	35. 4	-7. 5	-12. 5
2013/06	85. 3	-17	-7. 5	53. 7	-21. 4	-5. 5	31. 6	-8. 2	-10. 7
2013/07	96. 2	-11. 8	12. 7	58. 5	-15. 3	8. 8	37. 7	-5. 8	19. 4
2013/08	102. 9	2. 2	7	63. 8	2. 3	9. 1	39. 1	2. 2	3. 6
2013/09	106. 8	-14. 5	3. 8	64. 3	-10. 6	0. 7	42. 6	-19. 8	8. 9
2013/10	109. 3	-8. 1	2. 3	71. 3	-6	11	37. 9	-11. 7	-10. 8
2013/11	131. 2	3. 5	20. 1	85. 9	5. 3	20. 5	45. 2	0. 2	19. 2
2013/12	117. 8	-8	-10. 2	72. 5	-7. 7	-15. 7	45. 4	-8. 3	0. 3
合计	1168. 5	-10. 3		738. 7	-9. 6		429. 8	-11. 5	

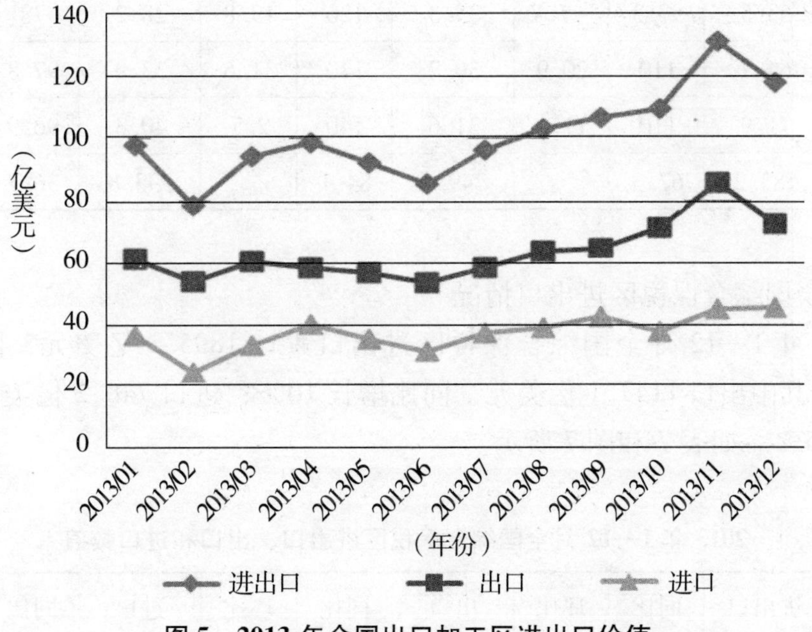

图 5　2013 年全国出口加工区进出口价值

3. 全国保税港区进出口情况

2013 年 1—12 月全国保税港区进出口累计 583. 2 亿美元，同比增长

67.3%；其中出口249.4亿美元，同比增长84.1%；进口333.8亿美元，同比增长56.7%。如表6和图6所示。

表6　　2013年1—12月全国保税港区进出口、出口和进口数值

年/月	进出口（亿美元）	同比（%）	环比（%）	出口（亿美元）	同比（%）	环比（%）	进口（亿美元）	同比（%）	环比（%）
2013/01	32.3	25.8	-4.5	12.7	40.8	-4.7	19.6	17.7	-4.3
2013/02	29.2	3.5	-9.6	10.7	15.1	-16.1	18.6	-2.1	-5.3
2013/03	44.4	38.1	52	18.3	53	71.3	26.1	29.3	40.9
2013/04	44.4	42.5	0	19.8	80.3	8.5	24.6	21.9	-5.9
2013/05	43.2	38.9	-2.8	20	59.8	1	23.2	24.8	-5.8
2013/06	44.9	65.7	4.1	19.1	70.9	-4.4	25.8	62	11.5
2013/07	49.7	83.7	10.6	20.3	92.2	6	29.4	78.3	13.9
2013/08	48.7	81.1	-1.9	19.9	100	-1.8	28.8	69.2	-2
2013/09	56.7	100	16.4	21.1	68.3	5.9	35.6	130	23.6
2013/10	53.5	97.3	-5.7	25.3	120	19.8	28.2	78	-20.8
2013/11	64.7	110	20.9	30.7	140	21.6	33.9	97.8	20.2
2013/12	71.9	110	11.1	31.6	140	2.7	40.3	96.9	18.8
合计	583.2	67.3		249.4	84.1		333.8	56.7	

4. 全国综合保税区进出口情况

2013年1—12月全国综合保税区进出口累计1895.3亿美元，同比增长10.6%；其中出口1147.1亿美元，同比增长10%；进口748.2亿美元，同比增长11.5%。如表7和图7所示。

表7　　2013年1—12月全国综合保税区进出口、出口和进口数值

年/月	进出口（亿美元）	同比（%）	环比（%）	出口（亿美元）	同比（%）	环比（%）	进口（亿美元）	同比（%）	环比（%）
2013/01	136.9	36.7	-25.6	86.8	43.7	-26.3	50.1	26	-24.5
2013/02	92	-16.3	-32.8	60.3	-10.9	-30.5	31.7	-24.8	-36.8

续　表

年/月	进出口（亿美元）	同比（%）	环比（%）	出口（亿美元）	同比（%）	环比（%）	进口（亿美元）	同比（%）	环比（%）
2013/03	143.4	5.9	55.9	92.1	10.7	52.6	51.3	-1.9	62.2
2013/04	154.7	32.7	7.9	94.1	27.5	2.2	60.5	41.5	17.9
2013/05	150.2	22.3	-2.9	92.5	21.6	-1.7	57.7	-23.3	-4.7
2013/06	146.4	-2.6	-2.5	90.4	-2.8	-2.3	56	-2.3	-2.9
2013/07	152.9	15.1	4.4	88.2	14	-2.3	64.6	16.7	15.3
2013/08	152.7	6.3	-0.1	88.3	12.6	0	64.5	-1.3	-0.2
2013/09	168.8	3	10.5	88.8	-1.4	0.6	80	8.4	24.1
2013/10	197.2	15.4	16.8	114.1	7.4	28.47	83.1	28.5	3.8
2013/11	211.7	6.6	7.4	133.8	5.1	17.2	78	9.2	-6.1
2013/12	204	10.8	-3.7	125.2	6.2	-6.4	78.8	18.9	1.1
合计	1895.3	10.6		1147.1	10		748.2	11.5	

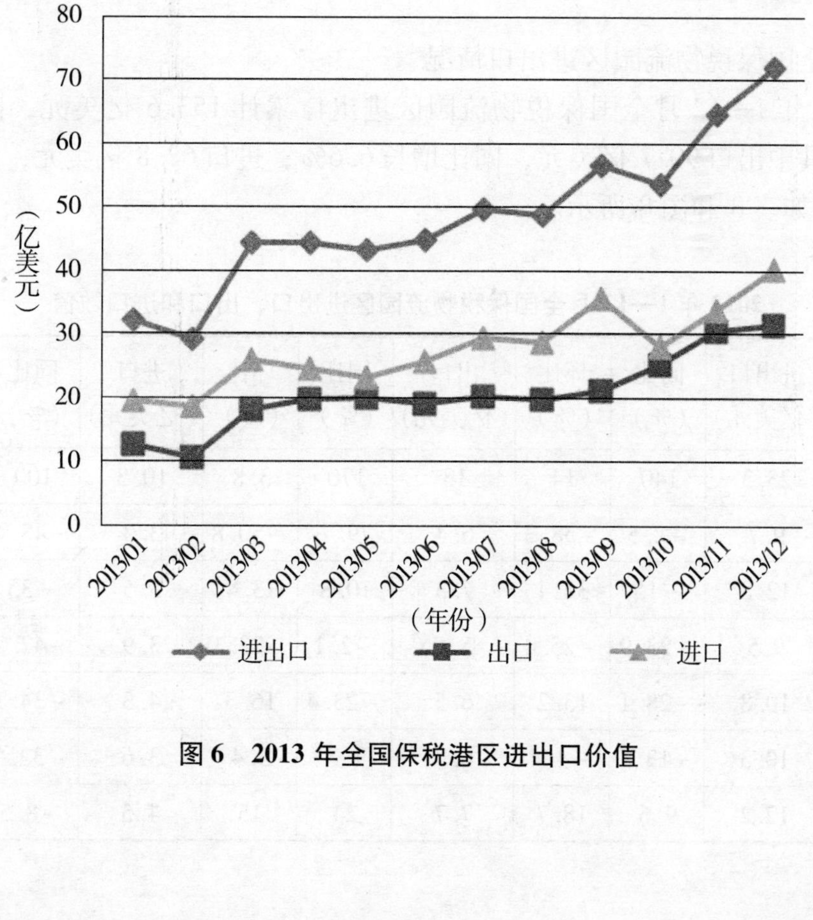

图 6　2013 年全国保税港区进出口价值

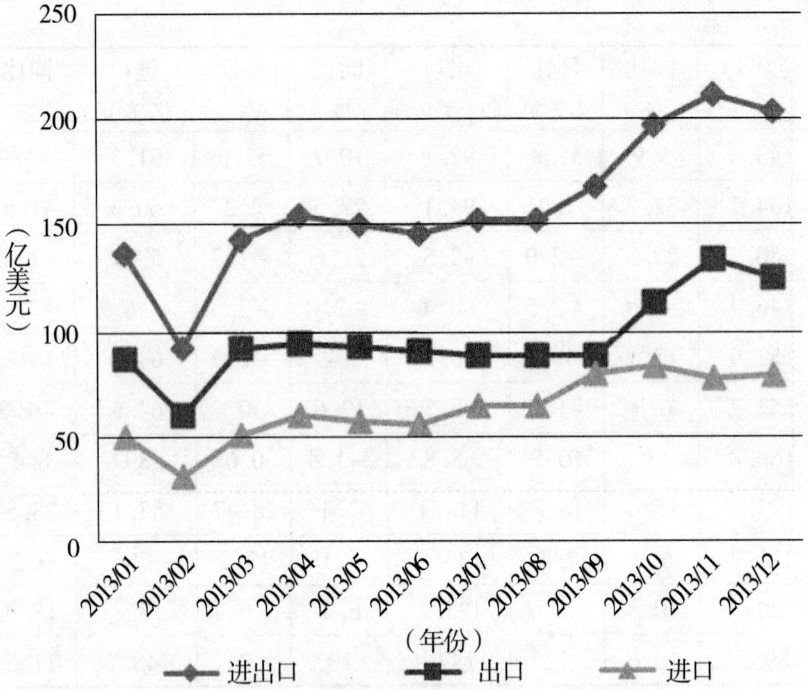

图 7　2013 年全国综合保税区进出口价值

5. 全国保税物流园区进出口情况

2013 年 1—12 月全国保税物流园区进出口累计 153.6 亿美元，同比降低 7.2%；其中出口 90.7 亿美元，同比增长 6.6%；进口 62.8 亿美元，同比降低 21.8%。如表 8 和图 8 所示。

表 8　2013 年 1—12 月全国保税物流园区进出口、出口和进口数值

年/月	进出口（亿美元）	同比（%）	环比（%）	出口（亿美元）	同比（%）	环比（%）	进口（亿美元）	同比（%）	环比（%）
2013/01	23.3	140	14	13	170	3.8	10.3	100	30.3
2013/02	9.7	-2.5	-58.3	6.4	79.7	-50.8	3.3	-48.4	-67.8
2013/03	12.8	-15	31.4	7.3	10.8	13.4	5.5	-35	66.4
2013/04	9.5	-23.9	-25.4	5.6	-2.1	-23.1	3.9	-42.2	-28.4
2013/05	10.8	-28.1	13.2	6.5	-23.4	16.3	4.3	-34.1	8.7
2013/06	10.3	-13.5	-4.4	6.7	1.8	3.4	3.6	-32.5	-16.1
2013/07	12.2	9.6	18.7	7.7	24	15	4.5	-8.5	25.7

续　表

年/月	进出口（亿美元）	同比（%）	环比（%）	出口（亿美元）	同比（%）	环比（%）	进口（亿美元）	同比（%）	环比（%）
2013/08	12.4	-5.8	1.5	7.6	12	-1.3	4.8	-24.8	6.4
2013/09	12.6	-19.9	1.7	7.1	-6.7	-6.6	5.5	-32.3	14.9
2013/10	13.4	-16.5	6	7.3	-15.1	2.6	6.1	-18.1	10.4
2013/11	14	-3.2	4.3	7.9	4.3	7.7	6.1	-11.4	0.2
2013/12	12.4	-39.2	-11.1	7.5	-40	-4.2	4.9	-38	-20
合计	153.6	-7.2		90.7	6.6		62.8	-21.8	

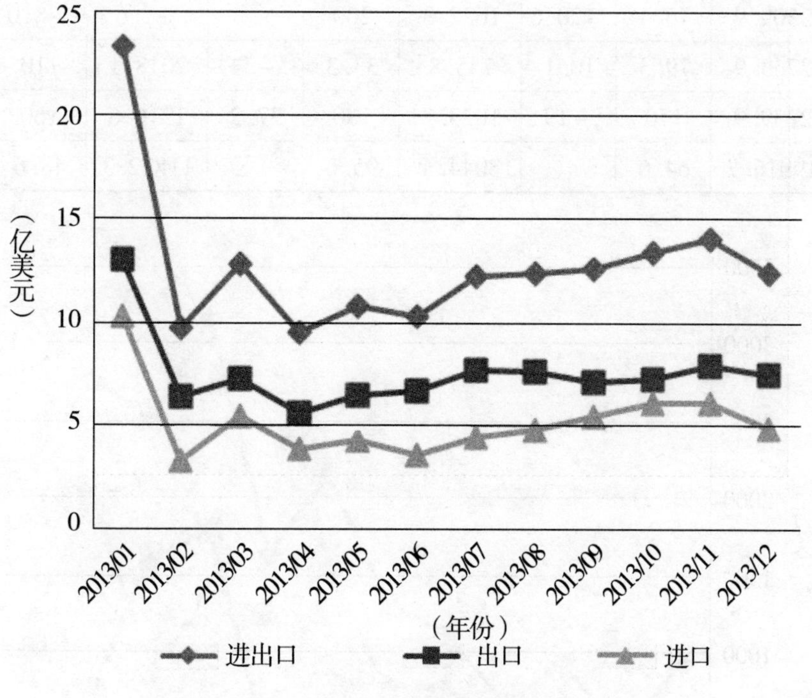

图 8　2013 年全国保税物流园区进出口价值

6. 珠澳跨境工业区进出口情况

2013 年 1—12 月珠澳跨境工业区进出口累计 19916.7 万美元，同比增长 64.6%；其中出口 8044.4 万美元，同比增长 95.6%；进口 11872.3 万美元，同比增长 48.6%。如表 9 和图 9 所示。

表9　2013年1—12月珠澳跨境工业区进出口、出口和进口数值

年/月	进出口（亿美元）	同比（%）	环比（%）	出口（亿美元）	同比（%）	环比（%）	进口（亿美元）	同比（%）	环比（%）
2013/01	921.9	6.4	9.2	379.4	100	2.3	542.5	-20.5	14.5
2013/02	474.7	-35.2	-48.5	131.5	-54.8	-65.3	343.3	-22.2	-36.7
2013/03	933.5	19.9	96.7	273.6	-3.2	100	659.9	33.1	92.2
2013/04	681	-37.9	-27	191.7	-25.9	-29.9	489.2	-41.6	-25.9
2013/05	1118.5	28.2	64.2	346.2	15.1	80.6	772.3	35.1	57.9
2013/06	1332.3	0.3	19.1	553.6	50.1	59.9	778.8	18.9	0.8
2013/07	2149.6	83.9	61.3	602.5	31.4	8.8	1547.1	120	98.7
2013/08	1638.5	110	-23.8	391.4	17.3	-35	1247.2	170	-19.4
2013/09	3161.8	380	93	1783.4	620	360	1378.4	240	10.5
2013/10	2509.9	76.4	-20.6	1622.3	260	-9	887.6	-810	-35.6
2013/11	2763.9	79.3	10.1	745.8	33.3	-54	2018.1	110	130
2013/12	2239.9	170	-19	1023.2	180	37.2	1216.6	160	-39.7
合计	19916.7	64.6		8044.4	95.6		11872.3	48.6	

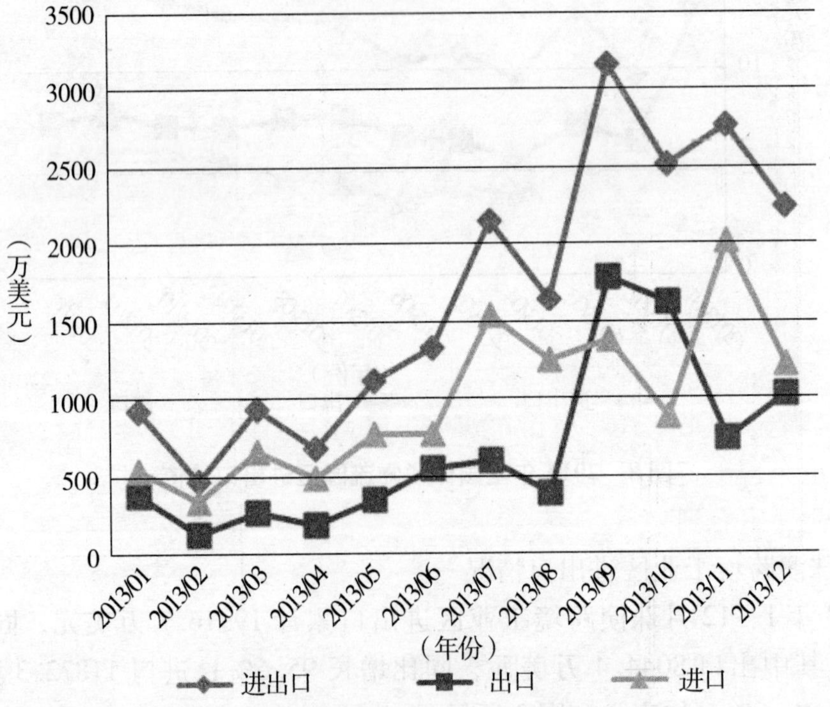

图9　2013年珠澳跨境工业区进出口价值

二、2014年保税物流发展展望

（一）海关保税监管模式创新

2013年10月29日，海关总署发布公告《关于全面深化区域通关业务改革的公告》称：为贯彻落实国家区域发展战略和国务院促进贸易便利化推动进出口稳定发展的决策部署，进一步加大区域通关改革力度，优化海关作业流程，切实提高通关效率，促进区域通关一体化，海关总署决定全面深化区域通关业务改革。

这次改革主要包含以下几项内容：拓展“属地申报、口岸验放”通关模式；扩大“属地申报、口岸验放”通关模式适用范围；明确适用“属地申报、口岸验放”通关模式企业职责义务。同时，海关还推行公路转关作业无纸化，决定自2013年12月1日起，在应用安全智能锁、卡口前端设备、卫星定位装置等物联网设备以及卡口控制与联网信息系统的基础上，进出境运输方式为海运、空运、铁路、公路且境内运输方式为“公路运输”的进出口转关货物可实行公路转关作业无纸化。

这一系列强有力的改革以及安全智能锁等信息化产品的应用将会大大提升区域通关的效率，为我国保税物流的健康快速发展提供更加强大的动力。

（二）保税物流扩展为高端综合保税服务

我国很多企业的物流形式已经由初级的传统物流逐渐发展成高端的多样化物流形式：通过流通加工为客户提供个性化产品、逆向物流的再制造过程、保税商品展示、艺术品与文物的展示与拍卖、保税研发与维修、保税质押监管、融资租赁、期货保税交割、物流公司代付货款以及物流公司开展的保理业务等新的物流需求催生现代保税物流新模式。现阶段国家还不允许保税物品进行仓单质押，其他保税形式还在研讨过程中。但是，随着广东横琴自由贸易区的建设、福建平潭自由贸易区的建设以及上海自贸区专业服务业的开放，高端保税物流的春天一定会到来。

（三）境外保税物流模式初现

近年来，随着我国整体经济的快速发展，越来越多的企业考虑在境外建立保税物流中心等保税场所，以期拓展国际物流业务。境外保税场所的选址可以初步分为发达国家和地区、第三世界国家和地区两个大的方向。

在发达国家和地区建立配送中心等场所，不仅可以快速反应客户订单，提高客户满意度，同时也可以紧跟国际动态，掌握最新资讯，及时调整企业运行方向。比如全球著名的斑马物联网在全球各地的仓库和分拨中心均设立在世界经济发达城市：美国的纽约、洛杉矶，中国的上海、北京，澳大利亚的悉尼，加拿大的温哥华、多伦多，韩国的首尔，德国的柏林等。

在第三世界国家和地区建立保税物流中心，目的则是降低土地成本和劳动力成本，获取低廉的原材料，同时也可以适当规避一些国内的法律法规。2013年我国一些企业已经开始在缅甸、智利、蒙古等国家设立了境外保税物流中心，例如山东省在缅甸投资设立了“缅甸山东物流科技园”。

境外保税业务的开展为我国保税物流增添了新的形态，预期在2014年境外保税服务会有一个井喷式发展。

（四）高端保税仓库加速发展

2013年，随着人们生活水平提高，中国在世界购买力增强，保税港区和综合保税区等海关特殊监管区域作为国际采购和国际分拨的作用越来越突出，专业化保税物流业以更快的速度发展，出现一批技术含量较高、投资额较大的专业保税仓库，比较典型的是天津东疆保税港区10万吨的大洋保税冷库、2万平方米的葡萄酒恒温库及大连大窑湾保税港区5万吨的獐子岛中央冷库兴建并投入使用，这些仓库的建立标志我国的保税冷冻仓储将进入发展的快车道。

（五）跨境电子商务形式成保税物流新宠

跨境电子商务是指分属不同海关关境的交易主体，通过电子商务平台达成交易、进行支付结算，并通过跨境物流送达商品，完成交易的一种国际商业活动。

2013年7月26日，国务院办公厅下发的《国务院办公厅关于促进进出口稳增长、调结构的若干意见》将发展跨境电子商务作为当前外贸的重要增长手段之一。10月31日，商务部公布的《促进电子商务应用的实施意见》也明确提出积极推进跨境电子商务创新发展，努力提升跨境电子商务对外贸易规模和水平。12月28日，上海自由贸易试验区启动全国首个跨境贸易电子商务试点平台，标志着借助自贸区平台的跨境电子商务在上海迈出实质性步伐，消费者可以直接通过该网站进行“海淘”。有关专家指出，经过政策和技术创新，自由贸易试验区跨境贸易电子商务被认定为新型贸易方式，试点平台明确将消费者网购的进口商品以“个人物品”监管出区，并征收不同比例的行邮税。另外，据总体方案，自贸区内将加快培育跨境电子商务服务功能，试点建立与之相适应的海关监管、检验检疫、退税、跨境支付、物流等支撑系统。展望未来，“海淘”等跨境电子商务形式势必会成为助推我国外贸升级的强大动力之一。

（六）自由贸易园区试点将会得到推广

党的十八届三中全会通过的《中共中央关于全面深化改革若干重大问题的决定》第24条“放宽投资准入”中提到：建立中国（上海）自由贸易试验区是党中央在新形势下推进改革开放的重大举措，要切实建设好、管理好，为全面深化改革和扩大开放探索新途径、积累新经验。在推进现有试点基础上，选择若干具备条件的地方发展自由贸易园（港）区。

在这样的大背景下，全国各地针对设立自由贸易园区的暗战悄然拉开。据统计，截至目前，全国共有十多个地区在申报自由贸易试验区，其中包括浙江舟山、天津、苏州、无锡、广东、山东、辽宁、河南、福建、成都、合肥、广西、云南等地均把申报自由贸易试验区列为2014年政府工作报告的重点内容。可以预见，在不久的将来，一旦时机成熟，我国将会出现更多的自由贸易园区。

（大连海事大学交通运输管理学院　田征　王武
东方海外（天津保税物流园区）有限公司　王涛）

第二章

行业物流

2013年制造业物流发展回顾与2014年展望

一、2013年制造业物流发展回顾

（一）2013年制造业主要指标情况

1. 工业增加值增速情况

据国家统计局和工业与信息化部公布的数据[①]，2013年全部工业增加值210689.42亿元，累计增长7.6%。全年全国规模以上工业增加值按可比价格计算比上年增长9.7%，增速比上年减缓0.4个百分点。尽管受到外需不振等不利因素影响，工业生产增速有所放缓，但是无论是与发达国家还是新兴经济体相比，都是较高的增长水平。分产品看，全年464种工业产品中有340种产品产量比上年增长。从轻、重工业分项来看，2013年重工业增加值增速快于轻工业。具体数据如表1和图1、图2所示。

① 资料来源：国家统计局月度统计数据，http：//www. stats. gov. cn/，作者已经进行整理。

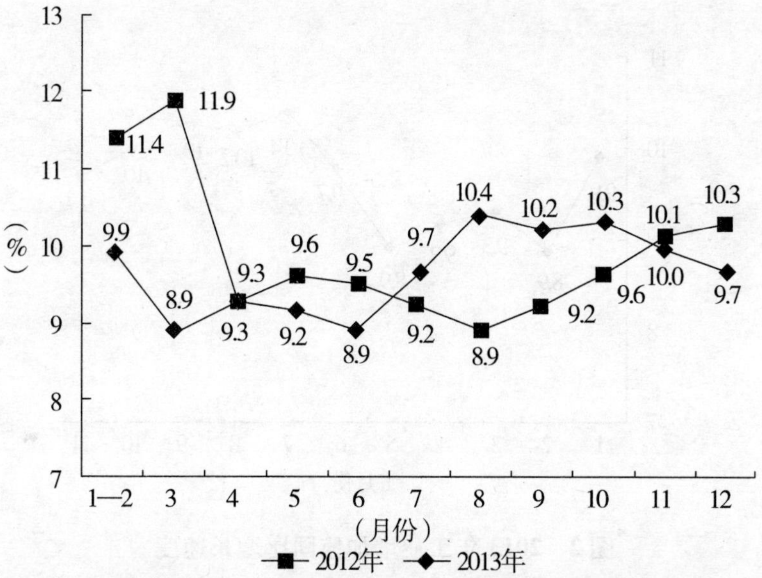

图 1　2012 年和 2013 年全国规模以上工业增加值同比增长速度

表 1　　2013 年工业增加值同比增长速度　　（单位:%）①

月份	工业增加值	轻工业	重工业
1—2	9.9	9.1	10.2
3	8.9	8.2	9.1
4	9.3	8.5	9.6
5	9.2	8.0	9.8
6	8.9	7.9	9.3
7	9.7	8.2	10.3
8	10.4	9.2	10.8
9	10.2	—	—
10	10.3	—	—
11	10.0	—	—
全年	9.7	—	—

① 由于，从 2013 年下半年起，国家统计局在相关数据发布中不再使用“重工业”、“轻工业”分类，所以 2013 年 9 月以后轻、重工业同比增速的数据不存在。具体说明详见：国家统计局，统计分类为何不再分轻重工业 . http：//www. stats. gov. cn/tjgz/tjdt/201312/t20131223_ 487512. html，2013 - 12 - 23。

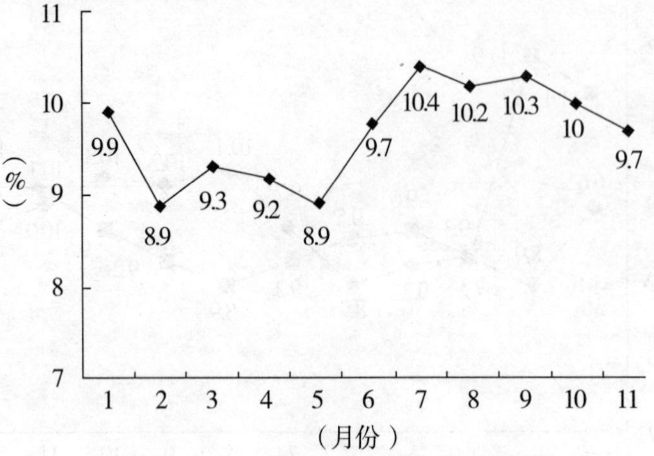

图 2　2013 年工业增加值同比增长速度

2．规模以上工业企业主营业务收入及利润率情况

由国家统计局公布数据显示[①]，2013 年全国规模以上工业企业实现利润总额 62831 亿元，比上年增长 12. 2%，其中，主营活动利润 62201. 3 亿元，比上年增长 4%。在 41 个工业大类行业中，31 个行业主营活动利润比上年增长，9 个行业主营活动利润比上年减少，1 个行业主营活动亏损比上年减少。

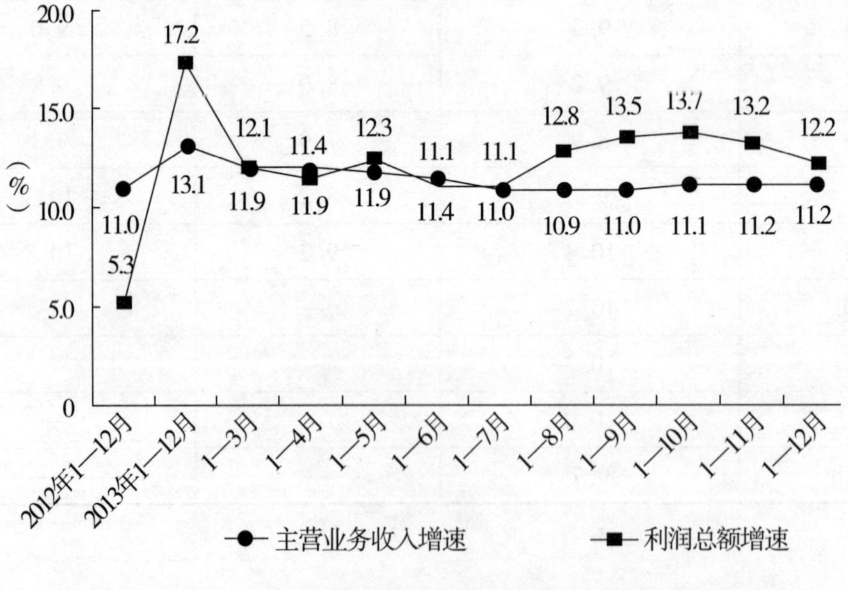

图 3　2013 年各月累计主营业务收入与利润总额同比增速

① 资料来源：国家统计局月度统计数据，http：//www. stats. gov. cn/，作者已经进行整理。

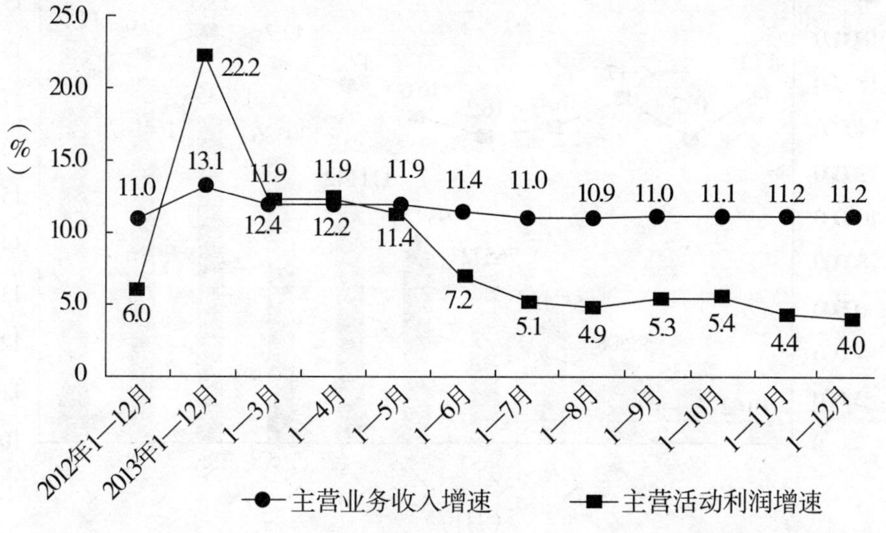

图 4 2013 年各月累计主营业务收入与主营活动利润总额同比增速

3. 工业投资增速情况

根据国家统计局公布数据[①]显示，2013 年固定资产投资增长较快。2013 年全年固定资产投资（不含农户）436528 亿元，比上年名义增长 19.6%（扣除价格因素实际增长 19.2%）。分产业看，第二产业投资 184804 亿元，增长 17.4%；在第二产业投资中，工业投资 181864 亿元，比上年增长 17.8%；其中，采矿业投资 14750 亿元，增长 10.9%；制造业投资 147370 亿元，增长 18.5%；电力、热力、燃气及水生产和供应业投资 19744 亿元，增长 18.4%。如图 5 所示。

（二）2013 年我国制造业发展的主要特点

当前，我国制造业发展趋势与典型工业化国家的一般规律基本吻合，同时也表现出追赶国家的一些特点。一方面，我国工业化率高于典型工业化国家在类似发展阶段的平均水平，呈挤压式增长；另一方面，我国重化工业特点比较明显，制造业的服务投入系数偏低，劳动力、土地等成本上涨压力增大、产能过剩等矛盾也严重制约了制造业的快速发展。面对这些问题，制造业进行转型升级和结构调整已是大势所趋。2013 年制造业发展主要呈现出以下几个突出特点：

① 资料来源：中华人民共和国国家统计局，2013 年国民经济发展稳中向好，http://www. stats. gov. cn/tjsj/zxfb/201401/t20140120_ 502082. html，2014-01-20。

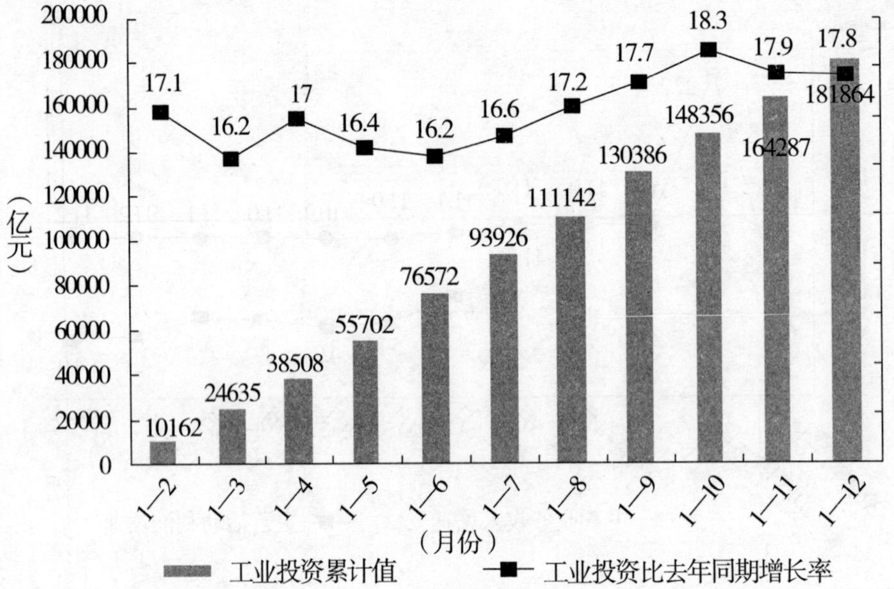

图 5　2013 年工业固定资产投资增长情况[①]

1. 转型升级和结构调整得到稳步推进

制造业结构升级、制造业与生产性服务业融合发展是产业结构调整的重要内容。2013 年 7 月 30 日，中央政治局专题讨论继续加快推进产业结构调整，推动传统产业转型升级。国务院总理李克强于 2013 年 10 月 18 日主持召开国务院常务会议，听取半年多来国务院出台的促改革、调结构措施落实情况汇报，部署进一步抓好夯实经济稳中向好基础的相关工作。

总体来看，2013 年我国产业结构调整取得了积极进展，改造提升制造业各项工作稳步推进，化解产能过剩矛盾有序进行，国家出台多项支持服务业发展的政策措施，服务业发展势头良好，为国民经济的持续增长提供了有力支撑。2013 年前 11 个月，全国规模以上高技术制造业增加值增长 11.7%，比规模以上工业高 2 个百分点[②]。战略性新兴产业的规模和质量显著提升。2013 年，服务业增加值占国内生产总值的比重超过了第二产业，第三产业（服务业）增加值占国内生产总值（GDP）比重提高到 46.1%。随着新兴服务业态的快速发展，服务业对促进经济社会发展的作用将更加突出。但也要看到，我国产业规模的扩大与质量的提升并不同步，一些行业产能过剩和有效需求不足的矛盾凸显，产业布局不合理问题比较突出，生产性服务业发展总体滞后，转

① 资料来源：国家统计局月度统计数据，http：//www. stats. gov. cn/，作者已经进行整理。

② 资料来源：中国行业研究网，今年将加快推进制造业结构调整和转型，http：//www. chinairn. com/print/3408050. html，2014－02－08。

方式、调结构的任务紧迫而艰巨。

2．一批制造业专项规划陆续发布

2013 年是贯彻落实党的十八大精神的开局之年，一批制造业专项规划和标准陆续发布。

2013 年 1 月 30 日，为贯彻落实《国务院关于加强环境保护重点工作的意见》（国发〔2011〕35 号）、《国务院关于印发“十二五”节能减排综合性工作方案的通知》（国发〔2011〕26 号）和《国务院关于印发节能减排“十二五”规划的通知》（国发〔2012〕40 号），引导企业开展工业产品生态设计，促进生产方式、消费模式向绿色低碳、清洁安全转变，工业和信息化部、发展改革委、环境保护部提出了“关于开展工业产品生态设计的指导意见”。

2013 年 3 月，国务院正式批复了国家发展改革委会同科技部、工业和信息化部、财政部编制的《全国老工业基地调整改造规划（2013—2022 年）》（以下简称《规划》），这是今后一个时期指导全国老工业基地调整改造的行动纲领。《规划》提出将振兴工作由前期以东北地区为主向巩固深化东北、统筹推进全国老工业基地振兴转变，把工作重点放在老工业城市调整改造上。

2013 年 8 月，国务院印发了《船舶工业加快结构调整促进转型升级实施方案（2013—2015 年）》，提出了船舶工业化解产能过剩矛盾、加快结构调整、促进转型升级，保持持续健康发展的政策措施。

2013 年 8 月，国务院发布了《关于推进物联网有序健康发展的指导意见》，指出到 2015 年，要实现物联网在经济社会重要领域的规模示范应用，突破一批核心技术，初步形成物联网产业体系，安全保障能力明显提高。

2013 年 8 月 23 日，工业部和信息部印发了《信息化和工业化深度融合专项行动计划（2013—2018 年）》。提出总体目标，到 2018 年，两化深度融合取得显著成效，信息化条件下的企业竞争能力普遍增强，信息技术应用和商业模式创新有力促进产业结构调整升级，工业发展质量和效益全面提升，全国两化融合发展水平指数达到 82。

2013 年 10 月 6 日，国务院印发了《关于化解产能严重过剩矛盾的指导意见》，对化解产能严重过剩矛盾工作进行了总体部署。这是新一届政府统筹稳增长、调结构、促转型，打造中国经济升级版的又一重大举措，也是当前和今后一个时期转变经济发展方式、推进产业结构调整的工作重点。

2013 年 11 月 18 日，为促进煤炭行业平稳运行和持续健康发展，国务院办公厅提出了“关于促进煤炭行业平稳运行的意见”，旨在坚决遏制煤炭产量无序增长，切实减轻煤炭企业税费负担，加强煤炭进出口环节管理，提高煤炭企业生产经营水平和营造煤炭企业良好发展环境。

2013 年 11 月 26 日，由工业和信息化部装备工业司组织编制的《装备工业“十二五”技术标准体系建设方案》通过验收。该方案是工业和信息化部首个通过验收的技术标准体系建设方案。明确提出装备工业领域“十二五”后三年标准化重点工作和任务，这对于提高标准与产业的贴合度，健全装备工业行业管理手段，全面、系统、科学的开展装备工业标准化工作都具有重要指导意义。

3. 绿色工业与再制造受到重视

2013 年，中国政府高度重视建绿色工业和再制造发展工作，通过项目、会议、标准化体系建设等方式，引导企业和公众树立绿色发展理念，实现工业经济绿色转型。

2013 年 2 月，工业和信息化部与中国工程院联合启动了“工业绿色发展工程科技战略及对策研究”重大研究项目，项目具体分钢铁、化工、建材、造纸等多个工作组开展研究。项目研究既要提出对我国工业发展具有战略性、长远性和全局性的建议，又要从技术、工艺、政策等方面提出具体的建议。项目旨在通过技术改造、信息化、管理优化等技术和手段，挖掘装备节能潜力。

2013 年 3 月，工信部原材料工业司和科技司就加快完善绿色建材标准体系、更好地利用先进标准引领绿色建材产业发展，联合赴中国建材研究总院、中国建材检验认证中心和建材工业标准化研究所开展调研，并围绕绿色建材内涵、绿色建材产品目录编制等工作进行座谈，协力推进绿色建材标准体系建设。

2013 年 8 月 30 日，工信部节能司在烟台召开了部分省市工业循环经济和再制造工作座谈会，总结了开展第一批工业循环经济重大示范工程及第一批机电产品再制造试点示范工作情况，研究部署启动第二批工业循环经济重大示范工程建设及进一步深化机电产品再制造试点示范的有关工作。

2013 年 11 月 7 日，工业和信息化部在广州举办第三届绿色工业大会，与会代表围绕绿色工业的政策、产业、财经、园区等方面进行了交流和讨论。工业和信息化部于 11 月 12 日至 16 日在上海举办了绿色再制造技术与管理高级研修班。11 月 15 日，工业和信息化部与美国商务部在上海举行了第三届中美再制造对话，中美双方围绕再制造相关贸易、监管以及财税等政策进行了深入研讨。

（三）2013 年制造业物流发展现状

2013 年，我国制造业物流总额平稳发展，制造业物流进入“中速增长阶段”。制造业化解严重产能过剩的问题，促进物流需求层次进一步提供，制造业与物流业联动发展也更受关注。科学技术驱动制造业物流信息化进程加速发展。

1. 社会物流总额走势“稳中趋缓”，工业物流总额仍占主要部分

根据中国物流信息中心的统计数据①，2013 年我国社会物流总费用增速小幅回升，社会物流总额略有下降，社会物流需求呈现“稳中趋缓”的基本走势。2013 年全国社会物流总额 197.8 万亿元，按可比价格计算，同比增长 9.5%，增幅比上年回落 0.3 个百分点。从构成情况看，工业品物流总额 181.5 万亿元，同比增长 9.7%，增幅比上年回落 0.3 个百分点。从全年看，工业品物流总额增速也有回升迹象，较上半年回升 0.3 个百分点，但较去年同期回落 0.4 个百分点。在社会物流总额中占绝大部分比重，仍是促进物流规模增大、拉动社会物流总量发展的决定性力量。

2. 制造企业物流成本小幅增加，物流费用水平有所提升

近年来，劳动力成本持续上涨，加上物流外包率的下降和宏观需求下降，许多制造企业的物流成本持续上涨，其中以钢铁和石油加工两大制造行业最为明显。

在钢铁行业中，2012 年重点调查钢铁企业物流成本比上年同期增长 2.3%，小幅增长，如图 6 所示②。其中，运输成本比上年同期增长 1.9%；管理成本增长 1.7%；保管成本增长 3.1%。在保管成本中，仓储成本比上年同期增长 9.0%，增幅同比回落 0.6 个百分点；利息成本增长 18.6%，回落 21.6 个百分点；伴随电子商务平台建设的快速发展，信息及相关成本增长 13.5%。2012 年重点调查钢铁企业物流成本比上年同期增长 2.3%，小幅增长。其中，运输成本比上年同期增长 1.9%；管理成本增长 1.7%；保管成本增长 3.1%。

在石油加工行业中，2012 年，我国石油加工业物流成本同比增长 12.6%，增速较 2011 年回升 8.3 个百分点，从结构上看，运输成本呈现低速增长，占物流总成本比重有所下降；保管成本增速保持快速增长，占物流总成本份额有所上升。石油加工业运输成本同比增长 3.7%，增速较 2011 年回升 2 个百分点，保管成本占比有所上升③。2012 年，尽管利息率下调，但受销售略显疲软、库存有所增加等因素影响，利息成本增长 13.3%，增速高于行业物流总成本增速 0.7 个百分点。

---

① 数据来源：中国物流与采购联合会，http://www.chinawuliu.com.cn/，作者已经进行整理。

② 资料来源：中国物流与采购联合会. 2013 年度钢铁物流成本分析. http://www.chinawuliu.com.cn/lhhkx/201402/19/278687.shtml. 2014-2-19。

③ 资料来源：中国物流与采购联合会. 2013 年度石油加工行业物流成本分析. http://www.chinawuliu.com.cn/lhhkx/201402/19/278687.shtml. 2014-2-19。

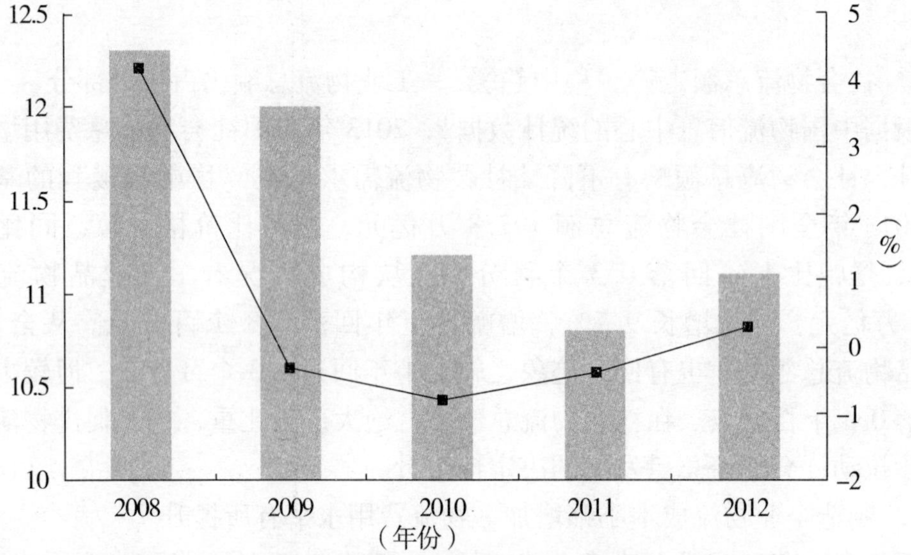

图 6　2008—2012 年钢铁行业物流费用率

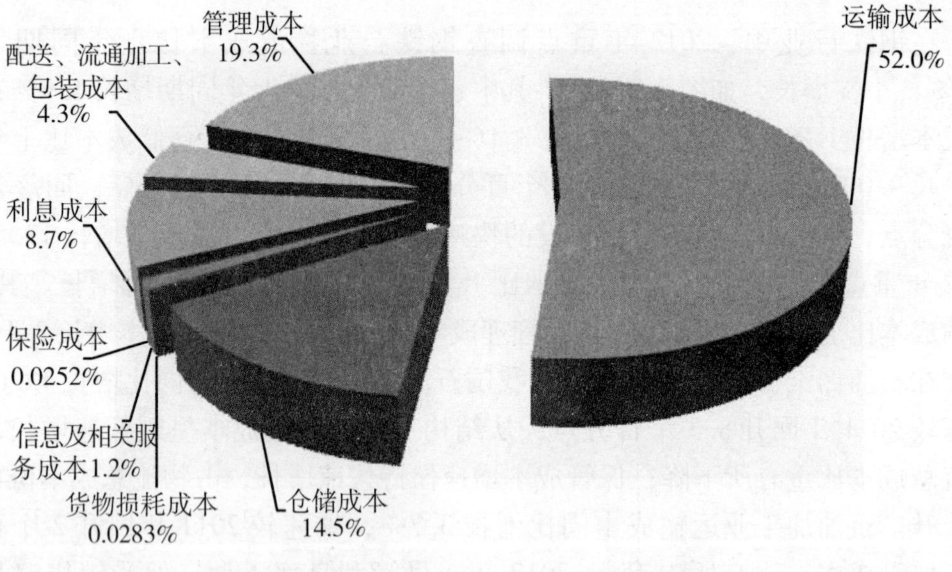

图 7　2012 年石油加工企业物流成本构成

3．信息化与标准化助推制造业物流规范发展

2013 年 1 月 9 日，工业和信息化部印发《关于推进物流信息化工作指导意见》，提出要通过试点示范引导，初步探索建设物流信息化体系的有效途径。在总结和推广前期经验的基础上，促进先进信息技术在物流领域广泛应用，使物流信息资源得到较为充分的开发利用，物流运作和管理水平得到明显

提高，物流信息服务体系基本形成。到“十二五”末期，初步建立起与国家现代物流体系相适应和协调发展的物流信息化体系，为信息化带动物流发展奠定基础。

2013 年 9 月 24 日，交通运输部发布了《关于推进交通运输信息化智能化发展的指导意见》（以下简称《意见》）。《意见》从推动交通运输转型升级的要求入手，紧紧围绕建设“四个交通”的战略任务，明确提出了行业信息化智能化发展的指导思想和建设目标。

2013 年 10 月 14 日，国家邮政局、工业和信息化部联合发布《关于推进快递服务制造业工作的指导意见》（以下简称《意见》）。《意见》提出要在技术密集型制造业、制造业规模化发展、制造业定制化生产、经济活跃区域的制造业集群、中小制造企业、制造业国际化 6 个重点领域推进快递服务制造业的发展。此外，还提出开展跨行业协同创新、促进信息共享标准对接、优化政策环境等 8 项推进快递服务制造业发展的工作措施。

2013 年，多项制造业物流标准制定完成并报国家标准委。其中，由全国物流标准化技术委员会提出并归口的国家标准项目中，有汽车物流标准如《汽车物流服务评价指标》、《汽车整车物流质损风险监控要求》、《汽车物流术语》、《汽车零部件物流塑料周转箱尺寸系列及技术要求》已经完成并报国家标准委。

（四）2013 年制造业与物流业联动发展新进展

随着制造业与物流业的转型升级和现代化产业结构的优化调整，“两业”联动发展变得越来越重要，社会各界对两业联动必要性和紧迫性的认识不断提高。2013 年，制造业与物流业联动发展有以下几方面进展：

1. 两业联动工作持续推进

近年来，国家各级政府和有关部门和行业协会纷纷采取措施，落实和推动制造业物流发展。整体来看，2013 年的两业联动工作呈现以下特点：

一是高度重视信息化对两业联动的作用。为了持续推动制造业与物流业的联动发展，贯彻落实《关于促进物流业健康发展政策措施的意见》、《关于促进制造业和物流业联动发展的意见》，工信部在 1 月 7 日下发了《关于推进物流信息化工作的指导意见》，构建物流业信息化工作的政策体系。《意见》指出，当前推进物流信息化工作的主要任务是：提高全社会物流信息资源开发利用水平、提高政府部门物流服务和监管的信息化水平、提高物流行业和物流企业的信息化水平、提高企业物流信息化和供应链管理水平、加快物流信息化标准规范体系建设、加快物流信息化军民结合体系建设和推进物流相关信息服务业和信息技术创新与发展。

二是快递业在两业联动中的作用日益明显。2013 年 10 月 15 日，国家邮政局、工业和信息化部联合发布了《关于推进快递服务制造业工作的指导意见》，《意见》强调了推进快递服务制造业发展的重点领域，并提出了推进快递服务制造业发展工作的措施。

三是供应链管理理念在两业联动中得到持续推进。为推进工业物流工作，优化企业供应链管理，12 月 13 日，工业和信息化部运行监测协调局在北京召开工业物流与供应链管理工作座谈会。中国钢铁工业协会等十多个工业行业协会的代表以及部分物流业专家学者参加会议。会议讨论了加快工业物流服务体系建设、优化企业供应链管理以及工业物流人才培训等工作，研究修改了《关于推进工业领域物流工作的指导意见》（征求意见稿），对深入推进工业物流工作提出相关政策及建议。

2. 各级地方政府积极推进两业联动发展

推动制造业与物流业的联动发展，不仅可以促进制造业的转型升级，而且可以推动服务业快速发展，是一举两得的双赢举措，对于转方式、调结构，打造中国经济的升级版具有十分重要的意义。国家发展改革委等中央部委和各省市地方政府持续推动两业联动发展，各级地方政府和工业行业协会积极探索两业联动的各项工作，取得了明显的成效。

2013 年 12 月 20 日，国家发展改革委经济运行调节局、工业和信息化部运行监测协调局和中国物流与采购联合会在北京召开第四届全国制造业与物流业联动发展大会。来自制造业和物流企业以及二丨多个省（自治区、直辖市）的工信和发改主管部门约 150 人参加了会议。会议宣传了两业联动的前沿理念、推广了物流与供应链管理的先进经验，对下一步深入推进工业物流工作，促进工业转型升级起到了积极的推动作用。

2013 年 5 月，工业和信息化部运行监测协调局与规划司、中国物流与采购联合会相关人员赴山东和湖南两省开展工业物流与供应链管理专题调研。2013 年，上海、山东、云南、福建等省市工信部门，研究发布了有关加强工业物流工作指导意见和实施办法，创新物流的模式，建立统计的体系，加强示范宣传，推动两业联动，取得了良好的效果。

此外，山东、湖南两省积极落实国务院《关于促进物流业健康发展政策措施的指导意见》，着力推进制造业与物流业联动发展，从工业物流园区规划、企业供应链管理、物流信息服务平台建设等方面开展大量工作，取得良好效果。

3. 供应链物流服务模式不断发展

在联动发展过程中，许多制造企业由简单的运输（仓储）外包逐步向企业物流整体外包发展，物流企业也由单一物流服务向一体化物流服务转变。

2013年，中国邮政速递物流股份有限公司在与中国重汽集团多年合作的基础上，开拓一体化供应链服务模式，取得了良好的成效。中邮速递从规划层面协助中国重汽进行供应链网络优化与流程再造，制订合理的物流运作计划；从执行层面对中国重汽整体物流运作负总责，管理其他物流公司或利用自有资源运作；从改善层面通过对优化方案的逐步实施和运作提升，持续改善中国重汽的供应链绩效。通过提供一体化全方位的物流服务，有利于双方形成长期共赢的战略合作伙伴关系，促进制造业与物流业的联动发展。

此外，广州嘉城国际物流股份有限公司也成功的实现了基于两业联动的全程供应链一体化综合物流服务模式。嘉诚国际物流股份有限公司的运营模式是比较典型的两业联动供应链运营商。公司两业联动主要服务于大型制造企业，日本松下电器集团是公司的最大客户。在物流中心和制造中心，嘉城国际将业务分成四大板块，采购物流、生产物流、销售物流和逆向物流，为企业提供全套的物流服务支持，实现了联动双方的共赢。

二、2014年制造业物流发展展望

2014年经济运行的基本面仍将不会有较大变化，经济下行的风险总体可控，经济将在2013年的基础上呈现平稳的发展趋势。制造业、物流业也将进入"中速增长阶段"，制造业与物流业联动发展将更受关注；随着物流市场的不断变动，两业联动面临新的发展机遇；制造业"去产能"趋势促进物流需求层次进一步变化，给两业联动带来新的挑战；技术驱动制造业物流信息化加速发展。在这种形势下，预计2014年制造业物流将呈现出稳定增长的态势。

（一）进入中速发展阶段①，制造业与物流业联动发展更受关注

当前，我国经济增长阶段的转换期已经开始。受此影响，物流运行增速有所趋缓，企业效益不断下滑，投资增速持续回落。长期掩盖在高速增长下的物流总体需求不足、产业层次水平不高等一系列问题日益突出，成为行业转型发展的重要挑战。

---

① 资料来源：中国物流与采购网，何黎明，物流业应积极应对"中速增长阶段"，http：//www.chinawuliu. com. cn/lhhkx/201209/21/187373. shtml，2012-9-21。

制造业是物流业发展的需求基础，现代物流是提升制造企业核心竞争力的重要手段。制造业与物流业的联动发展，不仅有利于提高制造企业生产效率，降低产品成本，调整优化制造业产业结构，而且可以加强物流资源整合，提高物流运作效率，提升物流企业服务水平。在中速增长阶段，制造企业期待通过物流业的联动发展来降低生产成本并提高服务水平的意愿也更加迫切。这几年的实践充分表明，两业联动发展是促进物流业发展和发挥物流业基础性支撑作用的有效途径。两业联动的理念已得到了制造企业和物流企业的普遍认可。

2014 年，中国经济发展所面临的国内外环境十分复杂，不稳定、不确定因素仍然较多，制造企业面临的物流税收、物流成本压力仍然存在，产业整体竞争力有待增强。国家发展改革委等有关政府部门将继续深化两业联动，在创新联动模式、丰富联动内涵、提升联动质量，营造外部环境上多下功夫，不断提升供应链管理和服务的能力与水平。政府部门将通过引导示范搭建平台，通过建立统一开放、竞争有序的市场体系，破解联动发展的政策约束，加强对物流发展的综合协调，促进供应链管理和服务的深化发展。

（二）制造业物流与供应链管理工程有望纳入物流中长期规划

2009 年 3 月，国务院《物流业调整和振兴规划》（以下简称《规划》）提出制造业与物流业联动发展工程，并成为九大工程之一。《规划》已经在 2011 年年底实施完毕，迫切需要新的物流业中长期规划来指导物流业的发展。当前，随着供应链管理的不断兴起，供应链管理正成为引领物流发展的主要方向，需要在供应链范畴提升原有的工程内容。目前，《物流业中长期规划（2013—2020 年）》已经进入征求意见阶段。因此，制造业物流与供应链管理工程有望纳入中长期规划。

在制造业物流与供应链管理工程中，将支持物流企业深入开展制造业企业供应链管理，与制造业企业建立战略合作关系，建设与制造业企业紧密配套的仓储配送设施和有效衔接的物流信息平台，提供从采购到最终销售的完整供应链服务，促进制造业转型升级。

在制造业物流与供应链管理工程中，将加快发展具有供应链设计、咨询管理能力的专业物流企业，着力优化针对重点制造业行业的供应链管理，满足高端物流需求。鼓励传统运输、仓储企业向供应链上下游延伸服务，根据工业生产的工艺流程特点，建设第三方供应链管理平台，针对制造业企业在原材料和零部件采购与供应、产品制造、运输与仓储、销售等环节的需求，提供供应链计划、采购物流、入厂物流、交付物流、回收物流等一体化服务，加快培育一批具有全球采购、全球配送能力的供应链服务商。

（三）快递业引领制造业物流新变革

近年来，电子商务快速发展、国民经济转型升级加快，物流运行格局发生积极变化。在社会物流总额增速稳中回落、传统大宗商品物流市场疲软的背景下，我国快递物流“一枝独秀”，2013 年全年的快递件量将达到创纪录的 90 亿件[①]，成为物流业新的增长点，呈现迅猛发展态势。在未来相当长时间内，我国经济发展存在“三个不会改变”：电子商务保持快速发展的态势不会改变、国民经济转型升级的势头不会改变、我国更广更深参与国际贸易的取向不会改变。因此，快递物流业也将延续高速增长态势。

从全球物流发展趋势看，快递物流已经成为物流业的引领，全球最大的 10 家物流企业中，共有 7 家快递企业，且前 3 家均是快递企业。从我国物流发展格局演变看，在社会物流总额增速回落，钢铁、煤炭等大宗商品物流需求持续低迷的背景下，快递物流成为新的增长点。

展望 2014 年，我国快递物流企业将积极拓展快递物流功能，加快由“物流服务商”向“供应链服务商”转变。例如，DHL 等国际物流巨头都以物流为基础，为合作企业提供有效的供应链解决方案、为跨国公司提供“一站式快递服务解决方案”，因此，国内的多家快递也将朝着这一发展趋势。此外，2013 年发布的《关于推进快递服务制造业工作的指导意见》也将进一步发挥政策效应，快递服务制造业发展的重点领域也将呈现出多元化的发展局面，快递服务制造业发展工作的措施也将进一步得到落实。

（四）物流市场变动创造制造业物流发展的新机遇和新挑战

当前，制造业物流市场正面临新的变动，这些变动给制造业物流带来了新的机遇，也产生了新的挑战。首先，产能过剩带来的大宗资源等传统物流市场面临物流量下降的困局。当前，工业企业多数产品处于产能过剩状态，不仅传统产品也包括一些战略性新兴产业，产能过剩问题日益突出。国务院发展研究中心 2013 年对 3545 家企业的调查显示，67.7% 的企业认为，要消化目前的过剩产能，需要“3 年以上”的时间，其中认为需要“5 年及以上”时间的企业占到 22.7%[②]。化解产能过剩的任务依然十分艰巨。2012 年以来，国家统计局统计的 6 万余户大中型企业产能综合利用率基本低于 80%，产能过剩从钢铁、造

---

① 资料来源：中国行业研究网，2013 年我国快递总量突破 90 亿 . http：//www. chinairn. com/news/20140113/173328435. html，2013 - 01 - 13。

② 资料来源：中国行业研究网，六成以上企业认为“去产能”需 3 年以上时间 . http：//www. chinairn. com/news/20140106/110206673. html，2014 - 01 - 06。

船等传统行业向风电、光伏、碳纤维等新兴产业扩展，部分行业产能利用率不到75%，但一些过剩行业投资增长仍然较快[①]。十八届三中全会、经济工作会议都对淘汰落后产能、优化经济结构提出了更高要求，“去产能”问题任务艰巨。因此，随着去产能化的逐步推进，势必影响到相关行业的物流市场需求，届时如何处理好产能过剩行业的物流量下降问题，是制造业物流发展的新挑战。

其次，部分物流细分市场格局的调整会带来制造业物流的服务模式和服务网络产生新的调整。例如，根据行业协会和有关机构的调研，物流市场在以下几方面具有明显变化：一是从品种结构来看表现为“黑冷白热”，即钢材、煤炭和水泥等“黑货”相对遇“冷”，生活消费品物流市场需求“热度”不减；二是从销售对象看外缩内扩，即外贸对GDP的拉动作用减弱，扩大内需政策的效果开始显现，消费对于经济增长的贡献率大幅提升；三是从经营模式来看点弱链强，工业企业对供应链的需求增长较快，发展潜力很大。因此，这些细分市场的变化，将导致制造业物流的细分市场呈现新的机遇和新的挑战。

（五）供应链服务与创新将日益受到重视

供应链服务是指服务型企业基于生产企业（商贸企业）的供应链上下游结构，对其供应链的物流、信息流和资金流进行整合和优化，为其供应链的采购、生产、分销等环节提供增值性的服务。供应链服务的提供主体是各类物流企业和供应链公司。随着供应链管理的运作方式日益被沿海地区的生产制造企业接受，他们发现企业的竞争优势不仅在于自身企业的努力，更需要与上下游企业的密切配合，需要从供应链管理角度来赢得竞争优势，所以，越来越多的企业期望从供应链管理中挖掘更多的利润，节约更多的成本。供应链公司作为供应链服务的设计和运营专家，满足了生产企业对供应链服务的要求，从而顺应了这种趋势。供应链服务作为供应链管理过程中的服务创新，受到了广大制造企业的欢迎，让制造企业专心做自己的核心技术和核心生产，让其他的采购问题、物流问题、销售问题都变成不是问题。所以，近年来，中国沿海地区涌现出一大批以提供供应链服务为主的供应链公司。有不少专家预测，未来十年，物流公司改名为供应链公司将是大势所趋。因此，预计2014年，我国的供应链服务与创新将更加受到重视。

（天津大学管理与经济学部　刘伟华　王倩　梁志成）

---

① 资料来源：中国经济报道，2014年中国工业：四大问题和挑战严峻. http：//www. ceh. com. cn/UCM/wwwroot/zgjjdb/cjpd/2014/01/302042. shtml，2014-01-14。

2013 年钢铁行业物流发展回顾与 2014 年展望

2013 年在全球经济弱势复苏、国内经济稳定增长的形势下，我国钢铁行业保持了生产、出口的高增长；在成本居高不下的情况下，钢铁企业竞相提升管理、降本增效，行业整体效益有所改善。2013 年钢铁行业在电子商务、钢铁物流（园区）、赢利模式等方面不断探索，成为行业转型升级不平凡的一年。

一、2013 年钢铁行业物流发展回顾

1. 2013 年钢铁产量、出口量高增长

2013 年我国钢铁产量继续保持增长，且增速较 2012 年有所加大。据国家统计局数据显示，2013 年，我国累计生产生铁 70897 万吨，同比增长 6.2%；粗钢 77904 万吨，同比增长 7.5%；钢材 106762 万吨，同比增长 11.4%。2013 年粗钢平均日产 213.4 万吨（2012 年年平均日产 195.8 万吨），2 月粗钢日产创下历史最高记录，达 220.8 万吨，如图 1 所示。

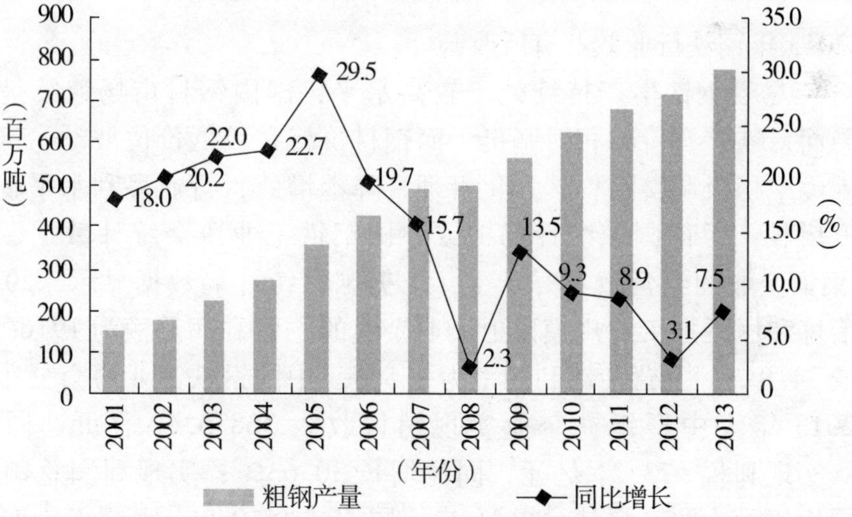

图 1　2001—2013 年粗钢产量及同比增速变化

数据来源：国家统计局。

2013 年，我国钢材出口仍然保持了较高的增长速度。据海关统计，2013 年，我国累计出口钢材 6234 万吨，同比增长 11.9%；累计进口钢材 1408 万吨，同比增长 3.1%。进口钢坯 55 万吨，同比增长 53.0%。钢材、钢坯累计净出口折合粗钢 5079 万吨，2000 年以来我国每年钢材进出口情况如图 2 所示。

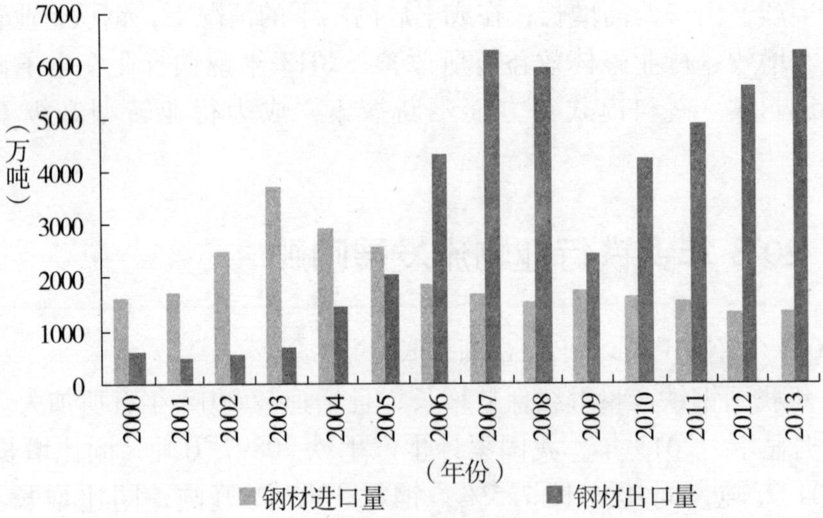

图 2　2000—2013 年我国钢材进出口情况变化

数据来源：中国海关。

2. 2013 年钢铁行业效益有所改善

2013 年尽管钢铁生产持续处于较高水平，国内钢材市场继续呈现供大于求的局面，铁矿石价格相对坚挺，而钢材价格在较低价位波动，钢铁生产企业在困境中积极调整结构、强化管理、降本增效，行业赢利水平较上年有较大幅度增长。无论国家统计局抑或中国钢铁工业协会统计数据，均显示 2013 年钢铁企业的经营效益好于上年。据国家统计局数据显示，2013 年黑色金属冶炼和压延加工业规模以上工业企业的主营利润总额为 1916.3 亿元，同比增长 24.9%；主营活动利润率为 2.5%。中国钢铁工业协会公布的数据显示，2013 年大中型钢铁企业实现销售收入 36875.60 亿元，同比增长 3.89%；实现利税 973.21 亿元，同比增长 30.63%；实现利润总额 228.86 亿元，同比扭亏为盈；累计亏损 16 户，同比减少 10 户，亏损面为 18.60%；累计亏损额为 118.25 亿元，同比减亏 63.91%；销售利润率为 0.62%，同比提高 0.66 个百分点。

3. 国家对钢铁流通企业实行分级化管理，引领行业规范健康发展

商务部于 2013 年 7 月正式发布《钢铁流通企业经营管理分级评定》。该标准对钢铁流通企业经营管理等方面进行综合评定，划分出 A、AA、AAA、AAAA 和 AAAAA 五个等级，依据获得 A 级等级的高低来区分钢铁流通企业的综合能力。

钢铁流通企业的分级化管理将进一步提升我国钢铁流通企业的经营管理水平，提高企业的服务质量，促进整个钢铁行业的健康发展。一方面有助于引领行业发展、指导企业转变发展方式、促进产业升级、提高集中度；另一方面，有利于提升企业形象，促进整个行业健康、科学、可持续发展；此外，有益于促进钢铁流通行业资源整合，促进行业内和行业间的融合与合作，最终实现钢铁流通行业发展的规范化、科学化、集中化、现代化。

4. 物流园区发展规划及国家标准发布，助推钢铁物流园区转型升级

2013 年 10 月 15 日，国家发展改革委会同 12 部门联合发布了《全国物流园区发展规划》，提出按照物流需求规模大小以及在国家战略和产业布局中的重要程度，将物流园区布局城市分为三级，一级物流园区布局城市 29 个，二级物流园区布局城市 70 个，到 2015 年，初步建成一批布局合理、运营规范、具有一定经济社会效益的示范园区。此规划的出台，将对物流园区的升级产生积极推动作用。

2013 年 12 月 31 日，《物流园区服务规范及评估指标》国家标准正式发布，将于 2014 年 7 月 1 日开始实施。该标准主要规定了物流园区的基本要求、服务保障要求和服务提供要求，给出了物流园区的评估指标，此标准与《物流园区分类与基本要求》（GB/T 21334—2008）、《物流园区统计指标体系》（GB/T 30337—2013）两项国家标准形成物流园区的系列标准，适用于对物流园区的服务与管理。

钢铁物流作为整个钢铁供应链的重要环节，物流环节逐渐成为钢铁企业、钢铁贸易企业挖掘新利润的关节点。钢铁物流园区作为承载这一任务的重要驱动力，其规范发展将为钢铁供应链环节降低成本、提升效益发挥积极作用。目前我国钢铁物流园区的重复建设现象严重，总体规模较大，局部地区已经出现过剩的现象，而从事钢材精深加工的钢铁物流企业较少，赢利能力较差，钢铁物流园区主要靠土地升值和收租金赢利，增值服务少，部分园区基础设施与装备水平不高，钢铁物流园区发展面临重重困境，亟待转型升级。《全国物流园区发展规划》、《物流园区服务规范及评估指标》的发布和实施，将为钢铁物流园区发展提供政策引导和发展方向，助推钢铁物流园区顺利实现转型升级。

5. 钢铁企业拓展物流（物流园区）成为赢利增长点

2013年鞍钢、武钢在物流环节乘势快速发展。2013年2月鞍钢集团正式入股广州南沙钢铁综合物流园有限公司，控股45%，成为该公司第一大股东，此举标志着鞍钢在钢铁物流园开发领域迈出了重要一步。

武钢则通过在重点流通城市设立物流节点，以及整合物流业务，做大做强企业物流。2013年5月，武钢集团携手百联集团、武汉浦江物流成立合资公司，选择在上海设立华东物流节点，该项目位于上海市宝山区，占地8万平方米，年钢材吞吐量近300万吨。2013年12月26日，通过对公司物流产业进行新一轮整合后，武钢集团旗下武钢集团物流有限公司正式揭牌成立，新成立的武钢集团物流有限公司总资产包括浙江舟武港等六大码头，20万平方米自有仓库，1600余台各类客货车和特种车辆、工程机械，预计到2018年总销售收入达到106亿元，成为武钢相关产业中百亿元支柱企业之一。

自2011年以来，处于国内钢铁产业链上游的钢铁企业在提高钢材直供比例的同时，向产业链中游流通环节渗透，拓展物流环节，兴办钢铁物流园区。据统计，目前钢铁企业在建、开工和拟建的钢铁物流园区项目有17个，涉及14家钢铁企业。在17个项目中，独资的有7家，合资的有10家。其中，占地面积最小的是宝钢的黄骅港物流基地，为400亩；占地面积最大的是沙钢的玖隆钢铁物流园，为12000亩，这也是目前我国投资最大的钢铁物流园区，计划投资300亿元。虽然钢铁企业兴办的钢铁物流园区在总量上只是钢材市场的尾数，但在体量和功能上具有得天独厚的优势，能为中、下游客户提供信息、金融、加工配送、仓储物流、电子商务、废钢回收等一系列配套服务。

6. 钢铁企业不断开拓电子商务平台

2013年5月31日宝钢集团新上线的上海钢铁交易中心，以交易服务和依托第三方支付平台的供应链金融服务相结合，将钢铁企业的电子商务平台功能进一步拓展。上海钢铁交易中心是由宝钢集团与上海市宝山区的政府投融资平台公司合作建立的钢铁现货交易电子商务平台，注册资金为1亿元，其中宝钢持股比例占到90%，作为上海市宝山区政府投融资平台公司的上海钢贸金融产业园持股10%。平台承担的交易类型包括交易与服务两大类，前者主要是基于钢材的现货交易，后者的核心则是以供应链为基础的金融服务。上海钢铁交易中心为宝钢搭建起一个钢铁现货交易电子商务平台，作为宝钢互联网金融体系的前端，依托电子商务获取、整理交易数据，同集团已有的金融服务平台实现对接，后者依托第三方支付平台提供金融支付服务，作为宝钢互联网金融体系的后端，两者共同实现宝钢在互联网金融领域的布局。

近年来，越来越多的钢铁企业意识到电子商务作为一种新兴的生产力带来的挑战和机遇，纷纷建设企业级电子商务网站，加快向现代流通业转型的步伐。目前宝钢已初步建立起支撑钢铁主业的电子销售、电子采购、电子交易、基础服务和数据服务五大平台，应用模式日臻完善，内外部和上下游之间协同发展；武钢也将电子商务与企业 ERP 系统整合，使用户在网上能够直接了解到合同执行情况；山钢集团莱钢将物流园区建设与电子信息平台相结合，以信息科技提升物流配送管理水平；首钢集团通钢网航电子商务平台开拓网上招标采购；广钢利用广钢电子商务平台开展对外交易业务和集团集中采购以及销售业务，逐渐进入电子时代；华菱钢铁投资搭建了荷钢网上线运营。马钢股份、沙钢股份及昆钢等均在积极部署电子商务平台。

二、2014 年钢铁行业物流发展展望

2014 年全球经济将继续复苏，我国经济也将平稳增长。2014 年将是我国全面深化改革的第一年，我国经济将按照稳中求进、改革创新的总基调，继续实行积极的财政政策和稳健的货币政策，预计全年经济增长在 7.5% 以上。2014 年农业发展、城镇化建设及保障性住房建设将成为拉动我国钢材需求的巨大动力，同时钢铁行业结构调整、落后产能治理将继续推进，钢铁市场供大于求的局面将有所改善，钢铁行业所处市场环境将趋于好转。2014 年，在现代物流、电子商务快速发展的带动下，我国钢铁行业物流环节的发展将会更有建树。

1. 钢铁供应链电子商务将逐渐成为主导趋势

近年来，我国钢铁电子商务得到长足进展，开始由数量型扩张转向质量效益型发展。一些钢材电子交易市场通过不断创新和管理升级，将全国分散的市场用互联网联接起来，成为钢铁产业链沟通信息的主要渠道，为广大客户尤其是终端用户跨越时空调剂资源提供方便，在实现我国大宗商品销售、促进商品流通、减少实物转手环节、节约物流成本、分散与转移市场风险和商品价格发现与定价等方面的作用日益突出。通过电子商务，实现钢铁及其相关产品物流、资金流和信息流的全方位对称，将供应链体系内各个环节有机结合起来，最终结束产业链互为博弈的局面。

对于处于产业链上的钢铁企业、钢铁贸易企业、物流园区而言，供应链电子商务平台，为生产、物流贸易等各个环节提供包括采购、销售、金融、支付结算、仓储、库存管理以及物流优化等在内的全方位服务，电子交易融合物流信息化技术，以及供应链金融服务理念，运用创新型的运营模式，可发挥调节

市场供求关系、减缓市场价格波动等作用。

因此，供应链电子商务不仅能提高效率、节约成本、提高产品与服务的附加值，更能广开客源，挖掘原有钢铁企业营销系统无法覆盖的市场。

2．钢铁企业利用电子商务充分增强企业竞争力

钢铁企业是我国国民经济的重要支柱性企业，通过有效应用电子商务能够提升钢铁企业综合竞争力。目前，我国钢铁企业信息化发展不均衡，普及应用水平有待提高；钢铁行业电子商务复合型人才资源匮乏，不能满足企业发展的需求；相关的外部体系建设，如电子认证、在线支付、现代物流、信用、安全防护和市场监管体系建设等不能适应电子商务快速发展的需要；电子商务在钢铁企业转变经济增长方式、提高经营效率等方面的促进作用有待进一步发挥。

电子商务作为信息化的重要组成部分，是企业适应未来市场竞争的需要，通过有效实施实现产供销一体化，加强钢铁企业与上下游产业的衔接，提高企业的市场反应能力和综合竞争力。另外，随着国际市场竞争的日趋激烈，国际上越来越多的企业通过建立电子商务网站来拓宽产品的营销渠道，精简流通环节，促进企业供应链管理的实现，从而提高企业在国际市场中的竞争力。钢铁企业通过培养电子商务复合型人才、分阶段推进实施电子商务、构建协同型电子商务模式、引入数据仓库等智能技术以及建设良好的外部支撑环境为依托和发展方向，充分利用电子商务，全面增强企业在信息时代的竞争力。

3．钢材现货市场由管理型向服务型转变升级

最近几年来，随着市场经营环境的不断变化，钢材现货市场进入了行业的周期性低谷。据中国物流与采购联合会钢铁物流专委会编撰的《中国钢材市场调研报告》显示，目前传统票据式钢材市场已日趋萎缩，传统的前店后库式和商住一体化的钢材市场也经受着严峻的挑战。调查显示，我国钢材市场的主要收入来源首先是库房/货场租金；其次是办公楼租金、配套设施租金/管理费和物业管理费；最后是所属物流企业、增值服务费、设备租金、土地升值后出租或出售、税收优惠以及国家拨款获得的收益，而土地增值也是目前钢材市场赢利模式中的很重要的收入来源。

目前钢材现货市场同质化的传统管理平台和赢利模式已经不能适应市场环境变化的需求，特别是互联网技术普及的今天，市场仅仅做好管理是远远不够的，打造升级版的服务型钢材现货市场已经到了关键时刻。从管理型钢材市场升级转型到服务型钢材市场，要从理念上摆脱管理者的角色，而在实践中成为服务平台的搭建者，用已有资源和产业链上、中、下游客户共同分享，并能针

对客户需求提供有效且有价值的服务。

4. 大力发展现代化钢铁物流园区

钢铁物流园区是钢铁供应链上的重要据点，是钢铁流通的重要平台，也是钢铁供应商和消费者之间的重要纽带。一个具有现代化水平的钢铁物流园区应拥有完备的钢铁物流基础设施、合理的设备空间布局、优化的作业流程和通畅的信息网络，凭借专业化、集约化的经营优势和快捷的运输通道，大大改善传统钢铁物流效率低、环节冗长、损失率大、供求方之间的稳定性差、成本居高不下等问题。现代钢铁物流园区的建设对提高钢铁供应链效率、增强钢铁供应链对市场的灵敏度、降低供应链成本有重要作用。

钢材市场或钢铁物流园区应该从以下四个方面向现代化迈进。一是通过提升仓库的管理软硬件水平，即数码钢材仓库管理要求和网络化管理要求，提升仓库的管理水平；二是通过不断完善现代物流加工配送功能，同时配备充足的配送车辆，可对钢材市场中各种品种规格的产品进行加工配送；三是建立现代化经营模式，从传统经营模式中分离出来，走向钢材超市加配送的经营模式，为钢材网络营销打下基础，从而使钢材贸易从传统模式逐步转向现代化钢材经营模式；四是注重自身整合，不同区域的钢铁物流园区可以连锁经营，为钢材现代化物流提供物流平台，同时借助现代网络技术的发展，完成现代钢铁物流园区的整合。

5. 云计算、大数据发展助力钢铁物流创新模式

新兴互联网技术“云计算、大数据”为钢铁物流模式注入了新的活力，云计算、大数据助力钢铁物流创新模式。一是以云计算、大数据构建透明环境，转变传统商业模式。依托云计算、大数据创建透明数据环境，实现资源、价格等信息的及时有效共享。彻底转变传统贸易企业的价差赢利模式，转型为客户提供交易服务、物流服务、增值服务，以服务获取利润，实现钢铁贸易企业向生产性服务企业的根本性转变。二是以云计算、大数据汇聚数据流，支撑由传统流通向现代物流转变。钢铁流通企业要降低流通费用、提高流通能力、增加流通利润必须发展现代物流。云计算、大数据整合并打通贸易商、仓库、运输、工地、银行的全产业链，形成生产性服务业积聚、加速服务业细分，支撑传统物流向现代物流转变。三是以云计算、大数据优化大物流过程，促进产业链协同。依托移动互联等领先技术，信息技术在大物流过程中的每一个环节得以应用，每一个环节数据在云端汇聚，经过数据加工，成为每一个流通环节的指导性数据，优化产业链，提高生产效率。四是以电商平台结合线上、线下平台，创新营销模式、定价模式和采购模式。线上现货直供，发展网络直销平台，集中采购、快速销售，借力电商平台提供物流配送、担保支付、金融服务

等，与传统线下平台相互依托、优势互补，实现线上平台与线下平台的无缝对接。

总之，面对不断变化的市场环境和国内外经济环境，我国钢铁行业物流相关企业不断创新，努力开拓，向供应链各环节、产业链两端延伸，逐步拓展交易、仓储、加工配送、运输、信息、金融等物流功能，在电子商务和现代物流方面多下功夫，找寻企业新的利润增长点的同时推动我国钢铁行业物流实现快速发展。

（中国金属流通协会、兰格集团　王国清　刘长庆）

2013年汽车物流行业发展回顾与2014年展望

一、2013年汽车物流行业发展回顾

（一）市场规模中速增长

汽车产销是汽车物流行业的服务主体，其市场规模及变化情况直接影响着汽车物流行业的发展变化。据中国汽车工业协会统计，2013年，汽车产销分别为2211.68万辆和2198.41万辆，同比增长14.76%和13.87%。其中轿车销量完成1200.97万辆，比上年增长11.8%，SUV销量完成298.88万辆，比上年增长49.4%；从商用车分车型完成情况看，客车产销分别完成56.31万辆和55.89万辆，比上年分别增长11.2%和10.2%；货车产销分别完成346.85万辆和349.63万辆，比上年分别增长7%和5.8%；汽车整车出口为97.73万辆，比上年下降7.5%。从中国汽车流通协会了解，2013年全国二手车交易量首次突破500万辆，达到520.33万辆，相比上年同期增长8.6%。从中国物资再生协会了解到，2013年全国汽车报废量接近200万辆。截至2013年年底，全国机动车数量突破2.5亿辆，机动车驾驶人近2.8亿人。其中，汽车达1.37亿辆。

从上述数据我们可以判断出，2013年整个汽车物流市场总量随着业务规模的扩大而扩大，单车物流费用的下压与增量市场中和，总体增速与汽车工业增速相当。

（二）汽车物流行业运行环境未有改善，新老政策问题叠加困扰行业发展

尽管行业协会奔走呼吁，国家政府部门也高度重视，但由于涉及多个部门协调，自上而下的政策形成机制使得行业顽疾依然故我，有些工作虽有进展，但解决问题的时间仍在期待中。

（1）运输车辆罚款收费等问题依旧如故。受市场增量刺激，新增违规车辆增加，特别违规的俗称“二怪”的违规车在部分小型运输公司中更为普遍。

（2）车辆运输新标准问题虽有进展，但仍未有果。轿运车新标准一直以

来都是行业关注的焦点问题，被认为是解决行业公路运输问题的第一步。2013年由工信部牵头，在国家汽车标委会努力下，在交通、公安等部门和中物联等行业协会支持参与下，标准已有初稿，但受政策决心不足，市场需求彷徨两个方面的影响，各方协调推进速度缓慢，截至目前尚未形成统一意见。

（3）营改增使得行业成本上升，进一步压缩利润空间，超限超载局面继续恶化。从长期来看，营改增是一项利国、利民、利行业的好事，但改革需要一个渐进的过程，短期内对物流行业的影响确实较大，中物联在积极向国家反映的同时，也积极为企业出谋划策，推动行业交流经验，但由于2013年营改增改革到交通运输业没有向相关服务业继续转移，行业利润空间大幅摊薄在所难免，物流业为国家税收体系作出重大贡献的同时，为延缓自身压力使得超限超载局面进一步恶化。

（4）进城难、停靠难等问题依旧是影响行业“最后一千米”配送的关键。城市车辆管理部门不合实际，一厢情愿的政策，使得城市配送问题顽症依然故我，对我国汽车零部件售后服务市场发展产生严重制约，与超限超载同样的客车运货罚款放行政策，非但解决不了问题，反而成为交通管理整体腐败的温床。

（三）行业标准建设取得新进展，但贯标工作落后行业需求，标准化问题成为资源整合的明显瓶颈

1. 在中物联汽车物流分会及行业龙头企业共同参与下，适应行业发展需要的十项新标准陆续出台

全国道路运输标准化技术委员会审查通过了《乘用车公路运输栓紧带式固定技术要求》；全国物流标委会审查通过了《汽车物流术语》、《汽车整车物流质损风险监控要求》、《汽车物流服务评价指标》和《汽车零部件物流塑料周转箱尺寸系列及技术要求》四项汽车物流国家标准；《汽车物流统计指标体系》标准方案基本确定；《汽车物流信息系统基础要求》、《商用车背车装载技术要求》、《汽车零部件物流器具分类及编码》行业标准即将最后向社会征求意见；《汽车整车出口物流标识规范》国家标准已经由全国物流标委会向国标委申请立项。

2. 标准贯彻情况不理想，与行业需求差距较大

（1）汽车物流行业发展对标准化具有强烈需求。一是汽车物流作为制造业物流的典型领域以及巨大的市场，大型第三方物流企业的发展速度、规模和质量明显领先其他行业，这些企业在各自供应链管理中的优化以及企业横向资源整合都需要共同的标准作为基础；二是我国的汽车工业发展快速，除市场拉

动外更得益于欧美、日韩等发达国家汽车巨头的加盟，他们将各自的生产标准带入中国，因而造成了各自的物流体系标准差异明显，对物流行业的资源共享形成巨大障碍，这也是我国汽车物流成本明显高于其他国家的原因之一。

（2）国家标准体系建设的管理方式、系统性差，影响了标准的贯彻实施。国家对标准建设十分重视，专门设立国家标准化工作局和标准化委员会负责全国标准的制修订工作，不同行业还设有专业标准化委员会，但由于上下左右分工不清晰、协调不够，标准之间的交叉、矛盾多有发生，标准化工作方针随历史变迁时有变革，使得国家强制标准、推荐标准的执行标准尺度不清，该强制的标准不强制，该推荐的又是强制，企业难以执行或无法执行，全国标准需要进行系统清理才能更好地实现国家经济转型发展。

（3）行业组织在推动标准贯彻工作找到了新的方式。多年来，中物联汽车物流分会积极参与国家和行业标准制修订工作，成立十年来快速填补了多项行业迫切需求的标准空白。但标准的贯彻工作未能满足行业需要，2013 年分会创新工作思路，发起成立“全国汽车零部件物流标准化推进会”，将所有行业企业吸收到这个平台上，在国家和行业标准贯标的同时，从具体企业需求角度探索推动标准联盟工作，逐渐推动解决标准一致性难题。

（四）行业在长宽深三维拓展，依旧是我国物流行业特别是制造业物流的引领者

1．产业链继续向上下游拓展

2013 年，国内的主流第三方物流企业业务在实现汽车零部件入厂、整车物流、售后服务备件物流业务的同时，向汽车零部件企业供应链管理和物流领域上延，以及向后市场进一步拓展，产业链条继续延长。

2．业务范围继续横向拓宽

一是汽车物流企业在与相应生产企业加强供应链管理一体化的同时，与同行业企业间的合作继续深化；二是业务模式向汽车同类产品复制，多个大型汽车物流公司都将业务拓展到与汽车产品相似的工业品物流。

3．行业从标准化需求和更加重视综合运输体系建设向深度推进

一是受物流资源整合需要，零部件物流标准一致性问题成为行业发展的障碍，2013 年围绕此项需求行业多次交流探讨解决途径；二是整车物流领域，企业更加重视公路以外铁路和水运资源的共享，以及综合运输体系建设，行业召开了国内首个专业物流多式联运方面的研讨活动。中铁特货运输公司借国家铁路改革之势，加大汽车专业物流市场的推广力度，在行业号召力和影响力方面获得口碑，为未来铁路汽车物流大布局奠定了基础。长安民生、长航、安盛等

企业加大投入，在沿江、沿海的大小码头布局了密集而完整的水运汽车物流网。

（五）领军企业从不同角度引领行业转型升级

1. 技术引领转型

作为公路运输起家的汽车物流粗放式的管理模式已经不能适应行业需求，国内主流汽车物流企业引入技术管理精英加盟，将生产技术管理嫁接到现代物流，用生产的精益改善物流的粗放，产生了良好效果，典型企业有安吉物流、一汽物流、长安民生、福田物流、中信国际等。

2. 模式创新驱动转型

网络和渠道是物流行业立足市场的两大法宝，建立全国一体化网络布局，形成畅通的物流保障渠道，是汽车物流领军企业制胜关键，国有的安吉物流公司和民营的长久物流公司是其中的典范。安吉在综合运输体系创新式驱动下，将公路运输里程降低到700千米，为未来治超后市场优化奠定了基础；长久与国内各大物流企业广泛合作，同时发展水路运输，推动铁路合作，探索零部件物流资源共享，在国际汽车物流业实现突破，并且寻求跨界合作，借助资本市场力量，以网络、渠道和活力为未来开创道路。

3. 群策群力谋划转型

企业的未来需要团队实现，团队的力量是今天的保障，智慧的企业家不仅在日常工作中着力打造企业的管理和文化，而且通过凝聚团队的智慧谋划未来。风神物流是行业的典型，公司专门组织所有中层骨干在花都召开“九塘之春”论坛，畅所欲言，凝聚智慧，提出企业今后十年的发展规划。

4. 专业深耕精益型

“一招鲜，吃遍天。”行业企业根据市场需求，结合自身特点，向物流的关键节点深耕成为行业企业发展的一条新思路，元初物流公司即是其中的典型，其开发的信息化专业报关软件不仅实现了报关业务的一条龙服务，而且时间短、速度快、效率高，得到包括汽车和电商等高端物流客户的高度认可。

（六）行业创新活跃

结合行业发展新趋势和新技术，汽车物流行业创新活跃。典型的创新成果有：

1. 汽车整车物流创新项目

拖车安全认证管理信息系统；借助保险降低商品车物流运输风险损失；TLEP 培训体系（丰田物流培训课程在广汽丰田物流中的实施）；汽车物流临时仓储快速可移动式篷房解决方案；基于微信公众平台的运单确认系统。

2. 汽车零部件入厂物流创新项目

整车装配零件配送方式设计及工艺优化；全流程协同化容器管理系统；供应链物流管理及采购结算优化；企业物流可视化服务；受入口叉车装载变更为升降平台装卸货的物流改善；基于主机厂生产线布局的厂内 RDC 创新规划设计；动力总成机运线项目的创新应用；物流新技术在集装箱场站管理中的整合应用；集保高折叠比围板箱等。

3. 售后服务备件物流创新项目

备件订单交期/配送状态可视化及 BO 答复系统；华晨宝马中国售后配件配送中心定制项目。

（七）协会在推动行业发展中继续发挥着枢纽和平台作用

2013 年，中物联汽车物流分会，除在政策、标准等行业工作中发挥积极作用外，同时还为行业交流搭建了综合和专业平台，分别组织召开了“中日汽车零部件物流座谈交流会”、“第十届中国国际汽车物流会议”、“第六届中国汽车出口物流国际研讨会”，“汽车零部件物流巡访活动——广州站”、“第四届汽车售后服务备件物流研讨会”、“2013 年铁路和滚装汽车物流发展研讨会”、“第四届全国商用车物流发展研讨会”、“首届全国汽车零部件企业物流研讨会”、“2013 年全国汽车物流行业年会”、“汽车零部件物流 KPI 对标活动”、“首届机电制造业物流和供应链发展论坛”等行业活动；分别组织了与德国 BLG 的相关设施和服务交流，以及与美国联合太平洋铁路公司、加拿大国家铁路公司交流两次出访活动，并与美国汽车工业行动集团（AIAG）签署合作备忘录。

分会不仅拥有 167 家会员单位，还在汽车生产企业物流管理的广建服务网络，包括乘用车整车销售物流、商用车整车销售物流、零部件入厂、售后服务备件、汽车国际贸易以及大型汽车零部件生产企业在内已超过 200 家，所有的交流活动都能顺畅地将汽车生产和物流两个领域融合到一个平台上，推动了汽车物流业与制造业合作共赢、联动发展。

二、2014 年汽车物流行业发展趋势

（一）市场规模将继续扩大，增长速度将略高于汽车工业发展速度

从专家分析来看，我国汽车工业 2014 年的增长速度将会高于 GDP 增长速

度，达到10%，因而汽车物流入厂和整车两大业务规模将随之增加，随着物流业务向上游零部件企业延伸，售后市场业务增长快速，二手车及横向机电制造等物流业务由探索到实践，整个汽车物流行业市场规模一定会高于汽车工业发展速度。

（二）国家政策环境难有实质性变化，与市场的矛盾将会成为经济领域的凸显点，或将得到高层重点关注

目前国家反腐的重点是“打老虎”、“打苍蝇”，向最明显的腐败领域下重拳，好比是切掉身体内的“肿瘤”、清掉皮肤上的“疥疮”，深入到整个交通运输、车辆管理中的违法行为，更像是物流大动脉中的“血液病”，不仅需要国家高度重视，而且需要采取系列措施方可净化，在目前国家治理视角还未明确落到此领域情况下，2014 年物流领域的政策环境恐难有改观。由于国家营改增还将继续深化，继续向物流行业的下游服务业延伸，物流企业的税收压力或会减缓。

（三）汽车物流行业发展质量和竞争力将进一步提高

行业经过十年的快速发展，企业经营实践经验积累，国际间的交流合作推动，企业在全面了解国际发展趋势的同时，更多结合现实情况，由管理型向技术引领型转变，并且将更加重视文化建设；行业资源整合深化，综合运输体系建设成为重点；行业标准化工作在市场强大需求推动下，在行业组织协调下，汽车物流行业在贯彻标准化方面将会明显进步，并带动整个物流行业标准化工作；行业人才培养工作将会系统化；企业业务链条将继续在上下游延展，横向业务整合速度加快，新的业务领域也有所拓宽。

（四）市场格局稳中有变，骨干企业在行业集中度提高的同时，整合和分化定位更为清晰

一是在汽车成长性市场发展中，产业格局不会出现大的整合，相应的物流市场布局不会有大的变化，但新的产业布局区由于各方物流力量进入，对原有物流体系会带来新的挑战和机遇。作为东风总部所在地的武汉地区，由于通用和大众等品牌主机企业入驻，物流格局变化或许最为明显；二是不同企业物流业务差距拉大。品牌好的企业，物流质量高；品牌差的企业，物流质量低，因而不仅各自物流保障能力差距拉大，而且费用成本差距也将拉大，与企业管理密切相关的物流业务水平更为彰显各汽车品牌的竞争能力；三是无主机企业背景的物流企业，将通过两个方向实现自身价值，一个方向是通过不同集团间的

网络和渠道建设，实现行业资源共享，另一方向是在物流环节中发挥区域优势，做精做专；四是外资企业在中国市场的物流发展战略，将会由进入市场向承接中国企业走出去转变。

（五）跨界整合、电商等新型商业模式以及现代物流技术推动企业创新活跃

如火如荼的电商大战，从一个侧面反映出我国电子商务改变流通方式在全球的引领，对汽车物流行业发展具有借鉴意义。劳动力成本的上升，为现代物流技术发展带来巨大空间，技术替代人力，逐渐推动物流行业向技术密集型转变是未来趋势。汽车产业作为民生产业，相应的物流业务具有集中度高、规模大、效益好的特点，如能更好应用现代物流技术，同时借鉴电商模式，加强与关联产业的跨界合作，不仅推动企业的快速进步，而且对整个物流行业发展都将作出积极贡献。

（六）行业组织成立十周年，在对过去大盘点的同时，将提出未来行业的中长期发展规划

2004 年在行业精英企业推动下，在中国物流与采购联合会领导关心下，作为我国汽车物流行业组织的汽车物流分会应运而生，2014 年迎来十周年纪念日，短短的十年，在这个平台上，智慧勤奋的汽车物流人成功实现了接近发达国家汽车物流行业发展水平的目标，在分享十年取得成果的同时，我们将于 11 月年会之际举办隆重而简朴的庆典，向那些为行业发展作出贡献的行业领袖、领军企业和企业家、专家以及每一位抛洒汗水的劳动者，送上行业的感谢和敬意。同时，回顾过去，展望未来，认真总结成功的经验，发现行业的不足，找准方向和空间，为行业中长期发展描绘一幅新的蓝图。

（中国物流与采购联合会汽车物流分会　马增荣）

2013年医药物流业发展回顾与2014年展望

2013年，中国医药流通行业虽受GSK贿赂、赛诺菲行贿等事件影响，但总体来看发展势头良好。随着国家医改的深入推进和各项行业政策、标准的出台，在《全国药品流通行业发展规划纲要（2011—2015年）》引导下，相关主管部门大力支持行业结构调整和发展方式转型升级，鼓励企业兼并重组，提高行业集中度。继国药集团2010年实现销售收入超1000亿元（人民币，以下同），并率先在2012年进入世界五百强之后，华润医药集团在2013年也实现销售收入超1000亿元的目标，上药集团也突破800亿元大关。2012年前三甲销售规模占比已经达到28.8%，2013年进一步提升，将达到30%左右。

2013—2015年医药流通行业发展呈以下特点与趋势：

1．医药流通市场增速趋平放缓

受国家宏观经济、医改政策、医药降价、行业腐败问题整顿等综合因素的影响，医药流通市场增长趋势将趋于平稳，增长速度略有回落，增长幅度预计在14%～17%，2013年将超过13000亿元，2015年将超过18000亿元。

2．流通企业继续做大，但越来越关注做强

我国医药流通行业集中度这几年虽有所提升，但和欧、美、日等发达国家相比，还是偏低，因此，这几年提高集中度仍然是发展重点，企业兼并重组还将继续。采用资本运作的企业将不断增多，除了现有15家上市公司外，一批医药流通企业已经启动上市计划，如华润医药、湖南老百姓大药房、四川医药集团等。

医药流通行业属于微利行业，企业毛利率一般在6%～7%，净利润在1%～2%，随着医改政策的进一步落地，药品降价逐步成为现实，毛利率将会进一步降低，因此，国药、华润、上药等流通企业在大规模兼并重组之后都纷纷选择转型发展、提高效率的道路，逐步实现企业从外延式增长到内涵式提升，实现企业做强做优，如国药控股2013年开始“创新机制、提升效率、稳健发展”，向效率要效益。

3．商业流通服务模式创新已成必然，特别是B2C医药电商的发展可能给传统医药流通行业带来翻天覆地的变化

和服装、家电、零售快销品等充分竞争行业相比，受医药商品属性及国家监管的影响，医药流通行业还属于相对传统和保守的行业，商业流通服务模式

创新已经成为当前的热点。面对医药分开、公立医院改革、基层医疗崛起、市场营销扁平化等行业新趋势，以往的商业服务方式和赢利模式受到严峻挑战。全行业围绕医改带来的契机，进一步推进行业创新、商业模式是创新、供应链模式创新、技术创新，已经开展了医院院内物流延伸服务（如药房托管、SPD等）、B2C业务等创新服务，虽然这些创新道路不甚顺利，但从社会发展及行业趋势来看，医药商业流通服务模式创新已成必然。

4. 医药流通企业向大健康产业平台战略转型力度加大

随着中国老龄化社会的到来，近几年各医药流通企业纷纷向大健康产业平台战略转型，做了一些尝试，目的是为了获取更多健康产业链上的利益，同时通过平台型企业集团的建立，赢得更多产业链上的红利。2013年中共中央十八届三中全会通过的《中共中央关于全面深化改革若干重大问题的决定》要求深化医药卫生体制改革，诸多政策将逐步落地（如2013年政府开放民营资本进入公立医院），各大企业将加大转型力度，纷纷进入医疗保健、老年健康、健康食品、移动医疗、公立民营医院等行业或领域。

一、2013年医药物流市场发展回顾

2013年医药物流呈稳定发展，但随着年末各大电商平台开始介入医药电商领域，医药物流呈现暗流涌动趋势，主要发展现状如下：

（一）我国医药物流管理理念、管理水平、技术水平虽有所改善，但从整体来看还处于保守，和西方发达国家相比差距较大

虽然我国医药物流集中度有所提高、流通环节有所减少、但总体来看由于医院终端不允许跨区域配送、医药流通订货习惯、医药流通企业传统管理观念等因素的影响，流通环节还是较多，渠道库存透明度不够，供应商压库存现象严重，渠道库存一直居高不下，企业物流社会化程度低、网络化一体化运营程度低、规模小、效率低、成本高，我国医药物流用了其7倍的费用，完成了其30%的流通额，整体效率仅为美国的4%，物流效率和成本还有待于进一步改善与提高。

（二）新版GSP 2013年6月1日正式实施，对软硬件各方面要求与标准大幅度提高，各企业认证难度进一步加大

新版GSP对软硬件各方面提出了更高的要求，如全面推行计算机信息化管理，着重规定计算机管理的设施、网络环境、数据库及应用软件功能要求；

明确规定企业应对药品仓库采用温湿度自动监测系统，并实行24小时持续实时监测；强化药品冷链管理，强化实施电子监管、提高人员的资质要求等。随着各省市细则的逐步出炉，认证标准还将更加量化与苛刻，认证难度还将进一步加大，2013年第一批通过新版GSP认证的企业都有切身体会。

（三）新版GSP给第三方医药物流发展带来契机，但也存在法律法规不健全，政策不确定的风险

随着新版GSP的实施及与其配套的附件相继出台，药品第三方物流业务的开展有了明确、较高的标准，但也为想开展药品第三方物流服务的企业确定了标准，使之有据可依，给第三方物流发展带来契机。按照相关文件精神，要想开展"第三方药品委托储存配送"，不仅要有与业务规模相适应的、满足药品特殊性的储存环境条件和相应配送设施，还应按照新版GSP及有关规定，配备与其药品委托储存配送行为相适应的药品质量管理机构、物流管理机构及设施设备、专业技术人员等，并制定质量管理文件，确定委托双方的质量责任，有效防范药品委托储存配送过程中可能影响药品质量的各类风险，确保储存和运输过程中药品质量的安全。这样可以有效开展第三方医药物流服务。

国药于2012年年底获得了第一张全国第三方多仓运作批复，2013年开始为国家放开第三方全国多仓一体化运营进行先行先试工作，同时诸如UPS等跨国物流巨头抢滩中国医药市场，江苏华为医药物流有限公司、嘉事堂等也开展第三方医药物流服务，2013年第三方医药物流发展呈现良好的发展态势。但是相关法律法规不健全，政策不确定，具体各地药监局在落地方面差异较大，第三方医药物流发展也存在较大风险。

（四）冷链物流发展快速升温

医药物流区别于其他物流的最显著特点是冷链物流。冷链物流具有专业性高、技术性强、初投入大、聚焦高端等特点。据统计，疫苗类制品、注射针剂、酊剂、口服药品、外用药品、血液制品等医药冷藏品的销售金额占我国医药流通企业总销售额中的3%～8%，且上升趋势明显。新GSP中关于药品仓储温湿度控制、自动检测以及经营冷库、冷冻药品的企业必须配备温度自动监测、显示、记录、调控、报警等设备的规定，预示着今后冷链物流设备将成为大型医药物流企业的标配，作为药品流通关键环节的医药冷链物流将迎来难得的发展机遇。众多企业在2013年度投入大量人力、物力进行温湿度监控系统实施，冷链包材开发、冷链相关验证、冷链过程跟踪等。

（五）2013 年医药电子商务 B2C 前半段发展迅速但平静，后半段随着互联网电商巨头开始进入医药行业，中国医药流通行业变革来临

2013 年中国医药 B2C 交易规模增长较快，增幅将达 267%，速途研究院结合市场前景估算 2013 年整个线上医药市场规模将会达到 40 亿元的水平。除了传统医药 B2C 企业，国药、上药、华润等传统医药流通企业加快开展 B2C 业务的步伐。

随着阿里巴巴、京东等互联网企业强势进入医药行业，一场医药流通变革的大戏正在拉开帷幕，医药物流变革在所难免。国药、上药、华润等传统医药流通巨头也倍感压力。

（六）医药物流服务延伸工作在争议中推进

为总结 2011 年 6 月商务部启动的“医药物流服务延伸示范工程”实施效果，推广先进经验，2013 年 8 月，商务部组织有关专家，遴选了 47 个代表性较强、效果较好的医药物流服务延伸项目，作为第一批医药物流服务延伸示范项目，并下发《关于公布第一批医药物流服务延伸示范项目的通知》。2013 年华润、上药、国药、九州通、南药、广药等通过 SPD、DTP、医院药房托管等多种形式开展物流服务延伸工作，可谓如火如荼。但这方面的工作存在较大的争议：目前不少地方在实行医药分开中以医院药房托管之名，大搞“以药补医”。地方政府主管部门及医疗机构通过行政权力，使托管方成为独家垄断医院药品供应权的单位，并要求药房托管方缴纳巨额的“托管费用”（以房租、管理费、质量保证金等名义收取）。托管方由于独家垄断，具备了与其他药品生产经营企业药品供应的议价权力，通过对药品中标价进行“二次议价”获得利益，以实现地方政府、医院与托管方的利益共赢。这种政府部门及医院通过药房托管的方式，把议价权力转移给有政府资源和社会背景的托管方，是典型的由权力配置市场资源的行为，严重破坏了正常的市场秩序，妨碍公平竞争环境。

（七）大型医药流通企业物流网络布局加速，物流中心建设投资势头更加强劲，中小型流通企业也加大现代物流中心建设步伐

医药流通行业的巨头们在 2013 年继续加快兼并重组加大市场份额、拓展全国网络布局外，同时继续加大在物流网络建设方面的投资。部分地方医药企业随着新版 GSP 认证期的到来也在积极进行物流方面投资建设，以期提升自

身竞争力。2013 年启动物流建设工程的商业药企已经接近 280 家，还有部分企业正在运作土地或者拿了土地正在犹豫是否兴建。

1. 国药集团

根据最新数据统计显示，中国医药集团 2013 年实现医药商业营业收入超过 1600 亿元，成为我国首家进入世界五百强的医药健康产业集团；国药集团的“赛飞”智慧供应链服务平台覆盖全国 6 个物流枢纽、40 个省级物流中心、60 个地市级配送中心、225 个县级配送站，与国内医药供应商、分销商、终端（医院、药店）等医药流通平台实现联网，从而减少 20% 的医药流通库存，提高 20% 的订单效率，主要赢利模式也将由“进销差价”逐步转向物流等增值服务。2013 年，国药成都物流中心、国药南区（广州）枢纽物流中心、国药西北（西安）枢纽物流中心、上海外高桥保税物流中心等现代化物流中心陆续投入使用，使国药现代化医药物流中心达到 18 家；国药上海二期物流中心、国药吉林长春物流中心、国药山东济南物流中心、国药哈尔滨物流中心等现代化物流中心陆续开工建设；国药北区（北京）枢纽、内蒙古、吉林、宁夏、山西等区域、省级现代化物流中心及哈密、奎屯、洛阳等地市级物流中心已在筹建中；国控厦门省级物流中心，国药临沂、常德等地级公司物流中心改造项目或以完成或以进行中。

2. 华润医药集团

华润医药发展迅速，2013 年医药板块营收突破 1000 亿元大关，达 1160 亿元，伴随医药分销网络全国快速布局，物流网络布局加速，目前其现代物流服务已经分布全国，并延伸到医院药库、药房和病人床前。华润医药商业构筑全国网络覆盖全、专业化程度高、服务能力强的物流配送体系，为国家级 AAAAA 级仓储型物流企业。建有省级物流配送平台，地市级物流配送网络，区县级物流配送网点，实行集团化物流管理系统（WMS）。目前在 17 个省、市、自治区设立物流中心 40 个，总建筑面积 37.25 万平方米。其中北京医药物流配送中心为全国首家现代医药物流配送中心，同时建有全国医药流通行业第一家恒温恒湿冷库。在北京、辽宁、吉林、河南、山东、山西、湖北、江苏已经竣工或正在建设 3 万平方米以上的现代医药物流配送中心。“十二五”期间，华润医药商业物流配送中心规模将达到 75 万平方米。可以承担 1000 亿元的销售规模，确立国内医药流通行业物流的领先地位。2013 年，总面积 53287 平方米的华润新龙现代医药物流中心落成投产，华润山东医药药品包装及现代物流中心落成投产，华润广东等现代物流中心改造完成。2013 年配合医药分销收购重组，与多个地方政府签署协议，计划投资兴建或正在新建现代化医药物流中心，包括：2013 年 10 月 22 日华润医药集团在北京宣布正式启动“华润医药北京产业园”项目建设，山西现代医药物流中心项目签约不锈钢园区，华润衢州医药有限公司医药物流中心环评通过，华润洛阳医药有限公司医药物流园施工招标完成，华润湖南物流园选址等。

3．上海医药集团

上海医药全国性分销网络由上海医药分销控股有限公司、上药科园信海医药有限公司、常州药业股份有限公司、广州中山医医药有限公司等40余家附属公司及分公司以及30余个物流中心及仓库构成，并及时高效地向医药制造商和配药商（医院、分销商及药房）提供分销、仓储、物流和其他增值医药供应链解决方案及相关服务，业务范围涵盖了中国经济最发达和人口最集中的华东、华北、华南三大重点区域。2011年开始，上海医药开始实施更大范围的物流网络规划（“7＋1”项目），即上海物流中心总部之外，在山东青岛、浙江宁波、江苏无锡、江西、福建、广东、北京7地建设物流中心。宁波3万平方米的物流中心已于2012年3月正式开工，2013年开始联调，2014年投产。随着上药分销的兼并扩张，投资2亿元的上药集团湖南长沙现代医药物流园将落户岳麓科技园。

4．九州通集团

九州通集团目前在全国建立了22座省级现代物流配送中心，31座地级市物流配送中心和近400个终端配送点，库区面积超过40万平方米。运输车辆700余台，员工5000余人，配送网路覆盖全国500多个城市和地区，是医药行业内首家“AAAAA级物流企业”。2009年，九州通集团提出大物流体系概念，整合集团物流网络优势，开展第三方物流业务，开拓新的利润源泉。先后在上海、广东、湖北、北京、福建、江苏、河南成立了7家以开展医药配送、冷链配送、仓库租赁、物流咨询等业务的物流公司，并取得湖北、北京、广东、江苏、四川、山东、辽宁、江西等地区的《开展第三方药品现代物流业务资质》。未来五年内集团将成立以21家省级物流配送中心为依托的物流子公司，并发展至100家地级配送中心，进一步强化九州通配送网络优势，将力争成为中国医药物流“第一品牌”。2013年，九州通在吉林长春、湖北罗田的医药物流中心投入运营；新疆奎屯、内蒙古赤峰、山东东营等项目也在规划兴建。

5．地方药企

2013年随着新版GSP认证的开始，嘉事堂、南京医药、重庆医药、陕药集团等区域巨头纷纷斥巨资建设物流中心、物流工业园；陕药集团现物流中心继续施工建设，2014年将投产；英特药业公共医药物流平台温州医药产业中心进入建设期；嘉事堂拟投资建设北京嘉事京西现代医药物流中心；南京医药

2013 年 3 月公告拟与控股子公司合肥天星共同投资建设南京医药合肥物流中心；重药新物流中心建设工作也已启动等。

（八）新版 GSP 对信息提出更高的要求，医药物流信息化水平进一步提高

新版 GSP 对信息提出更高的要求，医药物流信息化水平进一步提高：

（1）为了满足新版 GSP 的要求，大中小型医药流通企业都纷纷加大 WMS 建设力度，通过 WMS 建设来规范仓储作业，提高作业效率，降低作业成本；

（2）大型企业如上药已经使用 FLUX 的 TMS，来提高单点的运输管理水平，2013 年华润、国药开始建设其 TMS；

（3）医药供应链物流信息平台建设重视度大大提高：随着全国分销网络的拓展，大型企业开始重视联系着医药供应链上下游的医药供应链物流信息平台建设，配合企业 ERP 系统，实现渠道库存可视、物流过程实时监控、库存科学预测及决策、供应链高效协同等。国药已于 2009 年开始建设其物流平台，新平台——“赛飞（SAVE）”智慧供应链物流平台于 2013 年招标完成并开始实施；上药也于 2012 年对物流信息平台开展调研、论证、选型工作；华润医药也在开展这方面的工作，其主数据 2013 年已建设完成，这为下一步供应链物流平台整合奠定了坚实的基础。

二、2014 年医药物流市场发展展望

随着我国医药物流产业以每年 5% 的速度增长，市场规模进一步扩大，2014 年及今后一段时期医药物流呈现如下发展趋势：

（一）新版 GSP 迎来认证关键年，将迎来物流软硬件投资热潮

随着新版 GSP 的实施，医药流通企业或医药物流企业在软硬件投入上将大幅提高，将迎来现代医药物流中心建设的又一高潮，主要在物流中心改造建设、物流设备、信息化、冷链软硬件等方面投资。

（二）随着互联网电商巨头开始进入医药行业，中国医药流通行业变革来临，传统医药物流企业也必将迎来变革与创新

随着阿里巴巴、京东等互联网电商进入医药行业，流通行业整合将逐步展开，同样传统医药物流行业势必面临洗牌、整合，转变理念、发展模式以及提高服务意识降低物流成本将成为传统医药物流企业下一个阶段的重点工作。

（三）物流企业化成为一种趋势，专业第三方医药物流步入良性发展轨道发展将更为迅速

由于目前大型医药流通企业采取物流属地化管理，全国真正全网一体化运营的医药物流体系并没有形成，因此，这类企业下一步物流网络一体化整合和一体化运营将成为必然趋势，物流企业化成为一种可能。

同时，物流社会化程度将逐步提高，专业化第三方医药物流逐步得到各方面的认可，规模效益逐步显现，发展步伐将加快，服务产品目录也将扩展到包括医疗器械在内的所有健康产品，服务也会增值化。

随着第三方医药物流的快速发展，国家将进一步健全相关法律法规与政策，降低第三方医药物流发展风险，同时全国一体化网络第三方医药物流服务将逐步放开。

（四）面对各方面压力，各企业将更加关注物流服务和物流成本

面对行业、企业内外部竞争的压力和客户需求的提升，医药流通企业或医药物流企业将改变传统服务意识，建立以客户需求为导向的新型客户服务意识，并通过各种手段逐步提升企业自身服务能力。

物流成本居高不下一直是中国医药市场的特点，随着药品降价、基本药物零差价等医药政策的影响，医药流通行业毛利逐步减少，如不提高供应链协同能力、物流运作效率、降低物流成本，其净利润将会减少。因此，很多企业开始关注这块冰山下的利润源，通过供应链协同，加强企业内部精益化管理实现降本增效。

（五）医药物流信息化将加快发展，医药物流技术应用水平将进一步提升

通过信息化、自动化程度进一步提高，逐步实现全品种、全链条、全程可视化、可追溯。模块化、集成化（消除信息孤岛）、平台化、智能化、云计算、大数据成为下一个阶段医药物流信息化发展的趋势；高度自动化无人化物流设备、移动终端设备、物联网技术设备等将成为医药物流技术应用趋势；冷链相关技术将成为2014年投入热点。

（国药集团医药物流有限公司　覃拥）

2013 年冷链物流发展回顾与 2014 年展望

一、2013 年我国冷链物流发展回顾

2013 年是我国《农产品冷链物流发展规划》承上启下的一年，也是冷链行业整体发展趋于成熟和稳定的一年。从中央到各地方政府都非常重视食品安全，冷链物流的产业地位进一步提升。冷链行业面对当前经济放缓、竞争加剧的不利局面，稳中求变、加快转型，呈现出一系列新的特点。

（一）基本情况

我国冷链物流业运行“总体呈稳定，局部有亮点”。相较于 2012 年冷链物流行业的“热闹非凡”，2013 年的冷链物流市场略显平静，大部分冷链企业服务模式趋于成熟稳定。2013 年，整个冷链市场需求达到 9200 万吨，在全球经济疲软的不利影响下，我国冷链物流通过转型升级、转变经营思路、深耕细分市场，冷链物流总体增长速度达到 20% 左右，但是总体发展还很不均衡。在冷链产区和消费区，其发展速度可达到 30%，但是在一些比较偏远的地区其速度只有 10%，甚至更低。

2013 年，第三方冷链物流企业依然是规模小、压力大，营业收入过亿元的冷链物流企业只有十几家，冷链行业依然“看着热干着冷”，行业秩序的不规范加上燃油费、用工成本的上涨，使得企业利润空间不高，虽然部分客户提高了物流费用，但行业的无序竞争导致越大越规范的企业反而利润空间越小，冷链物流企业仍处于低速增长阶段。

冷链基础设施建设再创新高。无论是中央还是各地方政府，均投入大量资金支持冷库、冷链园区等基础设施的建设和冷藏车等冷链设备的购买。2013 年，我国冷链物流业固定资产投资超过 1000 亿元，同比增长 24.2%。冷库规模继续保持较快增长势头。截至 2013 年年底，全国冷库储存能力总计约为 2411 万吨，同比增长约 13.6%。据中物联冷链物流专业委员会调研结果显示，2013 年全国建成投入运行的冷库储存能力总计达到 287.8 万吨，其中公共型冷库总储存能力约 262 万吨，占建成投运冷库总储存能力的比重超过 91%。

冷链运输方面，公路运输占我国冷藏运输量的 90%，2013 年冷藏车市场

保有量新增13000台左右，同比增长14%左右。铁路冷藏货物运输主要由中铁特货公司和中铁集装箱公司下属的铁龙物流公司负责经营，目前中铁特货机械保温车保有量1910辆，其中900多辆已改为代棚车或不能制冷，只有1000辆左右的B22型机械保温车正常使用。2013年，中铁特货公司完成铁路鲜活运量42.6万吨。铁路冷藏箱保有量为200只，其中100只为2009年投入，其余100只于2013年6～12月陆续投入。2013年铁路冷藏箱发运量为1196箱（折合2691TEU），按保有量计算，年周转次数为9.34次。

（二）政策环境不断改善，地方性冷链政策相继出台

冷链政策环境进一步改善。2013年中央一号文件推出一系列强农惠农新政策，其中有7项涉及冷链物流。政府两会工作报告中也指出，要提升食品安全水平，健全农产品质量安全和食品安全追溯体系。此外，交通运输部《关于加强和改进城市配送管理工作的意见》、商务部《关于促进仓储业转型升级的指导意见》、国务院《关于加快发展现代农业进一步增强农村发展活力的若干意见》等均包含冷链物流利好政策。

地方性冷链政策出台“接地气”。相比国家层面宏观的冷链政策，地方性冷链政策相继出台对于企业发展才有“实实在在”的好处。2013年海南省出台政策支持企业建设果蔬菜配送预冷冷库和终端门店周转小冷库，对库容达到30吨以上的冷链系统，验收合格的予以不超过企业投资额40%的财政补助，最高不超过60万元，支持企业购置小型冷藏运输车，按企业投资额的40%给予财政补助，最高不超过25万元。此外，像哈尔滨、天津、重庆、甘肃、四川等地冷链补贴也均已细化出台。

（三）标准制定工作有序，标准化进程加快

冷链物流标准化工作积极推进。2013年《药品物流服务规范》国家标准正式出台并将于2014年7月1日正式实施；《物流企业冷链服务能力与评估》、《水产品冷链物流服务规范》、《餐饮冷链物流服务规范》三项国标和行标进入审查阶段；《冷链物流从业人员职业资质》、《航空货物冷链运输服务规范》等行标获得审批立项。

我国冷链物流标准化体系的建设工作，经过这几年相关政府协会的不断推动，在冷链基础、冷链管理、冷链设施、冷链技术等层面不同程度地对冷链标准进行了制定、补充和完善，企业对于标准认知越来越深入和全面，我国冷链物流市场规范化程度进一步提高。

（四）连锁餐饮冷链发展持续走高

2013年，连锁大众餐饮的迅速发展，带动冷链物流逆势走高。2013年连锁餐饮企业寻找第三方冷链物流合作的情况越来越普遍，这说明我国餐饮冷链物流体系正在逐步完善；为保证食品安全，很多餐饮企业在冷链物流基础设施建设方面投入加大，如海底捞2013年在中国将达到100家门店，分别在内蒙古、东莞、北京、上海等地相继规划建设冷链配送中心，完善供应链管理。而像净雅集团开发火锅连锁品牌“么豆捞”，西贝餐饮、呷哺呷哺、汉拿山等餐饮企业也都在建设或完善自身的中央厨房。此外，随着人们工作节奏的加快，冷链快餐在2013年开始大规模进入便利店，如7-11、罗森、全家等便利店都出现了多种多样营养丰富、快捷食用的“冷便当”。这些都对冷链物流带来新的商机。

（五）药品冷链突破迎转机

整个生物药品的市场规模约1000亿元，由于生物药品附加值比较高，冷链物流市场规模约5亿元。新版GSP在2013年6月1日正式实施，全文一共187条，涉及冷链管理的就有40条，这是我国药品在流通监管政策上的一大提升。新版GSP确认的药品供应链管理的全新思路在满足新规范标准的前提下，对药品的储存、装卸、运输等环节的要求越来越高，预计将带来70亿元的冷链技术装备的市场，同时专业化的药品物流将大有可为。可以肯定，新版GSP将成为专业化药品第三方物流发展的突破口和里程碑，尤其对药品冷链物流发展。

（六）生鲜电商市场崛起

2013年褚橙柳桃吸引眼球，生鲜电商异军突起带动冷链宅配发展。生鲜类食品平均毛利在40%左右，且用户重复购买率高，未来3~5年极可能是下一个热门的电商品类。2013年，天猫、京东、本来生活网、1号店、顺丰优选、沱沱工社等一线电商全面进军生鲜市场。2013—2025年，预计中国冷链食品需求将从2亿吨增长到4.5亿吨，年复合增速18.8%。电商冷链宅配模式将开启家庭零售市场的二次成长，随着家庭终端需求的几何级数增长，2013—2015年冷链宅配年复合增速有望达到80%~120%，进而带来的冷库、冷藏车市场规模将超360亿元。但是目前规模比较小，受到区域限制比较大、品类单一、采购渠道不稳定、冷链物流成本高等因素影响，目前销售模式以预售为主，从产品来看以速冻海产品、进口食品以及高档的水果为主。

生鲜电商的快速发展带动区域内冷链物流合作得到加强，资源优势互补，有效提升了冷链运输效率，降低了冷链物流成本。例如，北京顾客在天猫下单，由上海众萃物流完成到北京的冷链长途运输，再由北京快行线物流市内冷链配送到落地配站点，最后由小红帽送到顾客手中。

（七）食品龙头企业加大冷链投入

凭借“中国肉类产业链整合商”和“温控供应链服务集成商”战略定位优势，众品集团已经逐步构建起现代食品加工制造体系，开始向第三产业发力，谋求建立更为强大的冷链物流网络体系，成为整个行业的领跑者。2013年众品通过整合内部和外部资源成立“河南鲜易温控供应链股份有限公司”，业务涉及生鲜加工、冷冻仓储、冷链运输、农贸批发、电子商务等多项业务。

上市公司大连獐子岛集团成立了獐子岛锦通（大连）冷链物流有限公司，重点发展城市冷冻冷藏货物配送业务，并设计仓储能力5万吨，采用世界上先进的氨和二氧化碳复叠制冷技术的冷库。

福建圣农集团是全国同行业现代化程度最高、南方规模最大的集饲料加工、种鸡饲养、苗鸡孵化、肉鸡饲养、屠宰加工、食品深加工、产品销售为一体的联合型白羽肉鸡生产食品加工企业。由圣农集团投资10亿元，占地7.2万平方米，建筑面积约2.5万平方米的6万吨冷库也已经在2013年开工。

（八）冷链批发市场建设较热

农产品批发市场注重冷链配套建设。批发市场作为最主要的农产品流通渠道，随着人们食品安全意识的加强和生鲜果蔬、冷冻肉类的品种增多，越发重视冷链对于批发市场业务的支撑作用，“前铺后库”的结构布局已成为很多大型批发市场的建设首选。2013年全国80%以上的新建农批市场配套有冷链设施，批发市场冷链设施总投资金额超过500亿元。

福建名成集团2013年先后在福州、三明、天津、山东潍坊4个城市投资经营管理了4家大型水产品交易中心和冷链物流交易中心。其中将投资20个亿在山东潍坊打造集现货交易、冷链仓储物流、加工、展示竞拍交易中心、商务办公、物流配送、电子商务、物流金融、第三方物流、观光尝鲜和海洋科普文化于一体的全国最具规模的水产品交易中心及冷链物流交易中心。

雨润农产品集团分别在成都、沈阳、西安、徐州、哈尔滨、鞍山、石家庄等地投资建设农产品交易市场和冷链物流中心，雨润集团还将继续加大在成都的投资，扩充冷库配套链，建设二期雨润食品城和三期集商务、会展等一体的综合区，预计总投资80亿元，将雨润四川国际农产品交易中心打造成全国最大的农产品物流设施提供商和服务商。

北京新发地建12万吨的大型冷库和25万吨蔬菜专业储备保鲜库，以保障极端天气下首都农产品的储备安全。润恒物流发展集团是以专业从事冷链物流、大型农副产品交易批发市场的现代物流集团公司，目前已在15个城市发展项目，已建成和建设项目总面积达500万平方米，总投资100亿元。

北京市与河北省签署2013—2015年合作框架协议，在农产品供应方面双方将支持北京农业生产流通企业在河北建立蔬菜、畜禽等农副产品生产和加工基地，河北省实施进京生鲜食品冷链配送，保障进京食品安全。

（九）进口食品需求加快，临港冷链迎发展契机

2013年，冷链商品进口金额合计为151.9亿美元，同比增长21.1%，较2012年上升了10.5个百分点，国内对冷链进口食品需求总体上呈快速增长态势。从美国的车厘子，到日本的三文鱼，再到智利的西梅以及法国的红酒，越来越多的国外新鲜食品随着国际贸易和冷链物流的快速发展，进入到中国的餐桌上，仅北京市每年的进口红酒销量就达到10亿元，同时中国特色的果蔬产品和禽肉制品也正在通过高效、安全的冷链方式送往世界各地，这其中蕴藏着数以百亿元的冷链物流商机。

受此影响，2013年变化较为明显的就是临港冷链的发展。中外运普菲斯冷库继上海外高桥和临港投入使用后，天津港项目也投入使用。由天津滨海泰达物流集团股份有限公司和日本丰田通商株式会社及株式会社上祖公司合作的泰达行（天津）冷链物流有限公司主要涉及天津港口岸出入境检验检疫核心业务。太古集团继广州项目后今年先后在廊坊、上海、宁波、南京港口附近投资建设冷库项目。天津东疆保税港区东疆大洋冻品物流配送中心、大连大窑湾保税港区毅都、獐子岛冷库，深圳机场红酒物流中心、宁波港金枪鱼保税冷库、烟台港保税水产物流园等众多过亿元资金冷链大项目的开工建设，表明我国临港冷链物流即将迎来发展契机。

（十）冷库安全事故频发，监管需反思

冷库安全成为企业发展隐患。2013年吉林和上海发生的两起由于液氨泄漏引起的爆炸事件，引发了整个冷链行业对于冷库安全问题的深刻反思。传统型冷库普遍存在着设备技术落后，管理粗放，部分冷库设计落后和安装不规范的问题，存在诸多安全隐患；制冷方式落后，冷却设备能耗大；仅针对某个制冷设备而没有整个冷库系统作为自控对象等问题，这些因素制约了我国冷库行业的进一步发展。

问题的背后体现的是监管的缺失，这么多违规的冷库是如何通过验收的？冷库爆炸的原因不能一刀切的归罪于“氨”，“氨”成为受害者之后，导致后半年大量“氨”冷库工程停工，我们看到欧美等发达国家普遍采用“氨”制冷，并没有出现安全问题，所以希望监管部门加强前期设计和后期安装的把关。

未来冷库发展的趋势必定是安全的、节能的、精准的。当前我们看到有些企业在逆境下创新发展，2013 年烟台冰轮集团为大连獐子岛集团冷链物流中心“量身定做”的二氧化碳复叠冷库系统集成方案，就在节能和安全方面得到了企业的认同与好评。

（十一）两岸冷链试点初有成效

近年来，随着海峡两岸经贸合作的不断扩大和深化，物流业正成为推动两岸经贸深化合作的重要领域，而冷链物流成为两岸物流产业合作突破口。经商务部、国台办组织专家评估，天津和厦门被确定为“两岸冷链物流合作试点城市”。自 2012 年成为“两岸冷链物流产业合作试点城市”以来，在两岸的共同努力下，两岸冷链产业合作内容不断充实，领域不断拓展，取得了初步成效。

2013 年天津商委召开“两岸冷链物流产业合作座谈会及项目签约仪式”与台湾达成 6 项冷链合作意向，并与台方合作编制《天津冷链食品物流产业发展规划》。厦门万翔冷链物流中心在 2013 年年底正式开业，成为大陆首个投入运营的海峡两岸冷链物流产业深度合作试点项目，而由冷链委主办的“首届两岸冷链物流产业合作峰会”在厦门举行，标志着两岸冷链试点工作进一步加强，合作成效初显。

（十二）行业整合加快

2013 年凯辉私募基金及中法基金共同完成对上海郑明物流 1.2 亿元人民币的投资，同时上海郑明物流完成了对深圳曙光物流的控股。大连中盈物流与日本北兴物流株式会社合资成立中盈北兴冷链物流（大连）有限公司。中外运入股普菲斯与亿达、阳明海运组成冷链“共同体”。快行线物流借力生鲜电商完善全国快行线配送网络，合作进入务实阶段。

总体来看，2013 年我国冷链物流业经受了一定的挑战和考验，实现了平稳适度增长，对保障民生和食品安全发挥了重要作用。但也必须清醒地看到，随着行业运行增速趋缓，长期掩盖在高速增长下的一系列问题日益突出，冷链物流需求社会化程度依然不高，企业物流外包层次低，冷链物流企业集中度不够，专业化服务能力不强，低端化、同质化竞争比较严重，冷链物流效率和效益提升缓慢，冷链物流成本费用率居高不下。冷链物流业涉及管理部门多，协调难度大，导致相关政策出台慢、落实难，体制和政策环境与行业发展的需要不相适应。

二、2014 年我国冷链物流业发展展望

2014 年是贯彻落实党的十八届三中全会精神、全面深化改革的开局之年，2014 年中央一号文件再次聚焦三农问题，并将促进冷链物流发展作为加快农产品市场体系建设的一项重要内容。伴随着新一轮国家政策的调整，经济环境的变化，以及市场改革的不断深入，我国冷链物流业发展面临新的机遇和挑战。对此，我国冷链物流行业要主动应对，积极调整，实现“第二季”发展目标。

（一）政府引导加快冷链设施和体系建设

2014 年政府将继续出台多项政策促进产地和销地冷链物流发展，各地方政府也会加快细化出台地方冷链物流扶持政策，同时鼓励和扶持龙头冷链企业设施建设，完善地方冷链体系建设，冷链物流企业一方面要抓住政策利好时机，争取政策和资金支持，完善冷链服务体系，另一方面，要加强前期市场调研和客户需求分析，减少盲目性投资。

（二）专注细分领域，提升企业核心服务能力

冷链物流企业应当把消费者的终端市场需求作为自身发展的核心动力，苦练内功、夯实基础、完善不足，不断加强在餐饮、零售、药品、生鲜宅配、零担等细分领域的服务能力。区域性企业不要盲目跨区域发展，应当在自己的区域延伸服务链条，打造区域的竞争力。

（三）食品产业龙头继续加大冷链投入

为保证食品安全和品牌影响力，会有更多食品产业龙头涉足冷链物流业，包括冷冻仓储、冷链运输、农贸批发、电子商务等多项业务。

（四）互联网将引领行业变革

随着 4G 时代的到来，我们要更关注移动互联。依托物联网、云计算、智慧物流等新的技术信息手段，为冷链物流行业发展“提速”。传统物流依托互

联网已经在变革，涌现出了卡行天下、安能等新型物流企业。

（五）生鲜电商推动特色农产品发展

越来越多的原产地优质农产品通过电子商务走进千家万户，生鲜电商的发展将为冷链物流企业带来新的机遇和挑战。

（六）行业整合成为常态

业内企业开始认识到单一作战的压力越来越大，行业整合已经开始，2014年将是冷链物流行业整合并购比较集中的一年。

（七）部分冷链物流企业向供应链企业转型

2013 年众品通过整合内部和外部资源成立“河南鲜易温控供应链股份有限公司”。联想控股旗下增益供应链计划在未来的 3 ~ 5 年，以冷库和批发市场为切入点，在全国范围内建设 8 ~ 10 个物流基地。2014 年年初招商局集团成立招商食品供应链。冷链供应链转型速度加快。

（中国物流与采购联合会冷链物流专业委员会　秦玉鸣）

2013 年家电行业物流发展回顾与 2014 年展望

奥维咨询发布的《2013 年度家电市场整体及细分品类研究报告》显示，2013 年家电市场整体规模将达到 1.2 万亿元，其中家电电商市场规模发展迅速，达到 700 亿元，大家电、厨电、生活电器的占比分别为 45.7%、33.6% 和 20.7%。

中国家用电器协会《2013 年家用电器行业运行形势回顾及 2014 年发展展望报告》显示，2013 年我国家电行业总体上表现良好，生产、内销回升，出口平稳增长，效益创出历史最好水平。此外，家电行业消费升级态势明显，中高端家电产品占比显著提升，产业升级成行业发展主旋律；销售业态变革，网络销售异军突起，成为线下销售重要的补充力量；刺激政策告别家电行业。

据商务部对 3000 家重点零售企业监测数据显示，2013 年我国家电销售额增长 11.1%，增速较 2012 年增长 12.2 个百分点，销售额增速和同比增长均位居居住类消费第一。

走出政策扶持高峰期，家电企业再次回归残酷的逐鹿时代。产业结构升级、跨领域扩张、电商高速发展、互联网快速渗透成为全行业跨领域合作共识。美的整体上市、格力品牌多元化、TCL 携手百度爱奇艺、海尔牵手阿里巴巴拥抱互联网、长虹家庭互联网转型……传统家电企业纷纷进入各具特色的转型期。

电商的爆发式成长，家电电商销售量的剧增，O2O 模式、如何实现线上线下一体化，给用户更好的消费体验，家电的全新物流配送、安装服务模式都将给家电物流业带来全新的变化，众多家电物流企业积极探索，也为 2014 年家电物流业带来更多的期待。

一、2013 年家电行业物流发展回顾

（一）政策——利好退出

1. 2013 年 1 月 31 日全国家电下乡政策全部执行到期

全国家电下乡政策是 2008 年 12 月财政部、商务部、工业和信息化部联合下发的财政政策救市方案。家电下乡是我国为了对抗全球金融危机所造成消费

性电子产品外销需求急速衰退而采取的重要举措，也是为了顺应农民消费升级的新趋势，拉动内需的有效手段。通过运用财政、贸易政策，引导和组织工商联手，开发、生产适合农村消费特点、性能可靠、质量保证、物美价廉的家电产品，并对农民购买纳入补贴范围的家电产品给予一定比例（13%）的财政补贴，以激活农民购买能力，扩大农村消费，促进内需和外需协调发展。

家电下乡政策对中国家电行业的影响是深远的，在有效激发农村消费者购买和使用家电积极性的同时，有力地活跃了农村市场。家电下乡政策实施后，农村家用电器的消费规模变化巨大，长期以来农村市场偏弱、比重偏低的局面有了根本性转变。农村市场已经真正上升到与城市市场、出口市场并列的重要市场。知名家电企业逐步开拓农村市场，大的家电品牌迅速进入农村，渠道、物流和售后服务等网络体系在三四级市场逐步建立。家电企业为抢占农村市场，开发针对性产品，以满足农村消费者独有的市场需求。

在家电下乡实施的五年中，随着销售增量份额向三四级市场转移，知名家电企业三四级市场的物流配送能力逐步建立、拓展和完善，整体布局也更趋合理。

家电下乡政策积极促进了农村家电产品的消费和家电企业销售市场的延伸，对家电物流业向乡镇市场的发展，特别是配送能力的建设，作用显著，在电商时代将更有意义。

2. 2013 年 6 月 1 日起节能补贴截止

2013 年 5 月 29 日，财政部、发展改革委、工业和信息化部最终发布了《关于停止节能家电补贴推广政策的通知》的通知，明确了从 2013 年 6 月 1 日起，消费者购买变频空调、平板电视、洗衣机、空气能热水器和吸油烟机五类节能家电产品不再享受中央财政补贴政策。这标志着为期一年的家电节能补贴政策就此结束。

家电节能补贴政策促进了家电产品的整体节能升级，但也提前透支了部分市场消费能力，政策结束后的 2013 年下半年，家电行业销售存在着不同程度的萧条期，这也对家电行业物流产生了不小的影响。

3. 新能效标准 2013 年 10 月 1 日实施

根据国家标准化管理委员会要求，自 2013 年 10 月 1 日起，变频空调、平板电视、洗衣机、空气能热水器和吸油烟机五类家电，将开始执行新的能效标准。吸油烟机和空气能热水器是首次推出能效标准，平板电视、变频空调、洗衣机的能效标准则在原先的基础上大幅提高。

4. “营改增”政策的全面推广

2013 年 8 月 1 日，“营改增”政策在全国推广，不少物流运输类企业因

“营改增”税负明显增加。税负增加的程度，多在5%～20%，通常在10%多一点。物流运输企业目前通常采取三个税率，仓储部分为6%、运输部分为11%，小规模纳税人按3%简易征收。

导致物流运输企业税负压力大的原因主要在如下几方面：第一，物流运输业利润微薄，“营改增”后税负稍重便对部分企业构成压力。第二，抵扣范围有限，成本支出较高的项目大多无法抵扣，如路桥费、房屋租金、异地加油费用等。第三，抵扣范围内的项目抵扣难度较大。即便在试点地区内，仅在少数指定的企业进行维修和加油，才能拿到增值税发票，而许多随机需要的加油和维修是在规定企业外发生的。要在可拿增值税发票的油企加油，必须垫付一定额度现金，这比较影响小型企业的正常运作。运输车辆、设备等税改前多已购置到位的企业，无法纳入进项抵扣。

家电行业是市场竞争相当充分的行业，家电企业对物流费用的控制极其严格，导致家电行业物流企业的利润极低，影响显著。

（二）跨界竞争与合作——互联网思维

2013年，互联网公司乐视、小米发布了各自的电视产品，谷歌发布Chromecast，百度推出百度影棒。创新的营销模式、低价、众多颠覆性概念的提出、超高的性价比等都成了互联网公司电视产品的成功卖点，吸引了众多消费者的追捧，也使得传统电视企业加快了拥抱互联网的步伐。

2013年9月3日，TCL携手百度爱奇艺联合发布“TCL爱奇艺电视TV+”；9月10日，创维联合阿里巴巴推出了K1系列智能电视，让我们看到在互联网企业跨界进入家电行业的同时，除了竞争，也有合作。合作双方各自发挥在行业的优势，强强联合，形成新的竞争优势。

众多的互联网公司开始涉足电视领域，主要是因为未来的电视机会变成一个包括网络游戏、搜索引擎、视频网站、即时通信、电子商务、生活服务等主流的互联网应用交汇的互联网电视端的入口。谁掌握了入口，则一夫当关万夫莫开！

无论是互联网巨头还是家电厂商，风光无限的背后是物流、渠道、技术无法弥补的短板，单打独斗显然毫无优势可言。然而如何分享利益形成合力成为一道难题。家电业互联网时代才刚刚开始。

（三）电商——家电销售新渠道

据中国电子信息（行情专区）产业发展研究院等部门发布的《2013年上半年家电网购分析报告》显示，网购已成为消费者购买家电类产品时的重要选择，家电网购销售增幅远超过传统渠道。2013 年上半年，我国 B2C 家电网购市场规模达 530 亿元，其中平板电视、冰箱、洗衣机、空调四类家电产品网购交易额共计 137 亿元。报告预测，中国家电网购市场的规模将持续扩大，2015 年网购家电（不含手机）销量占整体家电销量的比例将达 15%。

消费者更为信任网购带来的便捷为家电市场的互联网化提供了良好的发展空间。京东商城高级总裁兼家电事业部总经理闫小兵表示，"截至 2012 年年底，家电 B2C 购物网站日均覆盖人数已经超过 800 万，这一数据已远远超过了任何大型传统家电卖场的日均客流量，意味着每个月都有数量庞大的消费群体在线上浏览家电产品的信息，并随时可能完成购买的行为。"

天猫"双 11"总成交额：350.19 亿元，总物流订单：1.67 亿。海尔天猫官方旗舰店成交 1.75 亿元，乐视商城 5555 台超级电视 28 分钟内快速售罄；酷开创造单日销售 56272 台单品牌智能电视销量纪录，家电电商销售渠道，更加让家电企业不容忽视。

（四）资本进入家电物流业

家电销售的配送、安装、服务，线下体验、线上购买的 O2O 模式等已经让互联网公司和家电企业引起重视并有所行动。

2013 年 12 月 9 日，海尔集团公告称，阿里巴巴集团对海尔集团子公司海尔电器进行 28.22 亿港元（折合人民币 22.13 亿元）的投资，双方将联手打造家电及大件商品的物流配送、安装服务等整套体系及标准，该体系将对全社会开放。其中，阿里巴巴对海尔电器旗下日日顺物流投资 18.57 亿港元（5.41 亿港元认购日日顺物流 9.9% 股权，13.16 亿港元认购海尔电器可转换债券，未来可转换成日日顺物流 24.1% 的股份），设立合资公司。

海尔日日顺物流在全国有 7600 多家县级专卖店，26000 个乡镇专卖店，19 万个村级联络站。平均下来，差不多全中国 3 个行政村就能共用一个日日顺的联络站，每个乡镇有将近 5 个日日顺联络站，每个县平均都有 3 家以上的县级专卖店和将近 10 个乡镇专卖店。海尔日日顺的物流网络，对阿里淘宝、天猫多年来电商发展，特别是解决家电等大件物品的物流配送问题有重要的意义，基本就是一个已成型的"菜鸟网络"。

安得物流作为美的主体业务之一并入美的整体上市，京东投巨资建"亚洲一号"，苏宁、国美加速物流的建设背后都有强大的资本做支持，毕竟，物流网络的建设不是轻点几下鼠标就可以建成的。

虽然国内物流业的服务能力严重的影响了电商的发展，但是，电商的发展却极大的促进了物流业，特别是快递、落地配等电商物流。

二、2014 年家电行业物流发展展望

家电是市场化程度最高、竞争最充分的行业，在过去的几年，却也成为政策扶持最为密集的行业之一。家电政策的退出，家电全行业将进入政策完全真空期时代，也意味着，家电市场化竞争更为激烈。备受争议的家电政策极大地推动了家电产业结构的优化、升级。没有了政策支持，家电企业以实力面对市场竞争，家电产业竞争格局将在 2014 年更为明晰。

2013 年，智能、4D 和互联网等概念好似双刃剑。将自身发展与概念有效结合的企业，营收状况、发展前景更加良好。故步自封、独守传统销售网络的家电巨头，遭遇到竞争对手的联合绞杀。电商和家电之间的结合日臻成熟，2014 年电商渠道对传统家电行业的冲击会更加严重，互联网销售将成为家电企业必须重视的“快捷方式”。

1. 家电产品“智能 + 互联网”

在智能手机的带动下，家电市场也迎来了一轮新的颠覆性革命。如今，智能已是众多家电产品在市场上销售的最大卖点。依据《消费电子产品信息化指数和产品智商评价通则》，消费电子产品智能化包括“信息化装备水平、功能用途、易用性、专家系统、自主性、适应性、学习能力、个性服务能力、干预性、协同能力”。如今，智能电视已经领跑家电行业的智能化，白电、厨房电器的智能化也紧随其后。未来，传统类型的家电产品或将重蹈诺基亚的覆辙。

2014 年，各大厂商将在智能电视系统开发、应用开发、多屏互动、智能推介等方面将加大投入。2014 年，中国智能电视市场总量将达 3128 万台，渗透率将达 69%。

最新研究报告指出，智能家居市场潜力巨大，智能家居的新建或改造工程需求在 2012 年规模仅约 70 亿元，随着智能家居向存量住宅渗透，至 2020 年规模有望达到 1000 亿元，相当于约 6000 亿元市场的家电和照明电器存在智能化升级空间。

伴随着家居智能化更加亲民，国内传统家电企业有望全新蜕变，加速更新换代。分析人士指出，家电业和互联网产业将会走得更近，且拥有更强大的自我升级能力。

2. O2O 模式

O2O（online to offline）是电子商务的一种新型应用方式，电子商务主要由信息流、资金流、物流和商流组成，O2O 则主要是将信息流、资金流及部

分商流放在线上进行，而把物流及大部分商流放在线下。从用户角度讲，即线上浏览、咨询、决策、下单，线下享受服务。O2O 就是从线上发展到线下，利用移动互联网的特点进行全部渠道的覆盖，是一种全新的商业模式。

家电企业具备完善的线下渠道，包括目前电商影响尚浅的三四级市场，这将成为家电企业的优势。但从满足新商业模式来看，驳杂的经销商及门店显然是不能满足其服务需求，因此企业需解决线下渠道资源的整合筛选，提升体验及服务标准，同时探索与新的商业模式配套的组织架构及渠道建设方案。

家电企业的 O2O 不是简单的渠道变革，而是线上和线下渠道的完美融合，是体验 + 渠道的双向发展，市场的培育仍需要时间。

互联网对于全产业链的影响将逐步从渠道层向价值层延伸，并最终影响行业业态。如何解决线上和线下渠道的完美融合是家电企业 O2O 的关键所在。家电企业除了要解决线上前端的服务以外，还要注意线下渠道的发展，物流速度和线下的体验过程，这都是家电企业必须要解决的。

有关数据显示，目前洗衣机、空调、冰箱电商的占比达 5% ~10%，小家电的电商程度最高，电商占比达 40%。

O2O 模式下，与移动互联网深度合作成为了家电企业必须要关注的重点。企业必须积极进行线下资源的整合，注重消费者体验和售后，在物流速度和售后服务上下功夫，提升用户的体验，这样才能抓住更多的市场。

对于线上平台的利用，整体发展模式更应该让消费者感到方便为主，简洁的对比模式、方便的查询模式，消费者可以在网上查询到家电产品的所有信息，进而进行筛选，选择好自己心仪的产品后，可以在线下实体店进行体验，网上下单，线下取货。

3. 家电电商物流能力建设

随着消费者对网购信任度的提升和支付交易的流畅，越来越多的中高端大件家电产品网上热销，但大件物流配送却饱受诟病。此外，许多三四线城市及广大乡镇地区和偏远山区，仍是大件商品网购配送的“无人区”。以家电销售见长、自建物流的专业 B2C 如京东、苏宁等，也无暇顾及这部分地区消费者，使大件物流的短板在送货广度深度上显露无遗。

随着网购群体的进一步扩大，未来物流竞争的形势还会进一步加剧，目前电商行业已从早期的前端资源如流量、产品丰富度的争夺，进入到整个供应链布局的竞争，在此过程中物流扮演着越来越重要的角色。此外，家电作为特殊商品，对安装、售后维修等综合服务能力提出更高要求。

整体而言，不同的电子商务业态对物流服务的需求与侧重点不同，因此需要家电类电子商务研究开发个性化物流服务技术。随着越来越多的家电企业入驻电子商务，也使得消费者拥有了更多的选择。如何通过提升综合服务吸引用户，对于每一个家电企业和电商平台而言都至关重要。

4．家电物流国家标准的通过

由全国物流标准化技术委员会提出并归口、广东标准化研究院牵头、组织深圳速必达商务服务有限公司等多家企业共同起草的五项国家标准：《家电物流干线运输规范》（项目编号：20120500－T－469）、《家电物流配送服务规范》（项目编号：20120501－T－469）、《家电物流配送中心仓储作业规范》（项目编号：20120502－T－469）、《家电物流配送中心管理规范》（项目编号：20120503－T－469）、《家电物流服务通用要求》（项目编号：20120504－T－469），经过各起草单位的共同努力已完成征求意见稿的编制工作，按照《国家标准管理办法》的有关规定，已向社会征询意见。

家电物流标准的制定和通过，将会为家电企业选择物流服务商、管理网络服务提供统一的依据。促使家电物流企业提供符合标准规范的物流服务，提升物流服务水平。

5．家电物流模式创新

用户、口碑、极致、平台、跨界、大数据、社会化、简约等互联网思维已经在颠覆了很多传统行业，家电业也受此影响更多的转型发展。家电物流如何利用互联网思维，创新家电物流模式，提高物流服务水平，破解企业发展面临的困难，希望有企业去积极的尝试。

2014 年被称为“O2O 元年”，要想把 O2O 做大做强，“最后一千米”的问题仍是家电企业所要关心的。家电物流必须要注重消费者体验和售后服务，紧紧把握行业发展趋势，在物流速度和售后服务上下功夫，开发个性化物流服务，配送安装一体，提升用户体验，增强自身竞争能力。

（深圳速必达商务服务有限公司　姜还发）

2013 年粮食物流发展回顾与 2014 年展望

一、2013 年粮食物流发展回顾

2013 年，在国家粮食局实施全国范围的“粮食收储供应安全保障工程（简称粮安工程）”引导下，粮食物流得到了快速发展。该工程的主要目标是全面提升粮食收储和供应保障能力，打通粮食物流通道，修复粮食仓储设施，完善应急供应体系，保证粮油质量安全，强化粮情监测预警，促进粮食节约减损，切实做到敞开收购农民余粮、保障严重自然灾害和紧急状态下的粮食正常供应，促进种粮农民增收 350 亿元以上。

（一）粮食物流发展依然受到各级政府的重视

2013 年我国小麦、玉米、稻谷三大粮食品种价格已经超过进口到岸价，粮食物流发展的战略地位进一步得到重视。2013 年中央一号文件继续提出要统筹规划农产品市场流通网络布局，提高农产品流通效率。要加强粮油仓储物流设施建设，大力培育现代流通方式和新型流通业态，继续实施“北粮南运”、万村千乡市场工程、新农村现代流通网络工程，启动农产品现代流通综合示范区创建。2013 年 3 月，作为国内最大的跨区域粮食物流企业，中国华粮物流集团完成了与中粮集团的战略重组，重组后华粮集团在东北、长江、西南、京津地区的四大成熟完善的粮食运输走廊和铁海联运、铁路散粮入关两条粮食运输通道将纳入中粮集团的物流体系中，将提升“全产业链”各个环节的控制能力，对于增强国家宏观调控能力，保障国家粮食安全具有重要意义。2013 年 1 月，国务院印发的《循环经济发展战略及近期行动计划》中提出，推进粮食生产全过程机械化，加快粮食烘干、仓储设施建设，减少粮食田间损失和仓储损耗。

此外，国家和地方政府都增加了对粮食物流建设及研发的资金扶持，这些扶持资金主要关注现代粮食仓储体系的完善和建立、粮食物流系统的现代化、粮仓的维修保障以及粮食物流科技研发：为缓解地方粮食收储仓容压力，避免出现农民“卖粮难”，2013 年中央财政加大了对地方“危仓老库”维修改造扶持力度，中央补助资金达 10 亿元，补助范围覆盖 26 个省（区、市），其中黑龙江、江苏、江西和湖南4个重点支持省共安排中央补助资金6亿元；西安粮食应急物流基地项目获2013年中央预算内投资计划750万元资金补助，项目建成后可保证全市居民大米和食用油消费100%、面粉消费65%的供应；盐城市粮食物流中心项目获省财政专项补助资金，加快了当地粮食物流的建设，为确保粮食安全和农民增收提供有力的支撑；为支持春耕生产，财政部于1月16日将151亿元粮食直补和1071亿元农资综合补贴存量资金下拨地方，为春耕的正常完成提供了保障；内蒙古自治区投资1.3亿元积极推进成品粮应急低温储备仓储设施建设。

（二）粮食物流储运重点关注危仓老库改造和北粮南运火车散粮班列开通

在粮安工程的总体指导下，2013年3月国家粮食局发布了《修复“危仓老库”实施规划》，粮食物流仓储工作重点关注危仓老库维修和改造。据统计，目前全国还有不具备安全储粮功能的危仓老库储粮1794亿斤，为了健全粮食收纳体系，进一步提高粮食仓储水平，2013年全国范围的危仓老库维修和改造根据仓库的具体情况实施了分类维修和改造：第一类是一般维修，主要针对存在问题较小的仓房，对局部问题进行简单维修，包括粮仓地面、屋顶、墙体及门窗、地坪等的维修；第二类是大修改造及功能提升，主要是针对1998年以前建设的各类仓房进行防潮防雨、保温隔热更新改造，配置先进适用的仓储作业设备，以及提升粮情检测、机械通风、环流熏蒸等功能；第三类是重建，重建仓房以满足粮食安全存放为目的，基本设备配备为进出仓工艺设备、机械通风系统、粮情测控系统、环流熏蒸系统，其中一线收纳库可选择性配备环流熏蒸系统。

在粮食物流运输方面，2013年重点关注北粮南运火车散粮班列的试点和开通，东北粮食产区与关内销区已形成新的散粮物流大动脉。长期以来，我国铁路散粮车仅限在东北地区运行，东北地区经铁路运往关内的粮食仍然采取成本高、运能低、损耗大的包粮方式。2013年1月21日，作为东北地区铁路散粮车入关试点，从中国华粮物流集团吉林松原粮库始发的首列铁路散粮专列，顺利到达华粮集团湖南岳阳城陵矶港口库，实现铁路散粮专列直达关内运输历史性突破。随着首趟50辆北良L18型散粮车班列的开行——东北曲家店至岳阳北，我国铁路散粮车已在东北粮食产区与关内销区间实现常态化运营，为东北粮食南下提供了更为合理的运输方式。

（三）粮食物流信息技术的研发和运用开始注重数字化和智能化

2013 年年初，国家粮食局印发了《大力推进粮食行业信息化发展的指导意见》，指出要充分发挥信息化对增强国家粮食供给保障能力的提升作用。在粮食现代物流信息体系建设中，各省市粮食行政管理部门重点围绕粮食物流节点信息系统、粮食物流公共信息平台、粮食现代物流监管平台三个层次建设覆盖跨省粮食物流通道及主要节点的粮食现代物流信息体系、面向重点粮食物流区域和物流节点的公共信息平台、我国主要粮食通道的粮食流量流向的动态监测体系。其中，粮食物流节点信息系统建设侧重于对粮食物流企业信息网络技术改造和传统业务流程提升，实现企业粮食物流业务环节管理信息化；粮食物流公共信息平台侧重基于物联网、云计算、定位、地理信息等技术，结合现有政策性粮食交易平台系统、全国粮食动态信息系统以及大型企业物流网络系统，整合公路、水路、铁路运输等部门的基础物流信息；粮食现代物流监管平台侧重于建设国家粮食物流监管调度系统、粮食物流地理信息平台和粮食交易市场物流信息直采系统。

在粮食现代物流信息体系建设过程中，数字化和智能化是着重考虑的两大特征，建成了一大批数字化、智能化粮食物流节点。2013 年江苏全省“数字粮库”已累计建成 21 家、试运行 8 家、在建 5 家，较好的完成了全年建设任务。如宿迁国家粮食储备库数字化粮库建设项目已完成建设并投入使用，该信息系统可实现粮库管理信息化，账目数据电子化，业务监管三维可视化，仓储管理智能化，从而提高管理效率，降低管理成本，确保实时跟踪粮情及储粮安全；无锡数字粮食工程（信息化）项目于 2013 年 3 月正式启动，经过 7 个月的建设周期，2 个月的试运行，目前项目运行稳定，接下来将大胆的推广物联网技术在粮食信息化项目中的运用，尤其要采取移动互联技术，提升数字粮食项目的建设高度和建设水平。2013 年青岛第二粮库全面开展“智慧粮库”项目建设，采用物联网设备自动采集粮库运行数据，尽可能避免人工操作和干预，保证数据真实、精确、安全。同时，控制中心管理系统对采集的数据加工、处理、分配和反馈，满足粮库在粮仓管理、物资管理、人员管理、任务管理等方面的业务需要，最终实现全面提升粮库经营管理水平、降低各项运营成本的目标，项目建成后将实现自动化、三维可视化及智能化，实现粮油仓储这一传统行业向现代化高科技转变。

在粮食物流信息技术研发上，数字化和智能化依然是重点关注的。2013 年 9 月，“十二五”国家科技支撑计划项目“数字化粮食物流关键技术研究与集成”项目各课题开题会陆续召开，项目总体目标是通过数字化的粮食特性模拟、粮食收购品质、储藏数量和质量安全检测、运输装卸、应急处理方法与设备研制与应用示范，建立基于物联网的管理网络，实现粮油数量和质量的跟踪管理，提高从收购、储藏到消费环节的粮油流通全程数字化检测与管理水平；2013 年 12 月，中科怡海公司经过科技研发和多个粮库的实践，成功推出领先的粮食信息化整体解决方案——“中科怡海智慧粮食”，该方案主要包含数字粮库系统、粮食电子商城系统、储备粮竞价交易系统、粮食质量溯源系统、粮油价格监测系统、粮食流通电子监察系统，在系统中增加了大量的物联网、传感网技术，大大提升了粮食信息化的水平；2013 年 10 月，中国信息协会召开了以“新时期、新技术、新思维、新方法”为主题的“第十届中国农业信息化高层论坛暨首届国际智慧农业峰会”，农业物联网与智慧农业作为会议的主要议题之一受到广泛的关注和讨论。

（四）粮食物流中心建设更加注重信息化和产业化

（1）各地粮食现代物流中心建设持续跟进。如，龙口港山东北大荒粮食仓储物流基地于 2013 年年底投入运行，该项目由山东北大荒粮食物流有限公司投资，是北大荒粮食物流有限公司在国内港区建设的首个罐区，该项目投产后形成 60 万吨动态仓容总量，进一步推动了东北粮食基地对华东地区北粮南调、产销对接，并使龙口港成为江北重要的粮食物流基地；总投资已达 6. 5 亿元的宿迁粮食物流园区实现了良好运营，能实现集粮食储备、加工、检验、商务、物流、科研和文化展示为一体；通过推进“数字化粮库”建设，徐州市投资建设升级版苏鲁粮食现代物流中心，该物流中心将逐步建成集粮食流通通道网络化、原粮“四散化”、作业机械化、运行信息化、管理节约化、设施技术标准化为一体的粮油物流平台和粮油加工基地；已基本建成的苏州市金仓粮食物流中心拥有物流中转区、仓储保管区、生产加工区、码头作业区、办公管理区等 5 大功能区域，集粮食物流、仓储、加工、配供为一体，采用数字化自动控制系统，通过信息化集成，将粮食的出入库、倒仓等相关流程在系统中自动完成。在粮食仓储过程中，进行实时粮情监测，实现智能化管理。

（2）粮食现代物流中心的建设更加趋向于产业化。2013 年很多地区大力投资建设粮食物流中心，相比以往粮食物流中心的建设过去的一年中粮食物流中心的建设更加注重信息化和产业化，基于供应链、产业链基础上的合作更加明显，粮食物流中心提供的服务范围更广、层次更高，提供的平台更加宽广。如天津市粮油集团投入 6. 77 亿元，大力推进“临港经济区利达粮油加工基地”、“静海二期粮食综合加工项目”、“放心馒头”、“放心面条”等民生大项目建设，通过实施“东中西部民心工程发展战略”，打造粮食全产业链，推进产业升级；靖江粮食产业园依据做大做强粮食产业园的要求重新修订粮食产业园发展规划，更加注重产业化，做大做强粮食产业，截至目前已有江苏省扬子江现代粮食物流中心、天津龙威棕榈油加工项目、长江万吨级码头泊位项目、供热中心、南方小麦交易市场及重粮集团（巴西基地）大豆加工项目进入园区，通过企业集群效应，延长产业链实现粮食的产业化。此外，河南、安徽分别出台了《关于大力推进主食产业化和粮油深加工的指导意见》、《关于大力推进主食产业化的意见》，鼓励主食加工企业与主食设备生产企业、粮食购销和物流企业、质检机构等开展联合协作，共同打造以粮食收储、加工、物流配送为一体的主食产业化集群。

（五）粮食物流标准及面向终端消费者的粮食电子商务物流开始受关注

粮食物流标准的缺失是导致我国粮食物流效率低下的一个重要原因，尤其是储运和配送环节基础设施设备的不匹配，严重影响了粮食物流各环节之间的衔接。2013 年 9 月，中国物流与采购联合会标准工作部在北京组织召开了“粮食物流关键标准研究”质检公益科研专项课题中期专家论证会，该研究主要是针对粮食集装化物流的现状、标准化需求，以及重点的标准项目的研究，提出了粮食集装单元化物流技术标准项目，完成了子课题的研究报告和《粮食集装化仓房技术要求》、《粮食集装化仓储设备技术要求》、《粮食集装化装卸设备配置要求》3 项关键技术标准（草案）的研制，并对现有的叉车进行改造，研制出了适用于铁路场站棚车装卸的新型设备。

现有的粮食电子商务交易主要是针对粮食加工企业、粮食购销企业等中间商开展的以电子竞价为主要方式的原粮网上交易。随着零售业由传统的门店销售向网络销售、网络支付的转变，以互联网为特征的新经济模式对传统商业的实质性颠覆已经开始。在粮食行业中也不断涌现面向终端消费者的电子商务企业，而网购成交量巨大带来的配送问题得到越来越多的关注。如 2013 年无锡粮宝宝网上商城开始运营，但高额的物流配送成本已成为制约其业务发展的主要瓶颈，目前企业对于商城订购业务的配送采取分类管理：①网上订购，实体店提货。用户支付完毕后，直接按照会员价至实体店提货，从而最大程度的让利于客户。②网上订购，实体店配送。用户支付完毕后，由附近的实体店按照零售价直接配送到客户家中。③网上订购，物流配送。用户支付完毕后，由物流公司配送。

二、2014 年粮食物流发展展望

（一）粮食物流仍将是各级政府的关注点

“农是国之本，农伤则国贫”，2014 年中央一号文件继续关注三农问题，并首次提出“完善国家粮食安全保障体系”。文件强调要着力加强促进农产品公平交易和提高流通效率的制度建设，加快制定全国农产品市场发展规划，落实部门协调机制，加强以大型农产品批发市场为骨干、覆盖全国的市场流通网络建设，开展公益性农产品批发市场建设试点。加快发展主产区大宗农产品现代化仓储物流设施，完善鲜活农产品冷链物流体系，支持产地小型农产品收集市场、集配中心建设。同时，一号文件提出要完善农村物流服务体系，推进农产品现代流通综合示范区创建。物流基础设施的提高和完善为将来粮食物流运行效率的提高带来希望，一号文件强调实施粮食收储、供应安全保障工程，未来与之相匹配的涉农政策也会相继出台，与粮食安全紧密相关的粮食物流行业仍将是各级政府工作重点和关注点。

（二）粮食物流信息化成必然趋势

过去一年，我国粮食物流信息化投入卓有成效，但是市场对于信息化的要求会随着经济的发展、科技的进步而越来越高。2014 年中央一号文件提出要建设以农业物联网和精准装备为重点的农业全程信息化；要完善农业补贴政策，在有条件的地方开展按实际粮食播种面积或产量对生产者补贴试点，提高补贴精准性、指向性。无论是全程信息化，还是实际粮食播种面积或产量等粮食物流基础数据的采集，都必定依赖于物流信息技术的运用。2014 年 1 月，农业部关于印发《农业应急管理信息化建设总体规划（2014—2017 年）》的通知，贯彻落实《农业部关于进一步加强农业应急管理工作的意见》，加快推进农业应急管理信息化建设工作，提升农业突发公共事件应急管理水平。2014 年 1 月，农业部在上海开展农业物联网区域试验工程年度总结，强调当前农业物联网区域试验工程取得了一些阶段性、突破性成果，各级农业部门要抢抓机遇、顺势而为、再接再厉，充分调动各种社会力量，全力推进农业物联网建设，加快现代农业发展。为适应农业部党组深入贯彻落实党中央、国务院“四化同步”战略部署的新要求、新期待，农业部信息中心将联合全国各级农业信息中心加强推进农业信息化体系建设，打造一支左右协同、上下畅通、互联互动、共建共享的联合舰队，农业部全力打造农业农村信息化协同体系，在推进农业农村信息化建设中充分发挥主力军作用。这些利好政策和信息都表明未来粮食物流的信息化将成为发展的必然趋势。

（三）粮食国际物流将会有所发展

目前，中国三大主粮的净进口（进口数大于出口数）已常态化，过去3年中，玉米、小麦和大米的进口量都在翻倍增长。有统计显示，2012年中国粮食进口总量突破了7000万吨，创下历史最高纪录。进入2013年以来，三大谷物进口增速才开始有所放缓。与此同时，2014年中央一号文件提出在确保谷物基本自给、口粮绝对安全的同时，要更加积极地利用国际农产品市场和农业资源，有效调剂和补充国内粮食供给；加快实施农业走出去战略，培育具有国际竞争力的粮棉油等大型企业；支持到境外特别是与周边国家开展互利共赢的农业生产和进出口合作。农业部《关于切实做好2014农业农村经济工作的意见》也提出，加快实施农业走出去战略，完善整体规划和制定重点国别规划，推动完善扶持政策，鼓励国内企业以多种形式到境外投资农产品仓储物流设施、并购参股国际农产品加工和贸易企业。我国在俄罗斯远东地区租赁土地种植的水稻，在2013年年底通过吉林珲春口岸运送回国，这批3万吨水稻由吉林省报请国务院批准，国家发展改革委正式下达配额指标。可以看出，无论是粮食产品的“引进来”，还是“走出去后再引进来”，都会带来对粮食国际物流的需求。随着国家粮食安全总体战略的实施，未来粮食国际物流的需求会有一定发展。

（四）面向终端消费者的粮食电子商务物流将迎来新的大发展

电子商务是一种数字化商务方式，代表未来的贸易、消费和服务方式。因此，要完善整体商务环境，就需要打破原有工业的传统体系，发展建立以商品代理和配送为主要特征，物流、商流、信息流有机结合的社会化物流配送体系。2013年是电子商务年，一些传统物流企业因互联网而重新洗牌，同样因为电子商务的应用许多企业获得发展新的增长点和新的赢利模式。过去一年内一些粮食企业做了电子商务尝试：苏州粮食局规划电商产业园电子商务，推行粮油惠民经营新模式，与苏州优尔食品签订战略合作协议，启动规划和建设以“淘豆”品牌为核心的休闲食品电子商务产业园，并将放心粮油产品逐步推向“淘豆”网络营销平台，将全区“放心粮店”作为网上粮店的实体展示馆加以推广。同时，通过电子商务搭建网上粮食竞价交易平台，有效集聚客商资源，压降交易成本，较好地体现市场价格预期，实现储备粮的潜在价值。这些粮食行业的电子商务尝试，尤其是面对终端消费者的粮食电子商务必将是今后发展的趋势，必将带来粮食电子商务物流的发展。

此外，粮食供应链整合与粮食产业化也将是未来粮食物流的发展趋势。未来企业竞争不再是企业与企业之间的竞争，而是供应链与供应链之间的竞争，传统粮食行业企业“小、散、乱”已经无法适应现代竞争，更无法与国外大型粮食企业竞争，企业必须向下游或上游整合和被整合。国家粮食局、中国农业发展银行《关于进一步加强合作推进国有粮食企业改革发展的意见》发布后，靖江粮食产业园、苏州金仓物流中心等在已有条件下进行改革整合上下游延长产业链，发展粗加工、精加工、运输、销售和电子商务等环节，效果显著。与此同时，粮食产业化所带来的集群效应十分显著，吴淞江粮食产业园通过集合包括益海嘉里食品工业有限公司、省国家粮食储备库、昆山粮食物流园储备分库以及部分加工企业的方式延长粮食产业链打造粮食产业园。

（南京财经大学营销与物流管理学院　吴志华
南京林业大学经济管理学院　胡非凡
南京财经大学营销与物流管理学院　吴慧芳）

2013 年大宗商品电子交易市场发展回顾与 2014 年展望[①]

大宗商品是指用于工农业生产和消费使用的大批量流通的物资产品，如石油、钢铁、煤炭、塑料、糖、橡胶、粮食等，是国民经济发展和保障人民生活安全的重要物质基础。大宗商品电子交易是一类重要的 B2B 电子商务模式。在经历了严肃的清理整顿工作之后，我国的大宗商品电子交易市场正在有序回归现货。大宗商品电子交易市场在促进现货流通、服务现货、发展现货、降低物流成本、掌握定价话语权等方面发挥着越来越重要的作用，已成为中国现代商品市场体系的重要组成部分。

一、2013 年大宗商品电子交易市场发展回顾

（一）大宗商品电子交易市场数量持续增加，东西部差距逐渐缩小

中国电子商务研究中心监测数据显示，2013 年中国电子商务市场交易规模 9.9 万亿元，同比增长 21.3%。其中，B2B 电子商务业务约 8 万亿元。作为 B2B 电子商务重要的组成部分，大宗商品电子交易业务也获得了很大的发展。截至 2013 年年底，据中国物流与采购联合会大宗商品交易市场流通分会统计，目前我国大宗商品电子类交易市场共 538 家，其中，处于运营状态的为 513 家，如表 1 所示，处于无交易或停业状态的为 25 家[②]，从业人员保守估计 10 万人[③]。

表 1　大宗商品电子类交易市场地域分布（截至 2013 年年底）

省份	数量	省份	数量
山东	60	内蒙古	10
广东	56	重庆	9

① 致谢：本项研究获国家科技支撑计划（2012BAH21F01）支持。

② 数据来源：中国物流与采购联合会大宗商品流通分会 http：//www. cbca. org. cn/news/hynews/2013－12－30/2258a2fed467e0ae5eecf7648b09f6ad. html。

③ 数据来源：中国电子商务研究中心 http：//www. 100ec. cn/detail－6144304. html。

续　表

省份	数量	省份	数量
江苏	46	陕西	8
浙江	41	吉林	8
天津	38	黑龙江	8
上海	31	山西	8
北京	29	福建	8
辽宁	26	江西	7
河南	20	湖北	6
广西	19	宁夏	5
河北	19	贵州	4
湖南	16	甘肃	3
四川	13	海南	2
新疆	12	西藏	2
云南	11	青海	1
安徽	11	另，香港特别行政区	1
		总计	538

从地域分布看，我国大宗商品电子类交易市场已覆盖32个省（区、市）与特别行政区，但是地区差异明显，东部沿海地区分布最多，中部次之，西部最少。地域经济发展不平衡，以及地域资源优势差异等，是造成我国商品现货电子交易市场地域分布不均的主要原因。随着我国经济的不断发展，中西部整体经济水平也较“西部大开发”初期有了长足的进步。大宗商品电子交易市场的数量逐年增加，首先从数量上在逐渐缩小与东部沿海地区的差距。中西部大宗商品电子交易市场的数量在2010年只占到全国大宗商品电子交易市场的27.4%，2013年已经达到了34.2%。同时，近几年中西部大宗商品电子交易市场数量的增长率也基本高于全国总数量的增长率。但是从2012年中西部增长率低于全国增长率且明显低于上一年增长率，可见在国家清理整顿各类交易场所的第一年中西部受到了更大的影响，由此看出中西部大宗商品电子交易基础仍然较差，如表2所示。

表 2　　东西部大宗商品电子交易市场数量对比

	2009 年	2010 年	2011 年	2012 年	2013 年
东部①	94	114	168	253	354
中西部	34	43	75	104	184
总数	128	157	243	357	538
中西部百分比②	26.6%	27.4%	30.9%	29.1%	34.2%
总增长率③	19.6%	22.7%	54.8%	46.9%	50.7%
中西部增长率④	13.3%	26.5%	74.4%	38.7%	76.9%

从行业分布看，我国大宗商品电子类交易市场涉及的行业已包括能源、化工、纺织、金属、酒类、矿产品、农产品、林产品、牧渔产品、医药等十多个行业。其中，由于金属与农产品现货电子交易起步较早，所以较其他行业发展更快，如表 3 所示。

表 3　　大宗商品电子类交易市场行业分布（截至 2013 年年底）

行业	数量	行业	数量
农产品	161	酒类	17
金属	119	纺织	11
化工	59	矿产品	8
能源	23	综合类	84
林产品	17	其他	39
		总计	538

其中，一些具有代表性的大宗商品电子交易市场经过多年的规范运营与管理，获得了持续的发展，交易量稳步增长，并通过服务创新，带动现货市场、相关产业和商品流通的发展，成为我国大宗商品交易市场的典型代表。如宁波

① 在这里将“北京、天津、上海、广东、江苏、山东、浙江、辽宁、河北、福建”十个省市计算为东部。

② 中西部百分比：中西部大宗商品电子交易市场数量占全国大宗商品电子交易市场数量的百分比。

③ 2008 年全国大宗商品电子交易市场总数为 107 家。

④ 2008 年中西部大宗商品电子交易市场总数为 30 家。

大宗商品交易所有限公司（简称“甬商所”）、广西糖网等。“甬商所”2013年成交量897万吨，交易额2085.81亿元，交收量8.64万吨。广西糖网现在客户2200多户，广西区内95%以上的制糖企业集团以及国内80%以上食糖经销商均已成为广西糖网的客户。

（二）大宗商品流通分会正式成立，行业进入有组织发展元年

2013年4月28日，中国物流与采购联合会大宗商品交易市场流通分会在上海正式成立。代表着这个行业有了自己的行业组织，标志着中国物流与采购联合会作为行业协会在指导行业和服务企业上向更加专业化、精细化的方向迈出了重要步伐。

在分会成立之时一同发布了《中国大宗商品现代流通行业自律公约》（以下简称《公约》）。《公约》旨在加强大宗商品现代流通行业自律，规范会员执业行为，提高会员商业道德，维护行业规范有序、公平竞争的发展环境，促进行业健康发展。《公约》的正式施行，是贯彻落实国家有关政策、文件精神的具体举措，把大宗商品交易市场规范到符合社会主义市场经济发展的规律上，符合行业健康发展的方向上，才能够真正的充分发挥市场的应有的作用[1]。

大宗商品流通分会成立一年以来，发挥政府与行业的桥梁和纽带作用，向政府有关部门反映行业发展合理化建议和正当诉求，制定行业自律公约，积极推进诚信体系建设，组织开展各种交流活动，促进会员发展经济合作，对外贸易、技术开发、科学管理、学术研究等合作与交流，提高企业现代化管理水平，推进本行业的企业改革与产业发展，增进了政府和社会对大宗商品现代流通行业的认识与了解，进一步提升了行业发展的社会环境。

（三）推进电子商务创新，促进流通体制改革

全球大宗商品的贸易流通方式正在发生重大转变，电子商务已成为全球一体化生产和组织方式的重要工具，融合网上电子交易、现代物流、金融服务及信息技术为一体的大宗商品交易市场现代流通发展迅速，通过电子商务争夺资源配置主动权、提高经济竞争力，在许多国家被列为国家战略。我国大宗商品交易市场发展现代流通方式，有利于推动信息化和工业化深度融合，促进产业结构调整，提升产业核心竞争力，提高国民经济运行效率和质量，对稳定我国国民经济增长和提高国际竞争力意义十分重大[2]。

2013年4月15日，国家发展改革委联合财政部、农业部、商务部等13部委共同发布了《关于进一步促进电子商务健康快速发展有关工作的通知》

（以下简称《通知》）。《通知》强调要推进商贸流通领域电子商务创新发展。要求商务部会同相关部门促进商品现货市场电子商务规范发展，鼓励综合性批发市场、旧货流通市场、专业化市场发展线上、线下协同的电子商务应用体系，支持外贸电子商务、农产品电子商务、社区电子商务发展，密切产销衔接，推进电子商务示范基地建设。同时，《通知》要求农业部负责农产品质量安全追溯体系、诚信体系建设，加强农业电子商务模式研究，规范农业生产经营信息采集，推动供需双方网络化协作，完善农业电子商务体系，推进农业领域电子商务应用并开展相关试点工作。除此之外，《通知》对跨境电子商务、移动电子商务、林业电子商务都提出了相关要求。这对于我国大宗商品电子交易市场的建设是一个很好的契机，尤其是向移动电子商务和跨境电子商务方向的发展创造了良好的环境。

2013 年 5 月 24 日，工信部下发《关于开展电子商务集成创新试点工程工作的通知》。该举措是为贯彻落实《电子商务"十二五"发展规划》（工信部规〔2011〕556 号）、《工业和信息化部关于推进物流信息化工作的指导意见》（工信部信〔2013〕7 号）有关部署而实施的。经过申报、评审，2013 年电子商务集成创新试点工程共入选"大企业电子商务和供应链信息化方向"74 项，"行业电子商务平台服务创新方向"146 项，"跨境电子商务方向"31 项，"移动电子商务方向"40 项，"产品追溯方向"51 项。尤其是"行业电子商务平台服务创新方向"，包括大量大宗商品电子交易的试点项目，如淮矿现代物流有限责任公司的"平台＋基地供应链管理模式"，无锡市不锈钢电子交易中心有限公司的"无锡市不锈钢电子交易中心电子商务物联网平台"，吉林玉米中心批发市场有限公司的"大宗农产品电子商务服务试点项目"，广西糖网食糖批发市场有限责任公司的"食糖行业电子商务和物流服务集成创新项目"，四川中国白酒产品交易中心有限公司的"酒类产品电子交易服务创新体系建设"，湖北钢易科技有限公司的"基于物联网的钢铁电子商务平台"，沈阳诚通金属有限公司的"全国有色金属现货电子交易平台"，广东广物电子商务有限公司的"华南大宗物资交易中心电子商务平台建设"，中储电子商务（天津）有限公司的"大宗物品全程电子商务服务平台"等数十项大宗商品流通试点工程。这些试点工程的实行可以有效推动大型商贸流通企业通过电子商务创新流通模式，提高流通效率，扩展流通渠道和市场空间，促进流通方式转变；推进煤炭、钢铁、塑料、粮食、农产品等大宗商品电子交易与物流服务集成健康发展。

为了更全面的把握我国大宗商品电子商务的发展现状以及发达国家大宗商品现代流通的发展趋势，国家发展改革委、商务部、证监会等多个政府部门相继设立了关于中国大宗商品交易市场电子商务发展的相关研究课题。这些课题研究，将对我国钢铁、有色、煤炭、酒类、农产品、化工等重点行业的大宗商品交易市场电子商务发展模式进行系统性的研究，对存在的问题进行深层次的体制原因分析，提出促进大宗商品电子交易平台规范发展的切实可行的政策建议。

（四）上海自贸区成立，推进贸易发展方式转变

2013 年 8 月 22 日国务院正式批准设立中国（上海）自由贸易试验区，9 月 29 日上午 10 时自贸区正式挂牌开张。中国（上海）自由贸易试验区范围涵盖上海市外高桥保税区、外高桥保税物流园区、洋山保税港区和上海浦东机场综合保税区 4 个海关特殊监管区域，总面积为 28.78 平方千米[3]。

建设中国（上海）自由贸易试验区，是顺应全球经贸发展新趋势，实行更加积极主动开放战略的一项重大举措[4]。上海自贸区的建立对于推进贸易发展方式转变，促进贸易转型升级有着重要的意义。《中国（上海）自由贸易试验区总体方案》以及《中国（上海）自由贸易试验区管理办法（市政府令第 7 号）》都提到要在自贸区内探索设立国际大宗商品交易和资源配置平台，开展能源产品、基本工业原料和大宗农产品的国际贸易。扩大完善期货保税交割试点，拓展仓单质押融资等功能。积极发展总部经济，鼓励跨国公司在自贸试验区内设立亚太地区总部，建立整合贸易、物流、结算等功能的营运中心；推动国际贸易、仓储物流、加工制造等基础业务转型升级，发展离岸贸易、国际贸易结算、国际大宗商品交易、融资租赁、期货保税交割、跨境电子商务等新型贸易业务；鼓励自贸试验区内企业统筹开展国际国内贸易，实现内外贸一体化发展。

自贸区的多项政策创新都对大宗商品交易的发展有着重要的支持作用。例如，与国内各类保税区不同的“境内关外”的特殊海关监管制度——“一线放开，二线高效管住”。“一线放开”并不意味着管制的放松，而是要根据政府职能转变的要求，从过去的“重事前审批”转向“重事中、事后监管”，用更为高效管用的方法和手段做好行政管理服务。监管模式的创新对于发展大宗商品的交易和流通，尤其是中国作为新的交易中心在国际大宗商品流通方面的地位的提升有着积极的促进作用。

（五）清理整顿工作基本结束，新兴市场方兴未艾

为规范各类交易场所健康有序发展，防范金融风险，2011 年 11 月，国务院发布《国务院关于清理整顿各类交易场所切实防范金融风险的决定》（国发

〔2011〕38号），要求各省级人民政府对本地区各类交易场所进行集中清理整顿。各省级人民政府作为组织实施清理整顿和规范市场秩序的责任主体，按照国务院部署和要求，加强组织领导，从实际出发，制订工作方案，深入调查研究，积极稳妥地开展清理整顿各类交易场所的工作。

2012年7月初，国务院办公厅发布《关于清理整顿各类交易场所的实施意见》（国办发〔2012〕37号），进一步明确了清理整顿政策界限、工作要求和监管责任。随后，清理整顿各类交易场所部际联席会议（以下简称联席会议）在北京召开第二次全体会议，部署了下一阶段清理整顿任务，对检查验收工作提出了具体要求。

各地在清理整顿过程中，严重违法涉嫌犯罪的移交公安机关调查处理，禁止上市交易新合约，已上市标准化合约到期完成交收，同时对交易规则进行修改，大宗商品中远期交易有序回归现货市场[5]。截至2013年12月，除天津市、云南省外，34省区市清理整顿工作已经通过联席会议检查验收，清理整顿验收工作基本结束，如表4所示。

表4　　清理整顿工作成果汇总

通过验收时间	通过验收单位
2012.11	浙江省、湖北省、重庆市、贵州省、西藏自治区、甘肃省、青海省、深圳市
2013.01	河北省、安徽省、江西省、四川省、陕西省、大连市、青岛市、厦门市
2013.02	山西省、辽宁省、吉林省、江苏省、山东省、广东省、广西省、宁夏自治区、新疆自治区、宁波市
2013.05	湖南省、海南省
2013.06	福建省
2013.08	黑龙江省
2013.10	北京市
2013.12	上海市、内蒙古自治区、河南省

清理整顿工作开展以来，全国各地共关闭了200余家各类交易场所，清理整顿工作取得明显成效。通过清理整顿工作，规范了市场秩序，防范化解了风

险，维护了经济社会稳定，各类交易场所有序发展的环境得到改善，一批运作规范的交易场所得以更好地发挥服务实体经济的作用[6]。

二、2014 年大宗商品电子交易市场发展展望

（一）跨境电子商务发展前景广阔，各企业纷纷摩拳擦掌

随着上海自贸区的建立，以及习近平主席 2013 年在哈萨克斯坦纳扎尔巴耶夫大学演讲时提出的建立“丝绸之路经济带”的设想，中国的跨境贸易进入了一个全新的发展时期。我国电子商务企业要把握上海自贸区和“丝绸之路经济带”带来的优势条件，面向全球各地，尤其是两岸三地、东盟、上合组织和东北亚等周边区域开展跨境合作，在边贸地区、产业集中度高的区域建设跨境电子商务平台。电子商务企业要与相关企业加强服务集成，为用户提供电子单证处理、报关、退税、结汇、保险和融资等“一站式”服务，提高国内企业对国际市场的响应能力。同时，面向跨境贸易的多语种电子商务平台建设、服务创新和应用推广也是跨境电子商务未来所必须着力实现的。

同时，国家也出台了相应政策支持跨境电子商务的发展。由财政部和国家税务总局发出的《关于跨境电子商务零售出口税收政策的通知》于 2014 年 1 月 1 日起正式执行。跨境电子商务零售出口在交易方式、货物运输、支付结算等方面与传统贸易方式差异较大，现行管理体制、政策、法规及现有环境条件已无法满足其发展要求。为此，2013 年 8 月，国务院办公厅转发商务部等部门《关于实施支持跨境电子商务零售出口有关政策的意见》，规定了一系列具体支持政策，包括对跨境电子商务零售出口经营主体的分类、建立适应电子商务出口的新型海关监管模式、支持企业正常收结汇、实施相适应的税收政策等。此次财政部、税务总局发布政策是对《关于实施支持跨境电子商务零售出口有关政策的意见》中税收政策的具体落实。该项政策的实施，使得符合条件的跨境电子商务零售出口企业也能和普通外贸企业一样，享受增值税、消费税、退免税政策。意味着困扰我国电子商务出口企业已久的出口退税制度“瓶颈”已被突破，将大大降低企业成本，进一步促进跨境电子商务发展，同时对于促进外贸企业转型升级也将带来利好效应[7,8]。

虽然跨境电子商务发展前景广阔，但也面临不少的问题。除了企业自身要加快改革、坚持创新之外，国家也要及时跟进相关的法律及政策。

（二）回归现货流通，促进商品现货市场健康发展

由商务部、中国人民银行、证监会共同制定的《商品现货市场交易特别规定（试行）》（以下简称《特别规定》）已于2013年11月8日发布，于2014年1月1日正式实行[9]。此次出台针对商品现货市场的管理办法，是我国首部关于大宗商品现代流通行业的部门规章，对于商品现货相关的行业以及商品现货的流通是一次重大事件，具有深远的意义。

《特别规定》的出台旨在规范商品现货市场交易活动，维护市场秩序，防范市场风险，保护交易各方的合法权益，促进商品现货市场健康发展，加快推行现代流通方式。此次商务部明确将“依法设立的，由买卖双方进行公开的、经常性的或定期性的商品现货交易活动，具有信息、物流等配套服务功能的场所或互联网交易平台”首次统一定义为“商品现货市场”，其突出市场的“现货”特性，显著区别于“商品期货市场”，命名定位非常清晰，这将有利于对行业的统一管理。另外，《特别规定》还对商品现货市场的交易对象做出了规定，它不仅限于实物商品，同时也包括以实物商品为标的仓单、可转让提单等提货凭证，这对于拓展商品现货市场的经营范围以及开展商品现货的物流金融业务有着积极的促进作用。同时，《特别规定》还对商品现货市场的交易方式，经营规范以及对它的监督管理做出了相应的规定。

《特别规定》要求商品现货市场“为实体经济服务、为商品流通服务”，这为大宗商品交易市场有序回归现货、发展现货给出了明确的目标和行为准则，将有效促进我国商品现货市场的健康发展。

（三）各地新区申报，促进大宗商品交易

国务院2013年9月印发的《中国（上海）自由贸易试验区总体方案》中明确：“探索在试验区内设立国际大宗商品交易和资源配置平台，开展能源产品、基本工业原料和大宗农产品的国际贸易。”通过设在上海自贸试验区的国际大宗商品交易市场，境外企业将有机会参与中国的大宗商品现货交易，其最为直接的表现在于，国内资金与境外资本可在上海自贸试验区的市场内进行实时的对手交易。同时，“中国价格”也将借助设在上海自贸试验区内的市场进一步探索大宗商品的全球定价权。

上海自贸区对大宗商品交易的推动已经显现，全国其他地方也在积极申办新的自贸区，包括浙江、广东、天津、苏州、无锡、山东、辽宁、河南、福建、四川、合肥、广西、云南等在内的十多个地方均把申报自贸区列为2014年政府工作报告的重点工作。这些自贸区将来会成为新的开放举措的试验田，

而且这种试验区的产生也是中国经济增长与开放的新的亮点。这些自贸区通过改革和制度创新，一定会为大宗商品的流通创造更加优越的客观环境，促进大宗商品交易的发展[10]。

（四）钢贸流通面临洗牌，电子交易赢得先机

产能严重过剩已经成为我国经济运行中的突出矛盾和诸多问题的根源。国内需求增速趋缓，我国部分产业供过于求的矛盾日益凸显，传统制造业产能普遍过剩，特别是钢铁、水泥、电解铝等高消耗、高排放行业尤为突出。钢铁、电解铝、船舶等行业利润大幅下滑，企业普遍经营困难。值得关注的是，这些产能严重过剩的行业仍有一批在建、拟建项目，产能过剩呈加剧之势。实践证明，过多依靠控制和限制审批无法解决产能过剩问题，要把化解产能过剩矛盾与经济结构调整、流通方式转变结合起来，更加依靠市场力量调整和优化社会产量和存量，更加突出建立和完善以市场为主导的化解产能过剩矛盾长效机制。为此，国务院于2013年10月6日出台《国务院关于化解产能严重过剩矛盾的指导意见》，明确八项主要任务：一是坚决遏制产能盲目扩张，二是清理整顿建成违规产能，三是淘汰和退出落后产能，四是调整优化产业结构，五是努力开拓国内市场需求，六是积极拓展对外发展空间，七是增强企业创新驱动发展动力，八是建立长效机制。同时，国务院办公厅发布《关于金融支持经济结构调整和转型升级的指导意见》，提出坚持有扶有控、有保有压原则，增强资金支持的针对性和有效性。大力支持实施创新驱动发展战略。加大对有市场发展前景的先进制造业、战略性新兴产业、现代信息技术产业和信息消费、劳动密集型产业、服务业、传统产业改造升级以及绿色环保等领域的资金支持力度。按照“消化一批、转移一批、整合一批、淘汰一批”的要求，对产能过剩行业区分不同情况实施差别化政策。

钢铁、水泥等大宗商品的产能过剩，对于这些商品的交易流通是一个严峻的考验。尤其是钢铁流通业，由2012年年初无锡钢贸老板跑路而引发的“上海钢贸事件”已经过去两年，但其负面影响至今仍未消除，再加上国家对产能过剩问题高度重视，早已供大于求的钢铁产业必定首当其冲，钢贸流通业必将面临洗牌。

国家的政策是自上而下的压力，然而面对钢铁产能严重过剩、下游需求萎缩、环保重压骤紧、钢企亏幅加大、信贷泡沫发酵，大批钢铁流通企业倒闭，全行业深陷“严冬”之中的巨大危机，钢贸流通业自己的变革则是应对危机最好的内生原动力。

钢贸行业要坚持创新驱动，重点加强和完善流通加工、物流配送、代理采购、贸易结算、物流金融等物流增值服务，加快由传统物流向现代物流转变。近几年虽然物流金融业务暴露出较大的风险，但是随着监管体系的完善和管理制度的规范，物流金融业务的创新对整个产业的带动作用还将进一步增强。这有利于增加物流服务效益，提升物流业在整个产业中的地位。

钢贸企业在“上海钢贸事件”中遭受重创，大量企业面临亏损甚至倒闭，但是在这次寒流中，钢铁相关的大宗商品电子交易市场却顶住了压力，表现优异。大宗商品电子交易市场正是坚持创新驱动，发挥电子商务的巨大优势，将物流金融与电子商务结合起来创新商务模式的佼佼者。比如上海大宗钢铁电子交易中心为钢铁产业链客户搭建了一个竞合共赢的平台，创造了精准营销、规避风险、精细化经营的竞争优势。它对于钢铁行业形成产业集群，实现转型升级，进行产业结构调整及产业链优化，起到积极的推动作用。

大宗商品电子交易市场比传统钢贸企业更加规范，从而保证了市场公平，并且通过互联网实行全电子化交易，精简流通环节。在成交方面实现即时买卖，节省了交易时间。同时，电子交易市场为供需双方提供了一个信息交流的平台，通过网络了解市场动态，及时把握行业资讯，需求方可快捷的订购适合的产品，供应方则可以很快的了解市场需求，避免生产销售环节上的浪费，有效降低产能过剩。凭借这些优势，电子交易市场将在钢贸流通业的行业洗牌中占得先机。

（五）国家大力支持，推动大宗商品交易稳步前进

在经过严肃的清理整顿工作之后，大宗商品交易市场得到了很好的肃清，留下了一批规范经营的交易场所。在清理出一个干净纯洁的经营环境之后，国家出台了大量的政策来鼓励支持大宗商品交易市场的发展，如表5所示。这些政策来自于不同的国家部委，从不同的角度出台了对商品流通进行支持的政策法规。例如，为了加强集散地农产品批发市场建设，畅通农产品流通主渠道，提高流通效率；提升流通的标准化、信息化、集约化水平，引导现代农业生产；增强市场调控能力，促进农产品跨区域调运和区域平衡，商务部出台了《关于加强集散地农产品批发市场建设的通知》，这对构建全国农产品现代流通体系具有重要支撑作用[11]。2014年，大宗商品交易市场在这些政策的支持下，会得到一个更加有利的发展环境。

表5　　　　2013年相关政策摘录

发文单位	发文题目	文号	发文时间
国务院办公厅	关于印发深化流通体制改革加快流通产业发展重点工作部门分工方案的通知	国办函〔2013〕69号	2013.05.30
国家发展改革委、工业和信息化部、国土资源部、住房和城乡建设部、交通运输部	关于推广“公路港”物流经验的通知	发改办经贸〔2013〕811号	2013.04.02
国家发展改革委	关于进一步降低农产品生产流通环节电价有关问题的通知	发改办价格〔2013〕1041号	2013.05.02
工业和信息化部	关于开展电子商务集成创新试点工程工作的通知	工信厅信函〔2013〕367号	2013.05.24
交通运输部	关于交通运输推进物流业健康发展的指导意见	交规划发〔2013〕349号	2013.06.06
交通运输部	交通运输物流公共信息平台建设纲要		2013.11
交通运输部	交通运输物流公共信息平台区域交换节点建设指南		2013.11
交通运输部	交通运输部办公厅关于印发交通运输物流公共信息平台标准化建设方案（2013—2015年）的通知	厅科技字〔2013〕291号	2013.11.14
商务部	商务部关于深入贯彻落实国内贸易“十二五”规划加强内贸规划工作的实施意见	商建发〔2013〕195号	2013.05.24
商务部	关于加强集散地农产品批发市场建设的通知	商建函〔2013〕191号	2013.04.28
商务部	公布《零售企业服务管理规范》等50项国内贸易行业标准	公告2013年第21号	2013.04.16
商务部	商务部关于促进电子商务应用的实施意见	商电函〔2013〕911号	2013.10.31

此外，为了充分发挥市场在电子商务创新发展中的决定性作用，充分调动和聚集社会各方智慧和资源共同促进电子商务的创新实践，工信部信息化推进司指导并支持电子商务相关企业和机构——包括产学研用各方，发起成立了“中国电子商务创新推进联盟”。联盟的创立有助于配置利用各方资源，将单方优势转化为共有资源；有助于形成产业规模，将单方行为转化为集体行动；有助于产生重大影响，将单方意志转化为组织共识；有助于确立新的模式，将单方意志转化为组织共识。

国家在推动流通体制改革、电子商务发展方面从中央政策的制定到基层操作的指导都给予了高度的重视。在国家的大力支持下，我国的电子商务企业，尤其是大宗商品电子交易必定会获得一个良好的发展环境。

（西安交通大学管理学院　卢继周　冯耕中
中国物流与采购联合会大宗商品交易市场流通分会　周旭
西安市商用信息系统分析与应用工程实验室　刘缨缨）

参考文献

［1］中物联大宗商品交易市场流通分会成立大会暨第一届中国大宗商品电子商务与现代物流发展论坛隆重召开［EB/OL］．［2013－05－03］．http：//www.cbca.org.cn/news/ztbd/8db729022ea8357f8e7f5cb35f71a07c.html.

［2］何辉，周旭．发展大宗商品交易市场现代流通的目的与意义［EB/OL］．［2013－03－27］．http：//www.cbca.org.cn/news/fhdt/3b0dd0d5d4b－512b6045497c2dc44bcd9.html.

［3］中国（上海）自由贸易试验区区域优势［EB/OL］．中国上海自由贸易试验区网站，2013.http：//zbw.sh.gov.cn/WebViewPublic/item_page.aspx？parentId＝594&id＝598#.

［4］中国（上海）自由贸易试验区区域简介［EB/OL］．中国上海自由贸易试验区网站，2013.http：//zbw.sh.gov.cn/WebViewPublic/item_page.aspx？parentId＝594&id＝598#.

［5］清理整顿交易场所工作基本完成第二批八省市通过联席会议验收［EB/OL］．［2013－01－09］．http：//www.csrc.gov.cn/pub/newsite/gzgsb/fgbqlzdgljycs/fgbgzdt/201309/t20130902_233411.htm.

［6］清理整顿各类交易场所验收工作基本结束［EB/OL］．［2013－12－27］．http：//www.csrc.gov.cn/pub/newsite/gzgsb/fgbqlzdgljycs/fgbgzdt/201401/t20140108_241092.htm.

［7］曾金华，崔文苑．退免税助力跨境电子商务升级［N/OL］．经济日报，2014－01－10. http：//paper. ce. cn/jjrb/html/2014－01/10/content_ 184664. htm.

［8］陈璞．财政部等明确跨境电子商务零售出口税收政策［EB/OL］．［2014－01－09］. http：//finance. chinanews. com/cj/2014/01－09/5719145. shtml.

［9］商务部、中国人民银行、证券监督管理委员会令 2013 第 3 号《商品现货市场交易特别规定（试行）》［EB/OL］．［2013－11－02］. http：//www. mofcom. gov. cn/article/b/c/201311/20131100400391. shtml.

［10］孙韶华．12 个地方自贸区获国务院批复［N/OL］．经济参考报，2014－01－22. http：//jjckb. xinhuanet. com/2014－01/22/content_ 488388. htm.

［11］商务部关于加强集散地农产品批发市场建设的通知［EB/OL］．［2013－04－28］. http：//www. mofcom. gov. cn/article/b/d/201304/20130400108025. shtml.

2013年连锁零售行业物流发展回顾与2014年展望

随着中国经济结构调整及增速放缓，连锁零售行业也迎来了变革时代。2012年中国连锁百强销售规模达到1.87万亿元，同比增长10.8%。零售业人工、物流等各类成本高企，使行业利润受到严重挤压。同时电子商务正通过低廉的价格、便捷的支付、上门送货等周到服务迅速抢占传统零售市场份额。面对前所未有的挑战，连锁零售企业主动或被动地调整发展模式，以期在不断变换的市场环境中生存发展乃至基业长青。

连锁企业经营的核心是以连锁方式为轴心，以广域的门店网络为市场依托。通过中央采购开发销售利润；通过发展自有品牌商品，开发生产利润；通过现代物流中心的建设与运营获取物流利润；从而实现商流、物流、信息流的高度整合。

一、2013年连锁零售行业物流发展回顾

（一）基本情况

1. 配送中心基础设施情况

连锁企业通过物流配送中心的建设，可实现集中大批量采购，进一步降低采购成本，与上游供应商结成利益共同体，保证长期、稳定的合作关系，实现整体供应链的优化。通过在更大范围内进行商品的集中采购、集中储备和统一配送，形成连锁经营的保障系统，扩大商品市场占有率。

根据中国连锁经营协会收集的连锁企业DC的数据样本。一半以上的总面积超过3万平方米，这一结果也反映出物流已经成为零售企业的核心竞争力之一，零售企业对DC的重视程度和投入力度较大，相当数量的零售企业在配送中心建设方面已经走在前列。

收货区面积占总面积比例平均为9.16%，集中分布在两个区间，2%～6.3%、11.67%～18.5%。

发货区域面积占总面积比例平均为14.59%。集中分布在三个区间，3.55%～7.43%、11.76%～18.27%、25%～30%。

存储区域面积占总面积比例平均为 56. 63%。集中平均分布在三个区间，50% 以下、50% ~60%、60% 以上。

退货区域面积占总面积比例平均为 5. 37%。集中分布在两个区间，1% ~5. 83%、11. 54% ~11. 76%。

在人员方面，平均每 1000 平方米每班次配备员工 5. 51 人，最低为 1. 19 人，最高为 9 人（主要是拆零为主），集中分布在两个区间，1. 19 ~2. 8 人、6. 98 ~9 人。各功能区域人员平均占比如表 1 所示。

表 1　　各功能区域人员平均占比

区域	人员占比（%）
收货区域	10
越库区域	8
发货区域	20
存储区域	25
叉车搬运	16
退货区域	5
其他区域（特殊商品区域）	12

每班次工作时长平均为 8. 08 小时，最低为 7. 5 小时，最高为 9 小时。多数企业一天一个班次，一天两班的有两家企业，一天三班的有 1 家企业。平均每周作业 6. 38 天，最低为 5. 5 天，最高为 7 天。

搬运设备方面，普遍使用了电动平衡重叉车、电动前移式叉车、手动托盘搬运车、电动托盘搬运车等设备，有 5 家企业使用了电动拣选车。

各设备平均使用数量如表 2 所示。

表 2　　各设备平均使用数量

种类	平均使用数（台）
电动平衡重叉车	4. 6
电动前移式叉车	13. 6
手动托盘搬运车	95. 9
电动托盘搬运车	31. 7
电动拣选车	11. 8

出库设备方面，较为普遍使用的设备为 RF 手持终端，平均每个 DC 使用 83.9 台。5 个 DC 使用了 DPS 电子标签，平均使用量为 1764 个；7 个 DC 使用了车载系统，平均使用量为 23.3 套；5 个 DC 使用了笼车，平均使用量为 2787 辆。

存储设备方面，每个 DC 都大量使用了托盘，平均使用量为 16257 片，除一个 DC 使用的托盘规格为 1500mm×1400mm 外，其余 DC 的托盘规格均为 1200mm×1000mm；横梁式货架储位平均为 17115 个；有 7 个 DC 使用了流利式货架，规格差异较大，平均使用量为 410 组。

2. 配送中心营运能力

物流网络是根据企业自身经营需要，在不同地点进行的物流节点的建立，即以中央配送中心为统管物流中心，在不同区域建立区域/前沿配送中心，从而实现网络化运作的一种模式。连锁企业通过搭建合理的物流网络，将区域物流配送中心和前端物流配送中心相结合，通过干线运输和支线运输的配合，完善后勤保障基础工作，为企业进行跨地区拓展打下坚实的基础。

由于零售企业基本上都采用多种业态经营，包括便利店、标准超市、大卖场，因此每个 DC 的配送对象也基本都全部覆盖各个业态。各业态门店平均配送数量如表 3 所示。

表 3　　各业态门店平均配送数量

业态	平均配送门店数量
便利店	952
标准超市	259
大卖场	89

配送半径差异较大，详细情况如表 4 所示。

表 4　　各业态门店配送半径比较

业态	平均配送半径（千米）	最大	中位数	最小
便利店	272.5	800	160	50
标准超市	218.6	800	200	50
大卖场	249.7	1000	120	50

配送频率较为平均，详细情况如表5所示。

表5　　各业态门店配送频率比较

业态	平均频率（天）	最高	最低
便利店	1.71	1	2
标准超市	1.69	1	3
大卖场	1.5	1	3

3. 供应商

DC对应的供应商数量差异较大，大多数在420家以内；供应商订单满足率只有三家超过90%，平均为84.5%，最高为98%，最低为70%；订货周期多数为7天及以内，有个别DC订货周期分别为15天、17.5天和20天。

收货区面积占总面积比例与供应商订货周期基本成反比例关系，2%～6.3%区间订货周期平均为9.7天，11.67%～18.5%区间订货周期平均为6天。

（二）存在的问题

1. 从连锁零售企业的常温物流来看

（1）国内连锁零售企业的库存周转比较慢，库存周转天数普遍在15～30天，国外连锁零售企业控制在7天左右，我们与国外存在较大差距。

（2）商品结构相对不合理，国内大的连锁企业物流配送的商品品种非常多，这是商品结构不合理的表现，商品过多，商品结构优化做不好，直接提高了企业的成本。

（3）储位管理尚未实现，目前国内连锁零售企业物流中心普遍尚未实现储位管理。

（4）供应商物流的应对能力还比较弱，特别是零售企业的门店发展越来越快、越来越多，供应商规模小而散，不具备基础的物流保障功能，没有物流配送中心做支撑的物流解决方案，很难适应现在连锁企业的发展。

（5）从连锁企业的物流成本来看，缺乏一个统一的标准。目前通过协会的调研分析来看企业的物流成本占销售额的比例在1.5%～3.5%，差距比较大。配送中心成本平均占38%，运输成本平均占35%，其他成本平均占27%。

（6）附加价值难以体现。在常温物流方面，特别是在供应链的优化方面，提升的空间非常大。对门店相应配送的支持还有待提高。

2．从连锁零售企业的生鲜物流来看

（1）连锁零售企业生鲜物流调查分析

目前，国内连锁零售企业的生鲜物流配送体系主要呈现出以下几种模式：

①部分大型连锁企业已投入使用或开始规划完善的生鲜加工配送体系，依靠农超对接和原产地采购，在生鲜产品的采购成本、物流成本、经营成本方面有很大程度的降低；

②多数连锁企业尚未有成型的配送体系，依靠批发市场进行采购，由供应商直配门店或者在物流中心进行简单分拨后再到达门店，虽已有生鲜物流雏形，但商品品质和供需关系得不到有效保证，因此生鲜物流的价值尚未被真正挖掘；

③一些连锁企业生鲜经营还停留在联营模式中，没有自有生鲜配送体系及生鲜加工环节。

（2）从生鲜物流营运管理角度来看

①食品安全体系不完善：目前国内连锁企业多数没有完善的食品安全监督管理和追溯体系；

②生鲜采购体系：目前国内生鲜采购体系还以批发市场采购为主，采购成本和利润空间较小；

③生鲜加工营运体系：目前国内连锁零售企业的生鲜物流中心加工作业水平普遍滞后；

④生鲜防损体系：生鲜作业不规范，产品的加工、存储条件设置不合理导致产品损耗的居高不下；

⑤生鲜物流成本不清晰；

⑥生鲜产品研发体系不完善：缺乏对消费者消费习惯的研究；要完善自有品牌创新和特色产品的研发。

3．从连锁零售业物流配送中心建设角度来看

（1）设施：现有设施多为传统仓库，无法适应现代物流作业要求；

（2）选址：受地方政策、规划、用地性质、交通条件、拆迁、地质条件等因素影响较多，造成项目延期甚至地址变更；

（3）规划：缺乏系统科学的数据分析及对未来生鲜物流需求的准确把握，规划难以达到使用目标；

（4）实施：项目实施缺乏系统专业化的管理，造成工程质量参差不齐，工期延误。

4．从连锁零售业物流配送中心物流技术应用角度来看

（1）存储：现状多以地堆、常温存储，没有考虑环境温度控制和先进物流技术的采用；

（2）分拣：现状普遍采用人工单据拣选，效率低、差错率高；

（3）加工：现状在车间进行简单处理，无温度、卫生控制，无法满足食品安全要求；

（4）信息系统：现状简单实现进销存管理，无法实现专业的生鲜物流作业管理。

5．从连锁零售业物流配送中心物流模式角度来看

从连锁零售业物流配送中心物流模式角度来看，主要分为自建自营、自建外包、共同配送三种模式，目前由于满足连锁零售企业物流需求的物流服务商、供应商能力尚难适应，大型区域型连锁公司普遍采用自建自营模式。随着连锁业的不断发展以及物流与供应商服务能力的不断提升，社会化分工的不断深化，可预见不久的将来，连锁零售业物流将不断向以第三方物流服务为主要模式的方向转变。

二、2014 年连锁零售行业物流发展展望

（一）概况

1．实现农超对接

产地集采，产销衔接这种模式，使得供应链进一步缩短，其中物流中心起到了重要的作用，为企业、农民、消费者带来实惠。

2．通过集中配送来降低整体零售企业的投资和运作成本

在物流中心建立的目的当中，降低物流成本是最普遍，而且改善的效益也是最明显的：实现配送作业的经济规模，使流通费用降低。由配送中心统一进货，保证了商品统一的规格、品种、质量；集中送货，统一分配运力，选择经济合理的运输方式和运输路线，降低商品损耗；统一检验，对商品编号入库，减少了用户的采购、检验、入库费用，从而促进物流成本的降低。特别是在生鲜方面，生鲜加工设备一般要占到超市总投入的1/4，而建立生鲜（加工）配送中心后，门店前期加工工艺设备可以集中投资；且对生鲜现场加工场地不足的便民店，可以有效增大生鲜经营品类（品种）的规模及完善生鲜商品结构。

3．规范化、标准化的作业提升了服务的品质

物流配送中心可以通过规范化的流程和制度化的管理，实现面向终端的高

效率、多品次、少批量配送服务，通过精益化的物流管理，缩短交货时间、降低缺货率和错误率、保障应急配送、提高门店收货分类分拣陈列上架以及流通加工进而实现高品质的后勤服务。

4. 信息整合，营销决策指导

物流信息在连锁经营中处于核心地位。连锁经营包括商流、物流、信息流、资金流四个方面，物流配送中心信息的及时处理，可以为管理者提供全面、及时、准确的信息，用来分析顾客需求变化趋势、商品储备情况，以便快速反应，采取相应的措施，有效降低企业库存，加快商品周转，提高经营或作业效率，实现利益最大化。

（二）从连锁零售企业的常温物流来看

连锁零售企业的常温物流未来趋势。常温物流未来发展的趋势就是向标准化、规范化、体系化迈进。并形成一套运用仓储管理、配送管理、服务、财务等指标的物流体系。

（三）从连锁零售企业的生鲜物流来看

（1）商品安全系统流通，核心就是冷链系统，从产地到物流到门店，通过物流的不断发展，保证商品的安全流通。

（2）物流管理方面，要向集约化的方向发展，在加工方面，打破原有的做法，通过集约化的生产与配送发挥生鲜物流的功能。

（3）通过信息化的手段实现可追溯化的管理。

（4）生鲜物流未来发展要向标准化、规范化、体系化迈进。并形成一套生产加工、物流配送的服务化和效率化的系列指标。

（四）从连锁零售业物流配送中心建设角度来看

（1）常温配送中心建设：单体经济规模 10000 ~ 50000m^2，年配送金额 7.5 亿 ~ 40 亿元。

（2）生鲜配送中心建设：单体经济规模 3000 ~ 25000m^2，年配送金额 1 亿 ~ 12 亿元。

（3）科学选址、合理规划、专业管理。

（五）从连锁零售业物流配送中心物流技术应用角度来看

（1）立体化存储：通过高位货架、流利货架、自动立体化仓库等手段实现立体化存储。

（2）自动化分拣：通过DPS、RF、自动分拣机等现代化物流技术手段实现自动化分拣。

（3）机械化搬运：通过叉车、输送线、笼车等方式提高输送、搬运、装卸效率。

（4）信息化管理：通过WMS、TMS软件的投入实现高度信息化管理。

（六）结束语

最近五年，随着连锁零售企业规模的不断壮大，区域发展不断推进，以及生鲜商品由联营转直营的经营方式的转变，整个行业常温物流及生鲜物流中心建设方兴未艾。在结合以上行业现状与未来发展趋势的分析之下，中国连锁零售行业企业物流未来发展的现实目标应该本着模式多样化、营运标准化、高度信息化、适度自动化、精确节能化的原则向现代化的物流以及供应链的方向迈进。

（中国连锁经营协会　李涛　王升）

2013年电子商务（网络购物）物流发展回顾和2014年展望

伴随着电子商务特别是网络购物的高速发展，电商物流成为物流市场发展最快的细分领域，带动了快递、城市配送等相关物流领域的发展。同时，电商物流由于天然的互联网基因，不断形成新的创新浪潮，成为推动物流业转型升级的重要驱动力量。电商物流作为电子商务短板的时代正在过去，正在成为电商企业新的盈利源泉。

一、2013年电子商务发展回顾

2013年，我国电子商务市场继续保持快速增长。据艾瑞统计数据显示，2013年中国电子商务市场整体交易规模达9.9万亿元，同比增长21.3%。其中，中小企业B2B电子商务市场营收规模达到210.2亿元，同比增长25.8%；网络购物交易规模超过1.85万亿元，同比增长42.0%；移动购物交易规模达到1676.4亿元，同比增长165.4%，是未来几年增速最快的细分领域。如图1所示。

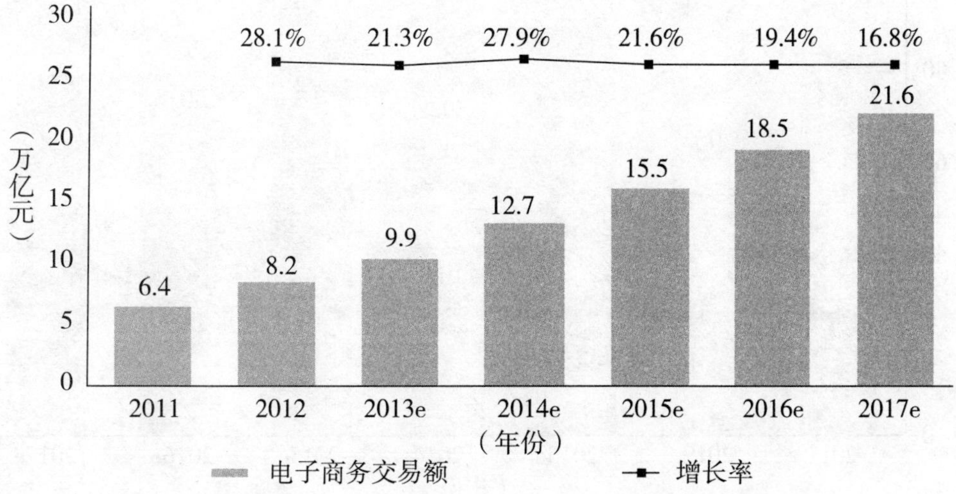

图1　2011—2017年中国电子商务市场交易规模

网络购物市场增速趋于平稳。2013 年，网络购物交易额占社会消费品零售总额的比重达 7.8%，比 2012 年提高 1.6 个百分点。网络购物市场中 B2C 交易额达 6500 亿元，占整体网络购物市场交易规模的 35.1%，较 2012 年的 29.6% 增长 5.5 个百分点。从增长速度看，B2C 市场增长迅猛，2013 年增速达到 68.4%，远高于 C2C 市场 30.9% 的增速，B2C 市场继续成为网络购物市场的主要推动力。如图 2、图 3 所示。

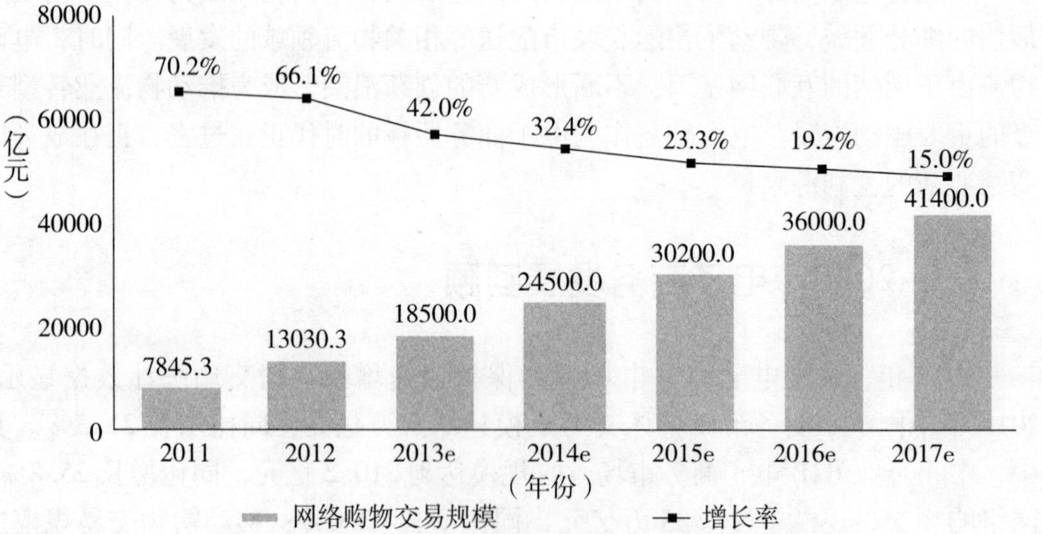

图 2　2011—2017 年中国网络购物市场交易规模

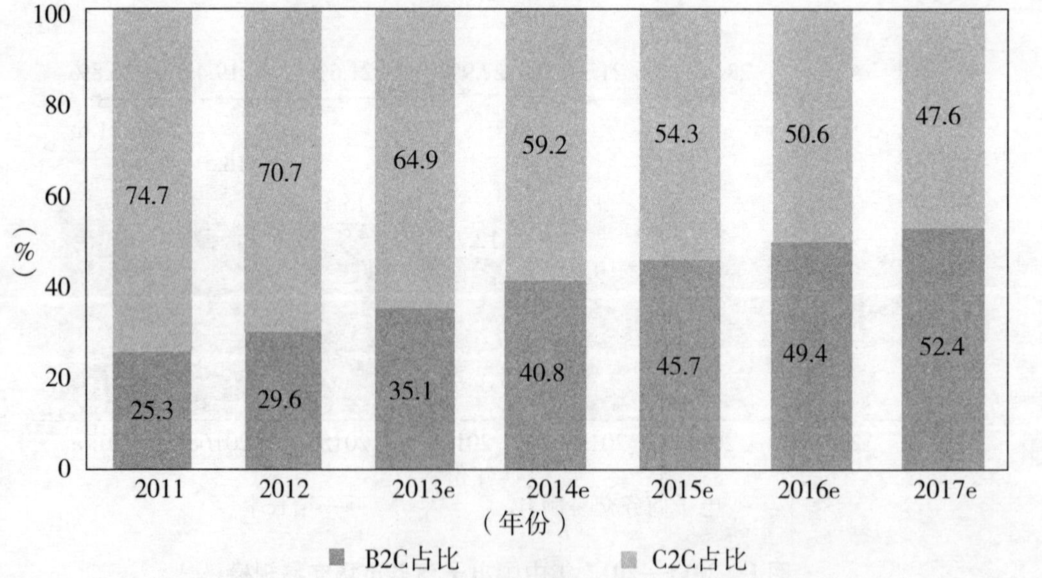

图 3　2011—2017 年中国购物网站细分结构市场份额变化情况

B2C 市场格局较为稳定。2013 年，B2C 市场格局方面，天猫市场份额比 2012 年略有提升，以 52.1% 的份额占据第一。天猫和京东两家企业占据约 70% 的市场份额，在市场中占绝对优势。在自主式 B2C 市场中，京东以 46.5% 的份额位居第一，占据绝对优势。苏宁易购、易迅网、亚马逊中国、当当网、国美在线等企业也保持了快速增长，他们同属于 B2C 领域第二集团。从整体上看，天猫、京东领先地位稳固，第二集团 B2C 竞争激烈，市场集中度总体较高。如图 4、图 5 所示。

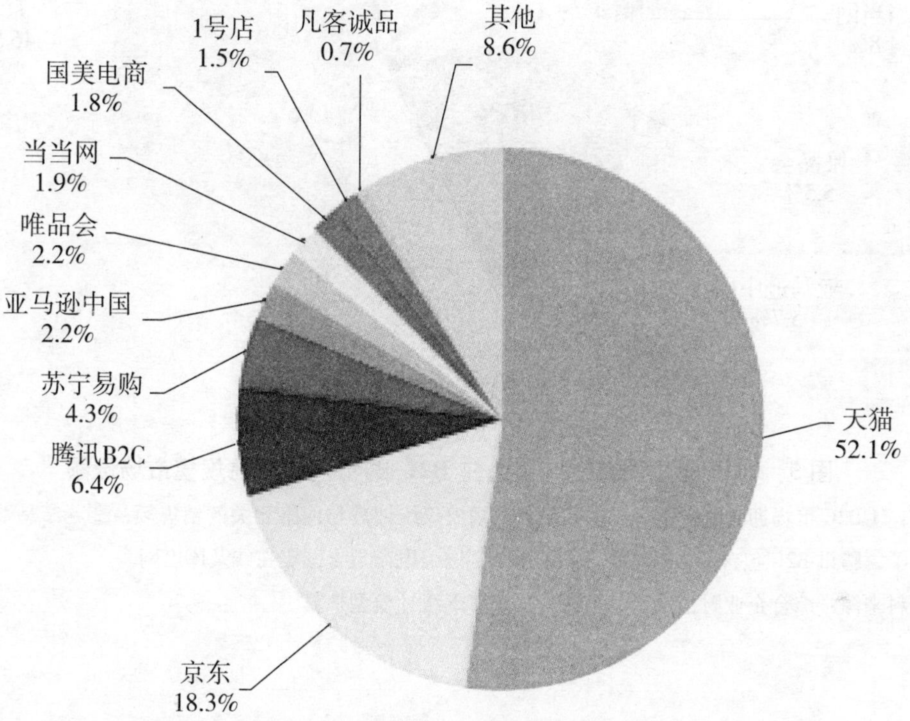

图 4　2013 年中国 B2C 购物网站交易规模市场份额

注：①B2C 市场拥有复合销售渠道的运营商规模仅统计其与网络相关的销售额；②苏宁易购包含旗下红孩子，腾讯 B2C 包含 QQ 网购及旗下易迅网，国美电商包含国美在线及库巴网。

资料来源：综合企业财报及专家访谈，根据艾瑞统计模型核算。

网络购物用户渗透率稳步提升。2013 年，网络购物用户规模为 3.0 亿人，在网民中渗透率为 48.9%，较 2012 年提升 6 个百分点。近几年中国的网络购物用户渗透率快速提升，网络购物逐渐成为网民较为普遍的上网行为。网络购物用户渗透率的提升是推动中国网购市场这几年来保持高速发展态势的重要原因之一。未来几年，随着中国网民规模的增速放缓，网络购物用户的增速也将出现一定程度的降低，但整体仍将保持稳定增长。

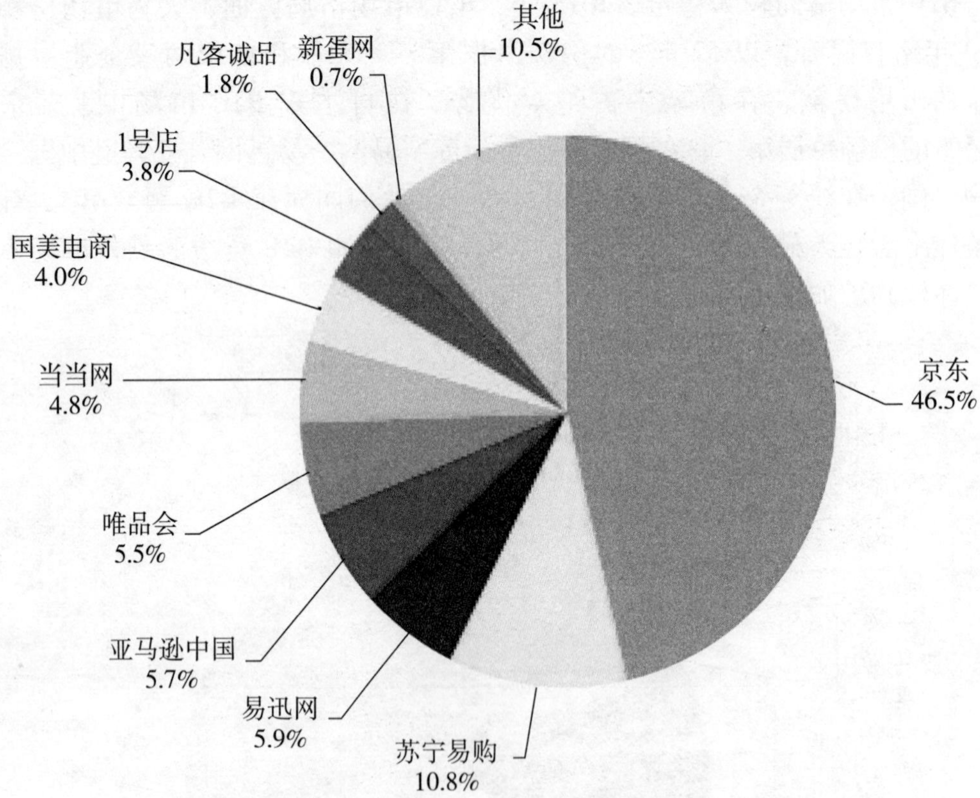

图5　2013 年中国自主销售为主 B2C 购物网站交易规模市场份额

注：①B2C 市场拥有复合销售渠道的运营商规模仅统计其与网络相关的销售额；②苏宁易购包含旗下红孩子，腾讯 B2C 包含 QQ 网购及旗下易迅网，国美电商包含国美在线及库巴网。

资料来源：综合企业财报及专家访谈，根据艾瑞统计模型核算。

二、2013 年电子商务物流发展回顾

2013 年，电子商务物流领域仍然是分为自营物流和第三方物流两大部分。天猫、淘宝等平台型电商仍然采用第三方物流模式，与“四通一达”、顺丰速运、邮政速递、宅急送等快递企业加强战略合作，继续打造电商社会化物流服务体系。京东、苏宁易购、易迅网等自主销售为主的电商加大自营物流比重，特别是对物流基地加大投入力度，继续提升对物流的控制力。

（一）菜鸟网络成立带来深远影响

2013 年，对电商物流影响深远的一件大事，是阿里巴巴集团牵头打造“菜鸟网络”。2013 年 5 月 28 日，阿里巴巴集团、银泰集团联合复星集团、富

春集团、顺丰集团、“三通一达”（申通、圆通、中通、韵达），宅急送、汇通，以及相关金融机构共同宣布，“中国智能物流骨干网”（简称 CSN）项目正式启动，合作各方共同组建的“菜鸟网络科技有限公司”正式成立，注册资金 50 亿元，马云任董事长。菜鸟网络计划首期投资人民币 1000 亿元，希望在 5 ~ 8 年的时间，打造遍布全国的开放式、社会化物流基础设施，建立一张能支撑日均 300 亿元（年度约 10 万亿元）网络零售额的智能骨干网络。

在阿里集团内部，天猫和淘宝被称为“天网”，菜鸟网络所做的 CSN 被称为“地网”。按照此前的规划，菜鸟网络的基础设施主要包括两部分：一是全国几百个城市通过“自建 + 合作”的方式建设物理层面的仓储设施；二是利用物联网、云计算技术建立基于这些仓储设施的数据应用平台，并共享给电商企业、物流公司、仓储企业、第三方物流服务商和供应链服务商。9 月，阿里集团物流事业部并入菜鸟网络，标志着以数据为主的阿里物流管理系统，与连接各大仓储的主干配送网络正式衔接。

2013 年“双十一”期间，菜鸟网络物流数据平台首次投入使用。通过已掌握的大数据应用能力和物流数据的信息分享，协同各大快递物流企业高效运转，几乎成为全国物流体系调度中心，初步显示了“天网”对物流数据利用和资源整合方面的实力。菜鸟网络成立以来，在全国铺设自建仓库网络，发力打造“地网”。不完全统计，菜鸟网络已经选址地区包括天津武清、金华金义、杭州、进化、海宁、重庆、成都、武汉、郑州、广州、东莞等，其中天津武清 1 期已经建成并开始招商、金义新区的已经开工在建，打造“中国智能骨干网”第一个全国样本。

菜鸟网络“天网 + 地网”的立体式智能化物流模式对电商物流乃至整个电商竞争格局带来重大冲击。一方面，天网为地网仓库高效运转提供数据分析条件和整合优化手段；另一方面，地网也为天网提供可靠数据来源和大量应用对象。“天网 + 地网”的“大数据 + 物流地产 + 资源整合”模式将带来更多物流运作和服务模式的想象空间，原来的物流短板将成为今后竞争的优势，阿里巴巴原有单一的第三方物流模式带来重大变革，也对第三方快递企业和其他电商企业带来重大挑战。

（二）电商物流基础设施加快布局

电商企业重视物流网络布局。2013 年年初，京东获得第五轮融资，重点投向物流基础设施建设。截至 2013 年年底，京东在全国建设 7 大物流基地、31 个城市仓储中心，超过 120 万平方米仓储面积，近 1400 个配送站点和 300 多个自提点，形成了覆盖全国近 1300 多个区县的物流服务网络。苏宁易购累计建成并投入使用的物流基地达到24个。易迅已在全国建立了上海、深圳、北京、武汉、西安和重庆六大仓储物流中心，还将在包括沈阳、济南、福州、成都等10个城市建立仓储中心，以完成对中国80%以上电商市场的覆盖。当当网已在全国11个城市开设了20间仓库，总面积超过了42万平方米。亚马逊目前在全国有15个运营中心，总运营面积超过70万平方米。此外，1号店、唯品会等电商企业纷纷自建或租赁物流仓储设施，加快在全国布局物流节点网络。

平台开放战略加快实施。2013年，京东、苏宁易购、当当等电商企业加快推进开放平台战略。其中，仓储物流开放平台成为重要组成部分。2013年，京东宣布将技术、服务、财务和自有物流支持打包，将开放平台定位于“卖家整体解决方案提供商”。其中，物流支持计划提供了包括仓储、配送、售后、客服等在内的“一站式”物流服务，并支持B2C、B2B、官网、门店、批发所需的多渠道服务及供应链服务。与其他同行相比，京东强大的物流网络为其进一步开放平台奠定基础。到2013年年底，京东的仓储面积将超过100万平方米。将卖家物流服务吸收进入自身物流体系，不仅使得物流未来有望成为京东重要盈利渠道，而且通过抢先占据卖家资源，减少菜鸟网络等其他平台竞争的威胁。

物流服务网络逐步下沉。随着一、二线城市市场日趋饱和，三、四线城市和中西部地区成为电商发展新市场。2013年，阿里巴巴、苏宁易购、京东等先后宣布进军三、四线城市市场。苏宁易购通过设置自提点、售后服务网点建立快递功能等方式，实现对全国300多个以上地级城市以及2000个以上的县级市场的配送服务。唯品会依托“干线+落地配”模式，通过和区域性快递公司合作，在两年多时间内快速覆盖全国三、四线市场，走出一条差异化发展道路。12月9日，阿里巴巴集团宣布投资海尔电器旗下日日顺物流，一方面是强化大家电物流服务，另一方面也是看好日日顺覆盖各级市场的物流网络。日日顺物流的服务体系在全国2800多个县建立了物流配送站和17000多家服务商网点，可以实现全国1800多个区县24小时按约送达、送装同步的服务能力。

电商物流园区快速涌现。一些大型电商企业自建物流园区、物流中心。如阿里巴巴牵头巨资打造“菜鸟网络”，京东商城实现“亚洲一号”物流中心封顶。一些物流地产商推出电商快递定制物流园区，如普洛斯在佛山市南海区建设快消品及电商物流园。许多地方政府正在或已经完成电商快递类物流园区的规划建设，如合肥快递物流园区、无锡苏南快递产业园、泰安快递物流园区等已经建成。地方政府对电商快递物流园区建设积极性较强，主要是地方亟须经济升级转型，寻找新的经济增长点，“电商 + 物流 + 商业地产”的概念无疑符合政府导向。

总体来看，大型电商企业日益重视对物流基础设施的布局和控制，电商物流“重资产”趋势明显，这也与美国电商巨头亚马逊的经营模式相呼应。物流资产正在成为电商企业核心战略资源，成为行业竞争焦点。随着电商物流基础设施的陆续投建，也逐步缓解了电商仓储资源紧缺的局面。

（三）物流服务推陈出新

物流服务体验成为竞争焦点。2013 年，电商企业除“价格战”外，更多聚焦物流竞速。继 2012 年年底易迅进入北京市场，并推出“一日三送（闪电送）”业务后，京东推出“一日四送”的“极速达”业务，还陆续推出“夜间配”、“定时达”等新业务。1 号店推出了“一日六送”的“准时达”，国美在线、苏宁易购也凭借线下实体店优势提供“半日送”服务。为保证物流时效和服务体验，京东、易迅、苏宁易购、卓越亚马逊等电商企业在核心城市组建物流配送队伍。此外，电商企业还可提供货到付款、POS 机刷卡、预约配送、上门取件、上门换新和签单返回等物流增值服务，成为企业重要竞争优势。

大件商品物流服务开始突破。随着电子商务快速发展，大件商品电子商务“最后一千米”成为瓶颈。许多快递企业不接单，或者由于缺乏专业化服务能力造成用户体验差，这些在家电、家具、卫浴等行业表现尤为突出。日日顺物流提出了“送装同步”的差异化物流服务方案，实现送货、安装同步上门服务，成功吸引了天猫等五大电商平台客户。阿里巴巴收购日日顺物流，提升了天猫在物流配送上的短板，成为电商服务新的标杆。

包裹自提得到推广。2013 年，为缓解终端配送压力，天猫在北京、上海、深圳等 64 个城市签约 1 万多个服务站。苏宁易购对外宣布将在全国近 1800 家门店设置网购自提点。截至 2013 年年底，京东自提点已经超过 200 个。这些服务站由连锁便利店、物业公司、社区小店等组成，向各大快递公司开放包裹自提和货物保管服务。一方面，它最大化满足了消费者对时间自由度的需求，使“端对端”的配送服务更为丰富；另一方面，自提柜还可以减少配送员等待时间、节省沟通环节，从而提高配送效率，降低物流成本。亚马逊、当当、顺丰速运等电商和快递企业也加快推广包裹自提业务，有效缓解了末端配送的压力。

OTO 对物流提出新挑战。当前，OTO 正在成为线下企业电商化发展趋势。2013 年 6 月 2 日，苏宁云商宣布从 6 月 8 日起将推行线上线下融合，同品同价销售。王府井百货启动线上线下整合，相继上线网上商城、移动App应用，同时在线下门店铺设WiFi。银泰百货也从多种渠道进行布局，如入驻微信平台，“双十一”期间携手天猫进行促销等。此外，红星美凯龙、居然之家等在内的线下家居建材卖场也正加速布局O2O。未来，线下线上的融合将会向更多的行业扩散。OTO模式的快速推进，对物流服务保障提出挑战。如何避免物流延迟影响客户体验等，都需要从战略层面上来思考和规划。此外，电商企业挟线上优势与线下传统产业加快OTO合作。2013年年底，太原唐久超市在京东开设的唐久网上大卖场正式启幕。唐久利用自身700家便利店的网点优势，与京东开展线上线下融合，形成了“网上卖场+实体店+物流配送网”的全渠道构架。未来京东唐久将打破传统零售业态模式，实现网上订货、1小时送达的便利，从而营造网上便利店的1小时商圈。

总之，物流作为与客户直接接触的环节，是电商体验的直接渠道，越来越受到电商企业的重视。电商物流服务以其天然的互联网基因，具有较强的创新性，也一直引导着物流服务的未来发展方向。电商物流服务在现阶段“竞快”模式之后，越来越向着适应客户个性化、灵活性、一体化等的方向发展，附加价值开始显现，具有较大的发展空间。

（四）电商物流受到政府重视

2013年5月24日，工业和信息化部下发《关于开展电子商务集成创新试点工程工作的通知》（工信厅信函〔2013〕367号）。试点工程包括五大试点方向，在多个领域均突出强调了鼓励电商物流发展的政策导向。10月31日，商务部印发《商务部关于促进电子商务应用的实施意见》（商电函〔2013〕911号），提出十项重点任务。其中，重点提出要加强电子商务物流配送基础设施建设。8月23日，工业和信息化部下发《工业和信息化部关于印发信息化和工业化深度融合专项行动计划（2013—2018年）的通知》（工信部信〔2013〕317号）。《行动计划》要求积极开展八项行动，其中，设立了电子商务和物流信息化集成创新行动，并提出了具体目标、行动内容和进度安排。

此外，2013年10月正式出台的新《消费者权益保护法》，提出了网络购物7天可无理由退货、网购经营者需向消费者披露多项信息、消费者个人信息受保护，消费者通过网络交易平台购物出问题时，可向网络交易平台追偿等条款，以规范网络购物行业秩序、保障网络购物用户权益。2013年3月1日，正式实施新的《快递市场管理办法》，对快递安全问题进行了明确规定，快递企业对不能确定安全性的可疑物品，应当要求用户出具相关部门的安全证明。此外，还明确规定要保护用户信息，禁止企业或快递人员违法泄露从事快递服务过程中知悉的用户信息。

电商物流目前还没有专门的政策措施，主要是比照快递业进行管理。随着电商物流的快速发展，有必要对此清楚界定，加强有效的市场监管。

三、2014 年电商物流发展展望

2014 年，我国电子商务市场仍将保持较高的增长速度，这对与之配套的电商物流带来较好的市场前景。电商物流正在成为电商企业核心战略资源，也推动着整个行业转型升级发展。总体来看，未来电商物流将有以下趋势。

电子商务企业对物流控制力日益增强，第三方物流企业亟需进行战略调整，增强自身核心价值，提升与电子商务企业在未来的博弈能力。

电商物流节点设施和网络已经成为大型电商企业的战略性资源投入，受“菜鸟网络”入场示范效应的影响，节点设施建设将迎来新一轮高峰期。

电商企业差异化物流体验依然是竞争焦点，继物流竞速服务后，送装一体化服务、预约定时服务、自提服务、退换货服务、售后服务等将成为新热点。

随着物流社会化服务能力的增强，电商企业物流服务平台开放力度将进一步加大，吸引中小品牌纳入自身物流体系，增强对品牌的影响力和控制力，也将培育电商企业新的利润增长点。

随着一、二线城市电商需求的日趋饱和，大型电商企业争夺的焦点将向三、四线城市和中西部区域转移。电商企业通过自建和合作等多种方式推动物流网络下沉，加快形成多种层次、深度渗透的电商物流服务网络体系。

随着 O2O 的真正发力，电商加快与传统零售渠道结合，电商物流服务模式将出现创新性变革。

（中国物流与采购联合会　周志成　荣蓉　刘子楠）

第 三 章

物流技术与装备

2013 年物流装备行业发展回顾与 2014 年展望

一、2013 年物流装备业发展回顾

2013 年宏观经济对中国物流技术与装备业的影响主要体现在两个方面：一方面是经济增长速度下滑对普通的物流技术装备产品，如叉车、托盘等产品的市场带来较大影响；另一方面是经济结构转型带动了现代物流行业的产业升级，促进了物流机械化和自动化的快速发展。当前，经济转型与产业升级促进了企业对物流机械化与自动化设备的需求，中国物流技术装备业仍处于快速增长周期。

2013 年物流技术装备业总体上保持了快速增长势头，尤其是以高架库、立体库、全自动化物流系统、物流配送中心、机械或自动化输送分拣系统为代表的物流系统机械化与自动化设备，继续保持近 30% 的增长速度，市场规模超过了日本、欧洲、美国等国家，中国成为世界上最大的物流系统技术与装备市场。

同时，受电子商务物流大发展影响，智能终端自提货柜系统出现爆发增长，GPS 设备、快递手持终端设备呈现高速增长，输送分拣设备、物流拣选技术产品也呈现快速增长态势，一些新的技术与产品不断涌现，云计算、物联网、大数据、移动互联网等信息技术对物流业影响巨大。

但是，受经济增长速度下降，物流企业经营压力增大，制造业发展趋缓等

因素影响，物流装备的普通产品的市场需求增长速度进入中速增长阶段。

（一）叉车行业

中国叉车行业已经连续十多年实现了30%的高速增长，虽然2009年世界金融危机之后出现过短暂的负增长，但总体处于上升通道。目前，中国叉车市场年销量从过去的不足2万台增长到30万台左右，成为世界上最大的叉车生产制造基地。当前，中国叉车行业开始进入循环上升的增长阶段，呈现出增长速度上下波动，整体产量缓慢增长的态势，2011年以来产销量一直徘徊在30万台左右。

2012年中国叉车市场没能够延续连续多年的增长态势，出现了金融危机后的首个负增长。进入2013年，叉车行业再次好转，机动工业车辆相比2012年增长14%，超出预期的10%，全年销售32.9万台，其中，国内市场销售24.2万台，出口8.7万台，均创历史新高。相比机动工业车辆销售最好的2011年，2013年的总销量、国内市场销量和出口销量分别增长了6%、3.5%和13.8%。在世界市场中，中国市场占有四分之一的份额，继续位列世界第一大销售市场。

在市场占有率方面，2013年，合叉与杭叉这前两家企业的产量占比为47%，产量前五家企业占比为62%，大企业继续保持了市场地位。在总销量中，内资企业占比为84%，外资为16%，内资企业产量占比提升两个百分点。国内市场中，内资占比为86.5%，外资占比13.5%，内资企业占比提升2.2个百分点。从车型来看，内燃叉车占比仍然为77%，仓储叉车占比继续为12%，与上年相比没有多大变化。

随着全球经济趋缓和前几年叉车市场的下滑，2013年叉车国际市场开始复苏，全世界订单量首次突破百万台大关，主要增长来自于美洲和亚洲，此外巴西的增长非常突出，美国也有非常不错的表现，已经恢复到金融危机前的水平。

从国内外形势以及统计数据看，虽然目前和未来一段时间内叉车行业不会再出现过去那种爆发式增长，但初步判断，中国叉车产量仍会稳步增长，将会呈现循环增长态势，有的年份可能出现负增长。

（二）托盘行业

2013年以来，托盘行业产销增长速度趋缓。木托盘行业受全球经济复苏的影响，随着中国进出口增长好转，市场销售增长较快。塑料托盘行业销售状况一般，但也呈现低速增长态势。整体来看，2013年中国托盘产量呈现中速增长态势，年产量达到2.28亿片，同比增长9%左右。

根据对托盘产量增长趋势分析，中国托盘产量由2003年的年产3500万片增长到2013年的年产2.28亿片，增长了6.5倍左右，同期中国叉车产量从年产4.5万台增长到年产30万台左右，也增长了6.5倍左右，叉车和托盘保持了同步增长。目前中国叉车生产增长已经趋缓，中国托盘的年产量增长速度也将下降。根据目前趋势，中国托盘保有量还将保持一段时间增长，但随着每年托盘更新量的增加，中国托盘总产量将逐步稳定。

根据第三次中国托盘行业普查调研分析报告，目前中国物流系统中各类托盘保有量为8.6亿片。

据调查，目前标准规格托盘使用情况是，澳大利亚占比最高，占托盘总保有量的95%，欧洲次之，占总保有量的70%，美国第三，占55%，亚洲的日本和韩国标准规格托盘占托盘总保有量比例不高，日本为35%，韩国为26.7%。

根据抽样调研分析，中国目前符合国家标准推荐的两类规格的托盘比例为23%左右，符合其他国际标准和各行业托盘标准的托盘占总量的45%左右，完全不符合任何标准的非标定制托盘比例占32%左右。

根据调研测算，目前我国现有各类托盘总数中，木托盘所占的比例逐年下降，从2003年占比90%，2008年占比为86%，下降到2013年的80%，比10年前减少了10%。这是由于木材资源短缺，出口需要熏蒸或高度消毒等原因所致。塑料托盘所占的比例为12%，与前六年相比增加了4%。

（三）货架市场

2013年以来，虽然工业经济增长的下降抑制了一部分货架市场需求，但受仓储业投资大幅增加的影响，中国货架市场需求整体上仍处于中速增长阶段。根据监测和不完全调查统计，2013年全年预计货架出货量将超过55亿元，同比增长19%，其中仓库改造及立体库建设的大型货架系统项目所占比重大幅增加，立体库（含一般立体仓库和自动化立体仓库）的货架预计占比超过80%。

前几年中国物流装备行业的叉车、托盘、货架出现联动发展态势，普通的工业货架市场受叉车和托盘市场的快速增长而增长。但是，2011年以来，叉车行业经过几十年的高速增长，平均增长幅度出现下降，普通工业货架的增长也趋于缓和。但是，受产业转型升级的影响，面对高涨的劳动力成本、土地成本和仓储租金的快速上涨，企业愿意采用机械化和自动化设备取代人工的物流作业，愿意上马高架立体库而提升土地利用率，愿意增加货架系统而提升仓库空间利用率，这都需要货架系统配套，因此，货架系统的增长速度高于叉车与托盘的市场增长速度。

2013 年在传统的货架需求领域，烟草行业物流配送工程建设项目不断涌现，市场需求增长稳定，是中高端货架市场的主力军；医药行业受新医改政策影响，医药配送中心建设步伐加快，医药企业与医药流通企业自动化立体库建设步伐加快，也是货架需求的主要行业；服装行业与快速消费品行业对货架需求也越来越多，此外机械、汽车、电子等行业增长平稳，也是货架市场主要应用行业。

货架市场需求最具增长潜力的行业主要还有冷库建设、服装物流和物资管理领域。冷库建设领域，近几年受食品安全影响，国家加快了冷链物流建设，冷库建设步伐加快，带动了冷库系统的货架市场需求有较大幅度增长，并成为一个具有较大增长潜力和销售利润比较高的行业；服装物流领域，服装企业配送中心建设这两年开始起步，增长速度加快，未来也具有较大增长潜力；传统的大宗生产资料企业的物资管理领域，企业物资管理向物流管理转型，大宗生产资料生产企业规模大，物资采购与储存量大，仓储改造与建设的未来潜力巨大。

中国货架产地主要还集中在长三角一带，在珠三角和环渤海也有一些货架企业，但所占比例还不高。近两年环渤海地区和华中地区货架市场需求增长较快。

（四）物流系统设备集成

2013 年是中国物流系统设备大发展的一年。新年伊始，很多物流系统工程项目纷纷开工，自动化立体库项目建设市场一片繁荣，据不完全统计，截至 2013 年 12 月，全国自动化立体库保有量超过 2200 多座。估计 2013 年物流系统设备集成的市场需求超过了 30% 的增长速度，每年立体库建设超过 300 座以上。2000—2013 年中国物流系统市场需求增长情况如图 1 所示。

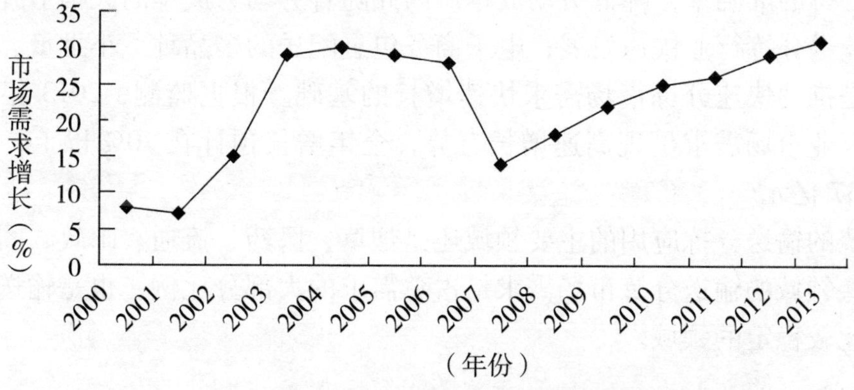

图 1 2000—2013 年中国物流系统市场需求增长分析

数据来源：中国物流技术协会信息中心。

从自动化立体库建设规模来看，目前自动化立体库建设规模越来越大，自动化立体库平均货位超过 1 万，高度超过 20 米，系统也越来越复杂，应用范围越来越广。

2013 年海外物流系统供应商继续加快本土化制造与生产，除核心部件外尽量采用国产设备，同时物流系统供应商的设备出口也开始增加。据不完全统计，目前全国物流系统集成商约 40 家，其中核心企业 10 多家，国内企业占一半左右，核心企业能够承包物流系统工程项目，掌握自动化立体库总体规划、机械电气控制、软件系统等全面技术，拥有专属的安装制造实体。

随着中国物流系统设备市场的繁荣，带动了很多企业进入这一领域，使得该领域企业越来越多，竞争越来越激烈。新进入这一领域的物流系统集成供应商主要有如下几类：一是原来的物流系统规划与咨询企业，借助于自身多年的咨询经验，随着业务发展，开始承接物流集成项目。比较有代表性的企业有伍强、达特、兰剑等企业。二是过去建设自动化物流系统较多的企业，具有本行业经验，也开始组建队伍进入该领域。代表性的企业有在医药领域建设物流自动化较早的九州通等企业。三是过去从事货架系统生产与销售的部分企业等。

（五）输送分拣设备

2013 年是电子商务大发展的一年，这一年电子商务配送的包裹总数量突破 91 亿件。随着电子商务物流的发展，对物流输送预分拣的市场需求日益增长，输送分拣设备在物流系统中所占比例近年来有较大提升，市场需求增长较快。

用机械化和自动化的快速分拣技术，可以取代大量的人工分拣，同时还可以提高分拣的准确率，降低劳动成本。因此随着劳动力成本的大幅上升，极大促进了输送分拣行业快速发展；电子商务包裹配送的多品种、小批量、高频次特征，是推动快速分拣市场需求快速增长的基础。根据监测，2013 年中国输送分拣行业市场需求呈现高速增长态势，全年增长预计在 20% 以上，市场规模超过 37 亿元。

传统的输送分拣应用的主要领域还是烟草、医药、流通、邮政、图书等领域，这些领域的输送分拣市场需求量占总需求的大部分比例，也是输送分拣需求增长比较稳定的领域。

二、2014 年物流装备业发展展望

（一）2014 年物流装备业市场分析与预测

1．物流装备业面临的宏观环境分析

当前，我国发展仍处于可以大有作为的重要战略机遇期、结构调整的关键期和经济增长速度的转换期。宏观经济的稳定增长也将给物流装备业稳定增长打下基础，国际形势的好转将推动中国叉车等物流装备的出口增长，同时带动出口货物对托盘的需求；电子商务与物流将继续高速发展，直接带动物流信息化与标准化发展，促进物流机械化与自动化发展；国家刺激消费，促进产品流通的政策也将促进商贸物流发展和城市物流配送中心建设；随着产业结构调整与产业升级，将带动新兴产业领域的物流装备市场需求，我们认为，2014 年中国物流技术装备业将面临好于 2013 年的宏观经济发展环境。

2．现代物流业巨大变革促进物流技术装备发展

我们预计，2014 年中国社会物流总额将保持中速增长。干线运输将向集约化方向发展，城市配送将成为物流业关注焦点和难点。在城市物流配送领域，随着电子商务发展，城市污染的加剧和道路的拥堵，城市物流将面临变革压力，一方面城市物流要面对高速增长的物流配送需求，另一方面也要控制和减少物流配送车辆进城频次。如何解决这个两难问题是摆在物流行业的巨大难题。因此，预计 2014 年城市物流共同配送将获得快速发展，城市物流公共基础设施建设将提到科学规划层面，城市宅配、智能自提终端等新模式与新技术得到发展，智慧物流系统得到应用。

从产业物流角度看，2014 年产业物流得到进一步发展，医药、烟草、机械、汽车、家电、服装等行业物流继续稳定增长；冷链物流、物资管理物流、快递物流、电力物流等领域物流发展迅速。这些产业的现代物流业的快速发展将推动物流技术与装备的市场需求的快速增长。

3．物流装备市场热点分析与增长预测

2014 年中国物流装备业需求热点仍将主要集中于电子商务物流、城市物流配送、自动化物流系统和冷链物流系统等方面。在产业物流方面，烟草、医药、冷链、服装、商贸、物资管理等领域，传统的机械、汽车、家电、邮政、图书等需求领域依然保持稳定发展。

2014 年中国电子商务物流系统将继续保持高速增长，菜鸟物流将继续布点圈地，储备土地资源，建设物流配送中心；京东等电商自建物流系统将继续

加大对物流仓储的建设与投资；顺丰速运、中邮速递、“三通一达”等企业将继续在全国重点地区进行网络布局，建设重点城市与地区的物流配送中心。

2014 年烟草行业原材料物流配送中心建设将得到突破和发展，烟草企业随着搬迁技改扩建，也将带来对物流系统技术装备的需求；服装物流市场需求将继续处于快速上升通道，市场需求热点集中在配送中心建设和信息系统建设等方面；冷链物流的发展趋于理性，冷链仓储开始进入加快建设的时期，直接拉动冷库、保鲜库、冷藏车等物流技术装备的市场需求。大宗物资行业低迷对物资管理向现代物流转化带来影响，建设步伐将放缓。

我们预测，2014 年中国物流装备业将保持 14% 左右的增长，市场需求热点仍集中于自动化立体库建设、输送分拣系统建设，智能自提货柜网点建设、城市商贸物流配送中心建设等方面。物流系统集成领域继续处在高速增长阶段，市场需求旺盛，叉车与托盘行业出口增加，增长稳定；货架行业保持中高速增长。

（二）2014 年主要产品市场预测

1. 叉车市场继续保持稳定增长势头

中国叉车行业经过了多年的高速发展，目前国内聚集了大量生产“同质化”叉车产品的产能，高端产品缺失、低端产品过剩，中、低端叉车产品市场竞争日趋激烈，价格持续走低，已经进入循环增长阶段。未来几年叉车行业难以出现以前 30% 左右的连续增长，预计 2014 年中国叉车随着出口增长的恢复，产销量将继续保持增长势头，增长速度预计略低于 2013 年，达到 11% 左右的增长幅度。

从叉车出口趋势上看，2014 年叉车出口在稳定欧美市场的同时，将逐步转向新兴发展中国家和第三世界国家。从叉车行业调整方面看，随着一些叉车企业经营陷入困境，部分企业将会被有实力的公司兼并重组，产品结构实现进一步完善；部分企业将自生自灭，被市场淘汰；部分外资企业将在国内收购、重组混合型的叉车企业。

叉车行业的高速发展引发的重复建设和产能过剩无法在短期内完全释放，叉车市场竞争将愈发激烈。竞争必然加快技术创新，以叉车专利技术为基础的技术创新将会引领叉车行业的发展，出现如下发展趋势：

一是清洁排放是叉车技术发展的首要方向。“十八大”提出了“生态文明”建设，欧盟、美国、日本均制定了非道路车辆的分阶段排放法规，我国也制定了非道路车辆的强制性标准，许多省市都在近期要推行“国三”排放标准。目前，我国在清洁排放上遇到的问题有：发动机的共轨喷射技术、三元催化后处理技术等减排方面的专利技术均由国外持有。随着清洁排放成为叉车技术的未来趋势，我国的叉车企业一定要加紧自有技术的研发。

二是轻量化设计将是叉车设计的重要准则之一。节能降耗已成为叉车技术发展趋势。节能就必须降低自重，减少材料和能源的消耗。叉车由于是一个成熟的产品，轻量化设计的余地很少。但对我国叉车企业而言，还是可以有所作为。即使成熟的产品，同样可以实施减重设计。

三是电动叉车市场需求的比例将会持续提高，电动叉车的励磁方式，将会按照串励、他励、交流、永磁等的顺序换代发展。

四是天然气叉车将得到发展。由于天然气叉车在清洁排放上可以达到“国四”的排放要求；在经济性上，可以节省大约40%的费用，在动力性、蓄能方式、持续工作时间上都优于电动叉车。

五是具有特殊用途的专用叉车将会被不断开发。例如，称重叉车、专用的冷链叉车、适用于立体仓库的10米以上的高起升叉车、适用于更加严格爆炸环境的C级防爆叉车、自动导向叉车等特殊叉车将会不断涌现。

2. 托盘行业产销量稳定增长

2013年全球木材市场开始缓慢回升，呈现平稳态势，预计2014年木材价格将出现明显上升。近两年木托盘企业在原材料市场价格平稳的情况下保持良好的增长态势，但是预计随着2014年木材市场的需求上升，价格走高，将对木托盘企业产生影响，木托盘产量增长幅度将下降。

近年来国产大型注塑加工设备开发成功，使塑料托盘生产加工设备的投入大幅下降，促进了塑料托盘生产能力的扩大。截至2013年年底，塑料托盘生产能力预计已经突破60万吨，2724万片，比2003年增加了五倍左右。预计2014年塑料托盘将稳步发展。

近年来钢质托盘的使用开始普及，尤其是新结构、新工艺的平托盘开始抢占塑料托盘的市场，并且国外部分专业的钢质托盘制造企业也进入中国市场，带来了众多的新工艺、新设计。预计2014年钢材价格仍将低迷，对钢托盘生产是个利好，但由于金属托盘自重大，其适用范围仍有局限，未来市场空间也不会很大。

根据有关统计，近年来纸托盘产量快速增长，在托盘年产量中所占比重也快速上升。根据中国物流与采购联合会托盘专业委员会第三次托盘普查调研，目前托盘保有量中纸托盘比例上升较快，已经占到总量的5%，按照这一数据和纸托盘占比上升趋势推断，2014年纸托盘年产量将继续快速增长。目前，中国有多家机械生产企业推出了蜂窝纸芯生产线，如湖北京山等。蜂窝纸板制作的托盘主要用于日用品和家电包装上。一些大型家电生产企业如科龙、海尔和长虹等都陆续采用了蜂窝纸板托盘。预计随着纸托盘技术的改进，环保、自重轻的纸托盘市场空间较大。

复合材料托盘，如塑木托盘、模压托盘、刨花板托盘、胶合板托盘、竹托盘等近两年增长趋势不明显，主要是塑木托盘质量仍存在很多问题，在价格上也不具备较大优势。

根据最新调研，目前五大类托盘中，木托盘仍占绝对数量，为80%，塑料托盘由前几年的11%增至2012年的12%，其他各类材料托盘占比合计为8%。

综合分析，我们预测2014年中国托盘市场将继续保持增长态势，增长速度趋缓，预计增速在6%左右，托盘产量超过2.4亿片，托盘保有量继续增加，标准托盘产量所占比例有较大幅度提升。

3. 物流系统设备将继续保持快速增长

物流系统机械与自动化设备目前进入市场快速增长周期。随着劳动力成本上升、土地价值上涨以及自动化物流系统技术的成熟，企业对物流自动化系统的技术与装备的市场需求越来越大。2014年预计中国自动化立体库继续保持快速增长，增长速度继续保持在30%左右；新建的具有一定规模的自动化立体库将超过350座，如果包括小型立体库则新建立体库将更多。如果把自动输送分拣物流系统包括在内，2014年的物流系统集成领域总计的市场规模将超过400亿元以上，其中自动化仓储市场规模将超过86亿元；自动分拣系统市场规模超过45亿元。

4. 货架系统市场需求保持中速增长

2014年工业货架系统随着中国物流系统技术与装备业快速成长而快速发展，立体库货架市场需求将保持高速增长，普通的工业货架随着物流业进入中速增长阶段，市场需求增长将趋缓。综合来看，预计2014年货架系统市场增长将保持中速，增长速度在16%左右，市场规模将达到64亿元。

（《物流技术与应用》杂志社　王继祥）

2013年包装行业发展回顾与2014年展望

一、2013年包装行业发展回顾

2013年，全国包装工业产量为2300万吨，其中纸包装材料产量1300万吨，玻璃包装材料452万吨，塑料包装材料343万吨，金属包装材料205万吨。我国包装行业已经从单一的低端制造业转型为向下游客户提供包装产品的生产、储藏、运输服务乃至品牌定位、渠道营销等的多元化服务性行业，成为仅次于美国的世界第二包装大国。

2013年的包装领域，一个关键词就是食品包装安全，这里首先以食品安全为切入点对2013年包装行业热点内容进行回顾。

1．高端包装业下降11%，高端消费萎缩

2013年以来，因八项规定、勤俭节约、反对铺张浪费等组合拳接连发力，国内高端包装业市场快速萎缩。受三公消费政令间接影响，2013年国内高端包装类企业的营业额整体呈现下滑趋势，平均下降为11%，而部分过度依赖公务消费的企业营业额下降高达40%。

2．发泡餐盒、聚氯乙烯淘汰多年又解禁

2013年2月，国家发展改革委发布《国家发展改革委关于修改〈产业结构调整指导目录（2011年本）〉有关条款的决定》（简称“21号令”），规定“一次性发泡塑料餐具”、“直接接触饮料和食品的聚氯乙烯（PVC）包装制品”由淘汰类中删除，自2013年5月1日起施行。对此，引起社会各界极大关注。在“直接接触饮料和食品的聚氯乙烯（PVC）包装制品”由淘汰类中删除的同时，“聚氯乙烯（PVC）食品保鲜包装膜”却仍被列在“限制类”目录。

3．食品安全及标准清理完成

国家卫计委系统梳理包括食用农产品质量安全标准、食品卫生标准、食品质量标准及相关行业标准。截至2013年年底，5000余项食品安全标准已经基本完成清理工作。在清理基础上，已经部署好2014—2015年食品标准整合工作的程序，计划构建完整的食品安全国家标准体系。

4. 农夫山泉标识混乱，双方互诉告上法院

2013 年 4 月，《京华时报》刊登《农夫山泉被指标准不如自来水》一文，指出农夫山泉饮用天然水执行的是浙江地方标准“DB 33/383—2005 瓶装饮用天然水”，对比国家标准《生活饮用水卫生标准》（GB 5749—2006），农夫山泉执行的标准中砷、镉等有害物质的限量宽松于国家标准。

《食品安全地方标准管理办法》规定，食品生产经营者应当依照生产企业所在地的食品安全地方标准组织生产经营。而部分农夫山泉标示产地为广东、北京，执行的却是浙江省地方标准，属于违规行为。

同年 7 月 23 日和 8 月 6 日，北京市朝阳法院分别受理了京华时报社诉农夫山泉股份有限公司和农夫山泉股份有限公司诉京华时报社两起名誉权纠纷案。11 月 29 日上午，这两起案件在北京市朝阳区人民法院合并开庭审理，法官没有当庭宣判。

5.《餐饮服务企业打包服务管理要求》标准即将出台

随着“光盘行动”地不断深入，一套专门针对餐饮打包的规定即将发布。《餐饮服务企业打包服务管理要求》的征求意见稿已在中国商业联合会等网站发布。该标准出台后，餐企人员打包方面的服务行为将得到规范。征求意见稿对打包餐具的标准、采购环节以及不同食品区别选用打包容器等做了规定。此外，餐具应符合国家物资可回收的相关要求。打包餐具生产企业应在明显位置注明“食品用”“可微波加热”等字样，打包容器应便于携带，且应适合不同种类打包食品的要求，如盛放汤汁食品的容器应使用密闭、不洒漏的打包餐具。

6. 白酒生产出台新规定，含塑化剂包装遭禁用

在酒鬼酒塑化剂事件过去一年之际，11 月 28 日，国家食品药品监督管理总局发布《食品药品监管总局关于进一步加强白酒质量安全监督管理工作的通知》，要求将控制塑化剂指标等新问题列入白酒生产许可审查细则；企业不得使用非食品原料生产白酒；做好白酒中塑化剂污染控制工作，不得使用含有塑化剂的管道、容器、包装物等接触酒；一旦发现成品中的塑化剂高于风险评估值的，一律不得出厂销售，立即停产整顿，继续排查原因。企业不准生产标注“特供”“专供”“专用”“特制”“特需”等字样的白酒。但是，该通知并未规定白酒中塑化剂的种类、含量及检测方法，质监部门仍无执法依据，对违规企业处罚成难题。

7. 纸业遭遇零增长

作为全球第一造纸大国，中国造纸业在经历了爆炸式的增长后，2013 年前三个季度出现了零增长，甚至负增长，行业面临严峻挑战。

2013 年 1—11 月，全国机制纸及纸板累计完成产量 10664.32 万吨，同比增长为 0。11 月当月产量 1003.62 万吨，同比增长 -0.44%。中国纸业已连续 7 个月月度产量负增长。

8. 环保发力加速淘汰落后产能

环境保护部发布《关于进一步加强造纸和印染行业总量减排核查核算工作的通知》。要求各地要加强造纸、印染行业建设项目环境管理，落实主要污染物排放总量控制要求，把污染物排放总量指标和特征污染物达标排放作为环评审批和排污许可证管理的前置条件，新建、改建、扩建的造纸和印染项目均需有明确的总量指标及来源。督促造纸、印染企业建设废水深度处理设施，实施工艺技术改造，稳定达标排放等八项内容。

2013 年，环保部连发三批工业行业淘汰落后产能企业名单，涉及造纸企业 341 家，共计淘汰落后产能 741.96 万吨。

9. 斯道拉恩索广西林浆纸一体化项目开建 金桂浆纸 60 万吨白卡纸生产线投产

2013 年 7 月 30 日，筹建 12 年的广西北海林纸一体化项目在北海铁山港工业区正式开工。广西北海林纸一体化项目投资总额 191.3 亿元，主要内容为新建年产 90 万吨浆生产线一条和年产 90 万吨高档纸板生产线两条，配套建设原料林基地 205.7 万亩。计划先行建造民用纸板机生产线，计划于 2016 年年初投入运营。

同时 2013 年 7 月 8 日，广西金桂浆纸业有限公司首批单面涂布白卡纸成功下线。该项目于 2010 年 9 月动工建设，占地 1000 亩，建设规模为年产 60 万吨食品级白卡纸。

10. 利乐遭反垄断调查或被处 1.8 亿元罚单

国家工商总局对利乐公司进行立案调查，认为其涉嫌存在滥用市场支配地位的行为。利乐在国内液态奶无菌包装市场上占据 55% 的市场份额。如最终认定存在垄断，利乐或将面临执法机关开出的巨额罚单。

二、2014 年包装行业展望

展望 2014 年，无论从市场潜力还是增长速度来看，我国包装行业仍处于高速发展阶段，未来发展空间巨大，而包装龙头企业将受益于行业集中度加强的趋势，挤占更多的市场份额。“十二五”期间，中国包装工业将以继续保持平稳健康发展，自主创新能力明显增强，产业结构进一步优化，可持续发展能力显著提高，工业化信息化整合水平不断提高为发展目标，到“十二五”末期，信息化的总体水平将达到或超过中等发达国家。

在包装机械行业上，我国包装行业正向打造新型包装机械，引领包装机械向集成化、高效化、智能化等方向发展。目前自动化技术在包装生产线中已占50%以上，大量使用了电脑设计和机电一体化控制，提高生产率、设备的柔性和灵活性，增加机械手以完成复杂的包装动作。目前在灌装设备、包装设备、包装材料生产设备等方面，国内企业都有了长足的进步。高端包装机械企业要不断的加强自身品牌意识的建设，增强创新观念，加大研发投入资金，生产出质量过硬的产品，形成知名自主品牌，支撑我国食品行业的健康发展。

食品行业、制药、化工行业等使用包装机械大户对包装机械产品的需求十分巨大，国产高端包装机械企业正面临很大的挑战，挑战主要来自于国内市场政策扶持方面和现有技术水平方面。国家正在逐步推进加快振兴装备制造业政策的实施，纵观我国整个机械行业，包装机械市场的发展较为迅速，总体来说，随着国家加快振兴装备制造业政策逐步推进，通用基础制造业发展将进一步得到重点支持。食品加工企业使用包装机械大户将增强对包装机械产品的需求，但是我国食品工业各子行业中的包装机械进口替代可行性差别十分大，高端食品包装机械亟待更多的政策引导及科研扶持。包装机械行业发展势头正盛，市场需求量不断加大，并且在包装机械行业市场激烈的竞争环境下，国内包装机械各相关技术能够精益求进，包装机械行业的发展前景可以看好。

包装行业分析显示，随着我国经济高速发展以及人民生活质量的提高，对微波食品、休闲食品及冷冻食品等方便食品的需求量将不断增加，这将直接带动相关食品包装的需求，中国食品与包装机械业在今后较长一段时间内将维持正增长。预计未来循环经济将成为包装行业发展的主要模式、包装废资源回收利用将实现产业化、绿色包装材料将获得大力开发和发展、包装基础工业也将加快发展。

塑料包装在包装产业中占有比重越来越大，对其要求也越来越高，绿色环保就是重要要求之一，提高和改进塑料回收利用加工技术，使塑料包装材料回收利用率大幅提升，改善和消除塑料包装材料造成“白色污染”的隐患，提高资源利用率；创新和研发塑料新材料和新加工技术，推动塑料共混技术、塑料助剂新品及应用技术的进步和发展，在保证塑料包装材料无毒、卫生、环保的前提下，利用低成本技术使塑料包装材料性能提升，为减量化提供可能；使更多性能优异的塑料成为包装材料，并利用新材料的高性能，实现包装材料减量化，通过自主研发和技术创新，降低塑料包装新材料、新技术的成本，避免因成本过高，许多符合绿色包装的塑料材料不能大面积应用的问题。

发展智能化等先进包装技术手段，利用部分塑料包装材料具有的可食性、水溶性等特点，减少包装废弃物的产生量，提高塑料包装的安全环保性能。

包装行业是一个跨部门、跨地区的行业，包装行业的发展需要国家各个相关行业以及全社会体系的支撑。包括包装材料生产、食品制造、机械加工、电子自动化环保回收等。因此，应以由包装行业、国家相关部门等相互协调，对包装生产者、商品生产者、销售商和消费者的行为进行规范，在“绿色包装”上有更高的追求，在完善包装法制化的同时，积极推行清洁生产，实施包装减量化，不断开发新型包装材料及工艺，健康包装之路才能走得更宽，走得更久。

（天津科技大学　韩永生）

2013年托盘业发展回顾与2014年展望

一、2013年托盘业发展回顾

2013年中国托盘业先忧后喜，喜忧相伴。9月以前，在大环境影响下，托盘生产企业普遍感到不如2012年，忧虑重重。9月以后，随着宏观经济状况转好，订单增加超出预期，增长势态明显。

（一）托盘生产规模持续扩大

中国物流与采购联合会托盘专业委员会（以下简称“托盘委”）调研结果表明，2013年托盘行业整体依然处于上升区间，景气持续向好。全国托盘产量约增加5000万片，截至2013年12月初，五大类托盘拥有量创历史新高，达到9.1亿片，同上年相比增长5.8%，好于相关制造业，如图1所示。

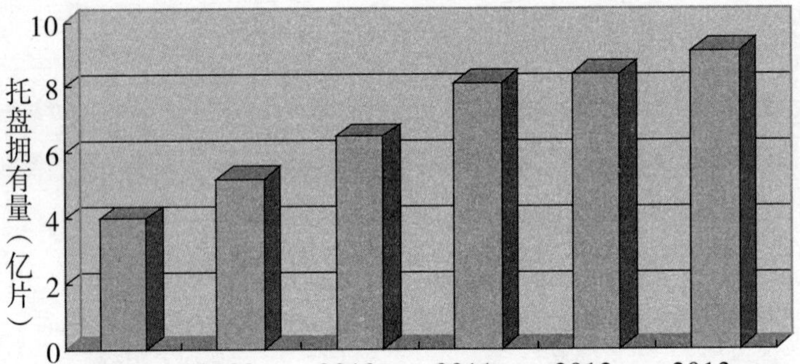

图1　2008—2013年中国托盘拥有量增长示意（2013年12月数据）

五大类托盘中，木托盘占80%，有所下降，塑料托盘占12%，增幅较大，纸托盘、金属托盘、复合材料托盘亦有增长，但均不比塑料托盘，如表1所示。

表 1　　　　　　各类托盘拥有量比例（2013 年 12 月数据）

木托盘	塑料托盘	纸托盘	金属托盘	复合材料托盘等
80%	12%	5%	2%	1%

托盘行业近些年持续发展的原因，大体有以下几个方面：

一是由于我国经济产能过剩和物流瓶颈矛盾突出。产能过剩意味着生产和消费失衡。生产、流通、消费中，生产已从“主角”地位下降到“次角”地位，消费需要通过流通的“调节”作用减少生产和消费中间的产品滞留，促使按照消费的多少和速度安排生产。而流通中商流，即买卖交易早已“成熟”，物流还问题多多，成为经济发展的瓶颈。进一步讲，物流问题中，主要是成本过大，效率过低，服务不佳。解决这一矛盾的途径在于加强物流管理，提高物流技术和装备利用水平。其中托盘的利用是焦点之一。换句话说，当下中国经济发展的瓶颈是物流滞后，物流发展的瓶颈是效率低、成本高。提高效率、降低成本的主要手段是物流作业的单元化装载，或称其为单元化物流作业，即集装箱和托盘的有效利用。二是由于托盘的作用被越来越多的人所认识。长期以来，人们认为托盘只是个小小的器具，不关注它的存在和价值。近几年越来越多的人认识到，托盘虽小，但利用价值却非比寻常。因为托盘是供应链中连接各个作业环节的最基本要素。有了托盘，供应链就顺畅贯通，没有托盘就增加作业量和作业时间。如超市供货时，不利用托盘的货物，卸一卡车需要 2 个小时，利用托盘的货物只需 20 分钟，相差 6 倍之多。在人工费上涨，劳动力资源愈发缺乏的今天，托盘的利用价值快速显现出来，越来越多的场合开始使用托盘。三是由于托盘大家庭成员的一致努力，促成了托盘发展的大好局面。所谓托盘大家庭，是指托盘生产企业、托盘用户企业、托盘行业组织、托盘机械设备制造企业，相关政府部门、研究单位、咨询机构等，诸如托盘生产者、需求者及行业组织负责人、政府官员、托盘采购与销售人员、专家学者等组成的群体，正是他们在政府的引导和行业组织推动下，托盘大家庭所有成员万众一心，共同努力，才形成了今天欣欣向荣的可喜局面。四是政府的重视和政策的支撑。2009 年国家发布的《物流业调整和振兴规划》中多处提到“托盘”；最近汪洋副总理的两次讲话，再次表明国家领导人对物流和托盘的高度重视。商务部已决定将托盘共用系统引入商贸物流领域，并制订多个托盘相关标准项目，拟大力推进托盘共用系统建设。国家标准委、财政部、国家发展改革委等重要政府部门也都对托盘的地位和作用表示高度关注。在目前我国经济发展阶段，政府以及国家领导人对托盘的重视，无疑是推动我国托盘行业发展的坚强后盾和强大动力。

（二）托盘利用面持续拓宽

根据托盘委第三次全国托盘现状普查得出的数据，2010 年以后，由于劳动力成本上升，劳动力资源供给出现萎缩和不稳定倾向等原因，促使托盘销量大幅增长，托盘市场迅速扩大，托盘利用的场所拓宽。配送中心、超市、仓库、生产车间、货运枢纽、港口码头等场合，处处可以看到托盘。公路运输托盘用量明显增加，即便在城市的马路人行道上也能见到托盘。统计资料表明，目前，我国使用托盘最多的场所是配送中心、物流园区及仓库等物流设施，尤其是大型超市普遍在利用托盘，托盘的用途持续展宽，托盘的用量持续增长。尤其是食品、饮料、乳制品等领域，托盘显示出的威力更加突出。

（三）托盘行业存在的问题及解决途径

目前阶段我国托盘业发展中存在诸多问题。首先，托盘发展的基础需要尽早夯实。因为托盘从表面看来只是小小的物流器具，往往引不起重视。尽管近几年政府和企业对托盘的地位和作用认识加深，投入加大。但诸如托盘共用系统的构筑，没有政府的足够支撑，单靠民间很难实现。而要想得到政府和企业的认同，必须先做宣传，大造舆论，普及知识，形成氛围；立规矩、定方圆、规范化、标准化。特别是托盘标准的执行问题，关键条款应硬性规定；打造队伍，造就人才要先行。其次，因托盘市场的陡然扩大，管理不及，出现了恶性竞争、鱼目混珠现象。为此，政府和行业组织必须尽快引起重视，抓好政策、法规、标准制定和规范市场秩序。行业团体紧密配合政府，积极引导企业，政府、企业、社团、研究机构、学术界一起努力，上下结合，团结协作，营造良好的经营环境和广阔的发展空间。再有，托盘业“先天不足，先天缺失”。表现在长期以来不少人把托盘看做包装材料，而没意识到托盘在包装中重要，在运输、仓储、装卸搬运、配送等物流作业中也重要，在供应链中托盘还具有举足轻重的地位。从传统的误区中走出来需要一个过程，在基础不足的情况下盖起大楼不是朝夕之举。任何产业的发展和壮大都需要有理论根基和思想意识的认同。如果不尽快把托盘从包装行业中剥离出来，作为一个独立的行业或产业确定下来，托盘业的长远发展就是一句空话。因此托盘的理论体系、结构体系、管理与技术体系等都必须尽早构建。最后，我国托盘的质量控制、托盘回收、循环再利用问题。托盘的质量牵涉物流的安全，行业组织责无旁贷。行业组织要紧紧依靠政府的支持、企业的配合努力抓好、抓实，其中，托盘的质量认证工作尤为关键。

二、2014 年托盘业发展展望

2014 年，国际经济大环境将进一步转好。美国经济复苏迹象会给全球经济带来一线光明；我国经济经历几年金融危机的洗礼，也更加有抗力；党的十八届三中全会做出了全面深化改革的重要决定，在完善财税体制改革、金融市场体系等方面都将有更明确的大政方针可循，我国经济将进而在改革开放中创新发展、稳中求进。诸如物流的瓶颈问题、托盘标准化、托盘质量及认证等问题有望步入新的发展阶段。托盘生产企业也已在过去几年的大风大浪中总结积累了许多经验教训，一步步成长起来。他们将会把以往的历练变成理性创新，迈向新的高度。因此可以说，2014 年中国的托盘行业尽管可能遇到新的挑战，但仍然有望迎来明媚的春天。

（中国物流与采购联合会托盘专业委员会　靳伟）

2013 年卡车市场发展回顾与 2014 年展望

一、2013 年卡车市场发展回顾

（一）2013 年卡车市场经济环境分析

卡车市场的发展与国民经济密切相关，经济发展速度、固定资产投资以及大宗物资原材料行业发展状况以及相应的政策等是影响卡车市场发展的主要因素。

1. 国民经济企稳回升

2013 年我国 GDP 为 56.88 万亿元，按可比价格计算，同比增长 7.7%，分产业看，第一产业增加值 5.69 万亿元，增长 4%；第二产业增加值 24.96 万亿元，增长 7.8%；第三产业增加值 26.22 万亿元，增长 8.3%。国民经济的稳健发展为卡车产业提供了良好的发展环境。

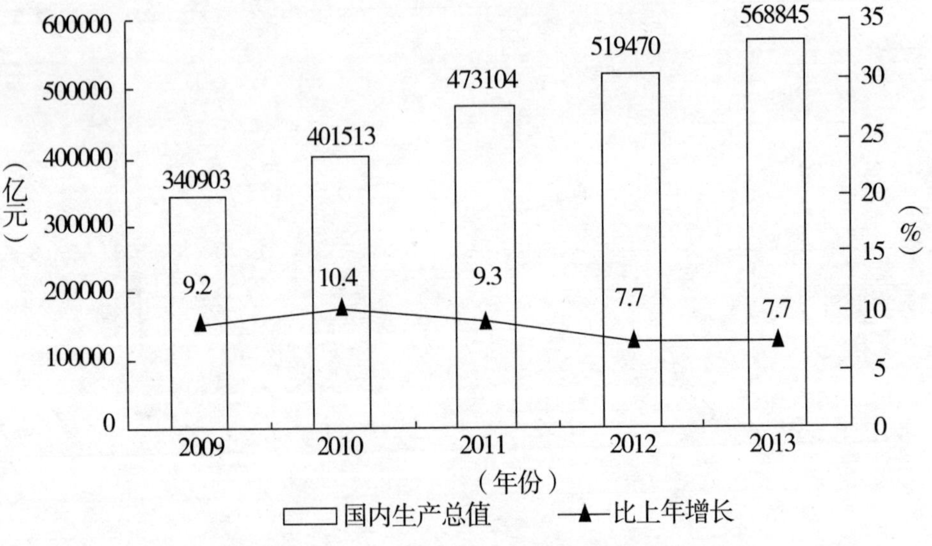

图 1　2009—2013 年国内生产总值及增值速度

数据来源：国家统计局。

2. 固定资产投资持续增长

固定资产投资增速回落。2013 年全国固定资产投资（不含农户）同比增长 19.6%，增速回落。分行业看，房地产投资有所回升，同比增长 19.8%，环比回升 0.3 个百分点；基础设施投资增速回落，同比增长 21.2%，环比回落 2 个百分点；制造业投资同比增长 21.2%，环比持平。

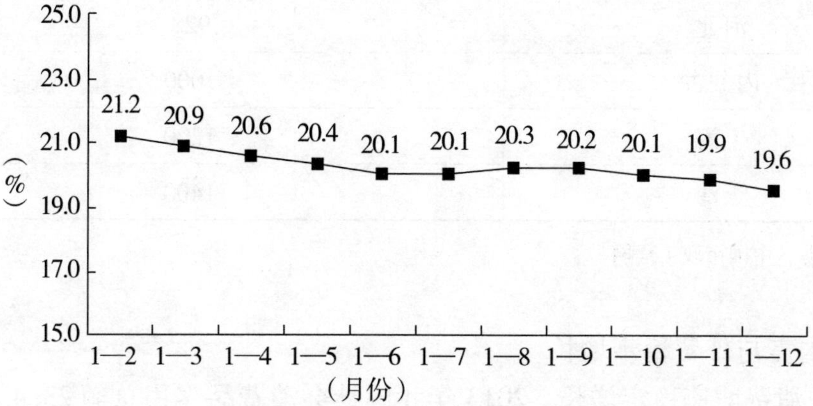

图 2　2013 年固定资产投资（不含农户）增速（累计同比）

数据来源：国家工信部。

2013 年，政府在调整国民经济结构同时，持续保持铁路、公路和内河的投资建设力度。此外，新型城镇化成为我国经济增长的强大引擎。数据显示，2013 年年末，我国大陆总人口为 136072 万人，城镇常住人口 73111 万人，乡村常住人口 62961 万人，全国城镇化率达到了 53.7%，比 2012 年提高了 1.1 个百分点。城镇化的进程带动了城镇交通等基础设施建设。2013 年，众多省份对交通建设领域进行了大手笔投资。基础设施的建设带动了建筑建材业的发展，这对货车特别是工程机械车辆是个巨大的市场需求拉动，如表 1 所示。

表 1　　2013 年各省交通建设投资概况

省份	投资额（亿元）
海南	119
云南	217
辽宁	385
北京	435
浙江	552

续 表

省份	投资额（亿元）
江苏	647
湖南	750
河南	850
河北	928
内蒙古	1000
上海	1200
天津	1400

数据来源：中国市政工程网。

3．内需与外贸稳步增长

（1）消费增速稳定增长。2013 年我国社会消费品零售总额 23.43 万亿元，同比增长 13.1%，消费保持较好的扩张态势。主要商品中，汽车类消费成为消费亮点，住房类消费虽然呈现月间波动，但增速持续高于整体水平，成为消费的主要力量。

（2）进出口增速有所回升。2013 年我国进出口总额 4.16 万亿美元，同比增长 7.6%。其中，出口 2.21 万亿美元，增长 7.9%；进口 1.95 万亿美元，增长 7.3%。全年实现顺差 2598 亿美元，较 2012 年增加 290 亿美元。

消费需求的拉动，带来生活消费品货量的增加。这部分货量主要以公路运输为主，公路货运量的增加带动卡车市场的发展。

4．大宗生产资料持续走低

随着经济结构转型的深化，过剩产能的淘汰以及能源结构优化非化石能源比重增加等原因，煤炭、钢铁等产业还未从低谷中走出来。

数据显示，2013 年全国煤炭产量完成 37 亿吨左右，首次由年均增加 2 亿吨降至 5000 万吨。消费方面，全年消费量达 36.1 亿吨，增速降至 2.6%。库存方面，2013 年 12 月底，煤炭企业存煤约 8400 万吨，同比增加 70 万吨，比 2011 年同期增加约 3000 万吨，重点煤企存煤 8159 万吨，同比增加 46 万吨。

钢铁工业方面，2013 年，中国钢铁工业协会会员钢铁企业实现扭亏为盈，实现利润总额为 228.86 亿元，而 2012 年为亏损 6.72 亿元，同比增加 235.58 亿元；销售利润率为 0.62%，仍远远低于 2013 年规模以上工业行业平均水平，钢材业务基本处于亏损边缘，依然没有彻底“翻身”。

以煤炭、钢铁为代表的大宗原材料产业发展不景气，相应的货运量维持在低位水平。虽然钢铁、煤炭等大宗生产资料主要靠铁路运输，但公路运输由于其门到门不可替代性优势，承载了部分大宗物资运输。由于整体货量的下降，公路运输承担的这类货物运输量也出现下降。进而抑制了货运企业对卡车的市场需求。

5. 国四排放标准的实施

相较于上述宏观经济因素，对于卡车市场而言，影响最大的还是国四新政。

国四排放升级对中重卡企业来说有利好的一面。原定于7月1日实施的国四排放标准，刺激了上半年3月、4月的重卡销量，一些用户为节约购车成本争相在排放标准实施前购买国三重卡，使3月重卡销量冲到8.6万辆。没想到，国四排放标准未能按期实施，而是根据各地区情况分别实施，各地一般在2014年1月1日都将步入国四门槛，这使得10月之后国三重卡销量大增。经销商为赶在国四排放标准真正实施前消化国三库存车，普遍大降价，透支了2014年的需求。

上述情况在2013年卡车全年销量走势中可明显看出。如图3所示。

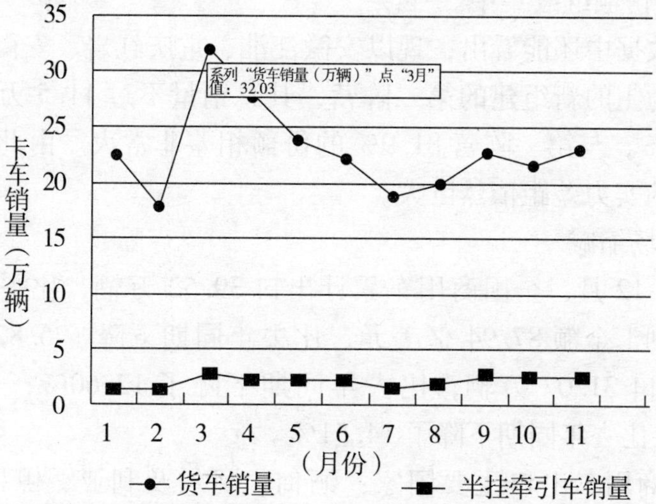

图3　2013年全国货车、半挂牵引车辆销售量走势

数据来源：中国汽车工业协会。

（二）2013年卡车市场发展分析

1. 市场整体回暖

数据显示，2013年1—11月，重卡总销量为69万辆。全年销量达77万辆，同比增长21%，2013年重卡市场已经复苏。得益于此，中重卡企业销量大多实现了同比增长。

一汽解放销售中重卡18.8万辆，同比增长20%，超额11个百分点完成年初销量目标。东风汽车中重卡销量为16.3万辆，重卡销量同比增长20%，中卡销量同比增长17%。中国重汽中重卡销量为12万辆，同比增长12%。2012年跌入低谷的上汽依维柯红岩，在2013年销量同比增长65%，达到2.8万辆。只有北奔重汽销量下滑，仅售出1.7万辆。

2. 行业集约度提高

在2013年重卡市场中，最值得关注的是，国内重卡市场的格局悄然重新划分，原有的三大集团变为两大集团，以福田与陕汽为代表的第二集团阵营消失，并入第一阵营。数据显示，福田与陕汽分别以11.5万辆和10.2万辆的年销量，跃升到年销10万辆级别的第一阵营中。因此，原以东风、一汽、重汽为主的第一阵营，新增了福田、陕汽两员虎将。

在市场格局变化的同时，行业集中度也将进一步加强。不但前10家重卡企业的销量占比从2012年的95.6%升至96.8%，占据了九成多的市场，而且，前5家重卡企业市场份额从2012年的81.2%升至81.9%，占到了整体的4/5以上，行业份额继续集中。

此外，从数据中还能看出，现以安徽江淮、重庆红岩、安徽华菱、北方奔驰、山西大运为主的新组建的第二阵营，其总销量不过11.5万辆，所占市场份额只有14.9%，与第一阵营81.9%的份额相差非常大。由此可见，第一阵营与第二阵营的实力差距依然巨大。

3. 海外市场缩减

2013年1—12月，全国商用车累计出口39.52万辆，比去年同期下降了7.67%；累计创汇金额87.94亿美元，比去年同期下降了6.82%。其中：货车产品累计出口31.07万辆，比去年同期下降了12.60%；累计创汇金额48.49亿美元，比去年同期下降了14.51%。

2013年，商用车出口主要国家：缅甸、阿尔及利亚、伊拉克、乌拉圭、智利、安哥拉、秘鲁、委内瑞拉、俄罗斯联邦等。

纵观近几年海外市场情况，主力市场变化也较大，优势市场退出。2008年卡车出口目的国前五名为越南、阿尔及利亚、利比亚、叙利亚、伊拉克；2009年变化不大；2010年智利取代伊拉克进入前5名；2011年阿尔及利亚出口走势很强，巴西取代智利成为南美的核心主力市场；2012年的阿尔及利亚市场走势很强，伊拉克市场恢复，但巴西和叙利亚今年都退出了我国商用车出口市场行列。此外，越南等市场持续萎靡。

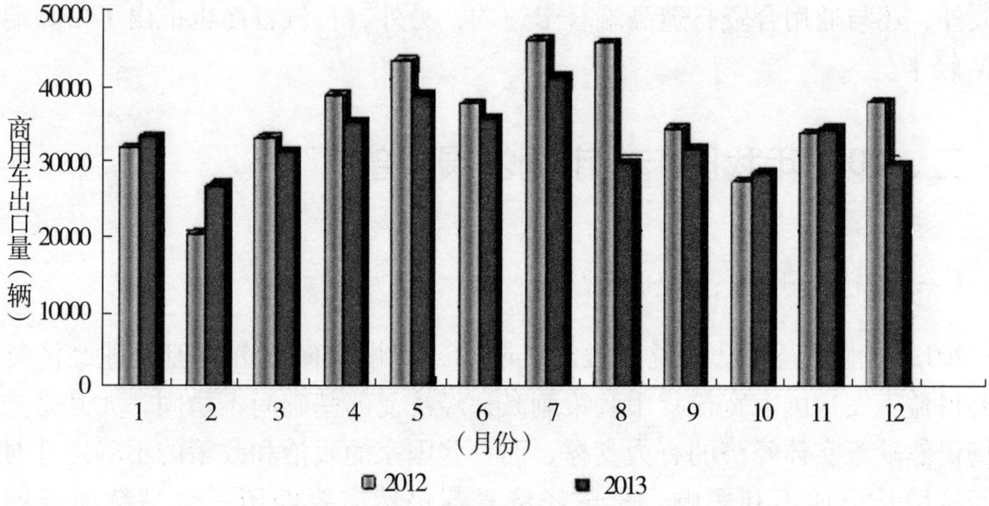

图4　2012年与2013年商用车出口月度对比

数据来源：国家海关总署。

4．天然气卡车市场需求强劲

尽管遇到了气价上涨等拦路虎，但天然气重卡市场在2013年依然延续了2012年的火爆。数据显示，2013年天然气重卡销量为3万辆左右，同比增长近80%，同时市场三级分化趋势明显。陕汽以1.1万辆一枝独秀，位列第一阵营；第二阵营包括一汽解放和中国重汽，年销量为4000～10000辆；第三阵营年销量在4000辆以下，包括北奔、江淮、福田戴姆勒、华菱、联合卡车、上汽依维柯红岩等。

5．轻卡市场乐观

品牌轻卡销量方面，中汽协统计到的14家轻卡企业34个品牌轻卡2013年1—12月累计销量合计实现1395763辆，同比增长4.83%。

其中，高端轻卡实现快速增长，如江铃凯运（+19.47%）、江铃顺达（+17.74%）、江铃凯锐（+19.48%）、江铃凯威（+19.99%），凯普斯达（+31.41%），江淮帅铃（+4.51%），福田奥铃（+13.11%）、福田欧马可（+33.46%），以及重汽HOWO轻卡（+16.80%）等为代表的高端轻卡累计销量均超过2012年同期，而且，除帅铃实现个位数增长之外，其余品牌的增长均在2位数以上，欧马可和凯普斯达两大品牌轻卡销量的增长甚至在30%以上。轻卡市场的发展得益于电商快递以及城市配送行业的长足发展。

需求拉动生产，除东风、福田等中重卡和轻卡双优的企业外，2013年，重汽、一汽等传统中重卡企业明显表现出对轻卡的兴趣。重汽不仅成立了轻卡事业部，生产豪沃、黄河等品牌轻卡，还收购了王牌，并注入巨资。一汽除小解放外，还与通用合资打造高端轻卡速豹，另外，一汽青岛也推出了中高端的虎V轻卡。

二、2014年我国卡车市场发展展望

（一）转型升级，理性增长

2013年世界经济已摆脱金融危机阴影，缓慢走向复苏，但全球经济复苏主要得益于发达国家宽松货币政策刺激，经济复苏基础尚不稳固，尤其是金融市场仍然缺乏实体经济的有力支撑，而一些国家的政治和政策的不确定性对全球经济增长形成不利影响，全球经济复苏仍然需要经历一个持续而长期的过程。

全球经济整体的回暖条件下，预计我国卡车出口在2014年会有小幅增长。

2013年我国国民经济发展稳中向好，经济总量继续保持上升趋势。其中，投资仍是拉动经济增长的主要推动力（资本形成、消费、净出口对GDP增长的贡献率分别为54.4%、50%和-4.4%），但是，经济增长整体已处于结构性减速期，全年GDP增速先抑后扬特征明显。

随着国民经济转型的深化，重化工业放缓，过剩产能将进一步被淘汰，煤炭、钢铁等大宗生产资料货量减少，加上实体经济持续低位运行，卡车市场需求不会出现大幅提升。卡车行业将随着国民经济的结构优化调整进入转型升级阶段，市场增长进入理性轨道。

（二）影响卡车市场具体因素分析

1. 国四影响的不确定性

国四是双刃剑，排放法规的升级将带来单车2万~3万元成本的上升，这将直接抑制用户购车需求。但在国四标准在全国大范围进入实质实施阶段前，国三重卡的需求将被进一步激发，销量有可能因此得到增长。除此之外，重卡企业有可能将国三车压给经销商，经销商在国四实施后，仍有可能销售已开票的国三车。

另外，2014年两会期间，“雾霾”再次成为了广受民众关注的热词。国家总理在政府工作报告中指出，针对雾霾频发、大气污染等问题，要加强淘汰黄标车工作，促进节能产品推广，并加快油品升级，要像对贫困宣战一样，坚决向污染宣战。具体到汽车行业，总理表示，2014年淘汰黄标车和老旧车600万辆，并在全国供应国IV标准车用柴油。这表明了政府在治理空气污染方面

的决心，同时也意味着数次推迟的商用车国Ⅳ排放标准有望全国执行。

2. 城镇化将是主力引擎

2013年年底中央农村工作会议提出三个“1亿”的城市化目标，即到2020年，要解决约1亿进城常住的农业转移人口落户城镇，约1亿人口的城镇棚户区和城中村改造，约1亿人口在中西部地区的城镇化。发展改革委公布的数据也显示，外出务工的人口正逐步回流到中西部地区。加上前不久公布的“大城市严格落户”和“中、小城市放开落户”的政策，该城市化方针也被称为“就地城市化”，即在三、四线城市大力推进城市化，给重卡市场，特别是工程车带来了发展的机遇。

3. 运输需求变化促进产品调整

2013年，高速长途物流有了快速发展，用于这一市场的半挂牵引车销量迅速反弹。2013年，半挂牵引车销售26.34万辆，同比增长38.15%，增幅远超其他产品。预计2014年这一趋势将延续下去。

电商快递业持续高速增长对卡车市场来说是个积极因素。同时，快递对高效公路运输质量需求提高，消费者对运输实效的苛刻追求，推动了货运企业对运营模式及运输组织方式的变革。如甩挂运输的推广应用，卡车航班模式的发展，这些都对卡车产品提出更高的要求。一方面，本土卡车厂商在更新换代产品，提升卡车产品技术性能，满足货运企业需求。另一方面，在无法或很难超载运输的情况下，国外重卡的优势逐渐显露。

4. 值得深耕的卡车后市场

最新统计数据显示，2013年，中国汽车售后服务市场规模已超过4500亿元，预计2015年，整个售后服务市场规模将超过7660亿元。汽车后市场正成为整个产业链条上的新兴增长点。2014年，将是汽车后市场的洗牌之年，拥有资金、技术、管理等优势的厂商逐渐发力，汽车后市场发展将更加规范，其中能体现出差异化服务理念的品牌，将很可能在后市场乱战中脱颖而出。

从产业角度看，随着中国卡车市场保有量的上升，卡车后市场规模也将进入快速成长阶段，这将创造很多新兴业态，带来巨大的市场发展机遇，尤其是以卡车信息化、卡车售后维修、卡车零部件供应、卡车金融与保险等为主的行业，将迎来大发展新机遇。

卡车市场竞争向服务链的后市场延伸，将使越来越多的客户更加关注卡车运营中的使用成本，关注卡车故障率，关注卡车售后维修，关注卡车低碳与节油，关注卡车行车安全，关注卡车信息化、关注卡车车型细分，关注卡车驾驶的人性化与舒适性……在中国卡车以“价格与产品”竞争为主的前市场时代，一些国际品牌的卡车就已在中国推广后市场竞争理念，引导用户不仅仅关注车辆的外观，更要注重车辆的技术与质量，不只关注购车成本，更要把卡车当成运营工具核算使用成本。观念虽然有些超前，但也引领了物流用车理念的启蒙。现在虽然中国卡车市场具有多种层次，产品与价格仍然在市场竞争中起着很大的作用，但近两年国内很多卡车企业也纷纷关注后市场竞争，提倡创造客户价值，提供先进适用的解决方案，全面与客户互动和建立战略合作关系，实现与客户共赢。

近年来，国内厂商逐步意识到了卡车后市场的重要性，加大了对后市场的投入力度，各厂家都推出了自己的服务品牌，如东风的“阳光服务”、重汽的“亲人服务”、陕汽的“贴心服务”及福田的“5T”服务等，此外，东风等厂商都提出了从卡车产品提供商向运输解决方案提供商转变，陕汽、福田等企业在车联网领域的作为也体现了这点。

政策层面，工信部、财政部、发展改革委等部门联合发布《关于加快推进重点行业企业兼并重组的指导意见》明确，支持大型汽车企业通过兼并重组向服务领域延伸。完善汽车行业服务体系，以品牌营销为主体，大力发展研发、采购、现代物流、汽车金融、信息服务和商务服务，实现服务业与制造业融合发展。

可以预见卡车后市场将成为未来车企竞争的主战场之一。整个卡车市场增长也由数量转向质量增长阶段。

5. LNG 市场值得期待

由于雾霾天气持续严重，中央和地方政府迫于环境恶化的压力及节能减排的任务，将陆续出台一些鼓励使用天然气重卡的政策，加大推广天然气汽车的力度。

从长远来看，天然气是清洁能源，符合未来发展方向，即使是短暂的涨价和气源紧张，也不会影响天然气重卡市场的长期增长趋势。

国家将继续调整能源结构，煤炭能源比重将持续降低。与此同时，国家将继续扶持天然气产业，对天然气开采给予巨额补贴，并开放 LNG 进口权和实现价格市场化。而且，交通部对 LNG 重卡 2000 元/吨的节能减排补贴将继续，甚至可能加大力度，越来越多的地方政府也将加入到补贴的行列中来。

虽然 2013 年国四排放法规并未如期实行，但国四在 2014 年将大规模地在各地实施，这对天然气重卡将是一个利好因素。此外，由于国四柴油重卡的更换成本与使用成本都将大幅提高，天然气重卡的性价比将进一步提升，预计 2014 年天然气重卡销售仍将有较大幅度提升。

（《物流技术与应用》杂志社　王继祥）

2013年物联网技术应用回顾与2014年展望

物联网技术在物流领域主要涉及三个方面：一是传统物流技术装备的智能化与网络化。二是物流信息系统与实体物流网络化融合，如车联网、物联网金融等。三是智能追溯系统应用，如食品、药品的RFID双向追溯系统得到普及应用。

2013年物联网技术在这三大领域均获得了巨大发展，物联网技术的应用带来了智慧物流的变革，正在引发一场现代物流的革命。

一、2013年物联网技术应用回顾

（一）物联网技术发展环境

1. 政策环境

2013年1月9日，工业和信息化部印发了《推进物流信息化工作指导意见》，提出的很多措施都与物联网技术应用有关。在物流智能化监管与追溯方面，规划指出：要推进铁路、公路、水运、邮政、航空、海关、检验检疫、食品药品、烟草、安全监管、工商、税务、公安、商务等部门智能监管职能的建设和完善，开展危险化学品等重点领域物流的跨部门联动与监管信息化建设试点，有效实施流向跟踪、状态监控和来源追溯，规范危险品安全管理，提高对危险化学品等重点领域物流的联合监管能力。

在物流信息系统与实体网络系统融合方面，规划指出要推进跨行业物流信息的互联互通，支持跨行业综合物流信息平台发展，推进集装箱多式联运的可视化和智能化管理，促进铁路、公路、水运、航空等不同运输方式的连接，提高物品流动的定位、跟踪、过程控制等管理和服务水平。

在物流信息化和装备智能化领域，规划指出要推进自动识别、可视化等各类先进适用技术的应用，加快研究和制定物流信息技术、编码、安全、管理和服务标准，推广条码、射频识别等技术在仓储、配送、集装箱和冷链等业务中的应用标准。推进汽车及零部件、食品、药品、纺织品、农资和农产品等重点行业物流信息化应用标准体系逐步完善，重点支持电子标识、自动识别、信息交换、智能交通、物流经营管理、移动信息服务、可视化服务和位置服务等先进适用技术的研发和应用。支持重点企业开展第三代移动通信（3G）、3S（GNSS、GIS、RS）、机器到机器（M2M）、RFID 等现代信息和通信技术在物流领域的创新与应用。大力支持 TD - SCDMA 等移动通信技术和北斗导航等全球导航技术在物流管理中的应用。支持利用软件即服务（SaaS）、平台即服务（PaaS）、云计算等技术，开展物流信息技术服务平台建设试点，提高物流信息化关键共性技术研发、推广和应用水平。在装备制造、食品、药品、危险化学品、烟草等具有高附加值或需重点监管的行业，开展物联网应用试点。支持智能交通系统（ITS）、物流基地综合管理系统、智能集装箱管理系统、物流信息管理系统（LMS）以及海关特殊监管区域信息化管理系统等的开发和应用。

指导意见还提出了要加大物联网技术在物流行业应用的资金投入，并提出了一系列切实可行的措施。这一意见的出台为物流行业物联网技术的应用创造了良好的环境。

2. 产业环境

2013 年，随着电子商务物流发展，现代物流系统正面临着巨大变革。目前，电子商务已经将商流信息化，同时也与物流配送信息进行了无缝对接，但是，如何将网络信息与实体配送过程无缝对接是摆在电子商务物流领域的难题。由于电子商务物流近年来的高速发展，商流、信息流与实体物流过程的对接面临着技术变革和巨大的发展空间。目前中国包裹配送随着电子商务的发展已经突破了 91 亿件，如此巨大的市场空间已经引起了马云、柳传志、张瑞敏、王卫等企业大佬的关注，电子商务物流成为最大热点，其中物联网技术应用推动电子商务物流的发展是热点中的焦点。

2013 年，随着劳动力成本的上升，物流自动化获得巨大发展，而物流自动化与物流的智能化具有天然密切联系，要实现自动化和智能化，物联网技术必不可少。在车辆运输领域，危险品运输、重要货物运输都需要实时监控，由于交通部对运输安全越来越重视，2013 年在货运车联网领域也陆续出台了很多措施，也为物联网技术在物流行业应用创造了良好的环境。

在重大技术进展方面，中国北斗卫星定位与追踪技术越来越成熟，已经开始全面进入民用领域，为推动北斗卫星定位追踪技术的应用，国家出台了一系列措施，包括在危险品运输等领域，要求运输车辆都必须强制安装兼容北斗卫星的定位与追踪系统，实现可视化管理，推动物联网技术应用。

（二）物联网技术在物流产业应用现状

回望 2013 年，在国家政策支持和推动下，中国物流行业的物联网技术逐步进入稳定、深化和高速的发展阶段，物联网技术应用所涉及三大产业板块都获得了巨大发展。在自动化和智能化的物流系统领域，集成了机、光、电、传感器、自动控制系统、机器人等先进物流技术装备的物流系统项目建设增长迅速，年增长率在30%以上；装备有自动感知技术与产品的智能物流装备也获得巨大发展，智能周转箱、智能托盘、智能叉车、智能输送分拣系统等发展很快。在物流信息系统与物联网系统融合领域的创新就更多了，华夏物联网提出的并行智慧物联网系统得到推进，华夏物联网首先倡导的物联网金融在车联通卡领域获得巨大进展。

下面对2013年中国物流行业物联网技术实际应用状况分类如下：

1．物流装备智能化应用状况

在物流领域，应用最普遍的物联网感知技术是RFID技术。根据我们对中国物流信息化优秀案例进行分析，近70%的物流信息化案例中采用了RFID技术作为物流信息感知技术，RFID标签及智能手持终端产品被广泛的应用于传统物流装备，如仓储设备、输送设备、集装单元等，RFID技术主要用来感知定位、过程追溯、信息采集、物品分类拣选等。

根据我们最近的调研，在2013年中国快递行业手持终端扫描设备增长超过60%，很多快递企业的快递员都配备了手持终端扫描设备，通过这个设备，可以实现配送终端接货信息的实时上网，实现对配送货物的透明化管理和信息追踪。

在物流拣选领域，通过指示灯系统引导拣选的电子标签拣选系统得到了广泛应用。该系统首先将订单进行电子化和信息化处理，分解成拣选信息，通过网络系统将拣选信息传输到需要拣选的相关货位，并把需要拣选的数量等信息通过货位上方的显示灯进行显示，引导拣选员按照指示灯一次摘果拣选。这一技术简洁实用，在物流仓储领域得到广泛应用。根据调查，2013年这样的电子标签拣选系统出货量增长35%以上；此外，把订单拣选信息自动处理成语音系统，通过语音引导拣选的系统也在物流领域取得突破性进展；把拣选信息输入拣选小车的显示屏，用拣选小车引导拣选的技术也发展较快。

在可视化物流设备方面，通过视频传感器实时感知物流作业状况和仓库管理状况的物流中心视频管理系统在2013年增长也较快，增长速度预计在20%以上。先进的自动输送分拣系统、全自动化仓储系统，红外感知技术、激光感知技术、RFID感知技术、二维码感知技术等各项物联网感知技术都得到了广泛应用。

2013年发展最快的还是自动化仓库领域智能穿梭车的技术应用，智能穿梭车货架系统与密集型货架相结合，可以大大提高仓储设施的空间利用率，借助于智能的穿梭车可以对密集货架最里面的货物进行智能的搬运出货，这在单品出货量较大的产品领域具有极强的竞争力，是最有效的新技术，所以很快就得到普及应用，增长速度预计在100%以上。

借助于激光导引或磁条感知与导引的智能搬运机器人系统在自动化物流中心的应用也很多，增长也很快，预计增长率在25%以上。在物流出入库的堆码垛方面，智能的机器人系统，根据物流中心的信息指令，对货物进行智能的堆码垛，也是物流技术装备智能化应用的主要领域，发展也很快。

综合来看，在2013年，在物流技术与装备领域，借助物联网技术，实现设备的自动化与智能化作业得到了很快发展，物流智能化技术与装备的发展速度超过了30%，这是物联网技术在物流领域最实用的，应用最落地的领域。

2. 物流信息系统与实体配送网络融合

现代物流的特点就是系统化和网络化，物流配送的网络是实体网络，俗称“地网”，而物流信息网络一般指虚拟的信息系统网络，俗称“天网”，随着互联网技术发展，物流信息系统的系统化与网络化发展很快，这一网络系统的信息都是电子化与数字化的信息，因此物流信息系统很容易与电子商务的信息系统融合，很容易与企业的现代生产系统中的信息网络融合，也很容易与商贸流通领域的信息网络融合。

基于上述分析，随着信息技术发展，物品的制造信息、商贸流通信息、电子商务交易信息以及与这些信息相关的资金流信息都可以很方便的融合，统一的运筹和优化运算，但是只有物流系统，是网下实体物质，不能直接与虚拟的信息网络融合，成为现代生产、商贸流通的瓶颈。

物联网技术的发展给天网与地网对接带来了市场机遇，具有巨大的发展空间，物联网技术的应用，如果实现天网与地网无缝对接，必将带来现代物流业的一场革命，并可推动新的一场工业革命。因此，目前国内外著名企业家都看到了这一发展领域的市场机遇，纷纷进入这一领域。从国际上看，在2013年，现代信息技术的巨头谷歌、电子商务的巨头亚马逊、现代物流的巨头UPS均纷纷进入物流领域；在中国，企业家教父级的人物柳传志、张瑞敏也纷纷投资现代物流，电子商务的教父级企业家马云更是辞掉了阿里巴巴的职务，全身心进入物流领域，创始成立了菜鸟物流，致力于建设中国智能物流骨干网。国内外最著名的企业纷纷进入现代物流系统是2013年物流领域物联网技术应用的最大热点、焦点和看点。

2013年在物流领域，随着物联网技术应用，天网与地网融合的最大进展主要体现在如下几个方面：

信息网络优化与整合实体网络的流向、流量，成为实体网络运作的信息引导。体现在电子商务等领域，就是借助于电子商务产生的巨大物流信息，结合大数据、云计算技术进行分析与优化，整合了实体网络物流配送的信息，实现了产品配送提前进行集约化集货，集约化调度，智能化备货，这样可以极大地提升物流作业的效率，让配送更快捷。

可以想象，在没有这一融合的时候，电子商务订单均是零散、随机的需求，单独下单，在运送与集货阶段，需要在实体运作阶段搜集配货信息，效率是多么低下。此外，没有智能备货分析，如果按订单进行全物流作业，从生产厂订货，集货，通过干线运输、城市配送到最后送到消费者手里，将需要漫长的等待，这是消费者不能忍受的；但是如果是盲目的备货，又会带来庞大的库存，带来资金占用，即使如此，也会出现紧俏的产品卖断货不能及时补货，积压的产品带来巨大的库存压力。

2013 年电子商务的商务信息，商贸物流的流通信息，企业产品生产信息与物流实体网络配送信息已经开始尝试融合，这一过程刚刚开始，就产生了极大的市场机会，未来的发展空间无限。

在这一领域，目前最大的瓶颈是物流配送实体网络还不够智能化，物流基础设施智能化水平较低，马云看到了这一点，开始尝试圈地、建实体智慧网络，在物流界已经引起巨大反响。

要实现实体网络与天网融合，需要仓储系统全面感知，建设智能仓储系统，需要配送环节全面感知，建设货运车联网系统，需要物流环节节点交接处全面感知，建立职能追溯与信息可视化系统，要在配送终端全面感知，建立终端智能配送系统。当然，仅仅全面建立物流实体网络的感知系统，实现实时与信息系统联网与融合还是远远不够的，此外借助于云计算、大数据等技术手段对物流的流向与流量进行全面优化，更要兼顾成本与技术应用的关系，因此难度很大，任重道远，目前刚刚起程，前景空间无限，必将引发现代物流业革命。

实体网络与天网融合带来的效应绝不仅仅是物流效率的提升，其创新是无处不在的。例如，2013 年华夏物联网研究中心提出了车联通卡的创新，集成银行信用卡与货运车辆车联网系统，实现追踪货运车辆的物联网金融创新，可以实现集成的、网络化和团购模式的融资、支付、车辆保险、加油、维修、物流园区消费的金融创新服务，利用团购折扣可以为物流企业带来巨大利润。

3．产品智能追溯领域

产品智能追溯的物联网应用在物流领域开展的最早，技术也最成熟，发展的也最快。早在十年前物流行业就开展了对医药、食品等物品的安全追溯系统的研究与应用，借助于条码、RFID 等技术，建立双向赋码追溯系统，可以对重点追踪的产品实现双向追溯。

多年来，在食品安全领域、药品安全领域已经建立了数百条双向追溯系统，产生了巨大的社会效益与经济效益。

2013 年物品追溯系统继续获得较快发展，预计发展速度在 36% 以上。在产品追溯领域，食品和医药仍是主要的产品，此外，危险品追溯、疫苗追溯、贵重物品的追溯、古董产品的追溯、奢侈品追溯等领域业发展的很快。

产品追溯系统一般都是通过在产品赋码，将产品生产、运输、保管、交接等信息写入赋码系统，通过扫描条码或识别 RFID 信息，实现对产品生产、运输、保管、交接等信息的双向追溯，实现防伪、安全等功能识别，确保食品安全与药品安全，确保产品的真伪等。

随着人们对食品安全和药品安全的重视，这两个领域的智能双向追溯将获得巨大发展，随着社会发展，危险品追溯、贵重物品追溯也会得到巨大发展。

二、2014 年物联网技术应用发展展望

2014 年中国物流物联网技术应用将是大发展的一年，这一年，智能物流技术与装备将获得更快发展，物流实体网络和物流信息网络将借助于物联网技术实现进一步融合，创造巨大市场空间，获得巨大的发展，更会创新出更多商业模式；在智能追溯领域仍将保持快速发展。

在物流领域物联网技术与产品应用会更加广泛，RFID、GPS、传感技术、视频技术、条码技术等各项技术的广泛应用，预计增长速度会达到 30% 以上。

在智能技术与装备领域，随着物流业自动化与智能化发展，各类传统的技术与装备借助于物联网技术将实现智能化识别和智能化作业，在这一领域，预计智能穿梭车将继续获得高速发展，增长速度将达到 60% 以上，智能叉车将会获得发展，增长速度将达到 20%，智能托盘系统将开始全面实验，随着托盘共用系统的发展和国家政策的支持，智能托盘系统将率先在烟草等领域获得应用，发展速度将达到 30%，智能周转箱系统几年来发展很快，预计 2014 年智能周转箱出货量也将继续快速增长。

在智能搬运与堆码垛等物流机器人领域，预计 2014 年也将获得较快发展，发展速度与物流自动化系统发展速度保持同步，预计在 30% 左右；在输送分拣领域的智能分拣技术与装备的应用，随着电子商务物流的快速发展，预计增长幅度将超过 40%。

未来物流技术装备将全面向智能化、可视化方向发展，这一领域的发展空间极为广阔，发展也方兴未艾，发展速度预计也将保持在 30% 左右。

在物流信息网络与实体物流网络融合方面，目前已经起步，预计短时期内还难以实现突破性进展，因为物流作业的智能化技术与装备还没有发展到位，很多技术手段还受到成本的制约，智能物流骨干网还是个雏形，但是随着现代信息技术发展和物流智能化发展，这一领域一旦突破，必将获得爆发性增长。

2014 年在这一领域，值得关注的还是配送终端的自动化与智能化，以及配送终端的信息与物流信息的全面融合，这一方面，无人机送货的实验与应用，智能货柜终端自提系统等先进技术值得关注。

在智能追溯领域，将继续获得稳定发展，在食品与药品领域，智能追溯系统建设将保持快速增长，在危险品领域的产品追溯将获得高速发展，在奢侈品与贵重物品领域随着人民生活水平提高，智能追溯将获得快速发展；此外在跨境电商领域，智能追溯也会快速发展。综合来看，中国智能追溯领域的发展速度将在 26% 以上。

总之，2014 年必将是物联网技术在物流业应用飞速发展的一年，是物联网技术实现落地应用的一年，在这一年，最值得关注的是移动互联网技术的发展对物联网技术的影响，此外货运车联网、智能仓储网的发展也会日新月异，相信随着物联网技术的应用，物流信息网与物流实体网络全面融合与智慧互动，必将带来物流业革命，带来一个全新的物流时代，让我们拭目以待。

（中国物流技术协会　王继祥）

第 四 章

物流行业基础工作

2013 年物流标准化工作回顾与 2014 年展望

党的十八届三中全会提出的“使市场在资源配置中起决定性作用和更好发挥政府作用”、“建设统一开放、竞争有序的市场体系，是使市场在资源配置中起决定性作用的基础”，在这样的经济转型升级的大背景下，物流标准化工作也面临着转型升级。标准化工作现有的体制、机制如何更好的适应改革的需求，是2013 年标准化发展工作总结、探索的重要内容。

一、2013 年物流标准化工作回顾

（一）标准制修订工作

1. 新立项标准

2013 年经国家标准委批准立项，由全国物流标准委归口管理的国家标准 7 项，其中 6 项标准为制定标准项目，1 项标准为修订标准项目，如表 1 所示。

表 1 2013 年国家标准委批准立项的国家标准计划项目

序号	计划编号	项目名称	标准性质	制修订
1	20130297 – T – 469	铁矿石仓储服务规范	推荐	制定
2	20132698 – T – 469	煤炭仓储服务规范	推荐	制定
3	20132699 – T – 469	煤炭仓储设施设备配置与运营基本要求	推荐	制定
4	20132700 – T – 469	棉花仓储服务规范	推荐	制定
5	20132701 – T – 469	棉花运输服务规范	推荐	制定
6	20132702 – T – 469	汽车整车出口物流标识规范	推荐	制定
7	20132703 – T – 469	物流园区分类与基本要求	推荐	修订

2013 年经国家发展改革委批准立项，由中国物流与采购联合会提出、全国物流标准化技术委员会归口管理的行业标准 11 项，其中 7 项为制定标准项目，4 项为修订标准项目，如表 2 所示。

表 2 2013 年国家发展改革委批准立项的行业标准计划项目

序号	标准项目名称	制修订	标准性质
1	浓缩果汁（果酱）物流箱通用技术要求和试验方法	制定	推荐
2	制冷压缩机可循环共用物流包装通用技术要求及试验方法	制定	推荐
3	家电零部件物流周转箱规格尺寸及技术要求	制定	推荐
4	货运车管从业资质	制定	推荐
5	冷链物流从业人员职业资质	制定	推荐
6	酒产品物流信息追溯管理要求	制定	推荐
7	非危险货物复合式塑料中型散装容器	制定	推荐
8	乘用车物流质损判定及处理规范	修订	推荐
9	乘用车运输服务规范	修订	推荐
10	乘用车水路运输服务规范	修订	推荐
11	乘用车仓储服务规范	修订	推荐

2．新发布标准

2013 年，国家标准委批准、由全国物流标准化技术委员会提出并归口管理的国家标准8项，这些标准将于2014年7月1日开始实施，如表3所示。

表3　　2013年新发布的物流国家标准

序号	标准号	标准名称	发布日期	实施日期
1	GB/T 19680—2013	物流企业分类与评估指标	2013-12-31	2014-07-01，代替标准GB/T 19680—2005
2	GB/T 30331—2013	仓储绩效指标体系	2013-12-31	2014-07-01
3	GB/T 30332—2013	仓单要素与格式规范	2013-12-31	2014-07-01
4	GB/T 30333—2013	物流服务合同准则	2013-12-31	2014-07-01
5	GB/T 30334—2013	物流园区服务规范及评估指标	2013-12-31	2014-07-01
6	GB/T 30335—2013	药品物流服务规范	2013-12-31	2014-07-01
7	GB/T 30336—2013	物流景气指数统计指标体系	2013-12-31	2014-07-01
8	GB/T 30337—2013	物流园区统计指标体系	2013-12-31	2014-07-01

这些标准中，有5项为国家标准委发布的《全国物流专项规划》中列入专项规划的重点标准项目。

3. 已报批和通过审查的标准

2013年，由全国物流标准化技术委员会提出并归口，已向国家标准委报批的国家标准项目11项，经全国物流标准化技术委员会组织专家审查通过的国家标准项目4项。这些标准中，有11项为国家标准委发布的《全国物流专项规划》中列入专项规划的重点标准项目。如表4所示。

表4　　2013年已报批和通过审查的标准项目

序号	标准计划编号	标准名称	完成情况
1	20061424-T-469	联运通用平托盘　性能要求	已报批
2	20061425-T-469	联运通用平托盘　试验方法	已报批
3	20080042-T-469	人造纤维车载物固定装置	已报批
4	20091369-T-469	汽车物流服务评价指标	已报批
5	20091370-T-469	汽车整车物流质损风险监控要求	已报批

续 表

序号	标准计划编号	标准名称	完成情况
6	20100333 – T – 469	低温仓储作业规范	已报批
7	20100340 – T – 469	模压平托盘	已报批
8	20100342 – T – 469	木质平托盘	已报批
9	20100343 – T – 469	汽车物流术语	已报批
10	20100345 – T – 469	汽车零部件物流 塑料周转箱尺寸系列及技术要求	已报批
11	20100348 – T – 469	塑料箱式托盘	已报批
12	20091371 – T – 469	水产品冷链物流服务规范	审查通过
13	20100330 – T – 469	仓储货架使用规范	审查通过
14	20100336 – T – 469	阁楼式货架	审查通过
15	20100361 – T – 469	自动化立体仓库安装、维护与保养	审查通过

2013 年，还重点开展了专业物流领域统计、物流单证、托盘共用、化工物流、钢铁与钢筋加工配送物流、家电物流、粮食物流，以及药品、餐饮冷链物流等标准研制。2013 年还有 46 项国家标准和 23 项行业标准正在制定，这些标准即将于 2014 年或 2015 年完成。

（二）标准基础性研究工作

近年来，专业类的物流标准研究取得了一定的突破，从 2009 年开始，中国物流与采购联合会相继承担了国家质监总局的“冷链物流等重点物流领域关键技术研究”（200910254）和“家电物流等重点物流领域关键技术研究”（201010242），研究的关键技术标准涵盖了冷链物流、汽车物流、医药物流、家电物流、钢铁物流、化工产品物流、应急物流等重点的专业领域物流，也包括了物流单证、物流统计、托盘共用系统等基础性、公共性的关键技术标准研究，通过课题的研究，建立了专业物流的子标准体系，梳理了物流领域的标准化问题，提出了今后工作的重点，并完成了 40 多项关键技术标准的研制。

2013 年，重点开展了煤炭、铁矿石等重要矿产品、棉花和粮食等大宗资源性产品的物流标准现状的调研和标准的研制工作，通过研究，完成了 8 项国家标准的草案，提出了今后四个专业领域的物流标准工作重点。大宗资源性产品的生产流通是一个复杂的过程，其全过程都涉及物流活动，而我国还没有关于这些产品的一套科学、合理、完善的物流规范，因此，在这些产品的生产流通过程中引入物流标准化思想，建立服务规范对提高物流环节的服务质量，促进该产业的可持续发展具有重要意义。

（三）标准实施情况

1. 物流企业评估

中国物流与采购联合会依据《物流企业分类与评估指标》国家标准（GB/T 19680—2005）开展标准的实施贯彻工作，截至2013年，参与评估的企业达到近3000家。企业通过评估活动，提高自身的核心竞争力，行业通过评估活动发现和培育了一大批的行业标杆企业，这些企业成为了我国物流企业的典范。随着各省市地方参与评估的企业数量和质量的不断增加和提升，形成了占区域内产业主导地位的物流产业集群，引领和带动了区域的物流产业的规范、健康发展，标准的实施与企业、行业的发展形成了良性循环。更有一些大的集团企业开始通过参与评估，通过标准来规范旗下的分子公司。2013年随着铁路货运组织的改革，铁路企业开始面对改革带来的市场竞争、业务创新、经营拓展等新的挑战，一些铁路局如上海铁路局等原先的管理机构开始参与到评估中来，通过标准与评估活动来梳理企业的经营、管理综合服务体系，提高自身的服务能力。

2. 专业领域的标准化活动

2013年，全国物流标委会与中国物流与采购联合会冷链物流专业委员会一起对已正式实施的《药品冷链物流运作规范》、《冷链物流分类与基本要求》、《食品冷链物流温度追溯管理要求》三项国标进行多次宣贯，冷链物流专业委员会在其所有会议中开设标准分论坛，特别是在国际冷链物流峰会中举办国际标准交流会，让我国冷链标准逐渐与国际接轨。

中物联托盘专业委员会积极开展新国标的宣贯工作，通过每月一期的《中国托盘信息》媒体信息发布的方式进行托盘标准的解读；在2013年召开的“单元化物流系统集成高端论坛”、“托盘专业委员会年度工作会议”、“第八届托盘国际会议暨2013年全球托盘企业家年会”等行业会议上进行标准宣传；通过参加国家商务部、国家标准委的托盘共用试点建设，共同推进我国托盘共用系统的建立和发展，提高标准托盘的市场占有率，推动物流标准化和现代化水平。

2013年，中物联汽车物流分会应汽车物流会员企业的需求，为推动相关企业间标准的一致性形成企业联盟标准，与汽车物流领域的包装服务商共同发起“中国汽车零部件物流标准化推进”的倡议。依据国家标准开展了汽车零部件物流KPI对标活动，根据统计结果，树立了行业标杆企业。

这些专业领域的标准化活动，将标准与专业领域内的活动相结合，既增强了企业对标准的认识，带动企业运用标准化管理手段提高核心竞争力，同时也带动了行业的有序发展。

（四）物流标准化发展新思路

2013 年，国家标准化管理委员会提出要进一步深化标准化体制改革，充分发挥市场和社会的作用，对于不涉及公共利益的标准，实现从“以政府为中心，以政策为导向”向“以市场为中心，以需求为导向”转变的总思想。全国物流标准化技术委员会副主任委员、中国物流学会常务副会长戴定一指出，“标准化已经不再仅仅是一个管理的工具，而是市场经济条件下，促进外部协同、分工合作的手段”，在 2013 年年初的“全国物流标准化技术委员会工作会议”上，指出物流标准化工作需要创新和突破，要研究并探索物流标准化的规律和特点，开创新的工作模式，围绕着物流发展中的突出问题，发挥标准化工作的推动作用。

围绕这个新的目标，全国物流标准委和中国物流与采购联合会开始探索标准工作的转型升级，2013 年相继开展了标准化体制与机制、标准制修订与实施效果评估，以及标准如何贯彻实施等为主题的调查研究。这项调查研究也得到了国家标准委、国家发展改革委的支持。

该项调研向物流相关管理部门和协会、物流企业、科研机构、大专院所等共发放调查问卷 1000 余份，调查内容包括现行标准化的体制和机制、标准的需求、标准的制修订管理、标准的宣传贯彻、标准的实施反馈、企业标准化建设、行业企业对协会标准的需求，以及美国、德国、日本、韩国等国家的标准化工作模式，对我国物流标准化工作的启示。经过半年多的调研，课题组的认真分析研究提出了目前标准化存在的问题和发展方向：

第一，从体制和机制等深层次来看，我国的标准品种单一，均是以国家标准化管理部门或行业主管部门等政府部门为主导制定发布的标准（包括国家标准、行业标准、地方标准），这种机制下发布的大量推荐性标准，一是缺乏竞争力；二是标准化管理部门、标准制订机构和标准应用主体之间的责、权、利不平衡，无法建立起有效的激励、约束与改进机制；三是现有标准体系的条块分割难以形成跨行业、跨领域，与市场需求相结合的综合标准；四是存在工作效率低、技术适应性滞后等缺陷，严重影响标准的实效性与先进性。

未来的标准化发展方向：政府标准将向涉及安全、节能环保等国家强制性标准和涉及基础性、公共利益性的公共标准发展，让政府标准与政府的监管相结合；推荐性标准解决的是某一行业、专业领域的效益和利益的协调一致，是通过市场机制来调节的，是建立在市场经济基础上的一种自律行为，因此推荐性标准的制修订及管理逐步走向通过协会或非政府组织等协调主体来主导，通过协会或非政府组织来协同局部利益、维护企业利益，这也使未来行业协会和非政府组织真正能发挥行业的引导作用。

第二，从标准的制定来看，今年的调查中物流企业主要从汽车物流、冷链物流、铁路运输企业三大专业领域开展，企业认为标准制修订存在主要问题排在前三位的包括：一是现有的标准不适用，缺乏可操作性、标准要求过低；二是标准的制定周期过长，发布的标准落后于行业发展；三是没有适用的标准等问题。再深层的分析也与我们制定的标准层级有关，目前的物流标准中，国家标准多于行业标准，定性的标准、大而全的标准过多，针对专业领域的专业物流标准少，而物流本身是服务业，个性化服务和增值服务是物流服务的特点，制定专业领域的、针对具体活动的、解决行业共同关注热点问题的标准应是今后提高标准实施效果的一个重要方向。

第三，从标准的实施情况来看，首先缺乏实施标准的专业人才、不知标准如何在企业实施；其次缺乏配套的监管和管理手段，用与不用没有差别，对企业扩大市场没有实际作用两方面的问题比较突出。所以标准的实施与贯彻要分层次、分类别，采用不同的手段来开展标准化的应用工作，将标准化的实施贯彻工作真正通过政府监管、行业协会发展和专业服务、企业的实际需求相结合，才能使标准更有生命力。

二、2014 年物流标准化工作展望

2014 年随着标准化的改革，物流标准的工作将分为两个部分：

一是既有的工作按计划进行，要保质保量完成。继续开展好标准的制修订工作，对标准的制定逐渐进行过渡，严格控制国家标准的立项数量，国家标准的范围逐步过渡到以强制的、公共的和基础类的标准为主，范围也将重点放在涉及安全、节能环保、体现公平和诚信管理以及物流基础标准上，为政府监管提供依据；继续完成好物流标准的基础性研究工作，包括国家委托的质检公益科研专项的课题研究、协会（联盟）标准体系的研究、完善物流标准体系和物流标准中长期规划研究、物流模数和物流设施设备选用参数研究、物流诚信标准体系研究和托盘共用系统标准化应用研究等基础性研究工作。继续做好标准的宣传工作，做好“物流标准工作平台”的建立和试运行，将标准制修订管理、标准的查询、标准的调查、标准实施的信息反馈等实现网络化；与专业组织合作开展标准的宣传和解读工作；与各省标准化组织和物流组织开展服务

业试点案例的经验交流等活动。

二是物流标准化工作的转型升级。其中包括两个方面：一是政府管理的标准向节能、环保、安全、绿色以及公平、诚信等公共利益方向发展，发挥政府标准引导产业转型升级和协同社会各方利益的作用；二是积极探索和开拓市场化的标准工作，发挥标准在产业分工合作中的促进作用和技术进步在产业发展中的促进作用。我们对于标准工作如何适应市场机制还很不熟悉，可能需要较长时期的探索和坚持，近期的主要工作是收集企业、联盟标准案例；探索联盟标准和协会标准的突破口；探索协会标准和行业认证的标准化模式；探索标准化人员的培训与认证模式；尝试与各省标准化组织和物流组织开展服务业试点案例的经验交流等活动。

（中国物流与采购联合会　戴定一　李红梅）

附件

八项国家标准的主要内容及意义介绍如下：

★《物流企业分类与评估指标》（GB/T 19680—2013）

《物流企业分类与评估指标》（GB/T 19680—2013）是2005年3月23日正式发布，并于同年5月1日正式实施的国家标准。标准规定了物流企业的分类原则、物流企业类型与评估指标，适用于物流企业的界定、分类与评估，也适用于物流企业的规范与管理。标准自颁布实施以来，通过中国物流与采购联合会的A级物流企业综合评估工作得到了全面贯彻实施。伴随着A级物流企业评估工作的持续有序推进，对物流产业和物流企业健康发展的指导作用日益显著，正在成为社会各界了解和评判一个物流企业的重要依据。随着经济和社会的发展，原标准中的评估指标体系也出现了一些新问题，存在着落后于实际发展，界定的范围过于局限等情况。为了便于更加科学有效地开展物流企业分类评估工作，使之为我国物流产业和国民经济的发展服务，中国物流与采购联合会于2008年向国家标准化管理委员会提出标准的修订申请，并于2009年经国家标准化管理委员会批准，列入2009年第一批国家标准制修订计划。

本标准修订的基本原则主要是依据现阶段物流企业发展的现状和未来发展趋势，结合当前物流行业的发展环境，以及社会、经济发展对物流企业提出的新要求，以物流企业的客观实际为基础，在继续保持现行国家标准的大框架和大类别的基础上，在细节及具体操作流程上以微调为总原则，导向为辅地进行调整和补充解释说明。为了使新旧标准能够有效衔接，物流企业评估工作能够持续合理地推进，中国物流与采购联合会目前正在依据新标准制定相关的实施细则。

★《仓储绩效指标体系》（GB/T 30331—2013）

《仓储绩效指标体系》（GB/T 30331—2013）是由全国物流标准化技术委员会提出并归口，经国家标准化管理委员会批准，列入2010年国家标准制修订计划的国家标准项目。标准规定了仓储活动绩效管理中仓储绩效指标体系设立的基本原则、仓储绩效指标体系、可测量的关键绩效指标（KPI）以及绩效评价方式，适用于仓储经营活动的绩效评价。服务与绩效是企业管理的两大重要方面，服务质量关系到企业的形象与声誉、客户对企业的认可，作业绩效与经济效益是企业自身发展的根本，二者相互关联、相互影响，此标准将与《仓储服务质量要求》（GB/T 21071—2007）国家标准形成配套标准，为仓储企业提升服务质量、提高效益提供技术支撑。

★《仓单要素与格式规范》（GB/T 30332—2013）

《仓单要素与格式规范》（GB/T 30332—2013）是由全国物流标准化技术委员会提出并归口，经国家标准化管理委员会批准，列入2010年国家标准制修订计划的项目。标准规定了仓单类型、要素、印制与填写要求，适用于仓储活动中使用的普通仓单，质押融资业务、期货交易中的可流转仓单等。

仓单是仓储保管人对存货人所交付的仓储物品进行验收之后出具的权利凭证。我国1995年修订的《中华人民共和国担保法》首次出现“仓单”概念，实际仓储服务业务中至今沿用“入库单”与“出库单”。随着我国国民经济与物流产业的快速发展，产生期货交易与动产质押融资后，“仓单”才在这两个领域普遍使用，但至今没有专门的仓单标准。由于法律概念与实际单据脱节、且没有仓单标准，直接影响到仓储服务与质押监管业务的规范发展。标准的制定对于促进我国现代仓储业及其与商品交易、金融和资本交易等市场的健康发展，保障相关各方的合法权益，维护社会经济秩序，具有重要意义。

★《物流服务合同准则》（GB/T 30333—2013）

《物流服务合同准则》（GB/T 30333—2013）是由全国物流标准化技术委员会提出并归口，经国家标准化管理委员会批准，列入2010年国家标准制修订计划的项目。规定了物流服务合同的基本要求、条文编排和主要内容，规定了物流服务合同的基本构成要素、物流服务内容的条款设计、物品验收内容、费用与结算表述、违约条款设计、不可抗力处理及保险的约定等物流服务合同的各主要方面和关键事项，适用于企业编写包括运输、储存、装卸、搬运、包装、流通加工、配送、信息处理及方案设计和规划等主要的物流服务的合同文件。

第三方物流从产业特征上决定了物流服务的开展过程涉及更多的利益相关

方，不仅是物品的供方、需方、物流服务提供方，还常常牵涉具体运作过程中更多环节上的相关方，物流服务合同作为体现物流服务各当事方的权利义务关系的协议，约束了物流服务契约关系设立、变更、终止的全部内容，是处理物流服务民事关系中一切事宜的依据，一个科学合理的物流服务合同才能更好地保护合同各当事人的合法利益，并在意外情况下提供明确的解决方案以避免纠纷。而目前在物流服务过程中出现纠纷，并在纠纷发生后无法根据合同准确划分责任及相关赔偿，对纠纷解决不力，其中一个很重要的原因归结为物流服务合同标的描述不准确、内容约定不完整、履行条款不完善、责权表述不清晰、意思表达不明确等。标准的发布对于规范物流服务合同行为，减少物流服务过程中的法律纠纷和由此产生的损失，保护物流服务合同相关方合法权利，从而进一步规范我国物流市场，创造良好的市场竞争环境，引导物流行业的健康有序发展具有重要意义。

★《物流园区服务规范及评估指标》（GB/T 30334—2013）

《物流园区服务规范及评估指标》（GB/T 30334—2013）是由全国物流标准化技术委员会提出并归口，经国家标准化管理委员会批准，列入2009年国家标准制修订计划中的项目。标准主要规定了物流园区的基本要求、服务保障要求和服务提供要求，给出了物流园区的评估指标，此标准与《物流园区分类与基本要求》（GB/T 21334—2008）、《物流园区统计指标体系》（GB/T 30337—2013）两项国家标准形成物流园区的系列标准，适用于对物流园区的服务与管理。

当前，我国物流园区的发展正处于初级阶段，物流园区的规划、建设和运作尚未形成理想的成熟模式，一些物流园区正在开始发挥集中基础设施、集聚物流资源、集约物流业务的作用，提高了物流运作的组织化和社会化程度，但是，在用物流园区的物流服务水平不高、运行效率低下、运营成本高等问题也较为突出。物流园区的规范运营需要政府部门的引导、行业组织的自律和物流园区自身的科学管理，标准制定的目的在于为政府部门、行业组织和园区自身提供一种科学导向、规范运营和提升服务的可测量工具，通过本标准的实施来推进我国物流园区的规划、建设和运作的规范化进程，促进物流园区发挥“集中基础设施、集聚物流资源、集约物流业务”的社会功能。

★《药品物流服务规范》（GB/T 30335—2013）

《药品物流服务规范》（GB/T 30335—2013）是由全国物流标准化技术委员会提出并归口，经国家标准化管理委员会批准，列入2009年国家标准制修订计划的国家标准项目。标准规定了药品物流服务的基本要求，仓储、运输、配送、装卸搬运、货物交接、信息服务等作业要求，以及风险控制、投诉处理、物流服务质量的主要评价指标，适用于药品流通过程中的药品物流服务。药品生产过程中涉及的药品物流服务亦可参照执行。

随着社会经济的快速发展和人民健康意识的日益提升，药品流通行业获得了长足发展，市场规模持续扩大，发展水平逐年提升，社会作用不断增强。但是，由于长期实行以药补医体制，以及准入门槛较低、行业规划管理欠缺、市场竞争不充分等因素，导致药品流通行业流通组织化、现代化水平较低，现代医药物流发展相对滞后，管理水平、流通效率和物流成本与发达国家相比存在很大差距等问题。2012 年卫生部审议通过了《药品经营质量管理规范》（以下简称《规范》），并于2013 年 6 月 1 日起正式施行，《规范》是药品经营管理和质量控制的基本准则，《规范》要求企业应在药品采购、储存、销售、运输等环节采取有效的质量控制措施，确保药品质量，《药品物流服务规范》国家标准充分参考了新修订《规范》，是对《规范》要求的补充和细化。

★《物流景气指数统计指标体系》（GB/T 30336—2013）

《物流景气指数统计指标体系》（GB/T 30336—2013）是由全国物流标准化技术委员会提出，经国家标准化管理委员会批准，列入 2010 年国家标准制修订计划的项目。标准规定了物流景气指数统计指标体系的概念、基本原则及体系框架，给出了物流景气指数统计指标的内涵及指数计算方法，适用于全国、区域、行业的物流运行统计监测和预警。标准为我国物流景气指数调查和编制提供技术支撑和工作规范，为科学地反映物流业整体运行状况、发展趋势、周期性特征，实现对物流行业发展及对经济运行状况的定量判断、动态监测和预测预警，从而为推动我国物流统计工作更好地适应我国现代物流业发展和与国际接轨提供技术保障。

★《物流园区统计指标体系》（GB/T 30337—2013）

《物流园区统计指标体系》（GB/T 30337—2013）是由全国物流标准化技术委员会提出并归口，经国家标准化管理委员会批准，列入 2010 年国家标准制修订计划的项目。标准规定了物流园区统计指标体系设计基本原则与体系框架，以及物流园区运营基础类指标和运营状况类指标的构成，适用于各类物流园区经济活动的统计和管理。通过对物流园区统计指标体系进行规定，为我国物流园区的统计提供技术支撑，使统计数据能全面、客观地反映我国物流园区的运行特点和经营效益，使各地区、各部门的物流园区统计工作进一步规范，从而更好地支持物流园区的管理和促进我国现代物流业的发展。

2013年物流信息化发展回顾与2014年展望

2013年，我国物流业出现了趋稳向好、转型升级的新局面。在工信部印发的《关于推进物流信息化工作的指导意见》的指引下，我国物流信息化得到了快速发展。

一、2013年我国物流信息化回顾

（一）国家对物流信息化工作高度重视

1月7日，工业和信息化部印发了《关于推进物流信息化工作的指导意见》（以下简称《指导意见》），《指导意见》明确：到“十二五”末期，初步建立起与国家现代物流体系相适应和协调发展的物流信息化体系，为信息化带动物流发展奠定基础。意见的出台将加速我国物流信息化体系建设步伐。

为确保目标圆满完成，意见提出七项主要任务，包括：提高全社会物流信息资源开发利用水平，提高政府部门物流服务和监管的信息化水平，提高物流行业和物流企业的信息化水平，提高企业物流信息化和供应链管理水平，加快物流信息化标准规范体系建设，加快物流信息化军民结合体系建设，以及推进物流相关信息服务业和信息技术创新与发展。

2月5日，国务院发布了《关于推进物联网有序健康发展的指导意见》（以下简称《指导意见》），《指导意见》明确提出要推动物联网应用示范，促进经济发展。对工业、农业、商贸流通、节能环保、安全生产等重要领域和交通、能源、水利等重要基础设施，围绕生产制造、商贸流通、物流配送和经营管理流程，推动物联网技术的集成应用，抓好一批效果突出、带动性强、关联度高的典型应用示范工程。

4月2日，国家发展改革委、工业和信息化部、国土资源部、住房和城乡建设部、交通运输部联合发出通知，要求推广传化“公路港”物流经验。通知要求地方政府有关部门要积极研究制定交通运输物流公共信息平台标准、跨区域物流信息平台接口规范，促进物流信息的互通和共享。

9月30日，国家发展改革委等十二部委联合发布了《关于印发全国物流园区发展规划的通知》（以下简称《通知》），《通知》明确提出要推动物流园区信息化建设。加强物流园区信息基础设施建设，整合物流园区现有信息资源，提升物流园区信息服务能力。研究制定统一的物流信息平台接口规范，建立物流园区的信息采集、交换和共享机制，促进入驻企业、园区管理和服务机构、相关政府部门之间信息互联互通和有序交换，创新园区管理和服务。

6月6日，交通运输部发布了《关于交通运输推进物流业健康发展的指导意见》，在主要任务中明确指出要积极推进信息化建设。

一是要加快推进交通运输物流公共信息平台建设。发挥好交通运输物流公共信息平台的作用，制定平台建设纲要、实施方案和区域交换节点建设指南，出台平台标准化建设方案，进一步深化对平台建设、运营和管理模式的研究。完善平台基础交换网络，加快推进跨区域、跨行业平台之间的有效对接，实现铁路、公路、水路、民航信息的互联互通。深入推进东北亚物流信息服务网络（NEAL - NET）建设。依托平台开展物流园区信息联网工程建设。

二是要推进行业信息系统建设。加快完善铁路、公路、水路、民航、邮政等行业信息系统，推进互联互通，增强一体化服务能力。制定行业物流信息采集、交换、服务等标准，强化与相关领域信息标准的对接。鼓励车联网、船联网技术的开发和推广应用，加快营运车辆联网联控系统建设。深化交通电子口岸、港口集装箱多式联运和内河航运综合信息服务等系统建设。

2013年9月24日，交通运输部发布了《关于推进交通运输信息化智能化发展的指导意见》，提出了推进信息化智能化发展的八项主要任务：一是加强信息化智能化发展统筹规划。二是加强业务流程优化和管理模式创新。三是加强信息数据的采集、管理与应用。四是加强重点应用领域信息系统建设。五是加强智能交通技术集成创新和试点示范。六是加强可持续发展体制机制建设。七是加强信息化智能化标准体系建设。八是加强网络与信息安全保障体系建设。

（二）物流企业信息化投资有所下降，但物流信息技术的应用更加普及，物流信息化应用效果显著

2013年5月，工业和信息化部信息化推进司发布了《2012年物流信息化监测报告》，从物流信息化基本建设、物流信息技术应用情况和物流信息化应用效果三个方面对物流企业进行了调研，调查结果如下：

1. 物流信息化基本建设

（1）物流信息化投资率有所回落

2012年，参与调研的企业中56.6%进行了信息化投资，投资率较2011年有所回落。其中，15.38%的企业信息化投资率不足1%，38.46%的企业信息

化投资率介于 1% ~5%，15. 38% 的企业信息化投资率在 5% ~10%，同时，约有 30. 78% 的样本企业投资率超过 10%。如图 1 所示。

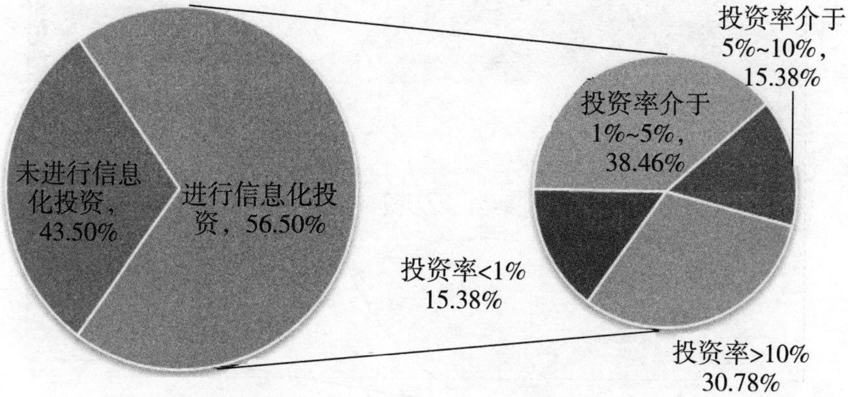

图 1　样本企业信息化投资率

在物流信息化建设形式的选择上，选择外包服务和自建信息系统的企业差别不大，分别占样本企业的 51. 85% 和 48. 15%。如图 2 所示。

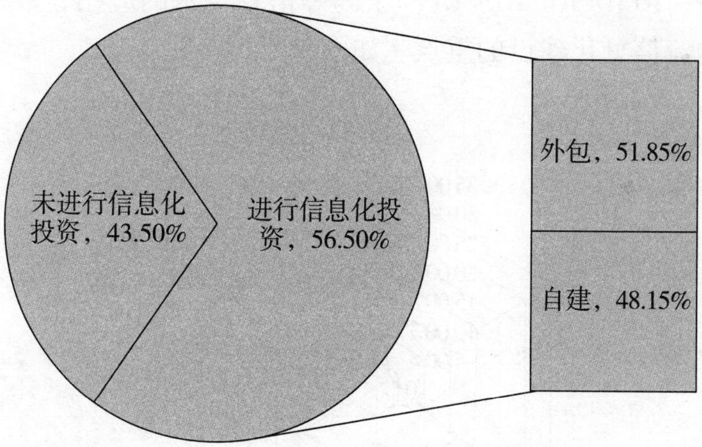

图 2　物流信息化建设形式

（2）信息平台/门户网站大多用于信息发布

样本企业中，超过 97% 的企业建有自己的门户网站/信息平台；其中，大多数门户网站/信息平台的用途仍是单纯定位在信息发布上，只有 15. 3% 的企业将电子交易纳入其中并逐步推行应用。如图 3 所示。

（3）物流信息集成日渐成为建设重点

物流信息集成受到大多数企业的关注，30. 30% 的样本企业将构建信息平

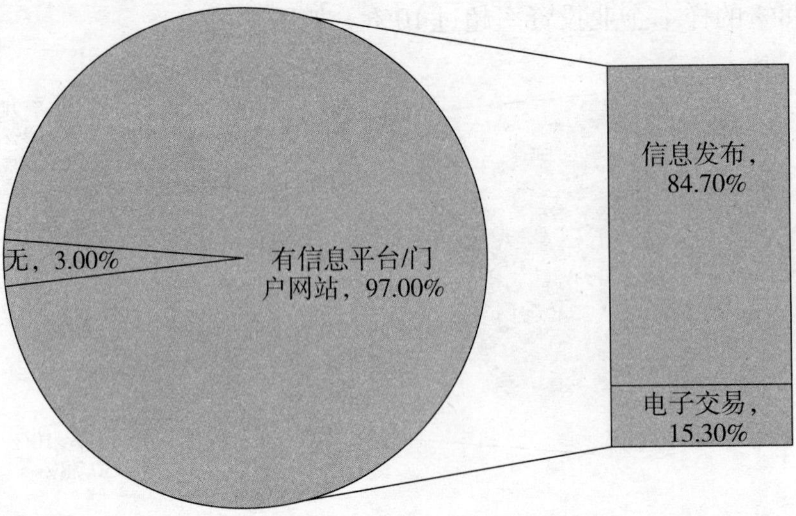

图 3　门户网站/信息平台用途

台（内部信息处理、OA、增值业务）作为信息化建设的重点；此外，部分企业将软件开发、RFID/RF/GIS/GPS/条码等信息技术的应用、数据分析、数据挖掘等作为物流信息化建设的重点。如图 4 所示。

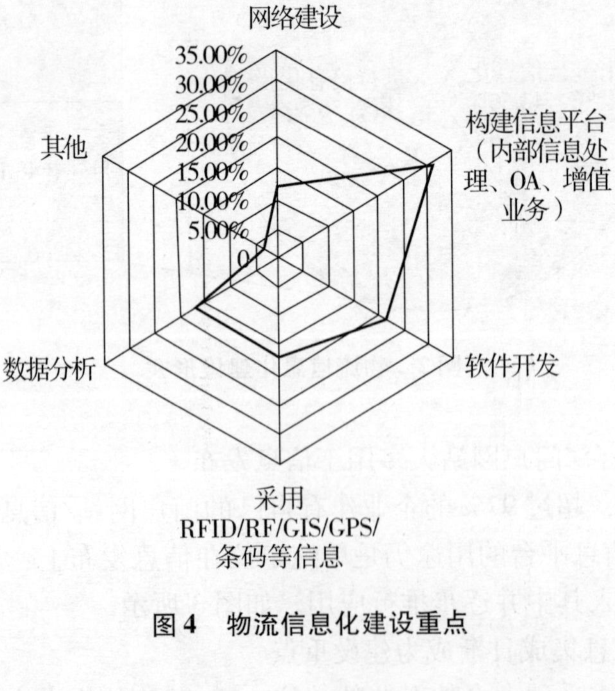

图 4　物流信息化建设重点

（4）资金和人才问题持续制约企业物流信息水平提升

监测结果显示，样本企业大多认为资金和人才是企业物流信息化建设中的主要问题，分别占 36.40% 和 33.30%。如图 5 所示。

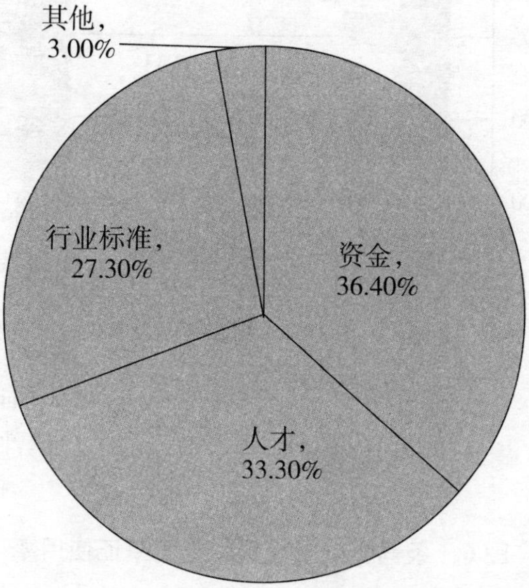

图 5 物流信息化建设瓶颈

2. 物流信息技术应用情况

（1）条码、电子单证等技术得到基本应用

2012 年，条码、电子标签以及电子单证等技术在物流业务中得到基本应用。其中，条码应用率达到 53.31%，较 2011 年增长 10.45%；电子单证应用率达到 57.12%，较 2011 年增长 9.5%；而电子标签使用率与 2011 年相比则有所下降。但物流信息技术总体上的发展趋势是毋庸置疑的，这些技术的应用在很大程度上提升了企业的信息化水平，物流信息技术的创新应用是推进物流信息化发展的重要手段。如图 6 所示。

（2）物流软件得到普及应用

2012 年，物流软件得到普及应用，其中以运输管理系统（TMS）应用率最高，达到 19.70%；车辆追踪系统和仓库管理系统（WMS）的应用率次之，分别为 18.18% 和 16.67%。本次调查选取了常见的七种物流业务管理软件，通过对比其应用率可以看到近年来物流软件的应用率逐步提升，应用种类更加丰富，更加注重软件与业务的切合度以及与企业未来发展的相关性。如图 7 所示。

（3）信息交换方式逐渐以信息化交换为主导

监测结果表明，物流企业与外部主体业务信息交换中，以 EDI（电子数据

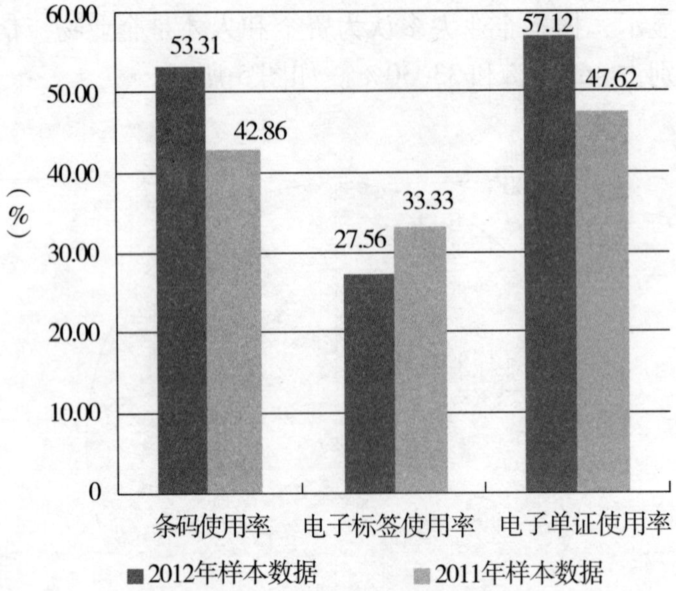

图 6　条码、电子标签、电子单证使用率

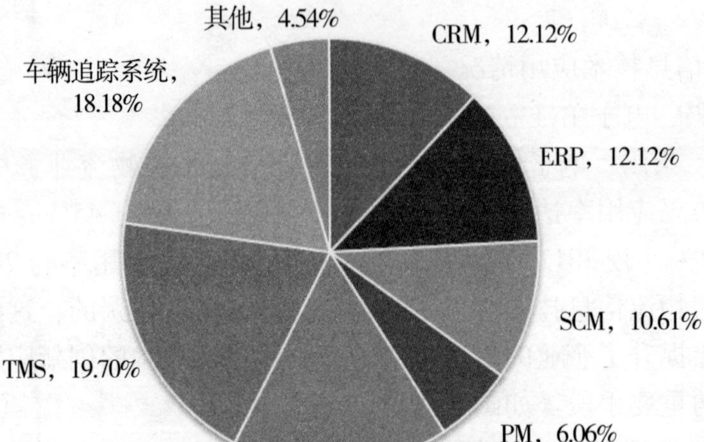

图 7　物流软件应用率比较

交换）和互联网等为代表的信息化交换方式逐渐成为市场主导，使用率由 2011 年的 43. 75% 上升至 67. 87%；而传统方式（电话、传真等）由原先的 56. 25% 下降至 32. 13%。信息交换方式的变革直接影响着物流业务进行中信息交换速率和准确度的提升。如图 8 所示。

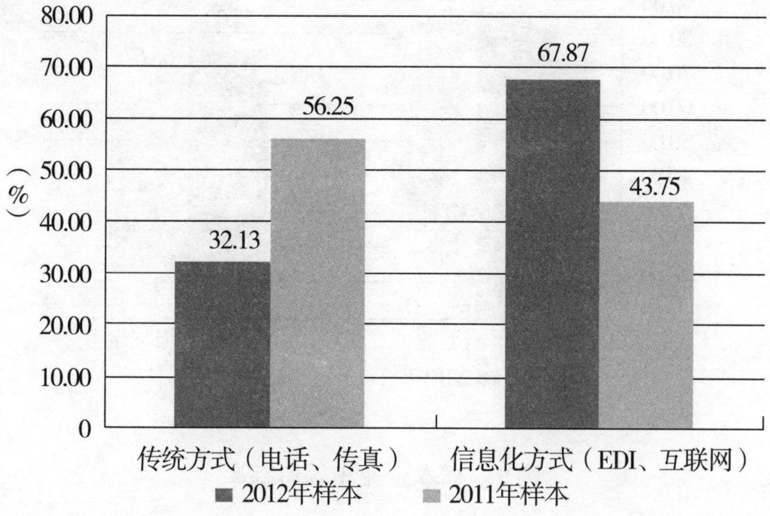

图 8　样本企业信息交换方式

3. 物流信息化应用效果

（1）订单（运单）准时率得到大幅度的提升

监测结果表明，物流企业订单（运单）准时率较 2011 年同期有了显著提升，订单（运单）准时率达到 92. 21%；其中，78. 57% 的企业订单（运单）准时率超过 90%，物流服务水平得到大幅度提升。但市场竞争日益激烈，企业仍需继续加大信息化建设力度，提升信息技术的应用水平，提高订单（运单）准时率，满足客户需求。

（2）车辆追踪水平显著提升

监测结果显示，87. 50% 的企业实现了对自有车辆的追踪，较 2011 年的 80. 95% 有所提升；其中，有 78. 57% 的企业自有车辆追踪率达到 100%。有 75. 00% 的企业实现了对委外车辆的追踪，较 2011 年的 66. 67% 也有所提升；其中，有 75% 的企业对外部车辆的追踪率超过 50%；41. 67% 的企业达到了外部车辆的追踪率 100% 的水平。如图 9 所示。

（3）全程透明可视化率显著提升

监测结果表明，有 81. 25% 的企业实现了全程透明可视化；其中，有 69. 23% 的企业全程透明可视化程度超过 80%；30. 77% 的企业的全程透明可视化能力达到 100%。如图 10 所示。

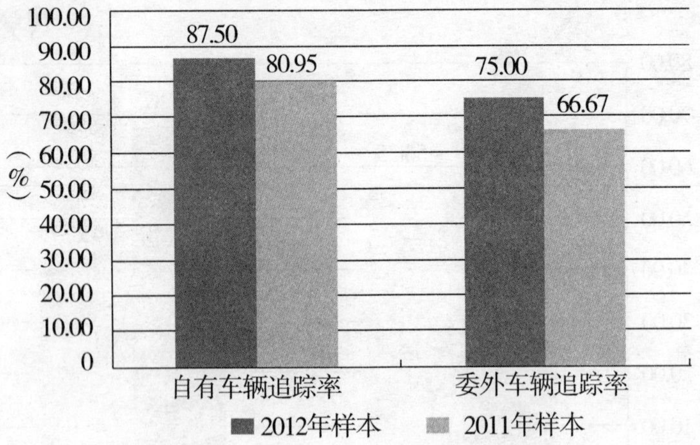

图 9　样本企业车辆追踪率

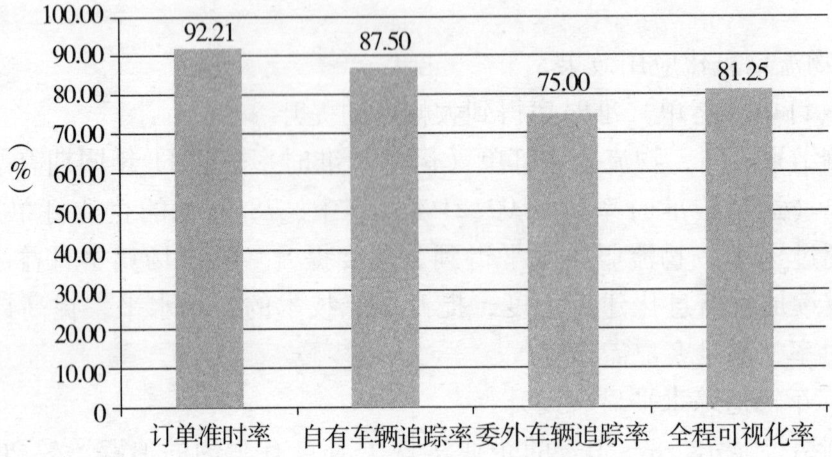

图 10　物流信息化应用效果

（三）产业物流以流程透明化为基础，通过流程优化和提高管控能力提高效率，并融合增值服务来提升效益

1. 产业物流信息化以流程透明化为基础，通过流程优化和管控来提高物流效率

一汽物流（成都）有限公司通过实施系统信息化管理，企业改造优化主业务流程，并打造了全国最先使用 RFID 射频技术的整车仓储定位管理。以

LVCS（车辆定位仓储管理系统）为载体，整合 SAP - R3（一汽大众生产管理 ERP）的主要功能模块。此系统对内满足一汽大众 60 万辆仓储发运提供了信息支持，全员绩效考核提供了数据支撑，提高了入库效率 40%；备车效率提高了 35%。适时规划、有序推进，逐步建立能融通全国的现代化整车物流管控服务体系。通过此系统的实施，一汽物流（成都）有限公司能提高 35% 每日出车量。

广东中烟应用的唯智运输管理系统，在全公司搭建一套集运输计划、运输调度、运输作业、费用管理、服务考评、资源管理、报表管理等功能于一体的专业物流管理系统，全面运用信息化手段整合广东中烟成品、原料、物资、配香、零配件、半成品、广告品等运输业务，同时利用系统的灵活性和简便性提升整体工作效率，满足企业物流的全程可视化、关键节点可控化、信息共享化、运作协同化的需要，最终实现烟草物流效益最大化、效率最高化、综合成本最低化的目标。

2. 供应链与电子商务的融合发展是产业物流发展的方向

商康医药网将电商、电销、金融、现代物流四大板块进行有机融合，创造了独具特色的商康模式，为医药电子商务设计了一套 B2B2B2C（生产企业—商康医药网—药品销售企业—亚健康人士）的平价药品批发解决方案，同时结合全洲“11211”工程（垂直医药电商平台 + 全洲物流港 + 医药终端网络与配送网络 + OEM 工厂 + 呼叫中心），形成医药供应链与电子商务有机结合的新业态。

电子商务企业结合自身发展状况，通过自建物流、建立联盟、外包服务等多种方式建设自己的物流体系，以使物流成为差异化竞争的利器，而不是发展的瓶颈。宝洁天猫商城物流中心通过实施 FLUX WMS，提高其订单执行的效率和准确率，优化物流中心的订单执行过程，提高仓储拣货配送的速度和执行效率，带来的是客户满意度的稳定提升，物流服务成本的清晰可控，使得物流成为了宝洁天猫旗舰店的竞争优势，对于电商行业的发展以及正在寻求仓储物流解决方案的诸多电商企业都有很大的借鉴意义。

3. 商业智能技术的应用为产业物流发展的决策提供了依据

开滦国际物流公司随着多年的信息化的深入发展，各软件系统积累了海量的财务数据和物流业务数据资源。公司通过 BI 领导决策平台的数据挖掘、展现和分析工具，快速获取与关键业绩指标相关的业务数据，从多个层次、多维度对业务数据进行 OLAP（联机分析处理）分析，揭示指标运行质量，有效及时地反映企业运营状况和发展趋势，为集团领导决策提供准确、及时、全面的信息依据。

江苏飞力达国际物流股份有限公司开发了商业智能平台，通过商业智能平台整合公司分散的货代系统、仓储系统、运输系统、财务系统、人事系统等系统，构建单一视图管理。商业智能平台能够构建稳定的战术智能，逐步转向运营智能。商业智能平台推动着企业从第三方物流服务演变成第三方物流管理，通过建设该平台，着重将战略指标从财务层面、市场与客户层面、内部流程、学习与成长四个维度进行分解，进行严格的量化跟踪，解决过程中的问题，优化服务质量同时形成一套行之有效的管理模式。

（四）向供应链发展是物流公共信息平台的发展方向，融合电子商务使平台充满活力

1．供应链物流信息平台发展迅速

易网通开放式供应链物流信息平台定义为面向物流服务构架的供应链物流信息平台。易网通电子网络（深圳）有限公司针对于不同的物流链业主提供了相应的基于开放式的供应链物流信息平台应用。业务涵盖零部件供应、加工制造、第三方物流（仓储、运输、配送）、物流园区、保税区、港口码头等物流价值链企业，包括实施内部及供应链物流一体化业务，例如，针对于第三方物流企业提供的仓储上、下游企业外包物流业务链信息的集成应用，加工贸易货主企业与海关、货运代理、船公司、港口码头等海关物流业务链信息的集成应用，物流园区仓储与物流租仓企业、终端货主及海关等政府机构的物流管理链的信息集成应用等。

国家交通运输物流公共信息平台 1 +3*N* 的整体构架及近几年在交换基础网络、标准化软件和外部系统接入方面的建设成果，从三方面解决了互联中存在的问题，帮助供应链公司快速打通物流链信息渠道。以华东医药供应链公司为主的供应链通过枢纽进行互联，让原本传统的供应链实现了信息化互联，通过应用枢纽标准单据和软件，有效管理整个供应链，监管下游物流企业，提高整条供应链效率。通过整合把原来要手动处理的业务流程改为自动化、信息化的业务流程，使供应链公司可以及时了解货物的节点信息，同时加强对承运商的掌握，通过 KPI 指数对承运商考核。

2．物流电子商务平台是发展趋势

中国外运综合物流业务订单管理系统主要通过互联网服务于仓储、运输、货代等各类综合性物流公司和货主。为这些服务对象，系统提供了统一的接单服务窗口，通过线上和线下集中接受货主的物流订单委托，并根据货主的要求，将订单分拆分发给仓储信息系统、运输信息系统、货运代理系统等各作业层面的物流信息系统，同时接收各操作系统的操作状态反馈，并通过与应用门

户集成、短信消息服务等方式，为他们提供了快捷、透明的“一站式”服务。

新钢铁现货电子交易平台采用自主开发的“新钢 e 资源共享交易系统”在实现大宗现货电子交易的同时，又体现出国内独有的两种服务模式，即：无处不在的企业现货电子交易平台和企业之间的资源共享。新钢铁的服务包括钢铁现货资源在线发布、资源共享、现货在线交易、钢铁加工服务代理、钢铁物流配送服务代理、在线支付与信用管理、钢铁企业专业信息化建设、专业钢铁行业 ERP 软件产品提供、电子商务人才培养与研究等以钢铁行业为基础的全供应链服务与运营。

3. 云服务在物流信息平台的应用越来越广泛

大西南物流云服务平台是通过互联网络、物联网和云计算技术以及其他信息系统建立起来的智慧型服务平台。建设大西南物流云服务平台，可促进企业服务竞合、资源整合和业务融合，推动“专业市场 + 现代物流 + 电子商务”一体化发展。有利于打造产业链，延伸供应链，提升价值链，做好增值链。另外，大西南物流云服务平台可以通过信息流把握业务流，通过“信息流 + 业务流”融合“人流 + 商流 + 物流 + 资金流”。从而构建成怀化与大西南区域“供需、增值、一站式”智慧型服务平台。

基于北斗技术的电商快递运输过程透明管理云服务平台是易流专门针对电商快递企业的物流运输环节而搭建的物流信息化管理系统，该系统通过应用“运输过程透明管理”的现代物流管理理念，旨在为传统物流行业提供一个全新的物流管理理念和操作方法。系统通过现代信息技术手段，把物流运输过程中的“人、车、货”信息展现在互联网上，做到运输过程信息“实时、在线、透明、可控”，真正做到优化物流运输过程，提高物流运输效率的目的。

（五）云平台等新技术推动物流信息化的快速发展

在云平台上，所有的物流公司，代理服务商，设备制造商，行业协会，管理机构，行业媒体，法律结构等都集中云整合成资源池，各个资源相互展示和互动，按需交流，达成意向，从而降低成本，提高效率。

通过对物流行业各方面的基础需求分析，以及对现阶段国内物流行业的信息化现状的把握，我们把物流云计算服务平台划分为：物流公共信息平台、物流管理平台及物流园区管理平台三个部分。这三个平台有各自适合的作用层面，物流公共信息平台针对的是客户服务层，它拥有强大的信息获取能力；物流管理平台针对的是用户作业层，它可以大幅度的提高物流及其相关企业的工作效率，甚至可以拓展出更大范围的业务领域；物流园区管理平台针对的是决策管理层，它可以帮助物流枢纽中心、物流园区等管理辖区内的入驻企业，帮助他们进行规划和布局。

（六）物流信息化是电子商务的必然要求

从阿里巴巴的“菜鸟”网络，到苏宁的物流云平台，再到京东的自建物流体系，不难看出，电子商务的竞争就是物流的竞争，也就是物流信息化应用效果的竞争。电子商务需要通过信息技术方便迅速地收集和处理大量信息，使供应商、制造商、销售商、客户及时得到准确的数据，制订切实可行的需求、生产和供货、销售计划。建立电子商务体系，物流需要及时处理信息、跟踪客户订单执行、进行有效的采购管理、存货控制以及物流配送等系统服务，促进供应链向动态的、柔性的、虚拟的、全球网络化的方向发展，提高物流的竞争优势。

二、2014 年物流信息化的展望

（一）从李克强总理的《政府工作报告》中可以看出，电子商务、物流配送、4G 网络等相关物流信息技术的应用将会得到快速发展

《政府工作报告》指出：要促进信息消费，实施“宽带中国”战略，加快发展第四代移动通信，推进城市百兆光纤工程和宽带乡村工程，大幅提高互联网网速，在全国推行“三网融合”，鼓励电子商务创新发展。维护网络安全。要深化流通体制改革，清除妨碍全国统一市场的各种关卡，降低流通成本，促进物流配送、快递业和网络购物发展。充分释放十几亿人口蕴藏的巨大消费潜力。

2013 年工业和信息化部办公厅发出了《关于开展电子商务集成创新试点工程工作的通知》，评出了 342 个试点项目。2014 年预计工信部将会继续开展此项目的评审工作，促进电子商务与物流信息化的协调发展。

（二）交通运输部“大部制”改革终于成型：铁路民航邮政归交通部，促进了各种交通运输方式的有效衔接和服务一体化

新建立的交通运输部负责组织拟定综合交通运输战略、政策、法律法规草案、标准等职责以及组织编制综合交通运输体系规划和统筹衔接平衡铁路、公路、水路、民航和邮政规划方面的职能，促进了各种交通运输方式的有效衔接和服务一体化。

交通运输部统筹规划铁路、公路、水路、民航发展，可以加快推进综合交通运输体系建设，优化结构布局，实现各种交通运输方式统一规划、协调发展和“无缝”连接，形成真正意义上的大交通格局。在物流信息化方面将有利于政府监管平台与公共信息平台之间的互联互通，为建立全国性的物流公共信息平台奠定良好的基础。

（三）《道路运输车辆动态监督管理办法》的出台将大力推动北斗定位系统在物流行业的应用

由交通运输部、公安部、国家安全生产监督管理总局联合发布的《道路运输车辆动态监督管理办法》将于 2014 年 7 月 1 日起施行，该办法要求道路运输车辆须安装具有行驶记录功能的卫星定位装置，并接入营运企业按标准建设道路运输监控平台，北斗卫星定位系统作为我国自有的卫星定位系统，安全性、可靠性以及覆盖面都得到大幅提高，有关政府部门将会加大支持力度，因此，北斗定位系统在物流行业将会得到越来越广泛的应用。

（四）农产品电子商务及物流配送平台将会得到大力发展

中共中央、国务院印发了《关于全面深化农村改革加快推进农业现代化的若干意见》（以下简称《意见》）。《意见》提出，加强农产品市场体系建设。着力加强促进农产品公平交易和提高流通效率的制度建设，加快制订全国农产品市场发展规划，落实部门协调机制，加强以大型农产品批发市场为骨干、覆盖全国的市场流通网络建设，开展公益性农产品批发市场建设试点。健全大宗农产品期货交易品种体系。加快发展主产区大宗农产品现代化仓储物流设施，完善鲜活农产品冷链物流体系。支持产地小型农产品收集市场、集配中心建设。完善农村物流服务体系，推进农产品现代流通综合示范区创建，加快邮政系统服务“三农”综合平台建设。实施粮食收储、供应安全保障工程。启动农村流通设施和农产品批发市场信息化提升工程，加强农产品电子商务平台建设。加快清除农产品市场壁垒。

（五）云服务将会在物流行业广泛应用

根据云计算服务性质的不同，可以将云计算区分为公有云、私有云。公有云部署具备更好的灵活性和可扩展性；而私有云更加安全而且便于控制。

就目前来看，为了节约成本，公有云在中小物流企业将会得到越来越广泛的应用，而私有云在大中型物流企业的应用会比较多，而更多的时候可能是公有云、私有云会同时存在。随着公有云安全性等核心问题的解决，最终目标是私有云尽可能移到公有云。物流企业更需要的是对自己的相关业务进行详细的分析，选择符合自身需要的云服务方式。

（六）大数据挖掘技术将会提升物流信息化的发展水平

IDC 发布的《中国大数据技术与服务市场 2012—2016 年预测与分析》显示，大数据的市场规模将于 2016 年增长到 6.17 亿美元，复合增长率达 51.4%，市场规模增长近 7 倍。2013 年 2 月 5 日，国务院出台了《推进物联网有序健康发展的指导意见》，从政策层面正式把大数据纳入到物联网产业领域。大数据时代，数据已经变成比肩人、财、物的战略资源，如何管理及应用这种资源是每个政府部门和企业都要学习的新技能。

经过多年的发展，物流企业都积累了海量的财务数据和物流业务数据资源，同时还有上下游企业的共享数据。如何整合数据并进行深入的数据挖掘，为领导经营决策提供支持、为经济运行提供分析与预警、为供应链上下游企业共享数据从而实现相互协同。这就需要对杂乱无章的原始数据进行分类整理，运用数据挖掘技术分析出我们需要的信息，为领导经营决策提供依据，切实提升我国物流信息化发展水平。

（中国物流与采购联合会网络事业部　晏庆华）

2013年物流教育培训发展回顾与2014年展望

一、2013年物流教育培训发展回顾

2013年，在相关政府部门的指导和支持下，在教育部高等学校物流管理与工程类专业教学指导委员会（简称物流教指委）、全国物流职业教育教学指导委员会（简称物流行指委）、企业、院校和科研机构的大力推动下，中国物流与采购联合会（以下简称中物联）在国家物流教育培训工作中继续发挥行业组织引领作用。

（一）基础工作扎实有效，为政府决策提供了科学依据

为贯彻落实党的十八大精神、《国家中长期教育发展和改革规划纲要(2010—2020年)》和《服务业发展“十二五”规划》的有关要求，进一步发挥行业主管部门和行业组织在物流教育与培训工作的重要作用，中物联与物流教指委、物流行指委共同组织了我国物流人才需求、物流企业岗位设置及能力要求、高等院校物流专业情况等多项基础性调研工作，为政府决策提供了科学依据。

为适应物流行业发展自身需求、企业管理和用人需求、职业教育与培训需求以及与国际接轨的需求，中物联启动了“中国物流行业职业标准体系建设”项目。在《物流师国家职业标准》的基础上，根据《国家技能振兴战略》提出了“职业标准体系层次化”的要求，完成了中国物流行业职业标准体系框架建设，框架具有模块化、功能化（职业角色化）、层次化、系统化的特点，内容丰富，结构合理，奠定了中国物流行业人才培养相关标准建设的基础。

根据《国家发展改革委办公厅关于印发2012年物流行业标准项目计划的通知》（发改办经贸〔2012〕3133号），《物流从业人员职业能力要求》正式获准立项，并被列入了2012年物流行业标准项目计划，中国物流与采购联合会和全国物流职业教育教学指导委员会组织有关部门和单位成立了《物流企业岗位设置及能力要求》标准起草小组（以下简称标准起草小组），负责起草《物流企业岗位设置及能力要求》标准。

行业人才培养基础数据的调研、中国物流行业职业标准体系的构建，以及

《物流从业人员职业能力要求》行业标准的制定有力地提升了行业人才培养质量，推进了高等教育和职业教育模式改革创新。

（二）产业教育深度对接，物流职业教育取得重要进展

1. 物流教育规模不断扩大

2013 年，全国本科共有 443 所院校开设物流专业，专业布点数为 475 个；高职共有 954 所院校开设物流专业，专业布点数为 1229 个；中职共有 900 多所院校开设物流专业。2001 年以来，我国学历教育和职业教育累计为社会培养物流专业人才 200 多万人，极大地缓解了我国物流人才短缺的矛盾，为打造中国物流业的升级版提供了强大的人才支撑。

2. 学科专业建设逐步规范

学科专业建设逐步规范根据教育部的安排，物流教指委启动了《物流管理与工程类专业教学质量国家标准》的研制工作。为了掌握高等院校物流专业建设整体情况，物流教指委在全国范围内开展相关调研工作，调研内容包括全国布点、专业概况、师资和教材、实训和实习、招生和就业等情况。调研成果《全国高校物流管理与工程类专业建设及学科战略发展调研报告》在 2013 年全国高校物流专业教学研讨会上正式对外发布，引起了各方的关注。

物流行指委参与了教育部《高等职业学校专业目录》的修订工作。按照本次教育部高等职业学校专业目录修订指导思想，遵循科学规范、主动适应、科学发展的原则，为主动适应经济社会全面发展对物流人才培养的要求，物流行指委提交了高等职业学校专业目录下增设“物流大类”的专业设置方案。

2011 年，物流行指委启动了《中等职业学校物流服务与管理专业教学标准》项目，经过两年多的修订，《中等职业学校物流服务与管理专业教学标准》于 2013 年通过教育部专家评审，并成为教育部首批公布的中职专业教学标准。

3. 教师培训工作卓有成效

本科院校物流骨干教师高级研修班由中物联和物流教指委共同举办，由来自国内外高校、企业的知名专家授课，共举办十一届，累计培训骨干教师逾千人。自 2006 年开始，中物联和物流教指委会共同与德国、加拿大、日本、英国和美国签署物流与采购人才培养项目协议，共派遣 300 多人赴国外考察学习，了解发达国家的先进物流高等教育与管理模式。

2010 年以来，中物联和物流行指委每年组织 2 ~ 3 次双师型教师培训班，截至目前，约有 600 多名来自全国各地职业院校的教师参与。2007—2013 年，先后组织 200 多名企业和院校专家赴美国、德国、英国等国家培训考察，对国

内物流职业教学改革具有重要的指导意义。

4. 物流教学研讨效果显著

全国高校物流专业教学研讨会是由中物联和物流教指委共同主办的、面向全国高校教师的学术交流平台。第十二届全国高校物流专业教学研讨会于2013年12月7~8日在厦门隆重召开。来自全国各地物流管理与工程类高校领导、学科带头人、专业教师，物流行业协会、企业、教育培训机构及大众媒体代表等共计300多名专家学者参加了会议。会议全面总结回顾了上届教指委工作所取得的成绩，并围绕物流专业人才培养、企业业务模式创新、教学团队科研创新能力建设及实践教学等相关议题展开了交流和讨论。本届研讨会共设物流管理与工程专业人才培养模式创新，物流企业业务模式创新，第二届院长/系主任论坛，实验室/实训基地建设、实践教学创新四个分论坛。本次会议对进一步深化高校物流教学改革，促进物流学科建设科学发展，推动我国物流业发展培养出更多符合企业和社会需求的实用型人才具有十分重要的意义。

2013年10月，由中物联、全国物流职业教育教学指导委员会共同主办、厦门市教育局承办的第五届全国职业院校物流专业教学研讨会在厦门成功举办。中物联、物流行指委、厦门市教育局等部门的相关领导出席了会议，全国各地教育主管部门、物流行业协会特邀专家学者、物流企业领导、人力资源负责人和代表、全国中高职物流及相关专业职业院校领导、专业负责人和骨干教师、英德两国专家、教育培训机构及大众媒体代表等共计300多人参加了此次会议。会议以“合作—创新—共赢”为主题，分析总结了物流职业教育发展的新形势和面临的新问题。会上举行了中英物流现代学徒制试点项目校企签约仪式，专门邀请英国专家对“现代学徒制”在英国的运作做了详细的介绍，并设立分论坛对此次试点项目运作过程中可能存在的问题进行了讨论，对项目下一步的发展具有十分重要的指导作用。本次会议共设高职教学改革和师资建设论坛、高职技能开发与信息化论坛、中职教学改革与技能开发论坛、中职师资建设与校企合作专业委员会小组讨论会议、中英国际合作对接论坛五个分论坛。各分论坛上还为教学改革专业委员会、技能开发专业委员会、师资建设专业委员会、企业合作专业委员会、国际合作专业委员会、信息化专业委员会的委员颁发了聘书。本次会议为培养物流产业发展所需的高素质技能型人才，扩大国际交流与合作，创新物流人才培养模式，推动我国物流产业的迅速健康发展起到了积极的推动作用。

5. 物流设计大赛圆满完成

全国大学生物流设计大赛是由中物联和物流教指委共同举办的一项面向全

国大学生的大型物流教学实践方面的竞赛活动，是教育部实施“质量工程”中的九项专业设计大赛之一，也是目前国内最具专业性、权威性、实用性的大学生物流大赛，大赛每两年举办一次。“安吉杯”第四届全国大学生物流设计大赛由安吉汽车物流有限公司提供案例并冠名支持，由上海海事大学承办决赛。本届大赛自2012年启动以来，受到了社会各界的关注与支持，得到全国开设物流专业高校的高度重视和积极响应，纷纷举办校内选拔赛，推荐最精锐的队伍来参加全国大赛，最后共有来自223所学校的399支参赛队通过审核取得了进入全国设计大赛的资格，创下历史新高。经过激烈的初赛有201支参赛队进入复赛，通过层层选拔，最终有60支参赛队进入决赛。本届大赛案例的复杂程度较往年有所增加，各参赛队从不同角度对案例中提到的问题进行系统分析，设计方案覆盖了零部件、整车物流、生产制造、物流销售及全供应链等多专业、多学科。大赛充分展现了各参赛队员的创新、协作精神，使各队之间的竞争更加激烈，比赛更加精彩纷呈。大赛对推动高校物流教学改革，增进校企合作，促进大学生就业具有重要意义。通过大学生在企业的实践活动，将理论学习与企业实际需求紧密结合，有效培养和提高大学生的研究、解决问题的动手能力。激励大学生勤奋学习，激发创造力，勇于实践，提高全面素质。

6. “双证书”认证取得实效

按照物流企业一线岗位技能和知识要求，中物联在全国范围内开展了助理物流师、物流员培训认证。截至目前有150000人参加了两类证书的培训学习，为物流企业输送了大批高素质技术技能型人才。

7. 对外交流试点逐渐扩大

中物联近年来与德国、英国、加拿大、韩国、新加坡等国相关机构和院校广泛交流合作，多批次派出校长及专业老师考察学习，每年的物流教学研讨和对接活动都邀请国外专家来华交流，出现了一批与国外院校、专业机构紧密合作的中、高职院校。中物联还积极与英国文化协会、英国物流技能协会合作，在国内中职院校开展现代学徒制物流专业的试点工作。

2013年4月，中物联和物流行指委组织10多所院校共20人的中国物流职业教育代表团访问英国。访问期间，中国物流与采购联合会、英国文化协会、英国物流技能协会正式签署三方合作备忘录，三方同意在物流行业人才培养、物流职业标准、物流职业教育等多个领域进行合作。通过此次访问，加强了中英双方的理解，为国际化交流和合作打下基础。作为三方合作备忘录的内容之一，同时也是教育部现代学徒制试点两个专业之一，物流行指委与英国文化协会于2013年年中启动物流专业现代学徒制试点项目，选择上海现代流通学校和顶通物流作为第一个试点项目。围绕现代学徒制试点项目，物流行指委和英国文化协会多次组织主管部门领导、行业和院校专家进行培训和研讨，目前进入项目准备、学徒师资培训等工作，计划2014年招收第一批学徒。在上海试点的基础上，物流行指委与英国文化协会正在推动湖南现代物流职业技术学院的高职层面的现代学徒制试点工作。

8. 校企合作办学深入发展

中物联全力推动校企合作、工学结合的办学模式，以培养更多高素质技术技能型人才。中物联在全国范围内建立产、学、研合作基地和全国物流职业教育人才培养基地，发挥基地的辐射作用，推动校企合作深入开展。同时，中物联积极开展了产教对话活动，搭建了校企合作的沟通交流平台，推广了好的经验和做法，推动物流企业参与到校企合作办学中去。

9. 职业教育模式取得创新

中物联于2013年与国家开放大学合作成立国家开放大学物流学院。为搭建服务于社会、行业、企业和院校，面向人人的学历和非学历继续教育衔接的终身学习平台。学院面向物流行业从业人员开展中高职、本科学历和非学历继续教育，引入职业资格、学习单元和学分，并通过“国家继续教育学分银行”实现非学历继续教育和学历继续教育有效衔接。

10. 理论研究不断深化

2013年，中物联共收到175个物流教改教研课题立项申请，课题涉及专业建设与改革、物流实践能力培养及实践教学、物流人才培养模式、课程及教材建设与改革、实验室建设等多个方面。经专家匿名评审，共确定158个课题列入“2013年物流教改教研课题计划”，并予以正式下达。该项工作对推动物流教育教学改革，提高物流教育教学质量，促进物流教学研究活动的开展具有积极的推动作用。

（三）资格认证逐渐完善，物流行业指导作用日益突出

2013年，物流职业培训工作以院校物流专业的应届毕业生、大中型企业物流培训市场、待岗工人的再培训为重点，继续稳步发展。

按照教育部的要求，物流行指委利用行业职业资格认证的优势，推动职业院校和物流行业职业资格认证的深度合作，推进物流员智能化考试认证工作，工作得到广大中职院校的积极响应。目前，推广工作已在全国迅速展开。下一步将在此基础上扩大助理物流师智能化考试认证工作与高职院校的有效衔接，在“双证书”建设和推动工作中，中物联与物流行指委将一同为全国职业院校物流人才培养工作提供指导和服务，形成行业标准、课程体系、师资培养、实训实习和认证服务的物流职教体系。

行业在职业教育中的作用日益显著。中物联时刻关注物流行业的发展状况，职业教育始终紧跟行业发展和需求，借鉴国外职业教育和培训的成功经验，在职业教育领域不断探索符合国家物流行业发展需要的人才培养方式和课程。培训教材及时更新，考核也从实战出发，注重对从业人员能力的提升，企业参加培训人员保持稳定。培训更加符合职业培训特点，始终走在职教前沿。

物流教育和职业培训充分发挥教育部高等学校物流类专业教学指导委员会、全国物流职业教育教学指导委员会在以行业发展和需求引导人才培养中的特殊作用，在教研教改、师资建设、实习实训基地建设、实验室建设等方面，切实抓好各项工作：连续三年开展对中职院校物流骨干师资的培训，并加强与国外物流教育的交流与合作：启动职业院校与企业学徒制培养项目，使全国的物流教育水平比“十一五”时期有一个明显的提升。职业培训立足产业发展，对不同层次和不同岗位从业人员开展有针对性的培训，满足行业和企业发展需要。

二、2014 年物流教育培训工作展望

新时期物流产业的发展对物流人才的培养工作提出了新的要求，2014 年将继续围绕根据党的十八届三中全会精神和《国家中长期教育发展和改革规划纲要（2010—2020 年）》确定的战略目标，不断整合物流企业、行业协会资源，借鉴国外的先进经验，推动和完成行业标准、教学标准的制定工作，完善物流师职业资格培训认证体系，探索构建中国物流职业教育体系，推进物流教育教学改革，努力提高我国物流人才培养质量。

第一，继续做好标准的制定工作，深化完善物流师职业资格培训认证体系。提高为企业服务水平，开展物流企业高端人才培训；开发适合物流企业的培训课程，加大对企业的物流与采购培训工作力度。

第二，继续发挥行业组织在教育和人才培养工作中的引领作用，建立国际合作交流平台，指导我国物流高校和职业院校继续深化国际交流与合作，加强与各国行业组织和教育机构在课程引进、项目合作、师资培训和合作办学等领域的合作，借鉴学习发达国家在教育和人才培养工作中的先进经验，加强我国物流学科体系建设，提高我国物流教育质量。

第三，认真贯彻落实李克强总理在 2014 年 2 月 26 日召开的国务院常务会议上，对加快发展现代职业教育的部署要求，以及今年将召开的全国职教工作会议精神，全面深化改革，探索创新现代物流职业教育模式。重点加快开展国

家开放大学物流学院运行模式、学分银行转换标准、课程设置、教材使用、教学点设置以及学院内设机构建立等各项工作，构建职业院校学生成长“立交桥”，拓宽学生继续学习渠道，加快构建现代物流职教体系。积极引导优势企业融入物流职业教育，开展物流专业骨干师资培训、“双证书”建设、现代学徒制试点等工作，提升物流职业教育人才培养质量。

（中国物流与采购联合会教育培训部　郭肇明）

第三篇

资 料 汇 编

2013年全国物流运行情况通报

2013年，我国物流运行总体平稳，物流需求规模保持较高增幅，物流业增加值平稳增长，但经济运行中的物流成本依然较高。

一、社会物流总额较快增长

2013年全国社会物流总额197.8万亿元，按可比价格计算，同比增长9.5%，增幅比上年回落0.3个百分点。分季度看，第一季度增长9.4%，上半年增长9.1%，前三季度增长9.5%，呈现由“稳中趋缓”向“趋稳回升”转变的态势。

从构成情况看，工业品物流总额181.5万亿元，同比增长9.7%，增幅比上年回落0.3个百分点。进口货物物流总额12.1万亿元，同比增长6.4%，增幅比上年回落1.3个百分点。农产品物流总额同比增长4.0%，增幅比上年回落0.6个百分点。受电子商务和网络购物快速增长带动，单位与居民物品物流总额保持快速增长态势，同比增长30.4%，增幅比上年加快6.9个百分点；受绿色经济、低碳经济和循环经济快速发展带动，再生资源物流总额快速增长，同比增长20.3%，增幅比上年加快10.2个百分点。

二、社会物流总费用增速放缓

2013年社会物流总费用10.2万亿元，同比增长9.3%，增幅比上年回落2.1个百分点。社会物流总费用与GDP的比率为18.0%，与上年基本持平。

其中，运输费用5.4万亿元，同比增长9.2%，占社会物流总费用的比重为52.5%，与上年基本持平；保管费用3.6万亿元，同比增长8.9%，占社会物流总费用的比重为35.0%，同比下降0.2个百分点；管理费用1.3万亿元，同比增长10.8%，占社会物流总费用的比重为12.5%，同比提高0.2个百分点。

三、物流业增加值平稳增长

2013 年全国物流业增加值 3.9 万亿元，按可比价格计算，同比增长 8.5%，增幅比上年回落 0.7 个百分点。物流业增加值占 GDP 的比重为 6.8%，占服务业增加值的比重为 14.8%。

其中，交通运输物流业增加值同比增长 7.2%，增幅比上年回落 1.5 个百分点。贸易物流业增加值同比增长 9.5%，增幅比上年回落 0.3 个百分点。仓储物流业增加值同比增长 9.2%，增幅比上年回升 2.4 个百分点。邮政物流业增加值同比增长 33.8%，增幅比上年回升 7.1 个百分点。

国家发展改革委

国家统计局

中国物流与采购联合会

2013 年中国物流行业十件大事

中国物流与采购联合会

（二〇一三年十二月三十一日发布）

1. 习近平总书记考察物流企业，新一代领导集体重视物流业发展。

2. 国务院批准设立中国（上海）自由贸易试验区，保税物流和国际物流迎来发展新机遇。

3. 国家发展改革委等 12 部门联合发布《全国物流园区发展规划》，确定 99 个城市为物流园区布局城市。

4. 中国铁路总公司成立，原铁道部行政职责划入交通运输部，铁路系统实现政企分开。

5. 中国物流景气指数（LPI）发布，预测分析我国物流业运行趋势又添新指标。

6. 交通运输部发布首个集高速公路和普通公路于一体的《国家公路网规划（2013—2020）》。

7. 铁路运输和邮政业纳入营业税改征增值税试点。

8. 传化公路港、林安物流、卡行天下、安能物流等多种商业模式推动公路货运市场平台整合。

9. 网上购物市场呈井喷式发展，推动电商物流网络体系建设，阿里巴巴成立“菜鸟网络”，大型电商企业全面开放物流平台，提升物流社会化水平。

10. 物流业成为资本投资热点，多家产业基金投资物流行业，新一轮兼并重组热潮涌动。

中物联参阅〔2013〕06号

物流业消除地区封锁、打破行业垄断的政策建议

中国物流与采购联合会

（二〇一三年七月）

根据《国务院办公厅关于实施〈国务院机构改革和职能转变方案〉任务分工》（国办发〔2013〕22号）的有关精神，中国物流与采购联合会在深入调研的基础上，现提出物流业消除地区封锁、打破行业垄断，建立统一开放、公平诚信、竞争有序大市场的政策建议。

一、取消企业异地设立分支机构的限制

物流企业具有网络化经营的特征，许多大型企业需要跨区域甚至在全国开展物流业务。如，德邦物流在全国有3000多个网点，申通快递在全国有5000多个门店。其中，大部分网点是区域公司的业务操作单位，由区域公司统一管理、统一经营，从事分拨、收件和派送业务，不具有主体生产经营职能，理应注册成非法人分支机构。但是，许多地区不允许外地物流企业设立非独立核算的分支机构，工商行政管理部门以各种理由不予办理营业执照，或者设置较高"门槛"作为前置审批条件。其深层次原因是非法人分支机构不需就地分摊缴纳企业所得税，影响了当地税收。企业不得不在每个网点都设立独立核算的分支机构，大大增加了企业开办和运营成本，不利于企业资源配置，影响了企业快速做大做强。

同时，外地物流企业设立分支机构存在较多限制。如，要求的注册资本、注册条件较本地企业高，营业范围受到限制，要求提供税收数额保证，要求进驻特定物流园区等，存在较多的地方保护和歧视性对待问题。

根据《国务院办公厅关于促进物流业健康发展政策措施的意见（国办发〔2011〕38号）》（业内称为"物流国九条"）规定，物流企业非法人分支机构可持总部出具的文件，直接到所在地工商行政管理机关申请登记注册，免予办理工商登记核准手续。但在许多地方此项政策并没有切实执行。对于企业总部

统一申请获得的资质，一些地区分支机构不能备案获得，依然需要分支机构单独申请。

为此建议，工商行政管理部门明确允许物流企业设立非独立核算分支机构，对物流企业设立各类分支机构不得设置与本地企业不同的标准，不得设置不合理的前置审批条件。企业总部统一申请获得的资质，企业各类分支机构可备案获得，支持物流企业跨区域网络化经营，鼓励企业做强做大。

二、允许集团型企业统一纳税

2008 年新的《企业所得税法》实施后，取消了对物流企业所得税统一缴纳的规定。在全国范围内经营，设置分支机构的物流企业执行《跨省市总分机构企业所得税分配及预算管理办法》（财预〔2012〕40 号）。该政策规定，属于中央与地方共享范围的跨省市总分机构企业缴纳的企业所得税，实行“统一计算、分级管理、就地预缴、汇总清算、财政调库”的处理办法。企业分支机构按照规定，应分别就地按月或者按季向所在地主管税务机关申报、预缴企业所得税，不得总机构统一纳税。网络化经营、一体化运作是物流企业基本的运行模式，就地预缴企业所得税的方式，不利于企业及时在集团内部统筹盈亏，割裂了物流企业的网络关系，增加了集团运营成本和税负，严重制约着物流企业做强做大。

此外，物流业营业税改征增值税后，集团型企业也面临着不能合并纳税的问题。大型物流企业普遍具有集团统一管控，分子公司分散经营的组织结构。随着集团内部集中采购和专业化运作，极易形成同一企业集团内不同纳税主体间的进销项费用严重不匹配。《交通运输业和部分现代服务业营业税改征增值税试点实施办法》第七条规定“两个或两个以上纳税人，经财政部和国家税务总局批准可以视为一个纳税人合并纳税”。2011 年 12 月 30 日，财政部、国家税务总局发布《关于中国东方航空公司执行总机构试点纳税人增值税计算缴纳暂行办法的通知》（财税〔2011〕132 号），允许中国东方航空公司及其分、子公司合并缴纳增值税，但是还没有在全行业推开。

为此建议，允许集团型物流企业实行企业所得税总分机构统一申报缴纳，取消对跨省市总分机构物流企业实行“就地预缴”的政策。允许营业税改征增值税的物流企业集团总机构纳税人实行增值税合并纳税。

三、进一步取消行政事业性收费

为了减轻企业和社会负担，根据国务院有关要求，财政部、国家发展改革委等部门多次下发文件，清理行政事业性收费。物流领域部分行政事业性收费得到取消和免征。但是，一些地区没有按照规定取消收费，继续收取有关费用，或者将明收改为暗收，将收费改为罚款。还有一些地区以其他名义继续收取费用，或者将有关收费转到下属或关联单位收取。如国家多次要求取消的运营车辆二级维护检测收费，还有许多地区在继续收取，或者转变成下属或关联单位，如检测站的维修维护费用继续收取。

为此建议，组织调查和评估物流企业的收费负担，清理各项收费，取消和制止不合理收费项目，未经国家和地方政府批准的行政事业性收费项目、行政部门委托或授权的收费项目一律不得收费；对收费过高的项目，予以降低；制止乱集资、乱摊派的不正当行为，维护企业合法权益。

四、继续清理行政审批项目

物流企业要求的经营资质较多，有运输、仓储、货代、用地、口岸、危险品等多个方面，涉及的行政审批部门较广，有交通、公安、环保、质检、消防等多个部门。2012 年 9 月，国务院下发《关于第六批取消和调整行政审批项目的决定》（国发〔2012〕52 号）。物流行业部分行政审批项目得到取消和调整。但是，一些行政审批项目依然未被取消，如长江、珠江干线水路运输经营审批等。目前物流企业行政审批依然存在审批项目过多，审批手续复杂，审批效率低下的问题。特别是由于管理和程序不规范、不透明，还存在许多“灰色地带”，物流企业反映强烈。

为此建议，深入开展物流领域资质审批项目调研，摸清情况，对症下药，对于必要性不强的行政审批坚决予以取消，对于管理不规范的行政审批提出改进建议和方案加以完善，尽可能地将审批制转变为备案制，对于必要的行政审批也要简化手续、减少环节、缩短周期，加强社会监督。

五、限制垄断经营单位经营竞争性业务和超标收费

港口、码头等经营单位具有较强的区域或专业垄断性。一些地方的港口、码头等经营单位利用自身的控制地位，成立船舶代理企业，或限定进出港企业

使用其指定的船舶代理企业、装卸公司、拖轮公司等，垄断经营船代、装卸、拖轮、理货等业务，阻碍了统一开放、公平有序的市场竞争。

此外，港口、码头、国际航运企业等单位利用自身优势地位，制定垄断性协议，对集装箱运输企业、货代企业和货主高额征收有关费用和押金。例如，马士基等国际航运企业向我国各港口集装箱拖车企业收取铅封费、打单费已有十余年。我们了解到，在其他国家，包括我国香港、台湾等地区，国际航运企业从来不向有关企业收取打单费。此外，其他不合理收费还包括：单证费、码头操作费、移箱作业费、高速公路集装箱车通行费等，或自行征收不合理费用，如夜间操作费、燃油附加费等，严重影响了有关企业的正常经营。

为此建议，协调有关港口、码头和堆场管理部门，逐步退出区域内具有竞争性的行业。取消国际航运企业收取的铅封费、打单费。合理降低过高的港口收费标准，取消不合理的自行收费项目。各类收费项目明码标价，按照“谁获取服务谁支付费用”的原则操作，不得向集装箱运输企业转嫁费用。

六、取消政府部门限定使用指定产品

近年来，随着对车辆安全管理的重视，道路运输管理部门要求部分货运车辆安装符合标准的 GPS 装置，以加强对营运车辆的动态监管。但是，各地道路运输管理部门都限定企业使用其指定的 GPS 装置及系统，且不同地区使用的 GPS 装置往往也不同，系统互不兼容，导致跨区域运营车辆不得不重复安装多个 GPS 装置，极大地浪费了社会资源，增加了物流成本，也不利于实现联网联控和跨区域监管。

为此建议，国家道路运输管理部门制定 GPS 技术标准，符合标准的产品列入推荐目录，企业自主选择安装，各地道路运输管理部门不得强制企业安装指定品牌的产品。

七、允许驾驶证异地年审

目前，车辆已经实现异地年检，而一些地区驾驶员驾驶证仍无法异地年审，需要回到驾驶证核发地车辆管理所办理驾驶证年审业务，一些地区还要求驾驶证年审集中在一定期间内办理。由于货物运输往往涉及全国范围，物流业务具有较强的连续性，驾驶员往往无法在规定时间返回驾驶证核发地进行年审，影响了企业正常经营。

为此建议，允许驾驶证全国范围内异地年审，便利物流从业人员就近办理。

八、保障城市配送车辆便捷通行

随着各地机动车保有量快速增加，大中城市交通拥堵问题日益严重。许多城市在中心城区开展了以“禁货”为核心的交通管制工作，货运车辆进城普遍受到通行时间和区域的限制，一些城市中心城区的部分道路甚至全天“禁货”。这种“一刀切”的管理措施很难与日益增长的城市配送需求相适应，严重影响了城市居民生活和商业服务的正常运转。还有一些城市对城市配送车辆发放通行证进行总量控制，但是总量难以把握，通行证也不能跨区县使用。由于城市配送对时效性、机动性要求较高，特别是快递收派件作业时间与日常上班工作时间高度重合，为规避通行限制，保障人民生活，城市配送企业被迫采用小型客车运货的现象比较普遍。由此带来一系列问题：就物流配送企业来说，阻碍其选择采用集中配送、共同配送等先进方式，不利于企业提升质量和升级发展，同时也面临较大的法律问题和安全隐患，随时准备支付高额罚款；就管理部门而言，增加了监管难度和执法风险；就全社会来看，客车载货运量少，占用道路面积多，人为扩大了道路拥堵和尾气排放。据测算，一辆货车能够运送的货物，需要4辆客车才能完成，极大地降低了城市配送效率和道路利用率。

为此建议，保障城市配送车辆便捷通行。交通运输管理部门对城市配送车辆与普通货运车辆进行分类管理，对大中城市配送企业拥有的，符合城市配送车辆标准环保车型的配送车辆给予道路通行权，将“限制所有货运车辆通行变允许城市配送车辆通行”。最大限度地减少限行时间和路段，使他们能够合法、高效、放心地进行城市配送服务。同时，加强城市配送停靠作业管理，规划建设配送专用卸货作业区域。在此基础上，对于违规现象严格查处，杜绝“罚款放行”“以罚代管”的管理方法。

九、便利大件运输车辆跨区域通行

大件运输是承载不可解体的重型或大型设备的运输形式，担负着国家重点工程项目的运输保障任务。大件运输由于运输货物超限，需要办理超限运输车辆通行证，按照《超限运输车辆行驶公路管理规定》（交通部2000年第2号令），对于车货总重在100吨以上的超限运输，承运人应在起运前3个月提出书面申请。规定的申报时间过长，与现在的生产与供应链节奏很不适应，极大制约了大件运输的正常进行。2 号令还规定，跨省（自治区、直辖市）行政区域进行超限运输的，由途经公路沿线省级公路管理机构分别负责审批。由于各地审批手续不一、考察标准各异，申报时间进一步延长。一些企业不得不边申报边通行，增加了运营成本。2011 年 7 月 1 日开始实施的《公路安全保护条例》对公路超限运输许可作了有关规定，要求由起运地公路管理机构统一受理跨省区市超限运输许可申请。由于没有统一的审批手续和考察标准，起运地统一协调的难度较大，到目前为止无法实现跨省区市“一证到底”，仍需分省办理。一些大件运输车辆不得不在省界滞留或改装，甚至不得不绕道运输，极大地影响了重点工程的建设进度。

为此建议，完善超限运输的跨省综合协调机制。公路管理部门进一步明确有关办法、流程和实施细则，借助现代信息化手段，建立跨省超限运输的综合协调和互联互认机制。由起运地公路管理部门统一负责对大件运输的企业资质、车辆装备、技术方案的查验审核，沿线公路管理部门配合道路通行，不再对大件运输企业跨省运输实施重复申请和收费，实行大件运输许可“起运地负责”和“跨省互认”，保证大件运输“一证到底”。

中物联参阅〔2013〕07号

2013年上半年物流行业形势分析及下半年预测

中国物流与采购联合会
（二〇一三年八月）

2013年7月16日，国家发展改革委经济运行调节局、中国物流与采购联合会在京联合召开物流业运行形势座谈会，21家各类物流企业参加了会议。参会企业就上半年企业经营情况做了交流，对下半年经营形势做了研判，对市场及客户需求的变化趋势做了分析，并就企业运营中遇到的政策问题提出了相关诉求。从座谈会反映的情况看，上半年物流业总体增速放缓，物流企业积极调整应对，取得了良好成效。下半年物流业形势依然不容乐观，物流企业要加快发展方式转变，进一步推动行业转型升级。

一、物流业总体增速放缓

受国内外经济形势影响，上半年物流业总体保持平稳，增速稳中放缓。据中国物流与采购联合会统计，上半年，全国社会物流总额93.1万亿元，同比增长9.1%，增速较第一季度回落0.3个百分点，比去年同期回落0.9个百分点；物流业增加值1.8万亿元，同比增长7.4%，增速较第一季度回落0.3个百分点，较去年同期回落2.9个百分点；社会物流总费用4.5万亿元，同比增长9.0%，较第一季度回落0.9个百分点，较去年同期回落2.8个百分点。社会物流总费用与GDP的比率为18%，与去年同期基本持平，反映出经济社会运行的物流成本仍然较高。

与2012年相比，大部分企业收入和利润平稳增长，增速有不同程度下滑。即使是快递、快运等近年来增速较高的企业，增长幅度也有所放缓，有的出现小幅下降。分行业看，与国际贸易相关的国际航运业依然低迷，短期内难以好转。钢铁、煤炭等大宗生产资料物流受产能过剩、需求乏力影响，业务下滑严重，普遍陷入亏损状态。电子、快消、医药、冷链等生活资料物流需求较旺，上升势头较好。特别是与消费类电子商务相关的物流需求仍然保持了较高的增长速度。物流企业普遍面临成本上升、人员短缺、资金紧张的问题，倒逼行业转型升级。在上游环节，制造企业对物流重视程度有所提升，物流外包正在从降成本的手段向供应链优化和整合的角度转变。

二、物流企业积极调整应对

面对复杂多变的市场环境，物流企业积极调整应对，取得了良好成效。

一是加快战略调整。为应对市场环境变化，物流企业持续推进战略性收缩，实施业务细分和客户聚焦，核心客户收入和利润比重稳步提升。企业市场定位加快战略性转移，业务领域从生产物流向消费物流拓展，业务范围从外贸物流向内需物流延伸。消费类电子商务物流成为战略定位关注的焦点。一体化的供应链规划和执行正在成为企业战略转型的重要方向。

二是推进模式创新。物流企业与制造、商贸企业联动融合更加紧密，成为企业模式创新的重要源泉。物流企业以基础物流服务和战略物流资源为依托，拓展增值服务，整合分散资源，搭建共享服务平台，为客户提供代理采购、分销执行、送装一体、物流金融等新型业务模式。物流企业正在从基础物流服务向供应链一体化物流模式转型，以物流为核心，带动商流、信息流、资金流“四流合一”。

三是加强内部管理。物流企业逐步从粗放式管理向集约化管理转型，从追求速度和价格向提升质量和效率转变。企业加强自身业务协同和组织管控，整合内部资源，调整组织结构，加强人才培养，推进流程的标准化、规范化和持续优化。降低成本、消除浪费、改善流程的精益管理越来越受到企业重视。

四是加大网点布局。受城镇化推进和内需市场拉动，快递、快运、城市配送等物流企业加快向中西部地区延伸网点，向三四级市场下沉网络。高标准、规范化的物流节点加快布局建设，现代化、信息化的物流网络正在形成。一些企业加快“走出去”步伐，在国外市场推进战略布局，为国际化发展奠定网络基础。

五是推动技术应用。物流企业加大信息化建设投资力度，通过物流信息化实现内部管理的标准化和外部服务的透明化。信息服务平台与实体物流平台相结合，基于信息和网络的各种模式创新不断涌现，形成虚实结合的一体化物流服务平台。随着劳动力短缺和成本上升，企业加大设施装备投入力度，逐步减少对人工的依赖，提高物流产出效率。

三、下半年物流行业形势总体判断

当前，我国经济正处在转型升级的关键时期。受国际需求不振、固定资产投资低迷和产业结构调整影响，物流企业对下半年行业形势发展总体持谨慎乐观态度。

判断一：物流战略地位将进一步提升

随着生产和流通的集中化和规模化发展，传统的分散化、小规模、同质化的物流服务已经难以满足需求，需要现代化、一体化、网络化的物流企业和服务平台提供更具竞争力的服务。物流业发挥着降低整体成本和提高供应链效率的重要作用，成为企业新的利润来源和核心竞争力的重要保障，其战略地位将进一步提升。

判断二：供应链管理将快速兴起

在经济增速放缓时期，生产和流通企业对物流成本的关注已经从单个物流环节向整个供应链上下游延伸。生产和流通企业对物流业的要求进一步提高，传统的价格招标模式正在转变，战略合作关系越来越深化和普遍。客户企业进行物流战略规划和物流体系构建，要求提供一体化的物流服务和解决方案。

判断三：货运组织结构将发生深刻变化

随着铁路货运组织变革的推进和铁路运力的释放，原有的以公路为主的货运组织结构发生深刻变化。铁路货运以其运量大、运距长、价格低、低碳环保等优势，对公路运输地位带来挑战。随着铁路市场的放开和运营服务的规范化、标准化、透明化，铁路运输将在长途干线运输中发挥更加重要的作用，也带来了多式联运协调发展和模式创新的机会。

判断四：物流服务网络将深化拓展

随着生产和市场范围的扩大，物流服务网络的广度和深度正在加快双向拓展。中西部区域和三四级市场将有更多的发展机会。这对物流服务的规范化、统一化、标准化提出了更高的要求，也对区域市场如何与主体物流网络融合提出了挑战。随着我国在国际产业链体系中加快升级，对国际物流服务网络的配套保障和组织协调要求进一步提升，需要企业提前做好准备。

判断五：金融支持将发挥重要作用

随着我国对金融支持实体经济发展要求的进一步明确，物流业融资环境将会有所改善。贷款利率的市场化，为企业增加了选择余地。股票、债券、基金、信托、资产证券化等多层次的融资渠道将降低融资成本，扩大企业整合能力，支持企业快速扩张和兼并重组。物流金融业务虽然暴露出一定风险，但是随着企业风险防范意识和管理能力进一步加强，仍然是模式创新和利润增长的重要来源。

判断六：外部进入者将改变竞争格局

电子商务、商业地产等外部进入者抓住市场薄弱环节，凭借资本、技术优势进入市场，将改变行业传统的竞争格局和运作方式。随着物流战略作用逐步显现，未来从生产、流通、金融等领域还会有更多的外部进入者进入物流领域，挑起市场格局的深刻变革。原有物流企业如果不积极应对，加快转型升级，将面临被市场淘汰的危机和风险。

四、物流企业反映的主要诉求

当前，物流企业反映的政策诉求较为集中，主要有以下五个方面。

一是"营改增"后税负增加。2013 年 8 月 1 日起，物流业将全面推行营业税改征增值税试点。企业普遍反映，货物运输服务税率上调过高，企业税负将大幅增加。据测算平均增长 120% 左右，严重影响了企业的经营效益。此外，国际货代业取消了差额纳税政策，由于上游国际运输执行免税和零税率政策，国际货代业没有进项税抵扣，如果全额征税，绝大多数企业将出现严重亏损。企业建议，对国际货代业免征增值税，这样可以解决"营改增"后对行业税负的影响，同时也符合国际惯例。

二是交通限行影响城市配送。近年来，大中城市交通拥堵问题日益严重，许多城市在中心城区采取多种形式的交通限行管制，货运车辆进城普遍受到通行时间和通行区域的限制，严重影响了城市配送的正常运营。城市配送企业被迫采用小型客车运货的现象比较普遍。企业建议，交通运输管理部门对城市配送车辆与普通货运车辆进行分类管理，将"限制所有货运车辆通行变允许城市配送车辆通行"。最大限度地减少限行时间和路段，保障城市配送通行便利。

三是物流用地无法保障。随着城市扩容改造，原有物流用地不断"被拆迁"，而新增物流用地难以保障。物流企业普遍反映，物流用地资源稀缺，土地供应难以保障，建设规划难以落地，征地阻力日益加大。一些地方以物流名义圈占土地，更加剧了物流用地的紧张局面。企业建议，对物流设施用地应立法保护，不得随意变更用地性质和规模。地方政府应采取租赁土地方式，不再一次性出让土地，有效杜绝以物流名义圈占土地问题，减轻企业一次性投资的压力。

四是资金压力进一步加大。物流业资金需求量大，固定资产投资回收期长，日常使用资金周转量大，自有资金难以满足建设和运营要求，普遍存在融资瓶颈。企业普遍反映，行业融资渠道较为单一，银行贷款仍然是主要的融资渠道。行业缺乏产业基金、股权融资、债券融资等融资模式，融资成本较高。此外，由于客户资金紧张，资金回款账期进一步延长。企业普遍使用承兑汇票，贴现成本支出大幅增长。企业建议，进一步放开融资渠道，降低融资门槛，理顺企业间债权债务关系，鼓励企业做大做强。

五是分支机构设立存在障碍。物流企业具有网络化经营的特征。企业普遍反映，许多地区不允许外地物流企业设立非独立核算的分支机构，或者设置较高“门槛”作为前置审批条件。企业不得不在每个网点都设立独立核算的分支机构，大大增加了企业开办和运营成本。企业建议，应明确允许物流企业设立非独立核算分支机构，取消对物流企业设立各类分支机构设置的前置审批条件。

中物联参阅〔2013〕11号

着力打造中国物流“升级版”

中国物流与采购联合会会长
中国物流学会会长 何黎明

进入21世纪以来，党中央、国务院重视物流业发展，物流业产业地位得以确立，取得了来之不易的成绩。随着国内外经济形势变化，我国经济加快转型升级，对物流业发展提出打造“升级版”的新要求。

一、中国经济转型升级对物流业提出了新要求

今后一个时期，我国经济将进入一个相对平稳的增长阶段。要通过稳增长、调结构、促改革，打造中国经济“升级版”，这对物流业发展提出了新要求。

第一，提高经济增长质量和效益的新要求。随着经济增速稳中趋缓，我国经济发展重心从追求速度和规模向追求质量和效益转变。当前，物流成本过高仍然是制约经济发展的重要因素。我国社会物流总费用与GDP的比率长期维持在18%左右，比发达国家高出一倍左右。企业物流成本平均占企业总成本的30%。通过降低物流成本，可以促进国民经济提高效益，减少对GDP增长的依赖。我们也要看到，降低物流成本是一个系统工程，要跳出物流行业看物流。不仅要降低物流企业成本，更要降低制造和流通企业物流环节的成本。要从整个产业链的角度，统筹协调、整合优化，推动物流业与其他产业的联动融合，降低产业链物流成本，全面提高发展的质量和效益。

第二，发展现代服务业的新要求。加快服务业发展是推动经济结构调整、产业结构优化升级的战略重点。国际经验表明，人均GDP超过4000美元，将迎来服务业快速发展时期。今后一个时期，是我国全面建设小康社会的关键时期，也是服务业大发展的重要时期。2012年，我国物流业增加值占服务业增加值的比重为15.3%，物流业已经成为现代服务业的支柱产业。我们要看到，我国物流业与现代服务业的发展要求还有较大差距，突出表现在专业化和社会化水平不高，难以满足日益上升的社会物流需求，发展现代物流业还有很大

潜力。

第三，扩大内需的新要求。随着我国经济规模的扩大和人民生活水平的提高，国内消费市场蓬勃发展。国际经验表明，消费需求升级是推动物流业转型的助推器。20 世纪七八十年代，美日欧等发达国家受消费需求驱动进入物流配送快速发展阶段，迎来了物流业发展方式的转型升级。当前，我国物流服务体系对消费市场和商贸流通业的快速发展准备还不充分。近年来，电子商务的爆发式增长，带动了快递快运、城市配送等新兴业态的快速发展，也暴露出了物流服务与电商需求不匹配的矛盾。随着区域结构优化和城镇化的快速推进，中西部地区和二三级市场消费需求明显加速，对物流服务的深度和广度提出了挑战。我国物流业亟须向消费型发展模式转变，以适应扩大内需的战略要求。

第四，创新驱动的新要求。创新驱动是中国经济稳增长的重要依靠力量。我国经济要实现成功转型，就要加快从资源投入驱动转向创新驱动，全面推进科技创新，更多地依靠科技进步、劳动者素质提高、管理创新驱动，逐步向价值链高端延伸，优化产业结构，提升产业竞争力。当前，国际物流产业正在加快向技术密集型、知识密集型转变。我国物流业的信息化和自动化水平还落后于国际先进水平。全面推进创新驱动带来了缩小差距、实现赶超发展的战略机遇。可以看到，物流信息化和自动化正在成为越来越多物流企业的核心竞争力。

第五，推进生态文明建设的新要求。经过 30 多年的高速增长，我国面临的资源环境瓶颈问题更加明显，对经济可持续发展提出了严峻挑战。预计国家还会有更严格的节能、环保等政策出台，资源环境成本不容忽视。未来我国经济的发展要更多依靠节约资源和保护环境推动，绝不允许以资源环境为代价换取经济片面增长。物流业是继工业和生活消费后的第三大能耗产业，也是温室气体排放的主要行业，那种以破坏资源环境为代价的物流发展模式必须改变。当前，我国物流业绿色化发展还刚刚起步，这为我国物流业可持续发展开辟了一条新的道路。

第六，发展开放型经济的新要求。“十二五”时期，适应经济全球化新形势，要加快发展开放型经济，充分利用国内国际两种资源、两个市场，创造国际竞争新格局。当前，我国已经成为全球第一大贸易体，但是国际物流服务还处于较低水平，缺乏国际竞争力，特别是以海运、空运为主的服务贸易长期存在大量逆差。2012 年，我国服务贸易逆差额 896 亿美元，其中国际运输服务占了 52.3%。随着我国企业加快“走出去”发展，国际物流短板的制约因素日益突出，严重影响了我国对国际产业链的战略重构。我国开放型经济的健康发展，必须要有坚实的物流保障。

二、打造物流“升级版”的战略选择

当前，物流业正处在转型升级的关键时期。我们要认清形势，遵循规律，立足打造产业核心竞争力，以质量和效益为中心，以市场为导向，以服务为宗旨，以区域结构优化和城镇化为抓手，以科技创新为支撑，以开放型经济为契机，以资源节约和环境保护为重点，以改革开放为动力，加快提升物流业发展水平，着力打造中国物流“升级版”。

第一，以质量和效益为中心，打造一体化新优势。一是推进系统整合。要通过兼并重组、联盟合作等多种方式，推进横向扩张和纵向延伸，扩大企业规模、完善产业链条。要引导大型企业做大做强，上规模、上水平，提升市场集中度。鼓励中小企业做专做优，讲质量、讲效益，培育专业化竞争优势。二是加快产业链延伸。要从单一的物流环节向整个供应链上下游延伸，从简单的交易关系向战略联盟发展。利用物流业连接产销两端的优势，打破组织边界、重塑产业链条，推动与制造业、流通业、金融业等多种产业的联动融合，提升物流业对供应链的掌控能力。三是开展组织调整。要加强集团总部的控制力，减少不合理的层级结构，推进组织的扁平化、协同化和一体化，提高市场响应速度。特别是要推动采购、财务、商务等运营服务的集中化管理，实现资源利用效率的最大化。

第二，以市场为导向，打造专业化新优势。一是坚持需求引导。要从原来的价格导向转变为需求导向，从关注低成本竞争转变为创造价值竞争，实现内涵式发展。二是聚焦核心业务。要加强业务梳理，实行战略性收缩，集中资源打造核心业务。要深入挖掘客户需求，明确自身市场定位，提升在细分市场的占有率。三是加强集约化管理。要推行多种形式的降本增效活动，实施管理的精细化、运作的规范化和经营的专业化，压缩内部成本，提升运作效率，依靠管理创新提升经营效益。四是加大资源投入。要加大对专业性基础设施、设施设备、人才团队等资源的投入力度，把握核心物流资源。特别是要充分利用好金融资本市场，实现产业的跨越式发展。

第三，以服务为宗旨，打造社会化新优势。一是调整服务理念。要适应快速变化的市场需求，逐步从传统的产品竞争、价格竞争、规模竞争向服务的质量竞争、品牌竞争、合作竞争转变。二是创新服务模式。要加快资源的优化配置，开发高附加值的服务模式，培养高端服务能力。特别要关注电子商务、城市配送、冷链物流等新兴消费业态对物流服务的新要求，提升市场响应能力和服务水平。三是提高服务质量。要全面梳理业务流程，推动流程的标准化和规范化发展，加强服务绩效管理，提升服务质量水平。四是树立服务品牌。要关注客户服务体验，提高服务的个性化水平，培育高端服务品牌。特别是要加强企业诚信建设，坚持服务标准、遵守服务承诺、打造企业信誉，逐步形成企业品牌文化，充分发挥企业社会责任。

第四，以区域结构优化和城镇化为抓手，打造网络化新优势。一是搭建主干网络。要夯实重点城市战略布局，打造核心物流节点和业务平台，形成物流服务主干网，增强网络的控制力和覆盖面。特别是要抓住中西部地区经济快速发展的机遇，加快中西部地区物流网络布局，实现全国网络的平衡发展。二是下沉网络渠道。要抓住城镇化发展的机遇，积极向二三级市场、重点城镇和社区下沉网络和渠道，提高网络的渗透力和辐射力。要抓住城镇消费市场启动的机会，加快城镇网点布局，实现网络的精耕细作，提高终端市场响应速度。三是加强网络联盟。要加强网络资源的优化配置，鼓励网络共享和业务合作，实现共赢发展。特别要鼓励整合分散资源的公共服务平台建设，打造和谐共荣的产业生态圈，促进形成相对集中的产业格局。

第五，以科技创新为支撑，打造信息化、自动化新优势。一是应用科技创新。要提高物流产业的科技水平，推动物流管理的标准化和业务流程的透明化，提升物流信息化、智能化水平。推进现代化设施装备升级改造，提高单位产出效率，提升物流机械化、自动化水平。二是推进集成创新。要有效集成现有知识、技术、管理、制度，发挥协同效应，创新经营模式和组织方式，形成企业独特的竞争能力。三是开展协同创新。要坚持理论联系实际，提升创新的实践性和针对性，构建以企业为主体、市场为导向、产学研相结合的创新体系。要协调多方利益，形成产学研互利共赢的利益分配机制，加大科技转化力度。最终，要培育一批掌握新技术、拥有新模式、具备创新能力的创新型企业，抢占产业竞争制高点。

第六，以开放型经济为契机，打造国际化新优势。一是建立国际标准。要树立国际化发展理念，引进国际先进的物流管理方式、运作模式和技术装备，加强与国际一流企业的对标管理，提升物流国际化水平。二是承接国际业务。要立足国内市场，完善国内网络，承接国际产业转移，为国际客户提供全程物流服务，培养国际化运作能力。三是推进国际布局。要通过参股、控股、收购、合资等多种方式，加大对国际港口、机场、物流园区、物流中心等战略性基础设施的控制和布局，提高全球资源的配置效率，搭建覆盖全球的国际物流服务网络，积极参与国际市场竞争，为国内企业“走出去”提供物流保障。

第七，以资源节约和环境保护为重点，打造绿色新优势。一是优化运输结构。要抓住铁路货运组织改革的机会，提高铁路运输在运输结构中的比重，逐步形成铁路、公路、水运、航空配置合理、协调发展的运输格局。要大力发展多式联运，实现多种运输方式的高效组织和顺畅衔接。二是推行绿色运作方式。要在采购、运输、仓储、包装、流通加工等各个环节推行绿色物流运作方式，完善逆向物流系统，实现物流全程绿色化管理。三是推广绿色技术。要积极应用高效能、低排放的新型车辆，推进以天然气等清洁能源为燃料的车辆应用。仓库开展太阳能发电工程，加快托盘共用系统建设，参与国内碳排放交易，推动循环物流系统发展。

第八，以改革开放为动力，打造政策环境新优势。一是加强顶层设计。要从国家层面统筹制定产业发展政策，进一步明确行业发展发展目标和战略任务，引导建立符合国民经济发展要求的现代物流服务体系。二是解决突出问题。要尽快解决当前制约行业发展的税收、土地、融资、交通等问题，切实减轻企业负担。逐步打破地区封锁和市场分割，减少行政干预，放松行业管制，建立统一、开放、规范、有序的物流市场体系。三是完善法律法规体系。要对现行物流法律法规进行清理和修订，完善现有物流法律法规体系。对物流领域出现的新问题、新情况，及时制定物流法律法规加以规范，使物流业真正实现“有法可依”。四是做好行业基础性工作。要加强物流标准、统计、诚信、教育等行业基础性工作的统筹规划和贯彻落实，强化行业自律和规范发展。